단박에
중국사

중국사

지금
유용한,
쉽게
맥을 잡는

단박에

THE
HISTORY
OF
CHINA

심용환 지음

북플래시

우리가 중국이라고 느끼는 것은
실체일까, 감정일까?

오늘 우리에게 중국이란 무엇일까? 우리가 중국이라고 느끼는 것은 실체일까, 감정일까? 그 실체는 어떻게 구성되어 있으며, 그 감정은 어떤 결과를 불러일으키고 있을까? 한때나마 중국을 꽤 열심히 소비하던 시절이 있었는데, 지금은 그 잔재만 남아 있는 느낌이다. 《삼국지》, 정확히 말해 '소설'《삼국지》에서 그려지는 유비·관우·장비 그리고 조조에 대한 잔상은 정말로 중국의 역사를 다루는 것일까, 아니면 우리 안의 오래된 무협지적 낭만일까?

　반중감정. 최근 들끓어 오르는 이 감정의 원인은 도대체 무엇일까? 중국인들의 노골적인 오만함과 지나친 민족주의? 모든 것이 중국에서 시작되었고 한반도는 그 아류에 불과하다는 모멸적 시선? 중국의 대국화 경향과 그로 인한 미국과의 충돌? 그것도 아니면, 몰락해가는 빨갱이 담론을 되살리려는 불쏘시개? 하나 분명한 것은 1992년 한·중 수교 이후 정부가 주도했던 밀월관계, 경제·사회적 협력과 그로 인한 양국의 동반 성장 구조가 흔들리고 있다는 점

그리고 양국의 국민들이 이제는 적극적으로 자신의 모습을 드러내고 있다는 점이다.

1989년 냉전 붕괴 이후 한국인들에게 중국은 상상의 나라에서 구체적인 실체로 변화하였다. 생각해보라. 1980년대까지만 하더라도 학교에서 나눠주던 역사부도에 중국은 소련과 더불어 벌겋게 칠해진 공산국가였고, 심지어 지리부도에는 붉은색 빗금이 덧칠해졌으니 중국? 당시 중국은 오늘날의 타이완이었고, 붉은색으로 칠해진 땅은 중공, 즉 '중국공산당이 점유하고 있는 대륙'에 불과했다. 아마 그랬기 때문에 우리는 중국을 편하게 소비했던 것 같다. 어차피 현실에서 마주할 수 없는 나라니 말이다. 하지만 2,000년간 한반도는 중화와 조우하며 발전하지 않았던가. 한자를 외우고 한문을 공부하고, 공자와 맹자 등 춘추전국시대의 혼란을 극복하려 분투했던 이들의 사상을 탐독하며, 인류 최초의 역사가 중 한 명인 사마천이 써 내려간 《사기 열전》을 읽으며 역사를 마음껏 상상하던 시간. 그때는 삼장법사와 손오공의 국적을 따지지 않았고 〈날아라 슈퍼보드〉 같이 자유자재로 변형한 문화 콘텐츠를 소비하는 데 부담이 없었고, 《삼국지》 못지않게 《초한지》와 《수호지》를 읽으면서 항우와 양산박의 고뇌에 동참하였다. 당대를 대표하는 문학가라면 응당 중국 고전을 평설하는 책을 쓰던 것이 관행이었다.

하지만 지금은 모든 것이 바뀌었다. 중국은 이제 상상의 나라가 아니며, 조선시대 유학자들이 앙망하던 문화적 중심국이 아닐뿐더러 1990년대 우리를 선망하던 개발도상국 또한 아니다. 그러니 중국에 대한 종래의 정련된 문화적 소비가 흔들릴 수밖에 없었다. 또한 불쾌함을 동반한 다양한 감정이 쏟아져 나오는 것은 필연적으로 감내해야만 하는 과정일지도 모른다. 그렇다면 감정 그대로 아무렇게나 이야기를 이어가도 될까? 쉽사리 그렇다고 얘기하는 사람들은 없을 것이다.

작금의 대한민국은 매우 자극적인 '현재'에 매몰되어 있다. 읽기에서 보기로, 텍스트에서 영상으로. 세상을 이해하는 방식은 극적인 변화를 겪고 있으며, 덕분에 중국에 대한 왜곡된 시선과 감정적 반응 또한 끊임없이 자극받고 있다. 생각해보라. 우리가 매번 마주하는 중국은 시진핑 빼곤 아무것도 없다. 아니면 미국 주도의 세계 질서를 위협하는 중국? 철저하게 서구화된 시각이라 할 수 있다. 이런 식의 인식을 부채질하는, 2분 내외의 영상으로 구성된 기사가 우리에게 어떤 이득을 줄 수 있을까? 여기에 더불어 쉽고 재미있다는 말을 사용하며 끊임없이 독자의 수준을 낮은 단계에 주저앉히려는 작금의 독서 문화까지, 문제가 첩첩산중이다.

중국을 다시 이해해야 할 때다. 부정적인 감정적 반응에서 벗어나 좀 더 깊이 있고, 숙고할 수 있으며, 거시적 전망이 가능한 수준으로 나아갈 필요가 있다. 교양의 필요성을 강조하고자 함이 아니다. 지정학은 모든 민족이 감당해야만 하는 숙명이다. 1949년 국공내전에서 중국공산당이 승리한 후 약 50년간 이어진 냉전기를 제외하고 한반도의 역사는 매번 중국을 중심으로 한 동아시아 역사를 마주해왔다. 심지어 일제 강점기 독립운동을 하면서 의지한 공간 역시 중국 아니었던가. 그리고 적어도 오늘날 우리 세대가 살아가는 동안은 소위 'G2'로 분류되는 중국의 행보는 외면할 수 있는 주제가 아니다. 즉, 중국을 공부한다는 것은 중화 문명을 배우며 고전의 가치를 누리는 유익함도 있겠지만 과거를 통해 오늘을 이해하고 미래로 나아가는 데 우선 고려해야 하는 시급한 주제다. 이는 얄팍한 지식 장사를 통해 이룰 수 있는 것들이 아니다.

이 책은 크게 열 가지 주제로 중국의 광대한 역사를 수렴코자 하였다. 중국이라고 불리는 지리적·공간적 덩어리는 매우 변화무쌍하지만 일관된 방향으로 성장해왔다. 황허와 양쯔강, 그리고 만리장성에서 광저우까지, 다시 만주에서 티베트까지. 우선 중국의 지리를 이해해야 한다. 이에 비해 지배체제는 매번 비슷한 형식을 반복해온 듯하다. 황제 지배체제다. 진시황은 최초의 모범이 되었고 한무제는 이를 영속화하였다. 하지만 이 또한 이면을 살펴보면 다른 이야기가 펼쳐진다. 당태종은 돌궐을 복속시키는 가운데 스스로를 황제이자 가한이라고 표방하여 유목 세계를 포섭하고자 했다. 당나라는 끝내 국제적이며 개방적인 성격을 유지했다. 정반대의 성향이었지만 송나라는 중국 문명에서 가장 중요한 단계라고 할 수 있다. 세계 최초의 상업제국, 그리고 이를 개혁하고자 했던 영특한 관료 왕안석. 어쩌면 중국사에서 송나라의 고민은 현대를 살아가는 우리에게 가장 큰 화두가 될지도 모른다.

중국은 내외로 무수한 도전을 받으며 현재에 이르고 있다. 지금은 거의 사라졌지만 북방 유목민족의 역사는 참으로 중요하다. 거란과 여진은 스스로 황제를 표방하며 유목 세계를 중심으로 동아시아를 재설계하려 했고, 쿠빌라이와 홍타이지는 중국을 점령함으로써 북방과 중화를 하나의 세계로 만들고자 하였다. 그렇다면 북방 유목민족의 역사는 중국사일까, 아닐까?

그리고 정신사. 맹자는 왕을 신이라 믿던 시대에 민본과 혁명을 이야기하며 신화의 시대를 끝장냈다. 유학자들이 근엄하게 천명을 이야기할 때 도교의 지도자들은 창천을 말하면서 황제 지배체제와는 전혀 다른 새로운 세상을 설파하였다. 그리고 불교와 성리학의 등장으로 동아시아의 정신세계는 한층 두툼해진다. 서양은 중세 기독교 체제를 타파하기 위해 고전 그리스-로마를 끌어들였고, 17세기 이후 그리스-로마를 뛰어넘어 근대적 세계관을 창출하였다. 중국 역시 비슷한 과정으로 나아갔으나 끝내 이러한 모습을 보여주지는 못했다. 여하간 중국의 정신사는 우리나라를 비롯한 주변 국가에 막대한 영향을 미쳤으니 문명적·문화적 관점에서의 고민 또한 필요하다.

더불어 중국 근현대사. 이 책에서는 열 가지 주제 중 두 가지를 근현대사에 할애하고 있다. 선사시대와 청동기 문명 등 중국 고대사의 중요한 국면을 배제하고 근현대사에 비중을 두었다는 부분에서 일반적인 통사와는 크게 다른 모습이다. 이유는 분명하다. 지난 150년간의 경험이 현대 중국을 구성하기 때문이다. 중국은 공산주의 국가일까, 민족주의 국가일까? 마오쩌둥에서 덩샤오핑으로 이어지는 중국의 지도자주의와 일당 체제는 어떤 역사적 당위성을 지니고 있을까? 홍콩과 타이완은 어떻게 중국 본토와 다른 길을 걷게 된 것일까? 미국의 베트남 전쟁 패배와 신자유주의 정책의 도입은 어떻게 중국의 개혁개방 정책에 영향을 미친 것일까? 결국 모든 역사학은 현재적 질문에 답해야 한다. 중국 현대사가 '현재사'가 되기 위해서는 지난 100년에 대한 면밀한 탐구가 절실하다.

이 책은 '단박에' 시리즈의 일환으로 기획되었다. 종래의 시리즈가 한국 역사에 집중되었다면, 이 책을 필두로 미국사·일본사 등 본격적인 세계사의 향연이 펼쳐질 것이다. 또한 중국을 둘러싼 다양한 지적 노력의 결과물이 보다 세분화된 형태로 출간될 예정이기도 하다. 넓이와 깊이를 동시에 감당해야 하는 쉽지 않은 과정이지만, 이토록 저자와 독자를 살리는 기획이 어디에 있겠는가. 기회를 허락한 북플랫 박경순 대표님께 진심 어린 감사를 표한다. 《단박에 한국사》 일러스트를 함께 해주신 방상호 작가님과 다시 작업을 이어가게 되어서 감사하고, 물심양면으로 도와주는 연구소 식구들에게도 고마움을 전하고 싶다. 그리고 나의 지적인 원동력인 하나님께, 한없이 사랑스러운 아내와 아이들을 기억하며.

차례

9강   홍수전과 쑨원, 새로운 중국을 만들다

★ 근대 중국

10강   마오쩌둥과 덩샤오핑이 설계한 신세계

★ 현대 중국

황허와 양쯔강,
중국은 어떻게 하나가 됐나

지리와 왕조

중국 역사의 패턴

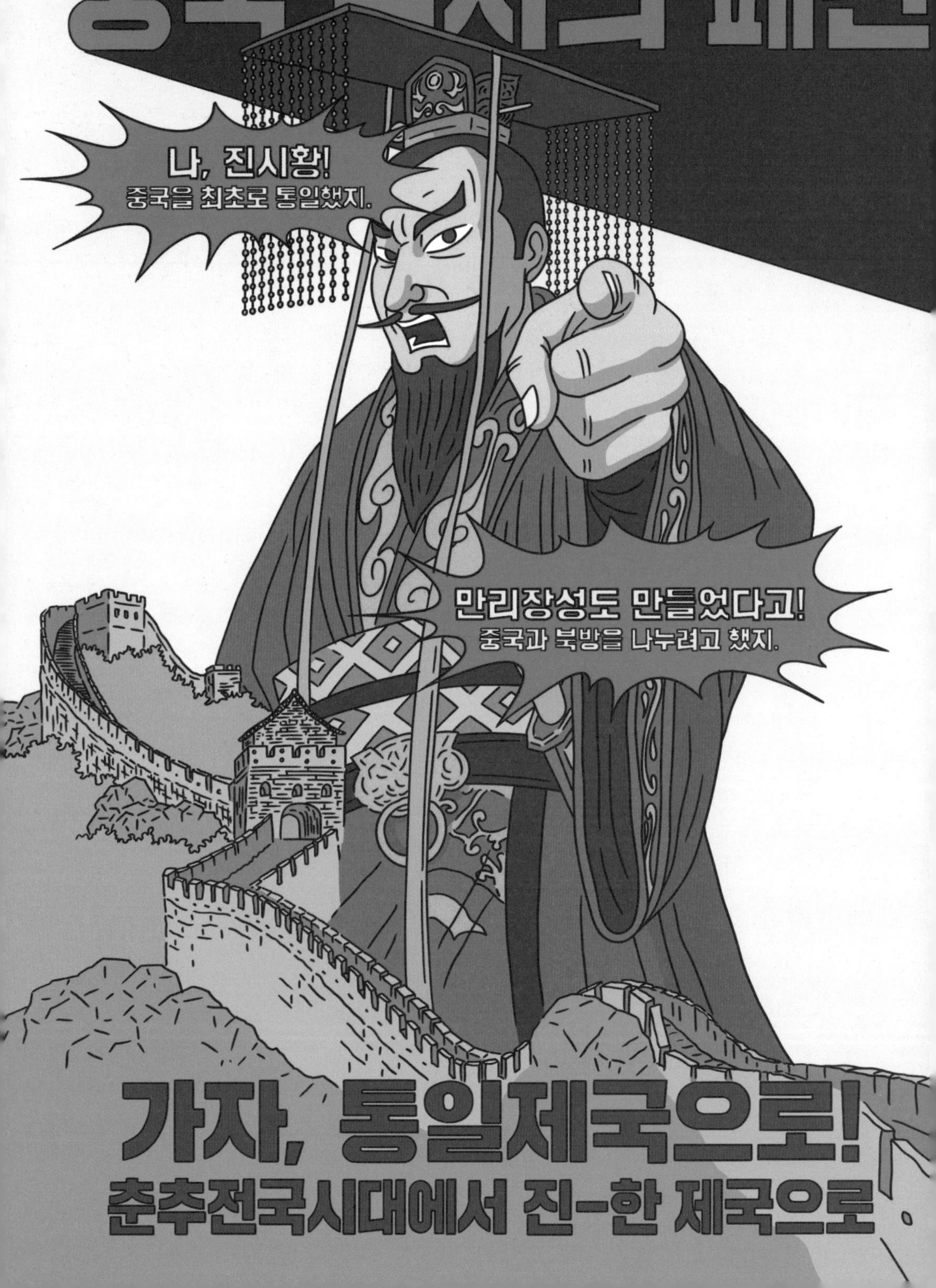

가자, 통일제국으로!

춘추전국시대에서 진-한 제국으로

CHINA

중국 역사를 논하기에 앞서 반드시 짚고 넘어가야 할 것이 있다. 첫째는 이 거대한 땅을 지리적으로 구분할 수 있는가이고, 둘째는 복잡다단한 왕조의 흐름을 대강이라도 이해하고 있는가다.

중국은 2개의 강을 중심으로 발전했다. 바로 황허(黃河, 황하)와 양쯔강[揚子江, 양자강(전통적으로는 장강(長江)이라고 불렀다)]이다. 중국의 고대와 중세 역사는 황허를 중심으로 펼쳐졌다. 다음 지도와 같이 황허는 크게 관중과 중원으로 나뉜다. 시안(西安, 서안)과 뤄양(洛陽, 낙양)이 관중의 주요 도시다. 중원은 넓은 평원이고 산둥(山東, 산동)반도까지 품고 있지만 매번 관중에 밀렸다. 이에 중국의 전통 왕조들은 대부분 관중의 시안과 뤄양을 수도로 삼았다.

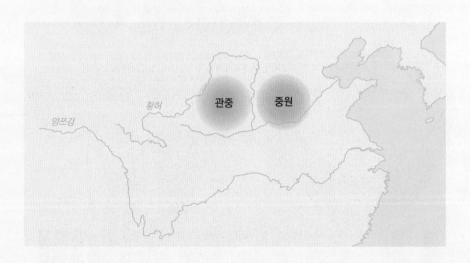

중국에서 농업이 발전하면서 양쯔강의 중요성이 점차 커졌다. 양쯔강을 기반으로 초기에 활약한 세력은 초나라다. 양쯔강 중류를 기반으로 황허에 있는 진나라, 제나라 등과 자웅을 겨뤘다. 상류 쪽은 파촉[巴蜀, 쓰촨(四川, 사천) 일대]이라고 불렀는데 《삼국지》에 나오는 유비(劉備, 161~223)가 이곳에 촉나라(蜀漢, 221~263)를 세웠다. 양쯔강 하류에는 오늘날 난징(南京, 남경)이나 상하이(上海, 상해) 등 유명한 도시들이 있는데, 중국 고대사에서 양쯔강을 기반으로 성공한 나라는 별로 없다. 중국의 지리를 구분할 때 화북, 화중, 화남이라는 표현을 사용하기도 한다.

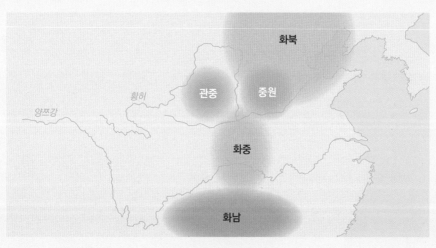

이 밖에 만주와 타이완(臺灣, 대만)이 어디인지, 신장웨이우얼과 티베트가 어디인지를 알아두면 중국 역사를 이해하는 데 유리하다. 참고로 만주는 '동북 지방'으로 불린다. 중국에서 동북쪽에 자리 잡고 있기 때문이다. 중국의 북쪽에는 러시아, 남쪽에는 동남아시아와 인도, 서쪽에는 중앙아시아, 동쪽에는 한반도와 일본 열도가 있다는 사실 또한 중요하다. 거대한 나라인 만큼 전혀 다른 문화적 정체성을 가진 나라들과 마주하고 있다.

중국 왕조의 연대기를 보자면 다음과 같다.

하(夏)나라(BC2070년 추정, 실체에 논란이 많음)

▼

상(商)나라[BC1600~BC1046, 오랫동안 은(殷)이라고 불렸다]

▼

주(周)나라(BC1046~BC770)

▼

춘추전국시대(春秋戰國時代, BC770~BC221)

▼

진(秦)나라(BC221~BC206, 최초의 통일 왕조, 황제국)

▼

한(漢)나라(BC202~AD220, 전통문화 형성, 조공체제 발전)

▼

위진남북조시대(魏晋南北朝時代, 220~589, 북방 민족의 침략, 중국의 대분열)

▼

수(隋)나라(581~618)

▼

당(唐)나라(618~907)

▼

송(宋)나라[960~1279, 거란(요遼)·여진(금金)과 경쟁]

▼

원(元)나라(1271~1368, 몽골족의 중국 지배)

▼

명(明)나라(1368~1644)

▼

청(淸)나라(1616~1911, 만주족)

▼

중화민국(中華民國, 1911~1949, 군벌과의 싸움)

▼

중화인민공화국(中華人民共和國, 1949~현재)

춘추전국시대의 혼란을 딛고 중국은 황제 국가로 발돋움했다. 진시황(秦始皇, BC259~BC210)은 천하를 통일했고, 뒤를 이은 한나라는 중국의 전통을 만들었다. 이후 중국은 오랫동안 북방 민족의 침략에 시달렸다. 화북 지역을 빼앗겨 양쯔강 남쪽에서 왕조를 꾸리기도 했고, 몽골족이나 만주족이 중국 전체를 다스리기도 했다. 하지만 문화적 힘이 압도적이었기 때문에 끝내는 북방 민족이 중국 문화에 동화됐다.

한나라·당나라는 막강한 위력으로 동아시아 역사를 주도했으며, 송나라·명나라는 국력은 약했지만 경제적으로 번성했고 대단한 문화적 성취를 이뤘다. 신해혁명이 일어나면서 황제 지배체제가 무너졌고, 공산혁명이 일어난 이후 오늘에 이르렀다. 우리나라와 비교하자면 수·당나라 때가 삼국시대, 송·원나라 때가 고려시대, 명·청나라 때가 조선시대라고 할 수 있다.

지역이 방대하고 역사도 오래기 때문에 우선은 '춘추전국시대'와 《삼국지》를 비교하면서 이야기를 시작하고자 한다. 춘추전국시대는 공자(孔子, BC551~BC479)와 맹자(孟子, BC372~BC289)가 살았던 중국 문명의 약동기이고, 《삼국지》는 조조(曹操, 155~220)·유비·손권(孫權, 182~252)이 활약했던 한나라 말기를 배경으로 한다. 춘추전국시대는 극도의 혼란기였지만 중국 역사에서 가장 중요한 시간이었고, 관우(關羽, ?~219)·장비(張飛, ?~221)·제갈량(諸葛亮, 181~234)의 활약상을 다룬 《삼국지》는 널리 인기를 누렸지만 정작 중국 역사에서는 중요성이 크지 않은 기간의 이야기다.

중국의 역사가
시작된 곳

진목공 37년, 진(秦)나라가 유여의 계책을 받아들여 융왕을 토벌하고, 서역의 12개국을 병탄해 1,000리의 땅을 개척했다. (…) 진목공이 죽자 옹땅에 안장했다. 순장한 사람이 177명이다. (…) 진목공은 영토를 넓혀서 나라를 부강하게 했다. 동쪽으로 강한 진(晉)나라를 굴복시키고, 서쪽으로 융족을 제패했다. 그러나 중원 제후들의 맹주는 되지 못했다. 이는 당연한 일이기도 하다. 사후에 백성을 내버리고, 어진 신하를 순장시켰기 때문이다. 옛 선왕은 사후에도 좋은 덕과 법도를 남겼다. 진목공은 오히려 선량한 백성과 신하를 빼앗아서 백성을 애통하게 만들었다. 이로써 진나라가 더는 동쪽으로 진출할 수 없다는 사실을 알게 됐다.

- 사마천,《사기》〈진본기〉 중

진(秦)나라는 춘추전국시대 여러 나라 중 하나다. 목공(穆公, ?~BC621)과 효공

(孝公, BC381~BC338) 같은 유능한 군주들이 배출되었고, 시황에 이르면 넓디넓은 중국을 통일한다. 앞의 글은 사마천이 쓴《사기》중 진나라 목공에 관한 이야기다. 중국사와 관련된 전형적인 대목이면서도 중국사에서 가장 본질적인 이야기를 담고 있다.

진나라 목공은 나라를 강성하게 만들었다. 강성하게 만든다는 것은 무엇을 의미할까? 우선은 영토를 넓히는 것이리라. 진(秦)나라는 관중 지역에 위치한 나라다. 동쪽에는 또 다른 진(晉)나라를 비롯하여 중국인들이 세운 여러 나라가 웅거하였고, 서편에는 융족·강족 같은 이민족이 세운 나라들이 있었다. 진나라는 목공 때 서쪽의 이민족을 제압하고 동쪽의 여러 나라를 압도하였다. 하지만 사마천은 진나라의 강성함에도 불구하고 목공을 비판하였다. 신하를 함부로 다루었고 백성을 돌보지 않았기 때문이다. 강성함만을 추구했을 뿐 가치를 지향하지 않았다는 말이다. 패도를 추구하였을 뿐 왕도, 즉 '군주가 지켜야 할 덕스러움'이 없었던 것이다.

황허를 중심으로 한 중국

관중은 중국의 어디쯤일까. 관중은 웨이수이(渭水, 위수)가 만들어낸 거대한 평원이다. 중앙에는 시안[과거에는 장안(長安)이라고 불렸다]이 있고 중원으로 들어가는 길목에는 함곡관이 버티고 있다. 내륙에서 발원한 황허는 북쪽으로 치솟아 오른 후 다시

금 내려와서 중원과 산둥을 거쳐 바다로 흘러간다. 동관에서 웨이수이는 황허를 만나기 때문에 중국의 서쪽에는 관중을 중심으로 거대한 평원이 만들어진다. 황허가 동과 서를 가르고 남쪽으로는 친링(진령)산맥이 위치하고 있어 범접하기 어려운 경계선이 된다. 그리고 웨이수이는 관중의 젖줄이 되어 이곳을 풍요롭게 한다. 오늘날로 따지면 산시성(陝西省, 섬서성) 일대인데, 지금은 중국의 중심부처럼 보이지만 전통적으로는 중국의 서쪽에 위치한 지역이다. 이곳에서 고대 주나라는 상나라를 멸망시키며 천하를 통일했고 진나라가 여러 나라를 무너뜨리면서 제국이 됐으니, 관중은 고대 중국의 역사에서 가장 중요한 땅이라 할 수 있다.

관중의 동편에는 중원이, 더욱 동쪽으로 가면 산둥이 나온다. 산둥을 중원에 포함시켜도 무방하다. 춘추전국시대 중원에는 원래 진(晉)나라가 있었는데, 조(趙)·위(魏)·한(韓)나라로 나뉘었다. 산둥에는 제(齊)라는 진나라 못지않은 강국이 있었고 제나라의 북쪽, 즉 중국 북부에서 랴오둥(遼東, 요동)반도에 이르는 길목에는 연(燕)이라는 나라가 있었다.

중국 역사의 시작은 관중이 아니라 중원이었다. 이곳에서 황허문명이 시작되었다. 중국 최초의 왕조라고 불리는 하나라 역시 이곳을 기반으로 했다. 중원은 관중에 버금가는 곳이다. 관중과 중원 사이 애매한 경계선에 뤄양이 있다. 황허와 뤄허[洛河, 낙하(낙수(樂水)라고도 불렀다)]가 만나는 곳인데, 운하를 파면 동서의 물자가 모이게 할 수 있는 요지 중의 요지다. 뤄양은 시안과 더불어 고대 중국의 수도이자 무한한 정치사의 희비극을 만든 곳이다.

관중에서 중원 그리고 산둥까지. 이곳을 지리학적으로는 중국의 화북 지역이라 부른다. 아직 베이징(北京, 북경)은 중요한 땅으로 여겨지지 않았고, 발해만 일대의 연나라를 제외하고는 대부분 관중과 중원을 두고 싸움이 벌어졌다. 매번 중원이 먼저였으나 마지막에는 관중이 이겼다. 관중에서 보자면 중원으로 진출하기에 용이했고, 서쪽으로 영토를 확장할 수도 있었다. 이민족을 다루기

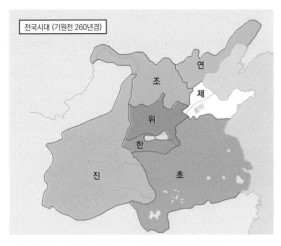

전국시대 (기원전 260년경)

조
연
위
제
한
진
초

전국시대 지도. 황허를 중심으로 여러 나라가 몰려 있다.

는 어려웠지만, 그렇기 때문에 관중의 지배자는 강력한 군사력을 갖출 수 있었다. 더구나 고대 중국에서 이민족과 중국인의 경계는 극도로 모호한바, 싸움에서 패배한 이민족은 곧잘 동화되어 중국인이 되었다. 중원에 비해 영토와 인구를 늘리기에 유리했다는 말이다. 관중과 중원. 중국은 이곳에서 자신들의 역사를 만들어가기 시작하였다. 황허라는 거대한 물결과 여러 지류가 이루어낸 기적이다.

그리고 양쯔강. 전체 길이가 6,300킬로미터에 달하는 세계에서 세 번째로 긴 이 강이 있어서 중국의 중남부는 크게 세 가지 지형으로 나뉘었다. 촉(오늘날 쓰촨성 일대), 초(양쯔강 중류), 오(오늘날 난징과 상하이 일대, 양쯔강 하류)가 그것이다. 양쯔강의 상류를 거슬러 올라 삼협이라는 거대한 협곡을 통과하면 쓰촨 평원이 등장한다. 이곳에서 유비는 촉나라를 세웠고 오늘날에는 충칭(重慶, 중경)이라는 거대한 도시가 중심지 역할을 하고 있다. 이 일대를 촉(파촉, 쓰촨 등으로도 불렀다)이라고 불렀는데, 이곳이 중국사의 중요한 땅이 되기 위해서는 여전히 많은 시간을 기다려야 했다. 촉은 물자가 풍성한 곳이지만 나라가 세워지지 않았고, 화북의 정치 세력이 쉽게 진입할 수 있는 곳도 아니었다.

삼협에서 양쯔강을 따라 내려가다 보면 새로운 평원이 펼쳐진다. 이곳은 진

지리와 왕조

나라의 라이벌 초나라가 있던 양쯔강 중류 지역이다. 유비가 활동하던 당시에는 형주라고 불리기도 했다. 이곳을 기반으로 제갈량은 촉으로 쳐들어가 새로운 나라를 세웠지만, 관우가 패배하면서 영원히 잃어버린 땅이 되고 말았다.

진나라·제나라 등 화북 지역에서는 초나라 사람들을 야만족처럼 여겼지만, 초나라의 땅은 탐냈다. 초나라는 관중의 진나라, 중원의 제나라와 더불어 춘추전국시대를 대표하는 강국이었다. 화북 지역이 중국의 중심지인 것은 맞지만 양쯔강의 중류 지방 역시 일찍부터 중국 역사의 한 축을 담당했다.

양쯔강의 물줄기는 이곳에서 멈추지 않는다. 양쯔강은 황허보다 길고 중국 남부 지역은 북부에 비해 훨씬 광대하니 오늘날 난징, 상하이 등 하류 지역에 이르면 오(吳), 월(越) 같은 나라들이 춘추전국시대부터 등장한다. 《삼국지》 당시에는 손권이 이곳을 기반으로 남방을 관할하였고, 화이허[淮河, 회하(회수(淮水)라고도 불렀다)]를 타고 북방으로 진출하고자 했다. 웨이수이와 뤄허 등이 황허와 만나면서 화북의 지리적 경관을 만들었듯, 양쯔강 끝자락에는 화이허라는 중요한 물길이 있었다.

진나라와 제나라 그리고 초나라. 혹은 관중과 중원 그리고 양쯔강 일대, 황허와 양쯔강이 만든 남북의 광대한 평원. 고대의 중국인들은 이곳에서 쟁패를 다투었고 문명은 발전하였다.

로마제국의 영토

공교롭게도 중국에서 거대 제국이 등장할 무렵 유럽에서는 로마제국이 등장했다. 두 제국을 비교한다는 발상은 애초에 무리가 있다. 로마제국은 지중해를 기반으로 한 나라다. 로마 이전의 수많은 도시국가가 지중해에 의존해서 번성하였다. 중앙에는 지중해라는 거대한 바다가 있고 이곳에 이탈리아반도, 그리스반도, 터키반도가 있다. 북아프리카 역시 이집트부터 카르타고까지 지중해를 마주하고 있다. 누가 바다를 지배할 것인가. 로마의 강력한 힘은 바다에서 나오며 육군과 수군, 농업과 상업은 모든 면에서 동등한 비중을 지녔다.

하지만 중국은 아니다. 본질적으로 중국은 평원의 연속이며 그곳에 바다는 없다. 화북의 평원을 제압하고 나면 양쯔강 일대의 평원으로 진출할 수 있고 남북을 통합하면 촉을 거쳐 서방으로 나아갈 수 있다. 물길은 지역을 구분할 뿐 모든 곳이 평원으로 연결되어 있으며 진출하기에 용이하다. 바다는 단지 주변에 불과하다. 그렇기 때문에 중국은 대륙의 역사이고 지중해에서 제국을 운영하는 방식과는 본질적인 차이가 있다.

한때 '로마는 길을 만들고 중국은 성을 만든다'라는 말이 유행했다. 로마인들은 진취적이기 때문에 점령지까지 길을 내며 뻗어나가는 근성을 가지고 있었고, 중국인들은 광대한 대륙에 도취되어 만리장성 같은 경계선을 만들 뿐이라는 주장이다. 하지만 어불성설. 로마인들 역시 제국의 경계선에는 거대한 장성을 쌓았다. 무엇보다 로마인에게 중요한 것은 오늘날 남아 있는 단단한 도로가 아닌 지중해를 가로지르는 바닷길이었다. 성? 중국인들에게 만리장성은 최초의 북방한계선이었지만 제대로 유지된 적은 한 번도 없었다. 진시황과 한무제(漢武帝, BC156~BC87)는 만리장성을 넘어 흉노와 다투었고, 당태종(唐太宗, 599~649)은 장성을 넘어 서역과 실크로드를 중국의 영토에 편입했다. 시안이나 뤄양의 도성은 전국의 도로망이 도달하는 거대한 유통로의 종착점이었으며, 세계 최고 수준의 소비처였음은 두말할 나위가 없다. 로마와 중국은 비슷한 시기에 번성한 동서양의 제국이지만 그들의 자연환경은 근본적으로 달랐다.

강남 개발:
중국이 또 한 번 바뀌다

> 구천이 회계산에 포위되어 있을 때 탄식했다. "나는 이같이 끝나는가?"
> (…) 부차가 사면해주자 구천은 월나라로 돌아가 온갖 고통을 참으며 설
> 욕을 다짐했다. 자리 곁에 쓸개를 매달아 놓고, 앉아 있을 때나 누워 있
> 을 때나 이를 쳐다보고, 음식을 먹을 때는 이를 핥곤 했다.
>
> — 사마천, 《사기》 〈월왕구천세가〉 중

오월동주(吳越同舟)라는 고사성어가 있다. 오나라 사람과 월나라 사람이 같은
배를 탔다는 말인데, 서로 미워하는 사이지만 한배를 탔으니 참고 협력해야 한
다는 뜻을 품고 있다. 오와 월은 춘추전국시대 양쯔강 하류에서 번성한 나라
다. 오나라는 양쯔강 하류에 자리를 잡았고 월나라는 그보다 더욱 아래에 있었
다. 오나라와 월나라는 치열하게 경쟁하면서 유명한 고사를 많이 남겼다.

오나라의 군주 합려(闔閭, BC515~BC496)가 윤상(允常, ?~BC497)이 군주로 있는
월나라를 공격하면서 두 나라는 본격적으로 사이가 틀어졌다. 윤상이 죽자 합
려는 이를 기회로 여겨 월나라를 공격했다. 윤상의 아들이자 이제 막 제위에
오른 구천(勾踐, ?~BC465)은 죽기를 각오한 병사들을 전면에 내세우고 격렬하게
항전한 끝에 오나라를 막았다. 전투 당시 구천이 활로 합려를 다치게 했고 이
때문에 합려가 죽게 된다. "월나라를 잊지 마라." 합려는 죽기 직전 아들 부차
(夫差, ?~BC473)에게 당부하였다. 부차는 책사 오자서(伍子胥, ?~BC484)의 조언을
들으며 힘을 길렀고 회계산에서 구천을 궁지에 몰아넣었다. 하지만 구천이 뇌
물을 바치자, 부차는 오자서의 반대에도 불구하고 그를 용서했다. 간신히 목숨

을 건진 구천은 온갖 고통을 참으며 설욕을 다짐하였다. 와신상담(臥薪嘗膽). 아버지 합려를 잃은 부차는 가시 많은 땔나무 위에 누워 자며(와신) 구천에 대한 설욕을 다짐했지만 결정적인 순간에 그를 놓아주었다. 하지만 구천은 회계산에서의 치욕을 잊지 않고 쓰디쓴 쓸개를 핥으면서(상담) 노력한 끝에 끝내 부차와의 싸움에서 승리를 거두게 된다.

이 치열한 싸움은 춘추전국시대 매우 외진 곳에서 벌어진 이야기다. 화북 지방 사람들은 초나라 사람들을 오랑캐처럼 여길 정도니 오와 월에 대해서는 어떻게 생각했겠는가. 사마천은 "이들은 몸에 문신을 하고 머리를 짧게 잘랐다"라고 기록하고 있다. 오랑캐에 어울리는 풍습을 하고 있다는 말이다. 그럼에도 불구하고 부차와 구천의 치열한 쟁패, 오나라와 월나라의 치열한 투쟁은 중국인들의 기억에 각인되었다.

하지만 양쯔강 이남의 땅이 중국사의 주요 무대가 되기 위해서는 많은 시간이 흘러야만 했다. 진시황이 춘추전국시대를 끝맺고 천하를 통일하면서 이 지역은 36개 현 중 하나가 되었고, 진나라가 멸망하자 항우(項羽, BC232~BC202)와 유방(劉邦, ?~BC195)이 천하를 두고 쟁패를 벌였지만 항우는 초나라 출신이었고 이들의 싸움 역시 관중에서 진행되었다. 상하이, 광저우(廣州, 광주), 홍콩 등 오늘날 유명한 중국의 남부 도시들은 오랑캐가 득실대는 변방에 불과했던 것이다.

유방이 항우와의 싸움에서 승리를 거둔 후 한나라를 세운다. 양쯔강 이남의 땅은 이제 진나라가 아닌 한나라의 군현이 되었다.

손책의 상처는 매우 심했다. (⋯) "중원 지역은 지금 혼란에 빠져 있으니 오와 월의 무리와 삼강(三江)의 견고함에 의지한다면 충분히 성패를 볼 수 있을 것이오. 여러분은 내 동생을 잘 도와주십시오!" 손권을 불러 인수를 차게 하고 말했다. "강동의 병력을 이끌고 가서 양쪽 군대가 대치하는 사이에 기회를 보아 결단하여 천하의 영웅들과 다투며 충돌하는

것에 관한 한 그대는 나만 못하지만, 현인을 선발하고 능력 있는 자를 임
용하며 그들이 각자 마음을 다하도록 하여 강동을 지키는 것은 내가 그
대만 못하다."

- 진수,《삼국지》〈오서편〉 중

진수는 한나라 말기의 역사가이다. 정사《삼국지》를 써서 당시의 상황을 상
세히 기록하였다. 손책(孫策, 175~200)의 유언에는 양쯔강 하류 지역의 역사가
압축되어 있다.

중원 지역, 중국
북부와는 다른
'오와 월의 무리'
가 있는 곳이자
양쯔강을 비롯한
여러 견고한 강
이 흐르는 곳. 월
나라의 구천이 최
종 승리를 거뒀음
에도 불구하고 역

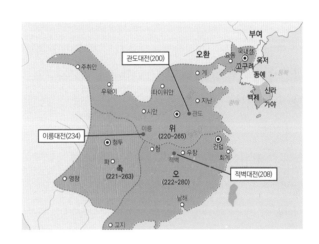

사는 '오(吳)'라는 지명을 선택하였다. 한나라 말기 손씨 가문이 양쯔강 이남을
다스리는 오나라를 세웠기 때문이다. 아버지 손견(孫堅, 156~192)이 기초를 마
련하였고 탁월한 군사 능력을 지녔던 손책의 저돌적인 군사 원정 덕분에 손씨
집안은 일대에서 나라를 일굴 수 있었다. 그리고 손견의 아들이자 손책의 동생
손권은 현명한 지도력을 바탕으로 오랜 기간 오나라를 번성키는 데 성공한다.

소설《삼국지연의》에서 손권은 매번 제갈량은 물론이고 주유보다 못한 인
물로 묘사되지만 따져보면 그렇지 않다. 그는 최고 결정권자로서 화북 지방을

통일한 조조의 공세를 적벽에서 막아냈고, 유비가 차지했던 형주 지역을 빼앗아 양쯔강 중류, 즉 과거 초나라가 번성했던 지역마저 점령했다. 유비와 제갈량이 형주를 기반으로 촉을 점령, 천하를 셋으로 나누려 했지만, 끝내 양쯔강의 주요 평원은 오나라의 수중에 들어갔다. 손책은 강동, 즉 양쯔강의 동쪽 지역만을 이야기했지만, 손권은 양쯔강 이남의 거대한 '강남 지역'을 장악하는 데 성공하였다. 그는 이곳을 기반으로 조조가 세운 위나라, 유비가 세운 촉나라와 겨루며 삼국의 형세를 유지하였다.

춘추전국시대와 비교하면 대단한 변화라 할 수 있다. 다윈커우(大汶口, 대문구) 문화, 양사오(仰韶, 앙소) 문화, 룽산(龍山, 용산) 문화, 얼리터우(二里頭, 이리두) 문화 등 중국은 신석기시대부터 청동기시대까지 황허를 기반으로 고유의 문화를 발전시켰다. 하지만 같은 시기 양쯔강 일대에서도 허무두(河姆渡, 하모도) 문화, 량주(良渚, 양저) 문화 등 독자적인 신석기 및 청동기 문화가 있었다.

하지만 석기 농기구에 의존한 고대 중국에서 농업적 성공을 거둔 곳은 황허 일대의 평원이었다. 하나라, 상나라, 주나라 그리고 춘추전국시대와 이를 통일한 진나라, 한나라 모두 화북 지방에서 번성했고 그 압도적인 힘으로 강남 지방, 중국 남부 지방을 점령한 것이다. 오나라의 운명 또한 마찬가지였다. 오나라는 패배하였고 삼국을 통일한 것은 역시 화북 세력이었다. 그럼에도 오나라가 들어서 오랜 기간 번성하였고 그만큼 강남 지역이 발전했다는 것은 역사적인 사실이다.

그리고 대변혁이 일어난다. 북방 민족이 남하한 것이다. 조조, 유비, 손권 누구도 승자가 되지 못했다. 조조의 후예들은 왕조를 유지하지 못했고, 위나라는 사마씨 집안에 제위를 찬탈당하였다. 그렇게 등장한 나라가 진(晉)(춘추전국시대의 진나라와 이름이 같다). 진나라는 촉나라와 오나라를 멸망시키고 천하를 통치하였다. 일종의 패턴이랄까. 춘추전국시대를 통일한 진나라가 단명했듯, 삼국시대를 통일한 진나라 역시 20년 만에 무너졌다. 흉노, 선비, 갈, 저, 강 등 북방의

다섯 민족이 강
력한 군사력을
앞세워 만리장
성을 넘어 공격
해 왔다. 이들은
화북 지역에 무
려 16개의 나라
를 세우면서 각
축을 벌였다. 이
때를 5호16국시

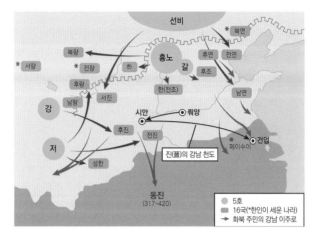

5호16국시대의 각축전

대라 부른다. 한 번도 경험하지 못한 대혼란이 벌어진 것이다.

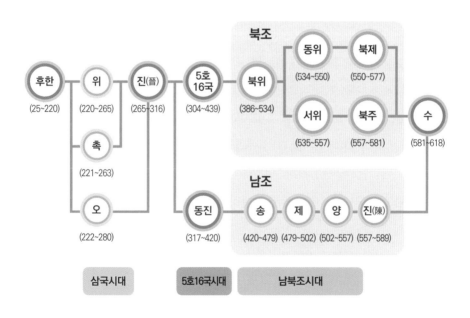

강남 지방으로 이동하자! 북방 민족은 대부분 유목민족. 이들의 기마병은 강
하지만 물에는 약하다. 그러니 양쯔강을 병풍 삼아 근거지를 건업(建業, 오늘날

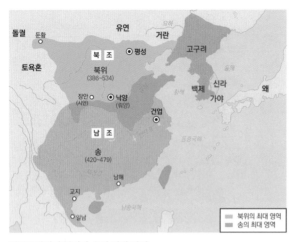

남북조시대의 북위와 송의 최대 영역

의 난징)으로 옮기고 재기를 도모해야 한다. 1,000년 이상 이어진 삶의 터전이자 정치적 중심지였던 화북 지역을 빼앗긴 채 중국의 귀족들은 양쯔강을 넘어 강남 지방으로 피난을 갔다. 하지만 사태는 쉽게 진정되지 않았다. 선비족의 일파인 탁발규(拓跋珪, 371~409)가 북위(北魏)를 세웠고 북위는 화북 일대를 통일하는 데 성공한다. 북방 민족에 의한 관중과 중원 통치가 확고해진 것이다.

화북을 빼앗긴 중국의 귀족들은 그나마 강남 지방을 지키는 데는 성공하였다. 왕조는 여러 번 바뀌었지만 북방 민족에게 강남 지방마저 빼앗기지는 않았다. 북방 민족이 지배하는 화북 지역과 기존의 중국 귀족들이 지배하는 강남 지역. 이 분열기를 남북조시대(조조의 위나라, 사마씨의 진나라를 합쳐서 위진남북조시대라고도 한다)라고 부른다. 통일제국 한나라가 멸망한 이후 나라는 셋으로 갈라졌으나 잠시 통일되었고, 북방 민족의 등장으로 다시금 혼란해졌으니 분열기가 무려 400년이나 지속된 것이다.

역사를 정치적으로만 이해하면 곤란하다. 정치적 혼란은 오히려 발전을 도모하는 기회의 시간이 될 수 있기 때문이다. 중국의 대분열기에 일어난 가장 큰 변화는 '강남 개발'이었다. 중국 남부 지대가 농업 경작지로 개발되기 시작한 것이다. 종래 강남에 대한 이미지는 비가 많이 내리고, 저지대가 자주 침수되며, 말라리아가 창궐하는 곳이었다. 화북에 비해 농사짓기가 어렵고 생활하기에도 불편하다는 의미다.

손책이 말했듯 강남 지역은 양쯔강과 한수이(漢水, 한수), 간강(贛江, 감강), 상수이(湘水, 상수)가 흐른다. 강우량이 일정하고, 호수와 개울 또한 많다. 다만 지형이 고르지 않기 때문에 고대의 농업 기술로는 하천변, 양쯔강 중류의 둥팅호(洞庭湖, 동정호)나 포양호(鄱陽湖, 파양호) 같은 호수 지역, 양쯔강 하류의 삼각지 정도에서만 경작이 가능했다. 초나라, 오나라, 월나라가 번성했던 지역이다. 비가 많이 내리기 때문에 숲이 무성하고 온갖 잡초와 풀이 빽빽했다. 길을 내기 어렵고 지역 간 소통이 쉽지 않았음은 물론이다. 하지만 단점은 곧 장점 아닌가. 화북의 개활지. 땅은 대체로 건조한 데다 황허의 범람이 잦았다. 경작지를 유지하는 데 공력이 많이 든다는 말이다. 이에 반해 강남은 일단 경작지가 만들어지면 오랫동안 안정적으로 운영할 수 있었다. 물이 풍부하고 강수량이 일정하기 때문에 치수 사업에 힘쓸 필요가 없다. 강남은 화북에 비해 풍흉의 차이가 작다. 더구나 경작지 인근에는 개발할 수 있는 땅이 무궁무진했다. 울창한 산림 덕분에 북방에서 쳐내려와도 방어하기에 용이했다. 그리고 난징 일대(당시에는 건업, 건강 등으로 불렸다). 시안에 비견되는 천혜의 요지이자 수도가 들어설 수 있는 자리였다. 양쯔강이 거대한 해자가 되어 외적을 막고, 배후에는 광대한 평원이 있기 때문에 많은 사람이 머물기에 적합하다. 광대한 농경지는 물론이고 수로를 통한 교통의 요충지이기도 하다. 난징을 중심으로 한 강남 지역은 북방 민족과 맞서 싸우며 웅거하기에 모든 면에서 적합한 곳이었다.

그리고 농업 기술. 위진남북조시대 때 농업 기술이 비약적인 발전을 이룬다. 강남은 비가 많이 내리기 때문에 쌀농사를 짓기에 적합한데, 이 시기 씨앗을 물에 미리 담가서 싹을 틔우는 기술 혁신이 일어났다. 땅에 심기 전에 벼의 싹을 미리 틔우면 성장 속도를 촉진할 뿐 아니라 농사를 짓기에 적합하지 않은 곳, 물이 깊거나 진흙인 곳에서도 수도작 형태로 농사를 지을 수 있다. 모내기, 이앙법같이 오늘날 상식에 가까운 농사법이 이 시기에 발명된 것이다. 더불어 수력을 이용하여 방아를 만들고, 이를 통해 곡식을 빻고 기름을 짜는 기술 또한 발전한다. 바야흐로 집약 농경의 시대가 열린 것이다. 쌀농사가 최초로 시작된 곳이 어딘가에 대해서는 여전히 논쟁이 있다. 양쯔강 일대에서 신석기시대 볍씨가 발견되었지만, 베트남 역시 최초의 쌀농사 지역으로 추정된다.

중요한 사실은 강남 지역이 양쯔강은 물론이고 베트남과도 인접했다는 점이다. 쌀농사를 짓기에 적합한 지역인 데다 농업 기술의 발달이 농업 생산력을 높였고, 그 결과 인구가 늘고 경제가 성장하는 선순환 효과가 일어났다. 위진남북조시대, 중국의 분열기라는 초유의 정치적 혼란은 뜻하지 않게 강남 개발이라는 경제적 혁신을 불러일으켰다. 또한 강남을 중국 역사의 중심 무대로 끌어들였다.

화북을 지배한 북방 민족은 새로운 문명을 만들지 못했다. 그들은 단지 군사력이 강했을 뿐 시간이 지날수록 중국의 문화에 동화되었으며 중국인이 되어갔다. 화북은 강남에 비해 건조할지언정 유목민의 생활 방식에 적합한 땅이 아니었고, 흉노와 선비 등은 혈통적 뿌리와 무관하게 전반적으로 중국화되어갔다. 같은 기간 강남 지역은 진정한 의미에서 중국의 일부가 되었다. 수많은 소수민족이 거주하는 땅, 중국의 영토였다고는 하지만 일부를 제외하고는 의미를 찾을 수 없었던 땅이 쌀농사 덕에 크게 변화한 것이다. 화북을 압도하는 광대한 영토, 농업 혁신을 통한 엄청난 인구 부양력, 그로 인한 강력한 경제력과 막강한 군사력 등 강남 지방은 중국인의 새로운 사회적 자원이 되어갔다. 강남에도 소수민족이 있었다. 하지만 이들은 북방 민족 같은 위력을 발휘하지 못했고 독자적인 나라로 성장하지 못했다. 정치적 혼란이 사회적 발전으로 이어진 시대, 비로소 중국은 화북(황허 일대)과 강남(양쯔강 남부 지역)으로 이루어진 진정한 중국이 되었다.

송나라의 경제혁명도 강남에서 시작

중국의 분열기는 지속되지 않았다. 589년 화북에서 승기를 잡은 수나라가 중국 전체를 통일했다. 하지만 수나라는 오래가지 못했다. 30년도 안 되어 멸망했고 당나라가 뒤를 이었다. 300년의 번성. 당나라의 등장 이래 중국은 왕조 말의 혼란기가 있었을 뿐 춘추전국시대, 위진남북조시대 같은 대분열의 시대는 자취를 감춘다. 당나라 말기 혼란기를 딛고 송나라가 들어섰고, 이후에도 원나라·명나라·청나라가 그 뒤를 이었으니 말이다.

중국의 왕조사는 크게 두 부분으로 나누어 설명이 가능하다. 분열기와 통합기가 반복된 시기, 통일제국의 시기로 말이다. 하나라·상나라·주나라가 이어지다가 춘추전국시대라는 분열기를 맞이했고, 진나라·한나라가 이어지다가 위진남북조시대라는 분열기가 등장했다. 통합과 분열의 반복은 여기까지. 6세기 이후에는 수나라, 당나라, 송나라, 원나라, 명나라, 청나라로 통일제국이 이어진다. 중국 최초의 왕조인 하나라에 대한 실체를 두고는 의견이 분분하다. 하지만 청동기가 크게 번성한 상나라부터의 역사상은 분명한데 춘추전국시대가 시작되는 기원전 770년까지 1,000년 이상 황허를 중심으로 왕조가 번성했다. 진시황이 기원전 221년에 천하를 통일했으니 춘추전국시대부터 시작된 분열기는 약 550년. 한나라가 400년을 번성했고 위진남북조시대가 400년이니, 전체적으로 본다면 분열기가 줄어든 셈이다.

6세기 수나라부터 1910년 신해혁명으로 청나라가 멸망하기까지는 통일제국이 이어졌는데, 이 시기에는 새로운 변수가 등장한다. 바로 북방 민족. 돌궐, 거란, 여진 그리고 몽골. 북방의 힘이 어느 때보다 강성해졌고, 북방 민족과 중국의 대결은 숙명적이란 듯이 불붙어 올랐다.

특히 송나라가 처절하게 패배했다. 거란이 세운 요나라(916~1125)가 만리장성 이남 지역의 '연운 16주'를 차지했는데, 송나라는 숱한 군사 작전에도 이를 되찾지 못했다. 이후 여진족의 영웅 아구다(阿骨打, 아골타, 1068~1123)가 등장하여 금을 세웠는데, 금나라(1115~1234)는 요나라를 멸망시킨 후 송나라를 공격하여 북중국을 점령하였다. 다시 양쯔강 이남으로 내려가야만 하는 때. 마치 위진 남북조시대처럼 남쪽으로 쫓겨난 송나라는 다시 한번 강남에 의지하며 국운을 이어갔다.

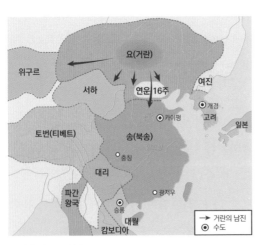

거란이 세운 요나라

금과 남송

당나라에서 송나라로 다시 남송(南宋)으로 이어지는 중국 중세사를 '당송변혁기'라고 부른다. 단순한 왕조의 변동으로 보기에는 사회 변동이 대단했기 때문이다. 당나라 초기만 하더라도 세금을 걷는 방식은 일률적이었다. 국가가 농민들에게 땅을 주었고 토지 소유의 정도에 따라 일률적으로 세금을 걷었으며, 전쟁이나 공사를 위해 수시로 남성 노동력을 동원했다. 하지만 당나라 중기 이후 국가는 단지 소득 수준에 따라 세금을 걷을 뿐이었다. 국가는 토지에 대한 지배력을 잃었고, 급여를 주고 직업군인을 고용하였다. 국가는 귀족을 통제하지 못했고, 귀족은 장원을 확대하면서 빈부 격차를 벌렸다. 좀처럼 국력이 회복되지 않았기 때문에 국가가 할 수 있는 것은 빈부 격차를 인정하고 부자에게 많은 세금을 거두는 것으로 만족할 수밖에 없었다.

모든 백성이 땅을 갖고 소박하고 균등하게 살아간다는 고대 중국의 이상은 당나라 초기에 적극적으로 구현되었지만 그만큼 빠른 속도로 무너져 갔다. 송나라에 들어와서는 이런 경향이 훨씬 심해졌다. 당나라가 멸망하고 송나라가 재건되는 사이에 귀족들의 힘은 더욱 강성해졌고, 송나라의 황제들은 변화한 사회경제상을 인정할 수밖에 없었다.

도시와 상업이 빠르게 발전하였고 시장과 인구가 급속하게 성장하였다. 여러 차례 혼란기에도 불구하고 인구는 지속적으로 늘어났고 농업 생산력은 나날이 높아졌다. 이에 대응하기 위해 관료제가 고도화되었는데, 제도가 확충되고 수로를 비롯한 교통 수준이 개선되면서 결과적으로 송나라의 경제 성장은 더욱 가속화되었다. 화약, 나침반, 인쇄술. 한나라 때 발명된 종이를 제외하고 인류를 바꾼 세 가지 발명품이 모두 송나라 때 나온 것은 우연이 아니다. 자본주의에 가까운 고도의 상업주의적 발전, 수만 개에 달하는 도시와 시장의 발달, 경제적 풍요로움은 중국 사회의 구석구석을 모조리 바꾸어놓았다.

비대해진 상업 경제하에서 국가는 세금 부과를 통해 위상을 유지하고자 하였다. 그런데 이러한 노력이 뜻하지 않은 변화를 일으켰다. 교자(交子), 즉 지폐가 발행된 것이다. 국가는 특정한 상인조합인 '행(行)'에 무거운 세금을 물었고 그 대가로 상업 독점권을 인정했는데, 이 와중에 익주의 호상 16호가 교자를 발행하였다. 당시만 하더라도 동전이나 철전을 사용했는데 교역량이 크게 올라가면서 금속화폐를 사용하기가 번거로워진 것이다. 너무나 많은 동전을 옮겨야 하는 문제가 생겼기 때문이다. 그래서 정부의 보장하에 특정한 상인 그룹이 종이로 만든 신용화폐를 발행하여 편리함을 도모하였다. 처음에는 특정 상인조합에 대한 국가 보증 정도의 약속에 불과했다. 하지만 막대한 양과 무게의 금속화폐 대신 종이화폐가 발행되면서 상업 활동이 훨씬 효율적으로 이뤄졌고, 그만큼 대단위의 금액이 오가는 모험적 상업주의가 발전하게 되었다. 인류 역사 최초로 종이화폐, 지폐가 송나라에서 등장한 것이다.

그리고 금나라의 침략. 송나라는 화북 지방을 잃고 양쯔강 이남으로 쫓겨난다. 북중국에서 남중국으로 거대한 인구 이동이 일어났고, 그 결과 제2의 강남 개발이 이뤄졌다. 과거에는 농업 분야에서의 변화가 대부분이었다면 이번에는 누적된 상업 기술과 고도화된 사회 시스템이 한층 조밀하게 적용되면서 강남 지역은 한층 더 발전하게 된다.

상업이 중요해졌지만 여전히 경제의 핵심은 농업이었다. 농업 생산력이 올라가야 인구도 늘고 상업도 번성할 수 있는 시대였다. 송나라 때의 농업 성장은 눈부셨다. 곳곳에 '수리전(水利田)'이 보급됐다. 양쯔강 하류의 델타 지대를 중심으로 저지대에 제방을 쌓고 논을 조성하는 방식이었는데, 농경지를 확대하는 데 큰 도움이 되었다. 종자 보급도 효과적이었다. 1012년 송나라 황제 진종(眞宗, 968~1022)은 점성도(占城稻) 3만 곡을 구해 와서 전국에 보급한다. 점성도는 참파(占婆, 점파), 즉 오늘날 남베트남을 원산지로 하는 품종으로 날씨에 강하고 토지가 척박해도 잘 자라는 우수종이었다. 강남 지방 대부분에서 점성도로 쌀농사를 지었고 3~4월에 파종을 하면 3~4개월 후에 수확할 수 있었다. 수확 기간이 짧았기 때문에 벼의 이기작이 가능했다. 같은 시기 보리와 밀의 보급도 확대돼 강남 지역에서는 지역적 특성을 고려해 벼와 보리, 벼와 밀의 이모작 또한 활발해진다. 이기작과 이모작. 한 땅에서 1년에 작물을 두 번 재배한다는 것은 같은 땅에서 두 배의 소출을 낸다는 의미다. 더구나 수차의 개발, 파종 방식의 개선, 비료 사용 등 농업 기술의 발전을 고려하면 두 배 이상의 엄청난 성취를 이루었다고 봐도 무방하다.

상업이건 농업이건 중국의 경제는 송나라 때를 거치면서 크게 바뀌었다. 또한 송나라의 경제 성장은 강남의 지위를 돌이킬 수 없는 수준으로 확정 지었다. 이제 양쯔강 이남 지역은 중국 역사 그 자체가 되어버린 것이다.

왜 만주와 티베트는 중국이 됐을까?

그런데 의아한 구석이 있다. 오늘날 중국이라고 이르는 범위와 과거 중국인들이 활동했던 영역에 커다란 차이가 있다는 점이다. 만주, 내몽골, 신장웨이우얼 그리고 티베트까지. 더불어 타이완. 하지만 이곳은 중국인이 활동했던 지역이 아니다. 한무제나 당태종 같은 이들이 원정을 펼쳤으나, 성과는 제한적이었고 영구적인 지배는 불가능하였다. 그런데 어떻게 오늘날 만주부터 티베트까지 중국의 일부가 됐을까?

이민족의 중국 지배 때문이다. 시작은 몽골. 칭기즈칸(Chingiz Khan, 1162~1227)과 그의 일족은 이전에 어떤 북방 민족도 해내지 못한 성취를 이루었다. 송나라의 전략은 철저히 실패했다. 요나라를 무너뜨리기 위해 금나라를 끌어들였듯, 금나라를 무너뜨리기 위해 남송은 몽골을 끌어들였다. 몽골은 금나라를 무너뜨렸고 곧장 남송을 공격하였다. 칭기즈칸의 후계자 쿠빌라이칸

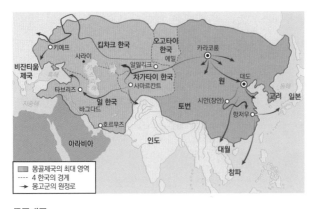

몽골제국

(Khubilai Khan, 1215~1294)은 끝내 남송을 멸망시켰다. 북방 민족이 역사상 최초로 중국 전체를 지배하는 초유의 사건이 일어났다. 몽골은 중국만 지배했던 것이 아니다. 중국 지배에 앞서 중앙아시아, 만주, 서아시아를 석권하였다. 인류 역사 최초로 유목민과 농경민을 아우르고 아시아 대륙의 대부분을 포괄하는 세계제국이 성립된 것이다.

몽골제국은 너무나 거대했기 때문에 여러 나라로 나뉠 수밖에 없었다. 쿠빌라이칸이 다스리는 원나라와 칸들이 다스리는 여러 '한국(汗國)'이 세워졌다. 그럼에도 불구하고 원나라의 영토는 종래 그 어떤 중국제국의 지도자도 얻지 못한 광대한 영역이었다. 만리장성 이남의 중국 땅은 물론이고 티베트부터 몽골초원 그리고 만주 일대까지를 아우르는 전 지역을 지배했기 때문이다. 고려의 경우 부마국, 즉 사위의 나라가 되어 간접 지배를 받았다. 쿠빌라이칸은 수도를 몽골고원의 카라코룸에서 중국 북부의 대도로 옮긴다. 오늘날 중국 정치의 중심지인 베이징의 역사가 시작된 것이다.

하지만 몽골의 중국 지배는 오래가지 못했다. 고압적 통치가 중국인들의 격렬한 저항을 불러일으켰다. 100여 년 만에 몽골은 자신들의 고원으로 쫓겨났고 중국에는 명나라가 들어섰다. 한반도 역시 격렬한 내부 갈등 끝에 고려가 무너지고 조선이 들어서게 된다. 그리고 이번에는 여진족. 아골타가 금나라를 세웠듯, 누르하치(奴兒哈赤, 1559~1626)가 여진족을 통합하며 후금(後金)을 세웠다. 누르하치의 뒤를 이은 홍타이지(皇太極, 1592~1643)는 몽골을 점령하였고 몽골의 전통을 받아들였다. 몽골이 세계를 지배할 무렵 그들을 지배했던 종교는 티베트의 라마교였다. 라마교는 마하칼라(Mahakala)라는 신을 섬기며 독특한 불교문화를 이루었는데 원나라가 무너진 이후에도 몽골인들은 여전히 라마교를 숭배하였다.

몽골초원에는 릭단(林丹, 1592~1634)이라는 지배자가 있었고 그는 원나라의 후예를 자처하였다. 홍타이지는 격렬한 전투 끝에 릭단을 무너뜨렸고 여진과 몽골의 지배자가 되었다. 홍타이지는 과거 원나라 황제들이 사용했던 옥새를 얻었고, 몽골 귀족들은 그를 '보구다 세첸 칸(성스럽고 총명한 칸)'으로 공식 인정하였다. 만주와 몽골을 아우르며 과거 몽골의 영광을 계승하는 여진족 지배자가 등장한 것이다.

1635년 몽골을 평정한 홍타이지는 기묘한 선택을 한다. 그는 국호를 '청(淸)'으로 바꾸고 스스로 '황제'라고 칭했다. 전통적으로 북방 민족의 지배자들은 선우(單于), 칸(Khan), 가한(可汗) 등의 칭호를 사용하였고 스스로를 중국의 황제와 대등하다고 여겼다. 중국과는 구별되는 또 한 사람의 지배자가 북방에 있다는 의미다. 하지만 홍타이지는

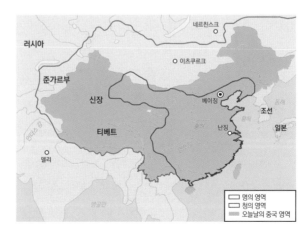

과거의 명, 청, 오늘날의 중국 영역

여진, 몽골의 지배자인 칸이 되었음에도 불구하고 황제라는 칭호를 선택했다. 중국을 정복하겠다는 대외 정책을 분명히 했을 뿐 아니라 중국인들이 인정하는 지배자가 되겠다는 것이다. 홍타이지는 여진, 몽골 그리고 랴오둥반도에 거주하는 중국인을 포괄하는 새로운 형태의 다민족 국가를 만들어갔다. 우선 그는 병자호란을 일으켜서 명나라의 강력한 동맹국, 하지만 일본과의 싸움으로 국력을 소진했던 조선을 쉽사리 무력화했다.

몽골의 뒤를 이어 청나라가 강성해지고 있을 무렵, 몽골을 몰아냈던 명나라는 근본적인 수준에서 무너지고 있었다. 이자성(李自成, 1606~1645)과 장헌충(張獻忠, 1606~1647) 등이 반란을 일으켰고 1644년 이자성이 베이징에 진입하며 명나라는 역사에서 사라진다. 혹독한 사회 혼란 끝에 자멸하고 만 것이다.

청나라가 중국의 진정한 지배자가 되기까지는 이때부터 40여 년의 시간이 걸렸다. 청나라는 곳곳에서 수많은 저항에 맞닥뜨렸고 치열한 전투를 벌이며 중국을 통일해갔다. 당시 청나라의 황제는 강희제(康熙帝, 1654~1722)였다. 그는 중국을 지배하는 과정에서 협력했던 오삼계(吳三桂, 1612~1678) 같은 장군들을 제거하며 지배력을 강화하였다. 이 시기 명나라 부흥 세력은 타이완까지 도망간다. 중국 남부에 있는 커다란 섬. 한 번도 중국의 영토였던 적이 없었고 그렇다고 이곳에 나라가 세워진 적 또한 없는 불모의 땅. 상당수의 원주민이 중국인들과는 전혀 다른 생활양식을 유지했고, 15세기 이후 포르투갈·네덜란드 상인들이 이곳을 상업 기지로 활용하였다. 일부 중국인, 특히 해적들이 이곳을 선호했음은 두말할 나위가 없다. 명나라 부흥 세력의 지도자 정성공(鄭成功, 1624~1662)이 바로 이 타이완을 거점으로 삼고 저항을 하였다. 1683년 강희제가 타이완을 공격하였고, 이듬해 5월 타이완은 1개의 부와 3개의 현을 둔 중국의 영토가 된다. 중국 역사가 처음으로 바다를 건너 커다란 섬을 품게 된 것이다.

강희제는 여기서 멈추지 않았다. 방향을 돌려 몽골의 저항 세력을 분쇄하였고, 1718년 티베트의 중심지 라싸를 점령하고 7대 달라이 라마를 옹립하는 데 성공하였다. 청나라는 이후에도 지속적으로 달라이 라마를 조종함으로써 티베트 일대를 통치하고자 했다. 몽골에서 신장웨이우얼, 티베트에 이르는 종교적 지배권과 정치적 지배권을 확립하는 데 성공한 것이다.

그리고 이 무렵 러시아가 동아시아의 역사에 처음 등장한다. 1500년경에는 러시아의 시베리아 진출이 광범위하게 이루어졌다. 1650년대 러시아는 만주 북부의 아무르강(흑룡강) 일대까지 진출하였다. 청나라가 중국을 점령하는 동안 러시아는 시베리아에 범죄자와 정치범의 유형소를 만들었고, 아무르강 일대의 많은 촌락을 복속시키고 있었다. 17세기 중반이 되자 러시아와 청나라의 군사적 충돌이 일어났고, 만주 일대의 수많은 소수 부족을 두고 두 나라는 경

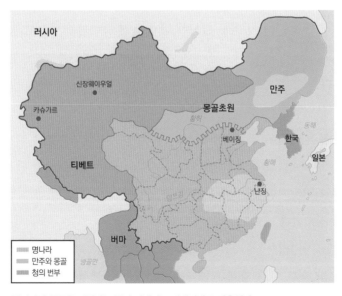

청나라가 중국을 점령하는 동안 러시아는 시베리아로 진출했다.

쟁을 벌인다. 강희제는 네르친스크 조약(1689)을 통해 러시아와 국경선을 확정 지었고, 백두산에 원정대를 보내 남만주 일대에서 발흥한 여진족의 역사를 체계화하였다. 청나라는 과감한 군사 원정을 통해 중국을 지배했지만 중국의 문화와 질서를 존중하였다. 과거제도를 그대로 유지했고, 만한병용제를 실시하여 만주인과 중국인을 함께 등용해 국가를 운영하게 했다. 몽골이 세운 원나라와는 전혀 달랐다.

중국은 물론이고 몽골부터 신장웨이우얼, 티베트에 이르는 광범위한 지역은 몽골의 지배를 제외하고는 한 번도 단일한 통치를 받아본 적이 없는 지역이었다. 종교와 문화가 상이함은 물론이고 생활양식의 기초적인 부분에서까지 각양각색의 차이를 보였다. 번부(藩部). 청나라는 이들의 다양성을 인정하였고 이들의 사회적·문화적 독립성을 존중하였다. 하지만 중요 지역에는 청나라 군대가 주둔하고 세금을 부과하였다. 중국을 통치하는 방식과는 전혀 다른 방식으로 만주부터 티베트까지를 지배한 것이다.

말을 타고 활을 잘 쏘는 북방 민족이라는 특수성, 몽골의 세계 지배라는 독특한 선례 그리고 15세기 이후 발전한 국가 운영 능력과 군사 제도 덕분에 청나라는 이전의 그 어떤 제국도 꿈꾸지 못했던 방대한 영토를 300년간 매우 효율적으로 다스렸다.

19세기 들어 시작된 청나라의 붕괴는 놀랍게도 중국의 분열로 이어지지 않았다. 1840년 아편전쟁을 계기로 청나라는 영국·러시아 등 서양 열강의 끝없는 공세에 직면했지만, 빼앗긴 곳은 중국 남부의 외딴 지역 홍콩과 만주 극동의 연해주 정도였다.

그럼에도 청나라는 사라졌다. 1911년 신해혁명. 민족주의자 쑨원(孫文, 1866~1925)의 주도 아래 황제 지배체제는 중국 역사에서 영원히 사라진다. 이때부터 1949년까지는 모진 혼란에도 불구하고 국민당이라는 민족주의 세력이 중국을 이끌었고, 이후에는 공산당이 이끄는 중화인민공화국이 들어서게 된다. 국민당과 공산당의 싸움은 공산당의 승리에도 불구하고 끝내 마무리되지 못했다. 국민당이 타이완에 정부를 수립하며 현재까지 대립이 이어지고 있기 때문이다.

만주족의 시대는 *끝났다.* 오늘날 소수의 만주족은 남아 있지만 여타 수많은 소수민족보다 못한 처지에 있다. 조선족을 비롯하여 다양한 소수민족은 어느 정도의 자치권을 인정받고 있지만 중화 세계의 주변부에 머무르는, 다원적인 구성원에 불과하다. 갈등이 이어지고 있는 신장웨이우얼과 티베트의 경우 중국인들의 직접 통치가 이루어지고 있다.

어떤 의미에서 중화인민공화국은 청나라를 계승하였고, 여진족의 통치 방식은 만리장성 이남과 이북의 세계를 여전히 하나로 굳건하게 묶고 있다. 황허를 중심으로 한 첫 번째 세계, 양쯔강을 중심으로 한 두 번째 세계. 중국인들은 1,000년이 넘는 기간에 걸쳐 두 강 일대의 땅을 하나로 묶으면서 만리장성 이남의 거대한 땅덩이를 자신들의 영토로 만들었다. 그리고 북방 민족은 그 고유하고 독자적인 위대함에도 불구하고 중국 역사의 확장적인 발전에 뜻하지 않은 기여를 하고 말았다.

생각의 탄생,
난세를 어떻게 극복할 것인가

춘추전국시대와 제자백가

철학의 시대
난세를 어떻게 극복할 것인가?

CHINA

이제 본격적으로 역사 이야기를 시작해보자. 중국은 인류 역사 발전에 중요한 지역이었다. 황허와 양쯔강 일대에서는 선사시대 유적이 다수 발굴됐으며 현재는 발굴 영역이 중국 전역으로 확대되고 있다. 아쉽게도 이 책에서는 중국의 선사시대 이야기는 과감하게 생략하고자 한다. 그 규모의 방대함과 선진적인 발전이 지니는 심대한 가치에도 불구하고, 여하간 역사 이야기를 다루는 것이 목적이기 때문이다.

황허문명은 인류 역사 최초의 문명 중 하나다. 양쯔강 유역에서도 선사시대 문명이 등장했지만, 왕조가 등장하는 등 본격적인 중국사의 출발점은 황허 유역이었다. 중국인들은 오랫동안 중국 역사 최초의 왕조를 하나라로 봤고, 뒤를 이어 상나라·주나라가 등장했다고 생각했다.

상나라 때는 청동기 문화가 크게 발달했다. 이집트문명을 비롯하여 인류 최초의 문명은 청동기를 활용하며 성장했는데 중국만큼 다양하고 화려한 청동기를 자랑하는 예는 드물다. 상나라의 청동기는 동물이나 괴물 등 다양한 형상을 표현한 것으로 유명하며, 청동기 기술은 주나라에서도 계속 발전했다.

상나라 후기의 청동기. 조류의 형상이 인상적으로 반영되어 있다.

춘추전국시대와 제자백가

중국 고대사를 이야기하기 위해서는 우선 주나라에 대해 알 필요가 있다. 주나라는 '하늘의 뜻'을 이야기했다. 백성이 행복한 것이 하늘의 뜻이고, 하늘을 거스르는 왕은 쫓아낼 수 있다는 생각을 합리화했다. 일명 '천명사상(天命思想)'과 '역성혁명(易姓革命)'이라는 개념인데, 이후 중국은 물론이고 동아시아 역사에서 가장 중요한 사상적 기초가 됐다.

주나라 역사의 후반기는 혼란 자체였다. 이를 '춘추전국시대'라고 불렀는데 중국 역사에서 가장 중요한 시간이라 할 수 있다. 중국 문명이 본격적으로 발전했기 때문인데 왕권 강화, 관료제 실시 등 동아시아의 독특한 국가 운영 모델이 이 시기에 정립됐다.

무엇보다 중요한 것은 이 시기에 '제자백가(諸子百家)'가 등장했다는 사실이다. 공자, 맹자 등 오늘날에도 자주 인용되는 인물들이 이 시기에 등장하여 창조적인 주장들을 이어갔다. 가히 '생각의 탄생'이라고 부를 정도로 혁명적인 발전이 이어졌으며, 이후의 중국 역사는 물론이고 오늘날까지도 동아시아 사람들의 세계관에 큰 영향을 미치고 있다.

★ POINT

★ 중국 역사의 시작
하나라 ▶ 상나라(청동기, 신정정치, 갑골문 사용) ▶ 주나라(천명사상, 역성혁명, 중국사의 본격적인 시작)

★ 춘추전국시대
주나라 후기로, 정치·사회적 혼란기였음. 군현제·관료제 등 새로운 통치 방식이 등장함. 철제 기술, 농업, 상업이 발전함. 제자백가의 등장과 지적 혁명이 일어남.

★ 제자백가

- **유가(유학, 유교):** 공자·맹자가 대표 인물. 인과 예를 강조하며 사상적인 발전을 이룸. 군주의 도덕적인 통치와 민본주의를 강조하며 주류 사상으로 성장함.

- **묵가:** 춘추전국시대의 혼란상을 인정하고, 현상을 유지하되 약자를 보호하고자 함. 무장 투쟁을 할 정도로 실천적인 집단이었음.

- **도가(도교):** 노자(老子, ?~?)와 장자(莊子, BC369~BC289?)가 대표 인물. 인위적인 것을 배격하며 자연으로 돌아가고자 함. 철학적이며 개인적인 사상을 추구함.

- **법가:** 새로운 법질서를 구축하여 국가를 부강하게 만들고자 함. 강력해진 국가의 힘으로 주변 국가를 통합하고자 함.

상나라와 주나라:
사람을 죽여 묻던 시대에서 하늘의 뜻을 물어보는 시대로

제환공은 관중 사후 관중의 충언을 받아들이지 않고 마침내 역아, 개방, 수조 등 세 사람을 가까이했다. 이들 3인이 멋대로 권력을 휘두른 이유다. 당시 제환공에게는 총애하는 여인으로 정실인 부인에 버금가는 위세를 떨치는 자가 모두 여섯 명이나 있었다. 이들은 각자 소생의 자식을 두고 있었다. 제환공이 갑자기 죽자 여섯 명의 공자 사이에서 보위를 둘러싸고 서로 맹렬히 공격하는 상황이 빚어졌다. 그사이 제환공의 시신은 침상에서 염도 못 한 채 67일 동안 방치됐다. 시신에서 빠져나온 구더기가 문밖으로 기어 나오는 참사가 빚어진 이유이다.

— 증선지, 《십팔사략》 제3장 주(周) 중

제환공(齊桓公, BC716~BC643)은 주나라의 혼돈을 수습하고 최초로 패자에 오른 인물이다. 중국 역사의 본격적인 시작은 주나라의 혼돈, 춘추전국시대라고 할 수 있다. 기원전 8세기부터 기원전 3세기에 이르는 약 500년간의 장구한 혼란기인데, 선사시대에서 고대 국가로 비교적 안정적인 발전을 보여온 중국 역사에서는 처음 맞이하는 혼돈의 시대라고 할 수 있다.

이전에도 변화는 있었다. 하나라 이후 상나라가 들어섰고 주나라가 상나라를 멸망시켰다. 상나라는 갑골문과 청동기로 유명한 나라이다. 나라의 중요한 일을 결정할 때 소뼈나 거북이 등껍질 같은 것을 이용해서 점을 쳤다. 뼈를 불에 구우면 표면에 균열이 일어나는데 이를 보면서 길함과 불길함을 평가하였고, 그 결과를 뼈에 새겨 넣었다.

갑골문

오랜 세월이 흘러 1899년 베이징에 말라리아 전염병이 문제가 됐을 때 갑골문은 '용골(용의 뼈)'이라는 이름으로 등장한다. 뼈에 글자 비슷한 것이 새겨져 있기 때문에 평범한 동물의 뼈가 아니라 용의 뼈이고, 이 뼈를 갈아서 마시면 말라리아에 효험이 있다는 주장이었다. 한학에 조예가 있는 유악(劉鶚)이라는 인물이 우연히 용골을 구매하게 되었고, 그가 이를 중국 고고학회에 보고하였다. 용골은 오늘날 허난성(河南城) 안양에서 발굴되고 있었다. 엄청난 양의 소뼈와 거북이 등껍질이 있었고, 그 뼈들에는 이상한 문자들이 잔뜩 적혀 있었는데 놀랍게도 기원전 1700년경, 지금부터 약 4,000년 전 상나라 때 사용하던 한자의 원형이었다. 1만 점이 넘는 거북이 등껍질과 몇 개의 소뼈에서 수백, 수천의 글자를 해독할 수 있었다. 이전에는 상상도 할 수 없었던 새로운 정보였다. 사마천의《사기》와 같은 문서들은 대부분 전국시대 이후에 편찬되었는데, 최소 1,000년을 앞선 당대의 기록을 확보한 것이다. 고고학을 통해 발굴할 수 있는 일반적인 유적이나 유물이 아닌, 상나라 때 사람들이 직접 쓴 기록을 확보했으니 세계사에 남을 학문적 성과였다 할 수 있다.

상나라는 신정국가였다. 갑골문 대부분은 희생 제의와 관련되어 있었고 무당들이 강력한 영향력을 행사하였다. 상나라의 우주관은 중국인의 종교관에 큰 영향을 미쳤다. 상제(上帝)라는 최고신이 존재하고 곳곳에 산의 신, 강의 신 등 다양한 신이 존재한다. 하지만 자연을 관장하는 신들은 인간의 문제에 개입하지 않는다. 가장 중요한 것은 조상신. 사람을 돕는 신은 죽은 조상들이다. 체계적인 다신교의 등장이라기보다는 조상을 섬기는 제사 제도가 발전할 수밖에 없는 세계관이 마련된 것이다.

고대 신정정치는 문명을 막론하고 잔혹하기 짝이 없다. 상나라는 수백 마리의 소를 희생제물로 바쳤고 이를 통해 돌아가신 왕실 조상들의 도움을 받고자 했다. 제사를 진행하면서 복잡한 의례와 예법이 발전한 것은 물론이고, 순장 또한 조직적으로 진행되었다. 적게는 수십, 많게는 수백의 전쟁 포로가 생매장을 당했다. 죽여서 묻는 경우도 있고, 산 채로 묻는 경우도 있고, 목을 잘라서 묻거나 손과 발을 잘라서 따로 묻기도 했는데 이 또한 상나라인들의 종교관과 관련이 깊다. 사람이 죽으면 육신은 썩지만 지하 세계에서의 인생은 살아서와 똑같이 계속된다. 구체적으로 어느 정도였을까?

갑골문이 등장한 안양에서는 기원전 1200년경 상왕 무정의 64명에 달하는 부인 중 1명의 무덤이 발굴되었다. 그녀는 갑골문으로 신원이 확인된 최초의 인물이기도 하다. 그녀는 여성임에도 영지를 보유하고 군대를 이끌고 전투를 벌였다. 그녀의 무덤에는 3개의 상아로 만든 기물, 500개에 가까운 뼈바늘,

사모무방정

500대가 넘는 옥기, 화폐로 사용되던 7,000개의 조개껍데기, 5개의 청동 악기, 18개의 소형 청동 악기, 200개가 넘는 청동 의기, 130개가 넘는 청동 무기 그리고 여성·남성·아이들이 포함된 16구의 순장 시신이 있었다. 청동기의 규모가 엄청난데 상나라는 어떤 청동기 문명권보다 다양하고 아름다운 청동기를 많이 만들어냈다. 예술성은 물론이고 엄청난 양으로 여타의 것을 압도한다. 사모무방정(司母戊方鼎)이라는 제기는 무려 875킬로그램에 달한다.

쉽사리 이집트를 연상하면 안 된다. 이집트가 죽음 이후의 생을 준비하기 위해 많은 시간을 들였다면, 상나라는 지하 세계에 집착하였다. 이집트인들은 하늘 높이 피라미드를 쌓았다면, 중국인들은 땅속 깊숙이 거대한 무덤을 만들었다. 무덤에는 다양한 형태의 부장품이 들어갈 수밖에 없고, 왕이나 귀족이 죽었을 때는 그들을 모실 이들이 함께 묻혀야만 했다. 아내가, 여성이, 노비가, 전쟁 포로가 순장을 당했는데 특히 강족(羌族) 출신이 많이 묻혔다. 갑골문에서만 파악된 사람이 수천에 달했는데 강족은 초기 중국 역사에서 가장 강력한 적대자들이었다. 강족은 하·상·주로 이어지는 중국 역사의 본류에 강력하게 저항하는 세력이기도 했지만, 동시에 중국 역사에 강제로 편입되어간 이들이기도 했다. 강족을 유목민으로 취급해서는 곤란하다. 흉노가 등장하기 전까지 묘사되는 다양한 이족들은 풍습이 다른 농경민족이 대부분이기 때문이다.

주무왕은 즉위 후 태공망 여상을 군사 및 용병 등의 자문에 응하는 군사로 삼고, 동생인 주공 단을 곁에 두고 (…) 제후들이 입을 모아 말했다.

"이제 상나라 왕을 칠 만합니다!" 주무왕이 말했다. "그대들은 아직 천명을 모르오. 아직 정벌할 수 없소!" 그러고는 군사를 이끌고 돌아갔다. 2년 뒤 상나라 왕이 더욱 어지럽고 포학한 모습을 보였다. (…) "상나라가 무거운 죄를 지었으니 이제는 정벌하지 않을 수 없소!"

– 사마천, 《사기》 〈주무왕 본기〉 중

상나라가 멸망하고 주나라가 들어섰다. 앞서 이야기했듯 지리적으로 따진다면 관중이 중원을 점령한 모양이긴 하지만, 아직까지는 지역 단위로 역사를 이야기하기에는 한계가 있다. 영토의 자원을 충분히 활용하거나 지역적 경계가 분명하다고 말할 수는 없기 때문이다.

한나라 때 사마천은 《사기》라는 역사책을 지었다. 고대 그리스에서 헤로도토스가 《역사》라는 책을 써서 역사 기록의 준거점을 마련했다면, 사마천은 동아시아 역사서의 전범을 마련한 인물이다. 사마천은 지극히 인물 중심으로 역사를 써 내려갔다. 본기에는 제왕, 세가에는 제후, 열전에는 영웅들의 이야기를 썼는데 문체가 담박하고 사건 위주의 서술과 역사가의 평가를 엄격히 구분해서 사실과 견해를 나누는 방식을 취했다. 인물과 사건 위주로 이야기가 전개되기 때문에 읽는 재미가 크고, 그렇기에 《삼국지연의》·《수호지》 등 후대의 문학적 성취에도 큰 도움을 주었다.

사마천은 역사의 시작으로 오제(五帝)를 언급하였다. 이들은 신화적인 인물들이다. 황제(黃帝)는 치우(蚩尤)·염제(炎帝) 같은 포악한 제후를 토벌하였고, 땅을 일구며 백성을 돌보았는데 '일정한 거처 없이 이리저리' 옮겨 다녔다고 한다. 왕권이 미약했던 시대상이라 할 수 있다. 전욱(顓頊)과 제곡(帝嚳)을 거쳐 비로소 요(堯)와 순(舜)의 시대가 등장하는데 전통 사회의 중국인들은 이때를 통상 중국 역사의 본격적인 시작으로 보았다. 요는 인자하고 지혜로운 인물로, 하늘의 법칙을 이해하여 '백성에게 농사의 적기를 신중히' 가르쳤다. 요는 자신의 아들들이 제위를 잇기를 원치 않았다. 덕이 없기 때문이었다. 신하들은 '순'을 추천하였다. 순은 효성이 지극하며 가족을 잘 다스려서 덕망이 높았다. 요는 자신의 아들이 아닌 순에게 왕위를 물려주었다. 혈통이 아닌 성인(聖人)이 성인에게, 군자가 군자에게 왕위를 물려준 이상적인 모습이었다.

요의 뒤를 이은 순은 형벌을 쓰는 데 신중하였고 백성뿐 아니라 주변의 이족들을 교화하는 데 힘썼다고 한다. 영토가 확장되고 국력이 강해지고 있음을 알 수 있는 대목이다. 순 또한 자신의 아들이 아닌 우(禹)에게 왕위를 물려주었다. 우는 치수 사업에 뛰어난 인물이었다. 그는 9개 강의 물길을 통하게 해서 전국을 하나로 만든 인물이다. 황허문명에 걸맞은 임금의 탄생이었다. 우 또한 아들이 아닌 뛰어난 인물을 찾고 싶었지만 그러지 못했기에 아들에게 왕위를 물려준다. 세습 왕조 하나라의 시작이었다. 하나라 말기 걸왕(桀王)이 나라를 엉망으로 운영하자 탕(湯)이 나와서 걸왕을 몰아내고 왕이 되니 상나라가 시작되었고, 다시 상나라 말기 주왕(紂王)이 폭정을 일삼으니 무(武)가 등장해서 주왕을 몰아내고 주나라를 세웠다.

그런데 이 부분에서 사마천은 흥미로운 이야기를 꺼낸다. 앞의 인용문에서 알 수 있듯 무가 '천명(天命)'을 이야기했기 때문이다. 천명, 즉 하늘의 뜻을 아직 모르기 때문에 힘이 있어도 상나라를 멸망시킬 수 없다는 주장이다. 그리고 2년이 지난 후에 무는 정벌에 나서고 주나라를 세우게 된다. 대체 천명은 무엇이며, 무가 입장을 바꾸어 정벌전에 뛰어든 이유는 무엇일까?

이 부분에서 중국 역사는 중요한 정신적 비약을 이루었다. 천명. 현실 권력과는 구분되는 '하늘의 뜻'이 별도로 존재한다는 것이다. 상나라는 제사장의 영향력이 큰 신정 정치체제였다. 《사기》에서는 볼 수 없는 온갖 야만적인 희생 제의와 대대적인 사업이 고고학의 발굴로 적나라하게 드러나지 않았던가. 왕의 뜻이 하늘의 뜻이고 왕이 하고 싶은 대로 할 수 있기에 나타난 결과들이다. 그런데 주나라를 세운 무왕은 새로운 이야기를 하고 있다. '내가 가진 힘으로 왕을 몰아내고 새로운 왕조를 세우는 것이 하늘의 뜻에 걸맞은 행동일까? 천명과 왕권이 분리되어 사유되기 시작한 순간이다. 국왕의 권력을 초월하는 더욱 크고 원대한 하늘의 뜻이 별도로 있다는 생각이다.

그렇다면 하늘의 뜻은 어떻게 알 수 있을까? 2년 뒤 상나라 왕이 더욱 어지럽고 포악한 모습을 보였다. 왕의 폭정은 백성의 고통을 의미한다. 즉, 천명은 백성의 삶과 맞닿아 있는 것이다. 백성이 행복하고 즐거우며 평안을 누리는 것을 하늘이 원한다. 왕은 천명에 순응하여 어진 통치를 펼칠 때 통치의 정당성을 확보할 수 있다. 거대한 정신적 변혁이 이루어지기 시작하였다.

상나라에서 주나라로. 연속과 불연속이라는 여러 변화가 이루어졌다. 순장에 근거한 신정정치의 과격함은 누그러들고 《역경》, 《시경》, 《서경》 등 고대의 경전들이 이 시기에 탄생한다. 점을 치면서 길운을 기대하던 관습이 역법으로 체계화됐고, 민중이 겪는 삶의 애환이 문자로 쓰여서 문학적 발전을 이뤘으며, 이제는 신화가 아닌 역사라는 현실적인 '인간의 이야기'로의 전환이 강행됐다.

그럼에도 이 이야기를 기록한 사마천이 한무제 때 인물이라는 사실은 염두에 두어야 한다. 주나라로부터 무려 1,000년이나 지난 상황에서 쓰인 역사책이기 때문이다. 《사기》는 1,000년에 걸친 중국 최초의 역사에 대한 종합적 기억으로 보아야 한다. 사마천은 군주가 갖추어야 할 인품과 통치 방식에 관해 은연중 옳고 그름을 구분하고 있다. 왕위를 세습하지 않는 고대 사회의 이상적인 군주상, 치수 사업과 백성 교화를 중요시하는 고대 군주의 훌륭한 통치술, 천명에 순응하며 난세를 극복하는 영웅에 대한 이야기까지 과거에 일어난 사실에 대한 기술이라기에는 이념적이며 고도로 조직화된 설명임이 분명하다. 여하간 그런 대대적인 인식의 변화가 주나라로부터 본격화되었음은 두말할 나위가 없다.

춘추전국시대:
미증유의 혼란기, 원한과 복수의 시대

주나라의 후반기는 혼란의 연속이었다. 융적(戎狄)의 공격을 피해 수도를 호경(鎬京)에서 낙읍(洛邑)으로 옮겼던 기원전 770년부터 기원전 403년까지를 춘추(春秋)시대, 이때부터 기원전 221년 진시황이 천하를 통일할 때까지를 전국(戰國)시대라고 부른다. 춘추시대라고 부르는 이유는 공자가 이 시기를 두고 《춘추》라는 역사책을 썼기 때문이라고 하며, 전국이라는 말은 한나라 때 유향이 쓴 《전국책》에서 비롯되었다고 한다. 통상 춘추와 전국을 나누는 기준은 주 왕실의 권위를 인정할 것인가의 문제이다. 주나라는 무왕이 나라를 세운 후에 봉건제도를 취했다. 수도와 중앙 지역은 왕이 직접 다스리고, 주변 지역은 왕족과 공신을 제후로 세운 뒤 영토를 나누어서 운영하게 하였다. 하지만 시간이 흐르면서 주 왕실의 영향력이 약해질뿐더러 왕과 제후 사이에 혈연적인 유대감이 사라질 수밖에 없었다. 여러 개의 나라로 나뉘어갔다는 말이다. 당연한 결과이지 않은가. 융적의 침입은 신호탄이었다. 주 왕실의 무기력함이 만천하에 드러난 사건. 이제 제후국은 주 왕실의 눈치를 보지 않고 마음껏 행동할 수 있게 되었다. 춘추시대는 제후국들이 주 왕실을 보호한다는 명분으로 국력을 강화하였고, 전국시대는 주 왕실을 무시하고 제후국 간의 전쟁을 벌인 대혼란기였다.

그리고 그런 혼란을 처음으로 평정한 인물이 제나라의 환공이다. 그는 관중(管仲, ?~BC645)을 등용한 후 패자의 자리에 오를 수 있었다. 환공과 관중의 만남은 흥미롭다. 환공은 원래 왕이 될 수 없었다. 하지만 형 제양공의 성품이 무도했기 때문에 기회를 얻을 수 있었다. 환공뿐 아니라 여러 왕자가 경쟁하고 있었는데 다른 왕자를 모셨던 관중이 환공을 암살하려고 하였다. 관중이 화살로 환공을 쏘았으나 다행히 허리띠 걸쇠에 맞아 환공은 목숨을 건졌다.

그런데 환공을 모시던 포숙아(鮑叔牙, ?~BC644)가 환공에게 관중을 초빙해서 국정을 맡겨야 한다고 강력하게 주장하였다. 환공은 마음을 크게 열어 과거의 원한을 잊고 관중을 재상으로 임명한다. 관포지교(管鮑之交). 관중과 포숙아는 오랜 친구였다. 포숙아는 덕이 넘쳐 매번 관중을 넉넉히 이해했다. 함께 장사를 해서 이문을 남기면 관중이 더 많이 가져갔고, 전쟁에 나가서도 무려 세 번이나 관중은 홀로 도망쳤다. 세상 사람들이 관중을 용렬하다고 비난할 때 포숙아는 그를 이해했다. 집이 빈곤하고 노모가 계시기 때문이며, 무엇보다 관중이 비상한 재주를 지니고 있다는 사실을 알아봤다. 때가 되어 포숙아는 환공을 강력하게 설득해서 관중을 재상의 자리에 세웠다. 그리고 포숙아는 환공과 관중을 모시며 제나라를 이끌었다. 포숙아의 기대와 환공의 넓은 마음에 보답하듯 관중은 여러 혁신적인 정책을 펼치면서 제나라를 최강의 자리에 올려놓았다.

그리고 시간이 흘러 관중이 환공보다 먼저 죽게 되었다. 환공이 관중에게 뒤를 이을 이들을 물었다. 역아는 어떻소? 관중은 반대했다. 그는 어린 자식을 삶아 군주에게 대접한 자. 개방은 어떻소? 관중은 반대했다. 그는 부친을 버리고 군주에게 온 자. 수조는 어떻소? 관중은 반대했다. 그는 스스로 거세하고 군주에게 온 자. 그간 이런 자들을 쓴 이유는 관중 본인이 이들을 통제할 수 있었기 때문. 하지만 자신이 죽고 나면 환공은 이들에 둘러싸여 길을 잃고 말 것이라고 본 것이다. 환공은 관중의 말을 듣지 않았다. 결국 관중이 죽은 후 환공은 횡음을 일삼았고, 신하는 물론이고 자식들에게도 버림받아 쓸쓸히 생을 마감하고 말았다.

환공과 관중 그리고 포숙아의 일화는 중국 역사에서 유명한 고사다. 포숙아의 우정과 신념, 관중의 유능함, 환공의 패업 달성. 난세는 영웅을 낳는 법, 춘추전국시대는 정치적 혼란기였지만 사회는 창조적이고 역동적이었다. 제후국의 경쟁은 지도자의 리더십과 훌륭한 인재 등용을 촉발했고, 법률에 의한 통치와 철기 제조술의 발달 그리고 농업과 상업 부문에서의 각종 혁신이 동시다발적으로 이어졌다.

하지만 이 이야기는 지나치게 준수해서 춘추전국시대의 혼란기를 미화할 여지가 있다. 역사는 언제나 생각보다 잔혹하고 비참하기 때문이다. 훌륭한 지도자, 비책을 가진 비상한 인물 그리고 모든 것을 넉넉히 이해하는 덕스러운 인재. 이런 것들이 기가 막히게 짜 맞춰져서 천하의 대권을 잡는다는 것은 일상적이라기보다는 예외적인 상황. 오히려 지독한 싸움을 벌였던 오나라와 월나라의 싸움이 보다 정확하게 현실을 표현했다.

> 오자서는 초소왕을 잡지 못하게 되자 초평왕의 무덤을 파헤쳐 그 시신을 꺼내어 300번의 채찍질을 하고 왼발로 평왕의 배를 밟고 오른손으로 그 눈을 빼내었다. 그리고 이렇게 꾸짖었다. "누가 너로 하여금 아첨하고 참소하는 말을 듣고 나의 아버지와 형을 죽이도록 하였느냐? 어찌 원통하지 않겠느냐?" 그리고는 즉시 합려로 하여금 소왕의 부인을 아내로 삼도록 하고, 오서, 손무, 백희도 역시 자상과 사마성의 처를 아내로 삼아 초나라 임금과 신하들을 욕보였다.
>
> – 조엽,《오월춘추》〈합려내전〉 중

오나라와 월나라는 양쯔강 하류 지역에서 오랫동안 경쟁하던 국가였다. 그런데 이야기는 오나라와 월나라에 앞서 양쯔강 중류에 있던 초나라에서 시작된다. 초나라 평왕은 아들의 여자를 빼앗았다. 비무기라는 신하가 진나라의 며느리 될 여자의 미색이 뛰어나니 초평왕이 직접 취하라고 간했기 때문이다. 비무기는 평왕의 아들이 걸렸는지 부자간을 이간질했다. 또한 충신 오사와 그의 두 아들을 죽이려고 했으니 전형적인 간신이라 할 수 있다. 어리석은 군주 평왕은 그의 말을 듣고는 오사와 오상, 오자서(伍子胥, ?~BC484)를 죽이려 했다. 아버지가 잡혀 있는 상황에서 오상은 "부자지간의 사랑이란 은혜를 따르는 것에서 생겨나는 것"이라고 말하며 아버지와 함께 죽는 길을 선택한다. 오자서는 정반대였다. "원수를 제거하지 못하면 치욕은 세월과 함께 더욱 커질 뿐"이라며 도망을 선택한다. 효를 다하는 것이 올바른 것인가, 복수를 하는 것이 올바른 것인가. 평왕의 어리석은 폭정 앞에 오씨 집안은 풍전등화의 위기에 내몰린다. 결국 오사와 오상 부자는 저잣거리에서 육시를 당했다.

오자서는 탈출 도중에 신포서라는 친구를 만난다.

> 아! 내가 그대에게 초나라에 복수하라고 한다면 이는 불충이 되고, 그대에게 원수를 갚지 말라고 하면 이는 친구로서 우정이 없는 것이 되오. 그대는 떠나시오, 나는 어떤 말도 할 수가 없구려.
>
> ― 조엽, 《오월춘추》 〈왕요사공자광전〉 중

모순은 모순을 낳을 수밖에 없다. 억울한 죽음은 충과 효라는 가치, 원한과 복수라는 감정 앞에서 길을 잃고 말았다. 오자서는 온갖 고난을 겪으며 오나라로 망명하는 데 성공했다. 그런데 기원전 515년 평왕이 죽었다. 원수를 갚을 길이 사라진 것이다.

그렇다면 초나라를 멸망시키겠다! 오자서는 오나라의 후계 구도에서 합려가 즉위할 수 있도록 큰 공을 세웠으며 국력을 강화할 방책으로 손무(孫武, BC545?~BC470?)를 추천하였다.

> 손자(孫子, 손무에 대한 존칭)가 말했다. 전쟁은 국가의 대사이다. 그러므로 사지와 생지, 생존과 멸망의 원리를 고찰하지 않을 수 없다.
>
> (…) 적이 견실하면 대비하고, 적이 강하면 회피한다. 적을 화나게 해서

교란하고, 비굴하게 보여 적이 아군을 깔보게 한다. 적이 편안하면 피곤하게 만들고, 적이 잘 단합되어 있으면 이간한다. 적의 대비가 없는 곳을 공격하고, 적이 예비하지 못한 곳으로 나간다. 이것이 전쟁에서 승리하는 비결이다. 적이 미리 알게 해서는 안 된다.

(…) 최상의 용병법은 적의 전략을 사전에 분쇄하는 것이다. 그다음 방법은 적의 외교를 제거하는 것이다. 그다음 방법이 적의 군대를 공격하는 것이다. 가장 나쁜 방법이 적의 성을 공격하는 것이다. (…) 반드시 온전한 채로 적을 굴복시키는 방법으로 천하를 다툰다. 군대를 소모하지 않고 이익을 완전하게 얻는 것, 이것이 모공의 법이다.

(…) 적을 알고 나를 알면 백 번 싸워도 위태하지 않다. 적을 모르고 나의 사정만을 알면 한 번은 이겨도 한 번은 진다. 적도 모르고 나도 모르면 싸울 때마다 반드시 위태하다.

– 손무,《손자병법》 중

지피지기(知彼知己) 백전백승(百戰百勝). 손무는《손자병법》으로 유명한 인물이다. 그는 통상 병가로 분류된다. 여러 제후국이 흥망을 거듭하며 끝도 없는 전쟁의 복판에 내몰렸기 때문에 군사력을 강화할 노하우가 절실한 상황이었다. 손무가 쓴《손자병법》은 소위 '무경 7서' 중 하나다.《오자병법》,《육도》,《삼략》,《사마법》 같은 책들이다.《오자병법》은 위문후와 오기의 대화가 주된 내용이다. 위나라의 문후가 진나라의 압박에서 벗어나기 위해 오기를 등용하였고, 일흔여섯 번의 전투에서 예순네 번 승리를 거두고 영토를 크게 넓혔다고 한다.《육도》는 주나라를 세우는 데 큰 공을 세운 강태공의 입을 빌려서 만든 병법서이고,《삼략》은 한고조 유방의 공신 장량(張良, ?~BC186)과 관련된 책인데 주로 백성과 나라를 다스리는 이야기가 담겨 있다. 통상 '육도삼략'이라는 이름으로 널리 읽히는 책이다.《사마법》은 제나라 경공을 섬긴 사마양저가 저술했다고 알려져 있다. 이 책들에는 유사한 점을 지닌다. 나라를 살리고 적과의 싸움에서 승리하기 위해 갖춰야 할 것이 무엇인가를 다루고 있다. 단호함, 용맹스러움, 아랫사람에 대한 충분한 이해, 군사 전략부터 시작해서 각양의 전투 방식은 물론이고 간첩을 심거나 적을 속이는 방법에 대해서도 논하고 있다.

춘추전국시대의 다른 이름은 '제자백가'다. 수많은 사람이 난세를 극복할 방안을 들고나와 권세 있는 사람들을 찾아가서 유세를 하였다. 내 생각은 이러하니 나를 사용하라! 《사기 열전》에는 이런 인물들의 이야기가 가득하다. 대표적인 인물은 소진(蘇秦, ?~?)과 장의(張儀, ?~BC309). 소진은 진나라가 강성해지자 이를 막기 위해 나머지 나라의 합종책을 제안하였다. 여섯 나라의 연대를 통해 진나라의 공세를 막은 인물이 소진이다. 그 덕분에 소진은 6개 나라의 재상을 지내는 전무후무한 업적을 이루었다. 소진과 함께 공부했던 장의는 진나라를 찾아가서 연횡책을 제안한다. 6개 나라의 연대가 느슨하고 서로 이해관계도 다르니 이를 이용하여 분열을 일으킬 수 있다는 생각이었다. 장의는 진나라 혜문왕(惠文王, BC356~BC311)에게 발탁되어 재상이 되었다. 합종책과 연횡책은 오랫동안 대립하며 전국시대의 긴장감을 높였다.

주목할 부분은 장의가 출세하는 데 소진의 노력이 있었다는 점이다. 앞서 말한 오자서가 초나라 출신으로 오나라에서 빛을 발했듯, 소진과 장의를 비롯하여 당대의 유세객들은 출신지를 떠나 다른 나라에서 높은 자리에 오르는 경우가 많았다. 이 나라 저 나라를 돌아다니면서 자신을 알리기 위해 노력하였고, 이 나라 저 나라를 돌아다니면서 책략이나 무용을 뽐냈다. 그만큼 거칠고 거센 경쟁의 시대였다.

여기서 더 나아가 일군의 집단이 생겨났다. 개인의 주장이 집단의 주장이 되고, 단순한 유세객이 아니라 난세를 해결하려는 종합적인 방책을 제안하는 집단 그리고 춘추전국시대 전체를 문제 삼으면서 고도의 철학적 메시지를 함의한 사상가와 그를 추종하는 세력이 등장한 것이다. 이들을 일컬어 제자백가라고 하는데, 아마도 병가의 가장 맞은편에 섰던 집단이 묵가라고 할 수 있을 것이다.

지금 어떤 한 사람이 남의 과수원에 들어가 복숭아와 오얏을 훔쳤다고 가정해 보자. 다른 사람들이 알게 되면 그것을 비난하고, 위에서 정치를 하는 사람들이 알게 되면 그를 잡아 처벌하려 할 것이다. 이는 어째서인가? 남을 해치면서 자신을 이롭게 하였기 때문이다.

(…) 이와 같은 일에 대해 천하의 군자들은 모두 알고 비난하며 불의(不義)라고 말한다. 그런데 지금 불의를 위하여 남의 나라를 공격하는 것에 대해서는 비난할 줄 모르고, 이를 좇아 칭송하면서 의로움이라 말한다. 이것이 의로움과 불의의 분별을 안다고 말할 수가 있겠는가?

(…) 지금 여기에 한 사람이 있는데 검은 것을 조금 보고는 검다고 말하다가 검은 것을 많이 보고는 희다고 말한다면, 이 사람은 흰 것과 검은 것을 구별하지 못한다고 할 것이다. (…) 큰 잘못인 남의 나라를 공격하는 것은 큰 잘못인지 모르고, 이를 따르고 칭송하면서 의로움이라 말하고 있다. 이것을 두고 의와 불의의 분별을 안다고 말할 수 있겠는가? 이렇게 볼 때, 천하의 군자들은 의로움과 불의를 구별하는 데 혼란을 일으키고 있다고 하겠다.

- 묵적,《묵자》중

묵자(墨子, BC468?~BC376?)는 춘추전국시대 제후들의 쟁패 행위 자체를 문제시했다. 남의 집에 쳐들어가 사람을 죽이고, 그가 가진 것을 빼앗고 하는 것은 잘못된 행동 아닌가. 강도짓을 옹호할 사람은 없을 것이다. 그런데 제후들이 벌이는 짓거리가 무엇인가. 전쟁이라는 것이 무엇인가. 훨씬 더 큰 규모의 살인과 약탈 아닌가? 그런데 검은 것이 많으면 희다고 하면서 왕의 전쟁을 칭송하고 심지어 의롭다고까지 하니 어떻게 작금의 모습이 정상이라고 할 수 있겠는가. 더구나 병가의 인물들은 결국 다른 이들을 꺾어 쓰러뜨리는 방법에만 골몰하는 이들이고, 손무 역시 오자서의 추천을 받아 오나라 군대를 끌고 주변 국가들을 약탈하고 공격하지 않았는가. 대체 어디에 의로움과 올바름이 있단 말인가.

> 하늘은 무엇을 바라고 무엇을 싫어하는 것인가? 하늘은 사람들이 서로 사랑하며 서로 이롭게 하는 것을 원하지, 사람들이 서로 미워하며 서로 해치는 것을 바라지 않는다. 하늘이 사람들이 서로 사랑하며 서로 이롭게 하는 것을 바라고, 사람들이 서로 미워하며 서로 해치는 것을 바라지 않는다는 것을 어떻게 아는가? 하늘이 모든 것을 사랑하고 이롭게 하는 것으로써 알 수 있다. 그렇다면 무엇으로써 하늘이 모든 것을 사랑하고 이롭게 하는지 알 수 있는가? 하늘이 모든 것을 보전하고 먹여 살리는 것으로써 알 수 있다.
>
> (…) 지금 천하의 크고 작은 나라를 막론하고, 모두가 하늘의 도움을 받고 있다. 사람은 나이가 많고 적고, 지위가 귀하고 천한 구별 없이 모두가 하늘의 신하이다.
>
> – 묵적, 《묵자》 중

병가가 춘추전국시대의 시류를 좇았다면 묵가는 다른 의미에서 시류를 좇았다. 즉 강한 나라, 약한 나라, 수많은 나라가 그대로 있는 상태를 좇았다. 어차피 하늘은 나라의 크고 작음, 강함과 약함 상관없이 모두 돕고 있지 않은가. 돕고 있기 때문에 작은 나라도, 약한 나라도 번성하며 살아가고 있지 않은가. 현상 유지. 묵가는 분열된 상태를 받아들였다. 그리고 분열된 상태를 유지하며 큰 나라와 작은 나라가 다투지 않고 지내는 것을 옳다고 보았다.

그렇다면 큰 나라가 작은 나라를 공격하면 어떻게 해야 하는가. 묵가는 "군자란 몸소 실천하는 사람이다. 이익만을 생각하고 함부로 행동하거나 명예를 잊고 경솔하게 행동하면서, 천하에 올바른 선비 노릇을 할 수 있는 사람은 일찍이 있은 적이 없다"라고 보았다. 묵가는 최대 수천에 달했고 종교적 성격이 강한 집단이었다. 이들은 적으로부터 나라를 지키는 구체적인 방안을 제시했다. 성을 어떻게 지어야 하고, 성문에는 어떤 방어 시설이 있어야 하며, 적이 성을 공격해 올 때 어떻게 대응해야 하는지, 성을 지키는 각양의 무기들까지 상세하게 정리하였다. 또한 실제로 약한 나라가 위기에 처했을 때 수천의 묵가 집단이 전쟁에 직접 참여해서 구하기도 하였다. 특별한 인연이 있어서가 아니라 약한 나라가 위기에 빠졌을 때 이를 구함이 옳기 때문이다. 병가가 실용적이며 전략적인 탐구를 해나갔다면 묵가는 이상적인 견지에서 세상을 관찰하였고, 병가가 도달하지 못했던 철학적 측면에서의 다양한 문제를 제기하였다. 천명이 구체적으로 지향하는 바는 무엇인가, 강자가 약자를 공격하는 것은 정당한가, 약자가 위기에 처했을 때 어떻게 도울 것인가. 묵가의 등장은 제자백가가 단순히 춘추전국시대에 기회를 누린 명망가들의 이야기가 아님을 증명하는 사건이라 할 수 있다. 인류 역사에서 보기 드물게 꽃피운 철학의 시간, 그것도 경세를 논하는 동아시아 특유의 세계관이 배태된 시간이었다.

한때 많은 학자가 기원전 6세기에 주목하였다. 중국에서는 공자, 인도에서는 부처, 그리스에서는 소크라테스가 등장하는 등 지성사에 결정적인 시간이 도래했다고 보았다. 이들은 진화론적 관점에서 보편적 인간 지성사를 이야기하고자 했다. 농경 사회에서 정착 생활을 하면서 인간은 보다 고도의 사고를 할 수 있게 되었고, 문명이 발전하면서 철학이라는 열매를 맺었다는 주장이다. 이 또한 이치에 맞지 않다. 인류가 농경과 정착 그리고 문명의 발전이라는 기본적 틀 안에서 지성을 발전시켰다는 보편사 정도를 이야기할 수는 있겠지만, 중국과 인도 그리고 유럽은 지적 발전의 맥락에서 크게 차이가 난다.

인도의 경우 브라만교와 고행에 대한 반발로 불교가 시작되었다. 브라만교는 의례 중심의 종교였다. 이에 대한 반발로 우파니샤드 철학이 등장하였고, 이들은 고행을 추구하였다. 브라만이라는 권력과 융화된 주류 세계, 이에 대응하며 고통스러운 수행을 강조하는 우파니샤드 철학. 불교는 양자를 모두 비판하며 새로운 정신적·종교적 세계관을 모색하였다. 이에 비한다면 중국의 고대 정신사는 지나치게 현실적이며 경세적이었다.

유럽은 어떤가. 소크라테스 전후의 철학이란 관념적·논리적 성격이 강한 데다 지성사에서 매번 부분적 지위를 누렸다. 그리스·로마 신화, 조로아스터교, 미트라교 같은 근동의 종교와 크리스트교. 유럽의 철학이란 중국이나 인도에서처럼 도덕과 윤리의 짐을 전면적으로 짊어진 적이 없을뿐더러 인도와 같은 영적·종교적 경지는 물론이고 중국과 같은 현실적인 경세 사상의 지위 또한 누린 적이 없다.

월나라 왕 구천 앞에 선 공자, 아무 말도 하지 않다

다시 오나라와 월나라의 이야기로 돌아가 보자. 손무는 병법가로서도 뛰어났지만 실전에서도 유능한 장수였다. 손무를 영입한 오나라 군대는 초나라를 무너뜨린다. 오자서는 죽은 자를 대상으로 가혹한 복수를 하였다. 평왕의 무덤을 파헤쳤고, 도망간 평왕의 아들을 욕보이기 위해 그녀의 부인을 빼앗았다. 이토록 가혹한 보복은 도덕적으로 정당한 것일까? 오래전 오자서가 도망갈 때 만났던 신포서는 이를 정면으로 비판하였다. "그대의 복수는 어찌 그리도 심한가! 어찌 도리가 그런 극한까지 가는가!"

극단적인 상황은 이뿐만이 아니었다. 대를 이어 사랑받는 신하는 없다. 합려가 죽고 그 뒤를 이어 부차가 오나라의 왕이 되었다. 합려는 부차가 미심쩍었으나, 부차의 간절한 요청을 받은 오자서가 부차를 지원했고 그로 인해 부차는 왕이 될 수 있었다. 여기까지. 부차는 오자서의 판단을 신뢰하지 않았다. 부차가 제나라를 치려고 할 때 오자서가 강하게 반대했다. 하지만 제나라 정벌은 감행되었고 부차는 승리를 거둔다. 오자서가 필요 없음을 확인한 순간. 월나라에 대한 태도 또한 마찬가지였다. 기원전 505년 합려가 이끄는 오나라가 초나라를 치고 북방의 여러 나라와 싸울 때 월나라가 오나라를 공격하여 크게 승리를 거두었다. 오나라의 기세가 강하다고는 하나 여러 나라를 동시에 상대하면서 턱밑의 월나라까지 막을 능력은 없었다. 합려의 뒤를 이은 부차는 딱딱한 땔나무 위에 누워 자면서 복수를 다짐하였고, 기원전 494년 군대를 이끌고 월나라를 무찌른다. 당시 월나라의 왕은 구천이었는데, 사면초가에 몰린 구천이 충성을 맹세하며 부차 앞에 무릎을 꿇었다. 오자서는 구천을 믿지 않았고 그를 제거해야 한다고 부차를 설득하였다. 하지만 거듭되는 충성 맹세에 부차는 마음이 움직여 구천을 죽이지 않고 석실에 감금한 후 가축 돌보는 일을 시켰다. 왕이 노비가 되어 연금 생활을 하게 된 것이다.

이때부터 구천은 눈물겨운 노력을 하며 부차의 마음을 얻고자 하였다. 구천은 부차의 똥오줌 맛을 보며 부차의 건강을 염려하는 등 온갖 노력 끝에 풀려나서 고향으로 돌아왔다. 그렇게 보낸 시간이 7년. 구천은 부차에 대한 복수심을 잃지 않았다.

몸을 고통스럽게 하고, 마음도 노고롭게 하여 밤을 낮처럼 새웠다. 눈이
감기면 여뀌즙을 눈에 넣어 쓰리게 하고 발이 시리면 찬물에 적셔 더욱

시리게 하였다. 겨울에는 항상 얼음을 껴안았고 여름이면 불을 잡아 자
신이 더욱 고통을 느끼도록 하였다. 수심과 고통스러운 의지로 쓸개를
문에 걸어놓고 드나들면서 이를 맛보며 입에서 떼지 않았다.

- 조엽, 《오월춘추》 〈구천귀국외전〉 중

구천은 모든 노력을 다했다. 성을 정비하고 군사력을 강화하였다. 형벌을 완
화하고 세금을 줄이는 등 백성의 마음을 사고자 정성을 쏟았다. 나라는 부유해
졌고, 비로소 백성들은 무기를 찰 용기를 가지게 되었다. 지난날의 패배를 잊
고 새로운 모험을 강행할 준비가 된 것이다. 오랜 노력 끝에 구천은 백성의 마
음을 사로잡았다. 이 와중에 제나라를 정벌하는 데 성공한 부차는 노골적으로
오자서를 박대하였고 끝내 자결을 강요하였다.

해와 달이 너의 살을 구울 것이요, 돌개바람이 너의 눈을 휘돌릴 것이며,
뜨거운 빛이 너의 뼈를 태울 것이요, 물고기와 자라가 너의 살을 먹을 것
이며, 너의 뼈는 변하고 몸은 재가 될 것인데 무엇을 볼 수 있다는 것이냐?

- 조엽, 《오월춘추》 〈부차내전〉 중

부차는 오자서의 시신을 모욕하고 몸뚱아리를 강물에 버렸다. 오자서의 비
참한 죽음은 어떻게 해석해야 할까. 조국을 버리고, 효를 빌미로 충을 버리고,
권세를 탐한 자의 예정된 말로인가? 오자서의 죽음 이후 월나라의 구천이 오
나라의 부차를 공격하여 대승을 거두게 된다. 부차는 옛날의 정리를 생각하며
목숨을 구걸했으나 구천은 받아들이지 않았다. 결국 오자서의 조언을 외면했
던 부차는 끝내 자결로 생을 마감하였다.

구천은 여기서 머물지 않았다. 오나라는 왼쪽으로는 초나라, 아래로 월나라
가 있어서 북쪽으로 진출하기가 쉽지 않았다. 하지만 월나라의 경우 오나라를

멸망시키고 나니 북방과 서방 어느 쪽으로도 진출하기가 용이하였다. 양쯔강과 화이허를 이용하여 주변 국가와의 싸움에서 승리를 거두니 제후들이 구천을 '패왕'이라고 칭하였다. 굴욕의 시간을 거쳐 영광의 자리에 오른 것이다.

> 공자가 말하였다. "저는 능히 오제와 삼왕의 도를 설명해드릴 수 있습니다." (…) 월왕은 (…) 탄식하며 말하였다. "월나라 사람들은 (…) 싸움을 좋아하며 죽기를 겁내지 않습니다. 이것이 월나라의 일상입니다. 선생께서는 어떤 말씀으로 가르치고자 하십니까?" 공자는 대답을 하지 않고 사양하고는 떠나버렸다.
>
> — 조엽, 《오월춘추》 〈구천벌오외전〉 중

월나라가 오나라를 무너뜨린 복수극의 결론은 무엇일까? 구천 역시 공신들을 죽였다. 구천과 고락을 함께한 범려의 예언이 맞았던 것이다. 범려는 구천이 오나라에서 구금 생활을 할 때 함께하면서 지조를 지켰고, 월나라가 재기하는 데 가장 큰 공을 세운 인물이다. 하지만 범려는 구천이 어려움은 함께하지만 즐거움은 함께할 인물이 아님을 간파하였다. 범려는 쥐도 새도 모르게 구천 곁을 떠났다. 그리고 공자와 구천이 만났다. 구천은 월나라의 무용을 이야기했고 공자는 구천과 대화할 필요성을 느끼지 못하였다. 월나라는 이후 약 200년 동안 번성하다가 몰락했다. 흥망성쇠. 이 뻔한 결론을 놓고 우리는 어떤 해석을 해야 할까?

> 아침에 도를 들으면 저녁에 죽어도 좋으리라. (…) 덕은 고립되어 있는 것이 아니다. 반드시 그 이웃이 있느니라. (…) 내가 들으니, '살고 죽음은 명에 있고 부귀는 하늘에 달렸다'고 하오. 군자가 삼가서 과실이 없고 남과 사귐에 공경하며, 예가 있으면 사해 안에 모두 형제가 되는 것이오.

그런데 군자가 어찌 형제 없음을 근심하리요. (…) 높고 높도다! 순(舜)과 우(禹)는 천하를 가지고서도 그것에 대해 좋아 집착하지 않았으니. (…)

(…) 공자께서 말씀하시기를, "(…) 만약 어떤 사람이 너희들의 학덕을 알아준다면 어떻게 하겠느냐?" (…) 점(點)은 (…) "늦은 봄철에 봄옷이 만들어지거든 어른 대여섯 명, 아이들 육칠 명과 더불어 '기수'에서 목욕하고, '무우'에 올라 바람을 쐬고 노래를 부르다가 돌아오겠습니다." (…) 공자께서 깊이 탄식하며 말씀하시기를, "나도 점의 의견을 따르겠노라."

― 공자, 《논어》 중

동아시아 역사에 광대한 영향을 미친 공자. 그에 대한 해석은 여전히 분분하다. 보수주의자, 예법 전문가, 시대의 변화를 좇기보다는 이상적인 과거상을 복원하고 이를 통해 현재의 해법을 구한 인물, 인과 예의 가치를 옹호하며 내면적 도덕성과 외면적 사회규범의 균형을 모색한 인물. 막상 그의 행적과 가르침을 기록한 《논어》를 보면 공자는 훨씬 더 자유롭고, 보다 감정적이며, 현실과 어울리면서 자신의 이야기를 만들어간 사람이다. 그는 학인(學人) 또는 유자(儒子)의 아버지다. 학문을 하며 지혜와 덕을 배우는 삶, 그 자체에 강렬한 애착을 보인 인물이다.

춘추전국시대의 본질이 쓸모 있는 인재를 구하는 것이고, 무릇 사람이라면 그런 기회를 누려야 하고 그 기회를 위해 병가든 묵가든 무엇이든 배워야 한다는 것인데 공자의 생각은 그렇지 않았다. 공부 자체의 가치. 그곳에 인간이 군자가 되는 길이 있다는 것이다.

난세를 살아간 공자는 난세 안에서 본질을 찾고자 했고 난세를 넘어서는 이상을 구하고자 하였다. 고대의 제왕 순임금과 우임금은 천하를 다스렸지만 그것에 집착하지 않았다. 가지고 있되 집착하지 않아야 참된 덕을 쌓을 수 있으니 말이다. 권세 있는 누군가가 나를 알아준다면 그대는 무엇을 이룰 것인가.

점이라는 제자는 "바람을 쐬며 노래를 부르겠나이다"라고 했다. 공자가 마음으로 탄식하며 점의 뜻을 옳다고 평가했다. 왜? 그것이 본질이고 이상이기 때문이다.

> 계강자가 공자에게 정치에 대해 물었다. "만약 도리가 없는 사람을 죽여서, 도리가 있는 데로 나간다면 어떻겠습니까?" 공자께서 대답하셨다. "선생께서는 정치를 하는 데 어찌 살인이라는 방법을 쓰십니까? 선생께서 선해지려 한다면 백성들도 선해질 것입니다. 군자의 덕은 바람이고 소인의 덕은 풀입니다. 풀은 위로 바람이 불어오면 반드시 눕습니다."
>
> – 공자, 《논어》 중

계강자의 질문은 월나라 구천의 것과 같다. 불의한 행동을 통해 의를 이루는 시대. 혼돈을 극복하기 위해서는 괴물이 될 수도 있고 더 강해져야만 백성이 원하는 좋은 나라를 만들 수 있다는 모순의 시대. 공자는 이것에 단호히 반대하였다. 지도자가 선함을 추구할 때 백성이 선해질 수 있다. 옳은 방법을 통해 선함을 이룰 때 옳은 결과에 도달할 수 있다.

제자 자공이 정치에 대해 물어볼 때도 마찬가지였다. 정치가 무엇인가를 물을 때 공자는 식량, 병기를 충분히 마련하고 백성이 군주를 믿게 하는 것이라고 설명하였다. 부득이하게 이 중 하나를 버려야 한다면? 공자는 첫째 병기, 둘째 식량이라고 하였다. 왜? "백성이 믿어주지 않으면 나라는 존립할 수 없기" 때문이다. 무기의 강성함, 먹고살이의 넉넉함보다 백성의 마음이 중요하다는 말이다.

맹자:
논쟁을 벌이며 정치사상의 방향을 정하다

백성들의 즐거움을 자신의 즐거움으로 여기면 백성들도 임금의 즐거움을 자신들의 즐거움으로 여길 것입니다. 백성들의 근심을 자신의 근심으로 여기면 백성들도 임금의 근심을 자신들의 근심으로 여길 것입니다.

(…) 맹자가 제선왕에게 "왕의 신하 중에 자기의 아내와 자식을 친구에게 맡기고 초나라로 여행 간 사람이 있다고 합시다. 그가 돌아오니 아내와 자식이 추위에 떨고 굶주리고 있다면 그 친구를 어떻게 하겠습니까?"라고 묻자, 왕은 "그와 절교하지요"라고 대답했다. 맹자가 "만약 형벌을 관장하는 사법관이 아랫사람을 잘 다스리지 못한다면, 어떻게 하겠습니까?"라고 묻자, 왕은 "파면할 것이오"라고 대답했다. 맹자가 "나라 안이 잘 다스려지지 못하면 어떻게 하겠습니까?"라고 묻자, 왕은 좌우를 돌아다보며 딴소리를 했다.

– 맹자, 《맹자》 중

맹자는 공자의 사상을 보다 간결하며 적극적인 정치철학으로 승화하였다. 공자가 철학적 집단을 만들었다면, 맹자는 철학을 계승하고 그 수준을 한 단계 높였다. 춘추전국시대는 다시 한번 지적인 변용을 가능케 했다. 군주의 의무. 그것은 백성의 근심을 해결하는 것. 정치의 본질은 타국과의 경쟁에서 승리하는 것이 아니다. 백성의 고통을 해결하고 백성의 어려움을 풀어줄 때 나라는 강건해지고 하늘은 그러한 나라를 돕는다.

왕도정치(王道政治). 맹자는 정치의 본질이 경쟁이나 승리가 아닌 군주의 위대한 통치라는 점을 분명히 하였다. 그리고 역성혁명.

> 제나라 선왕이 "탕왕은 걸왕을 내쫓았고 무왕은 주왕을 정벌했다고 하
> 는데, 그런 사실이 있습니까?"라고 묻자, 맹자가 "전해오는 기록에 그런
> 사실이 있습니다"라고 대답했다. 왕이 물었다. "신하가 임금을 시해하는
> 것이 옳습니까?" 맹자가 대답했다. "인(仁)을 해치는 자는 남을 해치는
> 사람이라고 하고, 의(義)를 해치는 자는 잔인하게 구는 사람이라고 합니
> 다. 남을 해치고 잔인하게 구는 자는 인심을 잃어 고립된 사람일 뿐입니
> 다. 저는 인심을 잃어 고립된 사람인 걸과 주를 처형했다는 말은 들었어
> 도 군주를 시해했다는 말은 듣지 못했습니다."
>
> – 맹자, 《맹자》중

맹자는 거칠고 잔인한 힘에 거대한 정치·사회적 의무를 부여하고자 했다.
정치적 욕구, 왕을 몰아내고 자신이 왕이 되거나 다른 나라를 멸망시키고 새
로운 나라를 세우겠다는 그 거친 욕구에 거대한 윤리적 책무를 짊어지웠다.
인과 의가 없는 군주는 군주가 아니다. 백성을 사랑하고 백성을 위한 통치를
하지 않는 왕은 단지 왕의 자리를 차지한 소인배에 불과하다. 그러니 소인배
를 처단하는 것이 무엇이 문제가 되겠는가. 하늘의 뜻은 백성을 위한 통치 유
무에 달려 있다. 따라서 하늘의 뜻은 움직일 수 있으며 하늘의 뜻에 부름을
받은 사람들만이 천자가 될 수 있다. 맹자는 춘추전국시대의 정치적 경쟁을
받아들였으며, 그것을 보다 나은 방향으로 이끌어가고 싶었다. 공자가 원론적
수준에서 방향을 탐색했다면, 맹자는 현실의 복판에서 방향성을 만들어가고
자 했다.

측은하게 여기는 마음이 없다면 사람이 아니고, 부끄러워하는 마음이

없다면 사람이 아니며, 사양하는 마음이 없다면 사람이 아니고, 옳고 그름을 판단하는 마음이 없다면 사람이 아니다.

측은하게 여기는 마음은 인(仁)의 단서(端)이고, 부끄러워하는 마음은 의(義)의 단서이며, 사양하는 마음은 예(禮)의 단서이고, 시비를 가리는 마음은 지(智)의 단서이다.

(…) 무릇 나에게 갖추어져 있는 네 가지 단서를 확대하여 가득 차게 할 줄 알면 마치 불이 타오르기 시작하고 샘이 솟아나기 시작하는 것과 같아진다. 진실로 그것을 크게 하여 가득 차게 할 수 있으면 천하라도 보존할 수 있고, 만일 가득 차게 하지 않으면 부모조차도 부양할 수 없다.

- 맹자,《맹자》중

맹자는 공자가 이야기한 군자의 덕, 즉 인이라는 가치에 보다 심원한 이유를 덧붙였다. 사람의 마음에는 차마 어찌하지 못하는 네 가지 특성이 있다. 타인을 측은하게 여기고, 자기 자신을 부끄럽게 생각하며, 염치가 있어서 사양할 줄 알고, 옳고 그름을 따지는 본성. 이런 마음의 본성을 충실히 따르다 보면 인, 의, 예, 지라는 지극한 덕에 도달할 수 있다. 그 길을 가는 자가 대장부다.

'한 자를 굽혀서 한 길을 바르게 편다'는 것은 이익을 가지고서 말한 것이다. 만일 이익만을 가지고 따질 경우, 여덟 자를 굽혀서 한 자를 펴는 것도 이익이 된다면 해도 된다는 것이냐? (…) 너는 잘못 생각하고 있다. 자기 지조를 굽힌 자가 남을 바르게 한 경우는 없다.

(…) 천하의 넓은 집에 살고 천하의 올바른 자리에 서서 천하의 큰길을 걸어간다. 관직에 등용됐을 때에는 백성들과 함께 그 길을 걸어가고, 관직에 등용되지 못했을 때에는 홀로 그 길을 걸어간다. 부귀해져도 마음이 동요되지 않고 빈천한 상황에 처해도 의지가 변함이 없고 위세와 무

력에도 지조를 굽히지 않는다. 이런 사람을 대장부라고 하는 것이다.

- 맹자,《맹자》중

호연지기(浩然之氣). 맹자는 대장부의 큰마음을 강조하였다. 맹자는 공자의 예를 끌어와서 덕의 한 범주로 포함시켰다. 뜨거운 윤리적 열망, 적극적인 사회적 실천을 인간학의 범주에 통합하고자 했던 것이다.

예(禮)를 지켜 실천한다면 비록 사물의 성찰에 밝지는 못하다고 할지라도 예법을 아는 선비라고 할 것이나, 예법을 존중하지 않는다면 비록 밝게 살피고 말재주가 있다고 할지라도 쓸모없는 선비라 하겠다.

(…) 예의 없이 묻는 사람에게는 대답하지 말고 예의 없이 말하는 자에게는 묻지도 말라. 예의 없이 담론하는 자의 말도 듣지 말고 다투기를 잘하는 사람과는 변론을 하지 말라. 따라서 도에 의거하여 행하는 것을 안 후에야 접근할 것이요, 도에 합당하지 않으면 피해야 한다. 그러므로 예와 공경함이 갖추어진 뒤에야 함께 도의 방법을 논할 수 있고, 말씨가 온순한 뒤에야 도의 원리를 말할 수 있으며, 표정이 공손한 뒤에야 함께 도의 극치를 말할 수 있는 것이다.

- 순자,《순자》중

순자(荀子, BC298~BC238) 역시 공자를 계승한 인물이다. 하지만 그는 맹자를 비판했다. 앎이라는 것은 노력하여 만들어지는 것이다. 따라서 우선 배워야 하며 몸으로 익혀야 한다. 예법을 통해 사람을 훈육해야 하고, 그 결과로 공경한 태도를 몸에 새겨야 한다. 그러한 노력이 계속되면 그 사람은 인을 깨닫게 되고, 그 결과 도의 극치에 도달할 수 있다. 맹자는 순서가 틀렸다. 우선 예를 지켜 실천해야 하며 예를 모르는 자는 상종하지 말아야 한다.

순자의 등장은 철학의 등장을 넘어 유파의 등장, 즉 같은 방향을 바라보더라도 다르게 사고할 수 있다는 사실을 입증하였다. 순자는 인과 예라는 공자의 두 가지 화두 중에서 후자를 취했다. 오늘날 많은 학자가 맹자를 성선설, 순자를 성악설로 설명한다. 맹자는 인간의 선함을 믿었기 때문에 내면적·도덕적 실천을 강조하였고, 순자는 인간의 본성을 신뢰하지 않았기 때문에 외재적인 힘, 즉 교화에 의지했다는 것이다. 인간이 선한가, 악한가를 둘러싼 작금의 논쟁은 지나치게 현대적이거나 서양적이다. 맹자건 순자건 핵심은 인간이 참된 인간이 되는 길, 사회가 보다 정상적으로 작동하는 길이 무엇인가를 탐독했다는 점에서 동일하다. 그럼에도 순자가 등장함으로써 유가가 보다 풍성한 담론을 가지게 됐다는 것만큼은 분명하다. 순자는 당대에는 저명한 유학자였지만, 성리학이 등장하면서 '이단'이라는 꼬리표까지 달게 된다. 잊혀지기를 반복하다가 중세 송나라 때에 이르자 잘못된 학설의 표본으로 낙인찍히고 만 것이다.

한편 그의 사상이 법가에 영향을 주었고, 맹자와 같은 낭만성이 그에겐 없었다는 점에서 환영받기도 한다. 공자나 맹자에 비해 그는 자연주의자이며, 하늘의 뜻 같은 것은 없다고 보았고 그렇기 때문에 한비자(韓非子, BC280?~BC233)를 잉태할 수 있었다는 주장이다. 이 또한 순자에 대한 지나친 태도임이 분명하다. "정성스러운 마음과 뜻이 없는 사람은 밝은 깨달음이 없으며, 묵묵히 한마음으로 일하지 않고서는 혁혁한 공적을 이루지 못한다." 동시에 두 길을 가는 사람은 영원히 목적지에 도달할 수 없으니 끝내 군자의 길을 가라고 했던 순자는 맹자 못지않은 열심을 가진 인물이었기 때문이다.

노자와 장자:
유교의 적인가 동반자인가

위대한 도가 무너지자 인의(仁義)가 생겨났다. 지혜가 생겨나면서 큰 거짓이 존재하게 되었다. 집안사람들이 친화(親和)하지 않게 되자 효도와 자애가 생겨났다. 국가가 혼란해지자 충신이 생겨났다.

(…) 현명함을 숭상하지 않으면 백성들이 다투지 않게 된다. 얻기 어려운 재물을 귀하게 여기지 않으면 백성들이 도둑질을 하지 않게 된다. 욕심낼 만한 것을 보이지 않으면 백성들의 마음이 어지러워지지 않는다.

(…) 하늘과 땅은 인(仁)하지 않으니 만물(萬物)을 짚으로 만든 개처럼 버려둔다. 성인도 인하지 않으니 백성을 짚으로 만든 개처럼 버려둔다.

- 노자,《도덕경》중

공자에서 맹자, 순자로 이어지는 유가의 발전은 제자백가 집단의 다양한 비판을 받아야만 했다. 가장 선봉에 선 집단이 묵가였다. 유가가 이야기하는 인은 차별을 전제로 하고 있다. 하늘의 뜻이 보편적이고 사랑이라는 것이 차별이 없어야 하는데 이들은 허위 주장을 하고 있다. 유가가 이야기하는 예는 지나치게 허례허식적이다. 돈이 많이 들고 지배층의 허영에 부응할 뿐이다. 절용과 절장, 즉 담박하고 검소하게 살아야 하며 음악을 포함한 예법 같은 허례허식을 버려야 한다. 특히 장례 비용을 대폭 줄여야 한다.

견리사의(見利思義)! 이익이 눈에 들어오면 의로움을 바라보라? 유가는 의(義)와 이(利)를 구분하였고 의로움을 통해 이익을 배척했다. 이 얼마나 근시안적인 시각인가. 모두에게 이익이 되는 것이 의로움이거늘 어찌 따로 나누어 생각할 수 있단 말인가. 더구나 유가는 막연하게 도덕적이다. 백성을 위한 통치? 당장 제후국끼리 이토록 엄청난 경쟁을 벌이고 있는데 아무것도 하지 않겠다는 말과 무엇이 다른가. 좋은 말이라도 쓸모가 있어야 하는데 그럴싸해봤자 끝내 유가는 승자의 편에 서는 집단이다. 고통받는 사람, 수세에 몰린 집단, 어려움을 겪는 나라를 돕는 것이 진정한 인지상정이고 측은지심 아닌가!

묵가가 이처럼 구체적으로 유가의 한계나 오류 또는 그럴듯함을 비판했다면, 도가는 보다 본질적이며 철학적인 부분에서 근원적인 공격을 가했다. 인과 의를 이야기하고 효도와 충신을 말하지만 그런 이야기가 나온 원인이 무엇인가. 천하가 혼란해서 아닌가. 혼란하지 않았다면 이런 이야기는 애초에 나오지 않았을 것이다. 유가는 방향을 잘못 잡았다. 사회가 혼란해서 나오는 얘기를 마치 대단한 가치인 양 떠들기 때문이다. 국가가 혼란하지 않던 시대. 그때 사람들은 그냥 편하게 아무런 문제의식 없이 모든 것이 당연하다고 여기면서 살았다. "도(진리)라고 인지할 수 있는 도라면 그것은 진정한 도가 아니다." 사람들은 난세를 해결할 수 있는 진리가 무엇인지를 구한다. 그래서 이것이 도고, 저것이 도라고 함부로들 이야기한다. 하지만 도라고 지칭하는 것들은 이미 혼란해진 상태에서 등장한 가치들이기 때문에 본질적인 것이 아닐뿐더러, 그것을 지향한다고 해서 혼란이 사라지지도 않는다. 더구나 어떤 것을 도라고 칭한다면, 거기 포함하지 않는 것은 도가 아니란 말이지 않은가.

현대의 역사학자들은 노자를 실존 인물로 보지 않는다. 흔히 도가의 양대 인물이라고 하는 노자와 장자는 사유 체계가 매우 다르며, 특히 노자의 저서로 알려진 《도덕경》의 경우 단일한 저작으로 받아들이기는 어렵다는 것이 중론이다. 따라서 통상 노자 학파, 장자 학파가 있었다고 본다. 여하튼, 노자의 실존 여부와 상관없이 《도덕경》의 질문은 이제까지와는 다른 논쟁이 시작되었음을 의미한다. 진리란 무엇인가. 서양철학에서 등장하는 순수한 관념적 논쟁과 같다고 할 수는 없지만 여타 제자백가에 비해 도가는 정신적 지향성이 확고하다.

추상적 논변, 논리적 주장 등 당장의 현실 변혁적 해법과는 크게 거리가 있다. 유가와 더불어 도가의 등장은 제자백가의 사상이 춘추전국시대를 넘어서고 있음을 의미한다. 난세의 해법에 대한 실용적 대답을 넘어 인간의 본원적 질문을 다룰 수 있는 체계가 형성되기 시작한 것이다.

더불어 도가는 난세에 대해 다소 기괴한 혹은 파격적인 해법을 모색하였다. 지혜를 구하지 않으면 사람이 착해지고, 이득을 취하지 않으면 다툼이 발생하지 않는다. 생각해보라. 오직 인간만이 경쟁을 하고 싸움을 벌인다. 언제 자연이 그러던가? 이치에 따라 그저 살아갈 뿐. 그렇다고 자연이 고상한 가치를 추구하고, 이것 해라, 저것 해라 식의 구체적인 방향을 제시하는가? 무위자연(無爲自然), 즉 온갖 인위적인 것을 버리고 자연을 따라가다 보면 세상 문제를 해결할 이치를 발견할 수 있을 것이다.

> (…) 그래서 성인은 무위하게 일에 처신하며, 불언(不言)의 가르침을 행하는 것이다. 만물을 생성케 하면서도 얘기하지 않으며, 생겨나게 하고서도 그것을 소유하지 않으며, 그렇게 되도록 하고서도 그것에 의지하지 않으며, 공로를 이룩하고서도 그것을 자랑하지 않는다. 그들은 스스로 공로를 자랑하지 않기 때문에 공로가 그에게서 떠나지 않게 되는 것이다.
>
> - 노자, 《도덕경》 중

오늘날 일단의 사람들이 도가를 자유방임주의에 어울리는 사상가라고 칭한다. 어리석은 생각이다. 가장 치열한 경쟁을 유지하는 방편으로 자본주의가 존재하며, 자유방임의 결과는 가장 인위적인 인간의 행동을 도모하는 장치라고 할 수 있다. 차라리 도가는 반문명적 태도를 지향했다고 볼 수 있다. 문명의 발전이 국가를 만들고 그런 지적 결과가 온갖 쟁패를 일으켜 난장판이 되지 않았는가. 이것이 대관절 무슨 의미가 있는가.

도가는 장자를 통해서 세속을 벗어난 진정한 인간상을 제시했다. 호접지몽(胡蝶之夢). 장자가 꿈을 꾸었다. 꿈속에서 나는 내가 장자인지 나비인지 구분하지 못하였다. 깨어보니 나는 장자, 꿈속에 있으니 나는 나비. 존재라는 것이 이토록 가볍단 말인가. 죽음도 마찬가지다. 살아 있기 때문에 죽음이 두려운 것 아닌가. 물아일체(物我一體). 장자는 유학 사상은 물론이고 노자와도 확고히 다른 길을 찾고자 하였다. 진정한 자아는 세속의 일에서 업적을 이루는 것이 아니다. 존재의 본질을 찾고 자연 가운데 하나가 되는 길. 그것은 난세와도 무관하고 생의 업적과도 무관하다. 생의 길은 전혀 다른 곳에 있다.

이제 법가 이야기를 해보자.

> 현명한 군주는 위에서 정무를 보지 않아도 신하들을 아래에서 떨게 한다. 명철한 군주의 통치 원칙이란, 지혜로운 자들이 자신의 지략을 모두 사용하게 하고 군주는 그에 따라 일을 결정하므로 지혜가 무궁무진하다. 그리고 현명한 자로 하여금 그 재주를 다 부리게 하여 군주는 거기에 근거해서 임명하므로 재능도 무한한 것이다.
> 신하에게 공이 있으면 군주는 그의 현명함을 취하지만, 허물이 있으면 그 죄는 신하의 책임이 되므로 군주의 명예는 무궁할 것이다. 이런 까닭에 현명하지 않은 군주라도 현명한 자의 스승이 될 수 있으며, 지혜가 없더라도 지혜로운 자의 우두머리가 될 수 있다. 신하는 힘써 일하고 군주는 그 성취를 취하는 것, 이것이 현명한 군주가 영원히 지켜야 할 원칙이다.
> — 한비자, 《한비자》 중

법가의 대표적인 사상가 한비자는 놀랍게도 도가에 정통한 인물이며,《도덕경》에 최초의 주석서를 남긴 인물이다. 다른 유세가들에 비해 말이 어눌했지만 장문의 논리적인 글쓰기에는 뛰어났다. 한비자는 지극히 현실적인 방향, 그것도 극단을 감당하는 방향으로 나아갔다. 현실은 난세. 이 난세의 원인은 제후들이다. 그렇다면 사생결단이 나야만 문제도 해결될 것 아닌가. 제후라고 부르건 왕 혹은 군주라고 부르건, 결국은 특정한 왕 한 명이 모두를 제압할 때 이 혼란이 극복될 수 있지 않겠는가.

> 망하려는 나라의 조정에는 사람이 없다고 말한다. 조정에 사람이 없다는 말은 조정의 신하 수가 줄었다는 말이 아니라 권세가들이 서로 자기 집안의 이익만을 도모할 뿐 나라의 부를 위해서는 노력하지 않는다는 것이다.
>
> (…) 그러므로 현명한 군주는 법도에 따라 사람을 선택하지 자기 멋대로 등용하지 않으며, 법으로 공적을 헤아리지 주관적으로 결정하지 않는다. 재능 있는 자가 가려지지 않고, 실패한 자는 죄를 은닉하지 못하게 하며, 명성이 드높다는 것만으로 임용할 수 없게 하며, 비방받았다고 해서 단번에 내치지 못하게 해야 한다. 이와 같이 하면 군주와 신하 양쪽이 서로를 분명하게 파악해 통치하는 일이 쉬워진다. 이는 군주가 법도를 바로 시행해야만 도달할 수 있다.
>
> — 한비자,《한비자》중

극단적 실용주의자? 한비자는 병가 등이 보여주었던 지극히 표면적인 문제를 다루는 얄팍한 실용주의자가 아니었다. 더구나 전략과 전술, 술수와 모략을 논하는 저급한 여타 법가들과도 차원이 달랐다. 한비자는 근원의 근원으로 다가가고자 했다. 핵심은 법. 그리고 그 법을 다룰 줄 아는 자가 왕이라는 것이다.

국가는 법에 따라 운영되어야 하며, 군주는 법을 통해 질서를 바로잡아야 하고, 그렇게 쌓인 국력으로 천하를 도모해야 한다는 것이다. 모략, 용인술, 속임수를 통해 귀족과 신하를 다스려야 하는 것은 맞지만 그것이 법이라는 체계적인 기준이 없이 이루어진다면 무슨 성과를 낼 수 있겠는가.

　제자백가는 각자의 길을 갔다. 법가는 진나라에서 빛을 발하며 끝내 춘추전국의 혼란을 끝내는 칼이 되었다. 춘추전국시대라는 현상이 사라지자 묵가는 중국사에서 영원히 사라지고 만다. 그리고 진나라가 무너지자 이번에는 법가가 사라진다. 이후 실용성을 추구했던 많은 이들이 '법가적'이라고 불리긴 했지만, 단지 그 정도일 뿐 누구도 법가를 칭송하거나 계승하지 않았다. 어쩌면 애초에 계승할 필요가 없었던 것인가.

　중국 역사는 이후 유학 사상을 중심으로 발전해나갔다. 가장 포괄적이며 이상과 현실 사이에서의 균형 또는 철학적 발전 가능성 때문인지 유학 사상은 동아시아 정신사에서 가장 중요한 역할을 한다. 도가는 어떻게 되었을까?《도덕경》에 나오는 기묘한 주장 때문인지 도가의 역사 또한 기묘하기 짝이 없었다. 귀족과 민중이 각자 따로따로 도가를 이용하여 사상과 종교를 만들어냈다. 귀족 세계에서는 정신적 힘을 발휘하였다. 한나라 초기에는 도가에 의지하여 여유로운 통치를 펼치는 사상적 원천이 되었고 위진남북조시대에는 오랑캐에 밀려 강남으로 쫓겨난 귀족들의 정신적 안식처가 되기도 하였지만, 궁극에는 불교가 중국에 정착하는 데 큰 도움이 됐다. 한편에서는 전혀 엉뚱한 길이 만들어졌다. 노자와 관우 등을 섬기는 도교라는 민중 종교가 된 것이다. 이 지점에서 도교는 노자와 장자의 이상과는 참으로 거리가 먼 결과에 도달하였다.

　여하간 중요한 사실은 유학 사상이 유교가 되면서 주류적 질서를 감당했다면, 도교 또한 중국 역사에서 사라지지 않는 길이 됐다는 점이다. 생존한 것으로 따진다면 여타 사상을 제치고 유가와 도가가 승리를 거둔 것인데, 이 둘 중

누가 진정한 승자일까?

　이보다 중요한 사실이 있다. 기원전 5세기경 벌어진 고대 중국의 지식 전쟁이 이후 2,500년간의 중국사에서 정신적 기틀이 되었다는 점이다. 이후에도 수많은 정신적 혁명이 일어나긴 했지만, 그럼에도 불구하고 제자백가만큼의 지적인 비약은 중국사에서 단 한 번도 찾아볼 수 없다. 인류 문명사에서도 흔한 사건이 아니다. 또한 중국에서 시작된 유가와 도가를 중심으로 동아시아의 정신문명은 여전히 세계정신의 한 축으로 기능하고 있다. 중국이 중국인 이유는 결국 제자백가에 있는 것이다.

진시황과 한문제가 만든
전통

황제 지배체제 1

두 얼굴
폭군이야?
세금을 낮춰라!
백성을 위한 통치는 황제의 의무
간섭을 안 하니
백성들 뜯어먹기 좋은걸?
귀족
관료의 역할이란?
간섭하지 않는 것!
간섭이 심하면
먹고살기 힘들어져~
법 집행은 간결하게!
법이 엄격하면 백성이 힘들어~

CHINA

진시황과 통일제국을 이야기하기에 앞서 춘추전국시대를 이해해야 한다. 춘추전국시대는 주나라의 후반부를 이르는 말이다. 주나라는 봉건제도를 실시했기에 각 지역에 제후들을 두었다. 그러다가 주나라가 힘을 잃어가면서 제후들끼리 경쟁하기 시작했다. 춘추시대까지만 하더라도 이들은 주나라를 지킨다는 명목으로 경쟁을 벌였으며, 가장 큰 힘을 발휘하던 이를 '패자'라고 불렀다. 이에 반해 전국시대는 말 그대로 제후국 간의 생존 경쟁이었다. 주나라의 권위가 사라지고 이제 새로운 통일국가를 향한 무한 경쟁이 시작된 것이다. 각 나라의 특징은 다음과 같다.

진나라는 조, 위, 한나라로 분열하면서 세력이 약해짐.

최초의 유목제국. 진시황, 한무제 등과 자웅을 겨룸.

강족은 중국과 가장 많이 충돌한 집단. 대부분 패배 혹은 동화되어 중국 문화에 편입됨.

관중의 활약으로 최초로 패자의 자리에 오름.

● 춘추 5패
□ 전국 7웅

최초로 군현제를 실시한 나라. 항우를 배출하는 등 춘추전국시대부터 한나라 등장까지 가장 강했던 나라.

구천이 오나라를 무너뜨린 후 패자의 자리에 오름. 이후 손씨 집안에 의해 '오나라'가 등장함.

황제 지배체제 1

이 중에서 진나라가 여러 경쟁국을 물리치고 중국을 통일했다. 진시황 혼자만의 업적이 아니라 오랜 노력의 결과인데, 뛰어난 능력을 보인 군주는 다음과 같다.

- **목공:** 동쪽으로 진나라, 서쪽으로 융적과의 싸움에서 승리를 거두며 관중 일대를 점령하여 강한 나라의 기초를 다짐. 혼인 정책과 원교근공(遠交近攻)에 능수능란했던 인물.
- **효공:** 상앙(商鞅, ?~BC338)을 등용하여 변법을 실시함. 상앙은 새로운 법질서를 세운 인물로, 귀족의 특권을 인정하지 않고 농업과 전쟁에 강한 나라로 진나라를 성장시킴.
- **소양왕(昭襄王, BC325~BC251):** 스스로를 '서제(西帝)' 즉 '서쪽의 황제'라고 칭하며 주나라를 멸망시킴. 대대적인 정복전쟁을 통해 주변 국가들을 무력으로 압도함.
- **진시황:** 통일제국을 수립함. 전국에 군현제를 실시하고, 문자와 도량형 등을 통일하여 중국을 하나로 만듦. 유학을 비롯한 여러 사상을 억압하고 엄격한 법질서를 강조함.

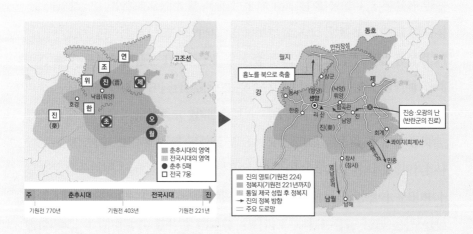

특히 진시황은 전국의 제후국을 무너뜨린 후 중국 남부 지역의 '백월' 세력을 정복했으며, 유목민족인 흉노와의 싸움을 위해 만리장성을 세우고 대규모 원정전을 펼치기도 했다.

중국 역사에서 진시황은
어떤 위치를 차지할까

시황제가 동쪽 바닷가를 순행하면서 방사 제나라 사람 서불 등에게 바다로 나가 봉래산, 방장산, 영주산 등 삼신산을 찾아낼 것이며, 아울러 선인들의 불사약을 구해 오게 했다. (…) 진시황은 (…) 동남동녀 3,000명과 공인들을 함께 보내었다. 서불은 그곳에 이르러 왕 노릇을 하며 머문 채 돌아오지 않았다.

- 장거정, 《제감도설》 〈진시황편〉 중

명나라 때 명재상 장거정(張居正, 1525~1582)은 황제의 교육을 위해 《제감도설》이라는 책을 편찬하였다. 고대 요나라부터 송나라 때까지 역대 군주의 훌륭한 점과 그렇지 못한 점을 가려 뽑아 정리한 책으로, 황제에게 읽혀 천하 통치의 기본을 깨우치려는 것이었다. 책은 크게 두 부분으로 나뉘어 있는데, 상편에는 훌륭한 황제의 일화가 정리돼 있고 하편에는 그렇지 못한 황제의 일화가 기록되어 있다.

진시황은 한편, 못난 군주들의 이야기 가운데 쓰여 있다. 천하를 통일하고 최초로 황제가 된 인물에 대한 평가치고는 너무 가혹하지 않은가. 장거정은 크게 세 가지 이유를 들었다. 첫째, 불로장생의 약을 찾겠다고 쓸데없는 짓을 벌인 것. 둘째, 분서갱유를 일으켜서 학자들을 탄압하고 학문을 억누른 것. 셋째, 궁궐을 크게 짓느라 국력을 낭비하고 나라를 멸망에 이르게 한 것.

진시황은 신선을 좋아했다. 봉래산, 방장산, 영주산 등 삼신산은 신선이 사는 산이라고 알려져 있다. 신선은 선인, 진인 등으로 불리는데 큰 깨달음을 얻고 삶과 죽음을 초월한 이들을 말한다. 주로 신성한 산에 살며 인간들이 범접할 수 없는 특별한 곳에 기거하면서 영원한 삶을 누린다고 한다. 도교에서 추구하는 인간상이기도 하다. 진시황이 이런 이야기를 좋아하자 서불 같은 소위 방사(方士)라는 이들이 그를 꼬드겼다. "삼신산은 실제로 있습니다. 직접 가보지는 못했지만 멀리서 봤습니다. 신선의 마음에 들려면 다양한 기예를 가진 백공들과 수많은 동남동녀가 필요합니다. 제가 직접 불로장생의 약을 구해 오겠습니다." 그렇게 서불은 진시황을 '미혹'하고 대단한 자금과 인력을 확보한 후에 도주하였다. 장거정은 진시황이 "여섯 나라를 이미 평정하고 나서 평소에 가지고 있던 뜻과 욕심을 이루지 못한 것이 없었지만 오직 장수하는 것만은 얻을 수 없었다"라고 썼다. 황제로서 모든 것을 누렸기 때문에 오히려 어리석음에 빠져들고 말았으며, 이러한 유혹은 모든 황제에게 있으니 이를 크게 경계해야 함을 강조하였다.

진시황은 최측근이자 법가였던 이사(李斯, ?~BC208)의 말을 들어 오래된 고전과 제자백가의 책을 모두 불태웠다. 이를 언급만 하더라도 공개적으로 참수하여 시체를 길거리에 내버리는 기시(棄市)형에 처했고, 고전을 이용하여 현실 정치를 비판할 경우 멸족의 화를 입게 했다.

선비들이란 요망한 말을 하여 백성을 혼란하게 하는 자들이다!

- 장거정,《제감도설》〈진시황편〉 중

진시황은 구덩이를 파서 수백 명의 선비를 생매장했고 수많은 책을 불태웠다. 신하와 선비의 의견을 용납하지 않고, 고전이 지닌 가치를 무시했던 것이다. 그래서 남는 것이 무엇일까? 장거정은 진시황과 송나라의 어리석은 군주 휘종(徽宗, 1082~1135)을 비교했다. 송휘종은 임영소라는 도사를 특별히 아껴서 그를 궁궐에 모시고 수많은 사람이 그의 강의를 듣게 하였다. 하지만 임영소가 하는 강의에 특별한 것은 없었다. 기껏해야 "우스갯소리를 뒤섞어 위아래 사람들의 큰 웃음을 자아낼 뿐"이었으니 말이다. 듣기에 재밌는 소리나 즐겼던 휘종의 최후가 어땠는가. 여진족이 세운 금나라의 침략을 막지 못하고 화북 지역을 빼앗긴 후 본인 또한 포로가 되어 온갖 모욕을 당하지 않았던가. 듣기 싫은 소리를 피하고 올바른 이야기를 억눌렀을 그 결과는 진시황이나 송휘종에게나 매한가지였던 셈이다.

진시황은 말년에 거대한 궁궐 공사에 매진하였다. 장거정은 진시황과 더불어 수양제(隋煬帝, 569~618)를 비판하였다. 궁궐 공사로 국부를 탕진했다는 점에서다. 수양제는 둘레가 200리에 달하는 서원(西苑)이라는 정원을 지었고 그 안에 삼신산과 바다를 만들어 놓았다. 가을이 되어 나뭇잎이 지고 연못이 색채를 잃으면 비단을 잘라 나뭇잎과 연꽃을 만들어 궁궐을 봄처럼 꾸몄다고 한다. 여행을 위해 만든 배, 용주는 높이가 4층에 120개의 방이 있었고, 층마다 금과 옥으로 장식을 했다. 반드시 수천 명을 대동했기 때문에 배를 끄는 인부가 8만에 달했고, 500리 안에 사는 이들이 왕실의 행차를 돕기 위해 수레 100대분이나 되는 음식을 장만해야 했는데 이를 다 먹지 못해 버리거나 묻었다고 한다. 진시황 또한 수양제 못지않았으니 "천하의 노동력을 모두 탕진"하면서 궁궐을 지었으나 "항우에 의해 불태워져 전부 잿더미가 되고 말았다." 수양제건 진시황이건 지나친 욕망 탓에 나라가 금세 멸망하지 않았는가. 황제가 쓸데없는 것에 관심을 기울이고, 들어야 할 것을 듣지 않고, 사치와 낭비로 국력을 쇠잔케 하면 그 결론은 뻔하다. 왕조의 멸망 그리고 그로 인한 파괴적 혼란.

> 진시황, 중앙집권제도를 창립하다.
> 중앙집권제도는 국가의 통일·사회 안정·민족 화합의 중요 조건이다.
> 진시황이 다민족 통일국가를 건립하다.
> 경제 문화 발전을 위해서 관련된 제도와 문자를 통일하다.
> 국경을 정하고 다민족 통일국가 건립의 첫발을 내딛다.
>
> – 베이징대학 국학연구원, 《중화문명사》 중

전통 사회에서 진시황은 줄곧 비판의 대상이었다. 하지만 최근 중국에서는 평가가 근본적으로 달라지고 있다. 진시황은 중앙집권제도라는 봉건 사회 최고의 운영 원리를 만들었으며, 이를 통해 다민족 통일국가라는 독특한 중국식 사회 모델을 만들 수 있었다. 그리고 뒤를 이은 한나라가 진나라를 계승하면서 이 체제가 완성됐다는 것이다. 얼마 전까지만 하더라도 중국의 역사학계는 변증법적 유물론, 마르크스적인 관점으로 역사를 해석하였다. 그런데 갑자기 진시황을 들고나온 것이다. 중화민족주의에 대한 과도한 경도 혹은 정권 차원에서의 의도적인 결과라고 할 수 있을까? 어떤 이유에서건 최근 중국 역사학계가 지난 2,000년간 찾아보기 힘들었던 엄청난 찬사를 진시황에게 바치고 있는 것만큼은 분명하다.

진시황에 대한 정서적 태도를 어떻게 가지느냐와는 별개로, 오늘날 현대 중국의 부상과 '중국몽(中國夢)'이라는 새로운 비전과도 별개로 오랜 기간 역사는 진시황의 업적에 주목해왔다. 그는 중국 역사 최초로 통일제국을 세웠고 스스로 황제라는 지위에 올랐다. 전국시대 경쟁국들을 모두 물리쳤고, 그간 엄두를 내지 못했던 중국 남부의 구석구석을 장악하였다. 북방으로는 흉노를 물리치며 만리장성을 쌓았다. 전국을 36개의 군현으로 나누었고, 문자와 도량형을 통일하여 거대한 중국 땅을 하나의 문명권으로 묶는 데 결정적 기여를 하였다. 무엇보다 결정적인 것은 통일제국, 황제 지배체제라는 전통을 창출했다는 점이다. 황제가 지배하는 단일한 나라, 그것은 곧 중화 문명의 정상적인 상태이고 그렇지 못한 것, 즉 정치적 분열은 '혼란'이라는 믿음을 중국인 모두가 갖게한 것이다. 이 부분만큼 중국 역사에 중요한 것은 없다. 그렇기 때문에 진시황, 나아가 황제 지배체제라는 독특한 리더십의 전형을 이해하는 것은 중국을 이해하는 것이라 할 수 있다.

진나라의 천하통일 정책:
목공에서 효공 그리고 시황까지

진나라는 백성들을 좁고 험한 곳에 살게 하면서 혹독하게 부리고 있습니다. 위세로 그들을 핍박하고, 험준한 곳에 은거하게 하며, 좋은 일을 하여 포상을 받는 데 익숙하게 만들고 있습니다. 또 형벌로써 꼼짝 못하게 억누르고, 위로부터 이익을 얻기 위해서는 전쟁에서 공을 세우는 것 이외에는 다른 길이 없게 만들었습니다. (…) 진효공·진혜문왕·진무왕·진소양왕 등 4세(世) 동안 줄곧 승리를 거두었으니 이는 결코 요행이 아니고 규율에 맞아떨어졌기 때문입니다.

– 사마광, 《자치통감》 권6 〈진기〉 중

조나라 효성왕 때 임무군과 순경 사이에 논쟁이 벌어지면서 나온 말이다. 효성왕이 둘에게 '군사의 요체'를 물었다. 임무군은 임기응변과 속임수를 강조하였다. 그는 "용병을 잘하는 사람은 적을 순식간에 어리둥절하게 만들어 아군이 어디에서 뛰쳐나올지 전혀 모르게 만든다"고 주장하였다. 순경은 이에 반박하면서 임무군의 권모술수적인 태도를 비판하였다. 순경은 '어진 이의 군사론'을 설파하였다. 어진 이의 군사란 속이는 일을 해서는 안 된다. 속이는 일을 하는 군사는 태만하고 산만하여 약속을 지키지 않는 벌거숭이의 모습을 보이는 자들로 군신 상하 간에 혼란이 일어난다.

이어서 순경은 당대 여러 나라의 군사력을 평가하였다. 제나라의 경우 "기계를 숙련되게 다루며 기교를 쓴 공격"에 능하다. 제나라의 기교란 공을 세우는 자에게 상을 주는 것을 말하는데 실상 "승패와는 무관하게 오직 수급에 따라" 상을 내리기 때문에 한계가 뚜렷하다. 따라서 "전쟁 규모가 크고 적이 견고할 경우에는 오히려 군사를 허물어뜨리고 군심을 흐트러뜨릴 뿐이다." 위나라의 경우는 어떤가. 위나라는 군인이 되면 집을 하사하고 다양한 면세 혜택을 준다. 백성 입장에서는 큰 이득이지만, 이런 일이 계속되기 때문에 국가 재정이 말할 수 없이 위태롭다. 당대 대부분의 나라가 이런데 반해 진나라는 달랐다. 진나라가 '어진 이'의 통치를 한다고 말할 수는 없다. 하지만 분명한 것은 엄격한 원칙을 가지고 뛰어난 왕들이 연이어 통치했기 때문에 여타의 나라들에 비해 뛰어난 규율을 가지고 있다는 것은 분명하다. 그것은 임무군이 말하는 임기응변이나 속임수 같은 요행과는 차원이 다르다.

그렇다. 진시황의 통일제국은 하루아침에 이루어진 것이 아니다. 오히려 오랜 기간 축적된 성과의 결과이다. 제나라, 초나라 그리고 또 다른 진(晉)나라. 중원과 양쯔강을 기반으로 한 이 세 나라는 진(秦)나라에 비해 일찍 성장하였다. 춘추시대 제나라는 환공 때 관중의 리더십에 힘입어 패자의 자리에 올랐고, 초나라는 최초로 군현제를 실시했으며 가장 먼저 왕이라는 호칭을 사용했던 나라다. 기원전 659년 진나라에서는 목공이 즉위한다. 목공은 서쪽으로는 융적을 정벌하였고 동쪽으로는 진(晉)과의 싸움에서 승리를 거둬 황허 일대까지 영토를 확장하며 관중 일대에 대한 지배권을 확고히 하였다. 목공은 신중한 인물이었다. 진(晉)의 헌공이 죽은 후 후계자 다툼이 일어났다. 혜공은 하서의 8개 성을 할양하겠다는 조건으로 목공에게 도움을 청했다. 목공의 도움을 받아 혜공은 진(晉)나라의 왕이 되었지만 약속을 지키지 않았다. 이후 진(晉)나라가 기근에 처하자 혜공은 목공에게 원조를 요청하였고, 그 얼마 후에는 진(秦)나라가 기근에 처해 목공이 도움을 청했는데 혜공이 묵살하였다.

오랜 인내의 시간 끝에 목공은 전쟁을 일으켜 진(晉)나라를 제압하고 혜공을 포로로 잡는 데 성공한다. 이를 통해 하서 일대의 땅을 빼앗으며 황허까지 영토를 확장, 중원으로 나가는 교두보를 차지하게 되었다. 또한 혜공의 아들을 볼모로 잡았으나 자신의 딸과 결혼시켰다. 혜공이 죽자 목공의 딸과 결혼한 혜공의 아들 문공이 진나라의 왕이 된다. 혼인 정책을 통한 내정 간섭은 목공의 특기였다. 혜공이 왕이 될 때도 목공의 지원이 있었고, 문공 또한 목공의 군사력에 의지해 왕이 될 수 있었다. '진진지호(秦晉之好)', 진과 진이 여러 차례 혼인 관계를 맺는다는 뜻이다.

목공은 문공을 도와 초나라와의 싸움에서 이겼고 주 왕실의 반란을 진압하는 등 진나라의 위상을 크게 높였다. 하지만 진(晉)나라는 강대국이었고 황허 이상으로 영토를 확장할 방법은 없었다. 결국 목공은 종래의 전략을 크게 바꾸어 초나라와 연합하여 진나라를 견제하는 '원교근공'으로 돌아섰다. 이때부터 약 100년간 진나라는 원교근공에 의지하여 대외 정책을 추진하게 된다.

그리고 진효공. 전국시대에 효공은 상앙을 등용하여 진나라의 국력을 크게 향상시켰다. 때는 전국시대. 전국시대는 변법의 시대였다. 강력한 혁신책을 통해 부국강병을 달성하고 다른 나라를 제압해야 하는 소위 무한 경쟁의 시대. 이는 모두가 알고 있는 사실. 위나라는 이회를 등용하였고 한나라는 신불해를, 제나라는 추기를, 초나라는 오기를 등용하였다. 하지만 어떤 나라도 상앙의 개혁만큼 치밀하고 효과적이지 못했다.

> 군주가 백성들을 권면하는 것은 관직과 작위이고, 국가가 흥성하게 되는 것은 농사지으면서 싸우는 '농전(農戰)'이다. 오늘날 백성들은 관직과 작위를 얻는 데 '농전'으로 하지 않고 교묘한 말과 허무한 도로 하는데, 이것은 백성을 위로하는 것이라고 말할 수는 있으되 국가를 흥성케 하는 것이라고 할 수는 없다. 백성을 위로하기만 하는 군주는, 그의 나라가 반드시 힘이 없게 된다. 힘이 없는 군주는, 그 나라가 반드시 약해진다. (…) 법이 굽으면 정치적 조치들이 혼란되고, 말만 번지르르한 사람을 쓰면 헛된 말들이 많아진다. 정치적 조직들이 많으면 나라가 혼란되며, 헛된 말들이 많으면 군사력이 약해진다. 법이 분명하면 정치적 조치들이 간소화되고, 실력자를 쓰면 헛된 말들이 그치게 된다. 정치적 조치들이 간소화되면 나라가 잘 다스려지고, 헛된 말들이 그치면 군사력이 강해진다.
>
> — 상앙,《상군서》중

치국. 나라를 다스리는 핵심은 법이다. 부국. 나라를 부유하게 만드는 핵심은 농업에 있다. 강국. 나라를 강하게 만드는 핵심은 전쟁에 있다. 따라서 법을 통해 국가 운영을 일신하여, 모든 백성이 농업과 전쟁에 매진하게 만들어야 한다. 기원전 365년, 효공의 절대적 신임을 받은 상앙은 본격적으로 변법을 실시하였다. 상앙은 새로운 법을 발표하면서 종래의 행정제도와 조세제도를 뜯어고쳤다. 온갖 관습법에 얽혀 있는 작은 촌락들을 정리하여 총 31개 현으로 통합하였다. 또한 세금 역시 간명하고 균일한 원칙에 따라 공평하게 거두었다.

상앙은 공정하면서도 강경하게 변화를 추구했다. 농민들은 대가족을 유지할 수 없었다. 남자는 성인이 되면 반드시 결혼하고 독립을 해야 했다. 그러지 않으면 세금을 두 배로 징수하였다. 또한 농가 다섯 집을 1보로 묶고 10보를 연계하는 '십오연좌제'를 통해 관리 감독하였다. 농민이 상인이 되는 것을 금지하였고, 술과 고기 같은 향락품에 대한 세금을 크게 높였다. 진나라의 백성들은 철저한 소농경제 구조 아래서 황무지를 경작하고 농사와 베 짜기에 집중해야 했다. 국가는 이 모든 과정을 강제하였고 관리는 "견문을 넓히거나 지혜에 대해 이야기하는 것"을 금지당했다. 관리의 역할은 농사를 진흥시키는 것에 족하였으며 부정부패는 용납되지 않았다.

> 무공을 세운 사람은 영예를 누리지만 무공을 세우지 못한 사람은 부유
> 해도 누릴 수 없다.
>
> — 사마천,《사기》〈상군열전〉 중

상앙은 강경했지만 백성들에게 기회를 주었다. 귀족의 권위를 부정하지는 않았지만 새로운 평가 기준을 마련하였다. 상앙은 10등급 또는 18등급의 새로운 작위제도를 실행했는데 기준은 가문이 아니라 무공, 즉 전장에서 업적을 세웠는가를 두고 판단했다. 아무리 신분이 미천하더라도 전쟁에서 무공을 세우면 존귀하게 대우를 받았다. 백성 입장에서 방향은 명확했다. 평소 농사에 진력하고 기회가 되어 전장에 나가면 공을 세우는 것이었다.

그리고 기원전 340년, 효공은 상앙을 시켜 당대의 강국 위나라를 공격하게 한다. 과거 진나라의 동진을 막았던 또 다른 진(晉)나라는 한나라, 조나라, 위나라로 나뉘어 있었다. 진나라 입장에서는 더할 나위 없는 기회. 상앙은 위나라의 혜왕을 상대로 승리를 거두었고 황허 서쪽의 땅을 빼앗았다.

효공 이후 진나라는 거침없이 발전했다. 효공이 죽은 후 혜문왕이 즉위했는데, 그가 상앙을 거열형으로 잔혹하게 죽이고 상앙의 집안을 멸문시켰다는 것은 국가적 차원에서는 중요한 문제가 아니었다. 혜문왕은 상앙을 미워했지만 그의 변법은 발전시켰다. 효공의 아들 혜문왕은 스스로를 왕이라고 칭했고 파촉과 한중 일대, 즉 양쯔강 상류를 점령하며 중국의 서쪽 지역에 광대한 영토를 확보하는 데 성공하였다.

그리고 진소양왕은 기원전 288년 스스로를 '서제', 서쪽의 황제라고 칭하였다. 동쪽의 제나라 민왕은 동제, 자신은 서제. 즉 천하는 이제 두 나라의 손아귀에 들어왔다는 것을 선언한 셈이다. 소양왕의 업적은 대단하였다. 그는 원교근공의 외교 원칙을 더욱 확실히 하였으며 기원전 298년에는 초나라와의 싸움에서 승리하여 16개의 성을 빼앗았고, 그로부터 5년 후에는 한나라·위나라 연합군과의 싸움에서 승리하여 적병 24만을 베면서 한나라 영토의 상당 부분을 빼앗았다. 당대의 진나라 명장 백기는 한·위 연합군과의 싸움에서 승리한 후 다시 10여 년이 흐른 기원전 280년에 조나라를 공격하여 광랑성을 빼앗았고, 다음 해에는 수공을 펼쳐 초나라 군대와 백성 수십만 명을 몰살시켰다.

주변 국가와의 치열한 항전과 진나라의 일방적 승리는 기원전 260년까지 계속되었고, 백기가 무너뜨린 한·위·조·초의 군대는 기록으로 따지면 100~200만은 족히 넘었다. 그리고 주나라가 사라졌다. 소양왕은 주나라의 난왕을 굴복시켜 '읍 36개와 백성 3만 명'을 바치게 하였다. 주나라를 지키기 위해 패자가 되어야 한다는 명분의 시대, 춘추전국시대가 사실상 끝장난 것이다.

(진시황은) 제후국의 명사들 가운데 금전으로 매수할 수 있는 자들에게는 재물을 후하게 주어 친교를 맺고, 매수를 거부하는 자는 예리한 칼로 척살하게 했다. 각 제후국의 군신 사이를 이간질한 뒤 뛰어난 장수와 병사

들을 보내 각 제후국을 치게 하자 불과 몇 년 만에 천하를 겸병했다.

- 사마광,《자치통감》권6 중

기원전 238년 4월 17일 진시황은 집권 9년 차에 비로소 "왕관을 쓰고 칼을 찼다." 친정에 나선 것이다. 진시황이 사실은 왕의 혈통이 아니고 대상(大商) 여불위(呂不韋, ?~BC235)의 자식이었다느니, 어머니가 여불위에 이어 환관 노애와 뜨거운 정사를 벌였다느니 하는 것은 여전히 호사가에게는 안줏거리 같은 이야기다. 하지만 이 시대를 기록한 어떤 역사가도 이와 관련하여 긴 서술을 남긴 적이 없다. 진시황은 친정에 나서자마자 "노애의 부모와 형제, 처자의 삼족을 모두 주살"하였으며 여불위를 자진케 했다. 단숨에 권력을 장악한 것이다.

그리고 이사를 등용했다. 이사는 진시황의 과격함을 비판하였다. "백성을 버려도 적국에 도움을 주는 것인데 빈객을 물리쳐 다른 제후들이 업적을 쌓도록 도와주고 있다"는 것이 이사의 생각이었다. 진나라에 와서 그럴듯한 자리라도 하고 싶어 하는 이들을 후덕하게 대해주어야 이들이 진나라에 적대적인 마음을 품지 않으리라는 계산이었다. 이사는 친교, 매수, 암살 등 진나라의 정치적 영향력을 확대하는 데 수단과 방법을 가리지 않았다. 애초에 국력이 강하니 이제 통일로 나아가야 하지 않겠는가. 이사는 상앙, 신불해, 한비자와 더불어 법가로 분류되는 인물이다. 동시대를 살았던 법가의 완성자 한비자가 한나라의 비통한 현실에 괴로워할 때 이사는 평민 출신으로 재상의 자리에 오르는 영광을 누린다. 이는 중국 고대사 최초의 사건이었다.

진시황에게는 맹장들이 많았다. 그중 대표적인 인물이 '왕전과 왕분' 부자다. 왕전은 조나라, 연나라, 초나라, 월나라를 평정하는 주요 전투를 모두 지휘한 인물이다. 그의 아들 왕분은 위나라, 대나라, 연나라, 제나라를 멸망시켰다. 대를 이어 큰 공을 세운 것이다. 몽오, 몽무, 몽염, 몽의 등 몽씨 집안도 못지않다. 몽오는 한나라, 조나라, 위나라 등 중원을 공격하면서 큰 공을 세웠다. 몽오의 아들 몽무는 왕전과 함께 초나라를 무너뜨릴 때 큰 활약을 펼쳤다. 몽염과 그의 동생 몽의는 진시황의 최측근이었는데 몽염의 경우 흉노와의 싸움에서 큰 승리를 거둔 인물이다.

진시황은 왕전을 사부로 섬길 만큼 총애했으나 왕전은 진시황을 믿지 않았다. 초나라를 어떻게 무너뜨릴까를 두고 회의를 하는 자리에서 이신은 병력 20만이면 충분하다고 주장하였고, 왕전은 60만이 필요하다고 하였다. 진시황은 천하의 왕전이 나이가 들어 겁이 많아졌다고 느꼈으나, 이신의 20만 대군은 초나라 군대에 패배하였다. 결국 60만 대군을 끌고 왕전이 출전하게 되었고 진시황이 몸소 그를 전송하였다. 왕전은 가는 도중에 수차례에 걸쳐 진시황에게 싸움에서 이기고 나면 논밭과 정원, 연못을 내려달라고 간청하였다. 진시황이 왜 가난 따위를 걱정하느냐고 묻자 왕전은 자손의 재산을 만들어두기 위한 것이라고 답변하였고, 진시황은 크게 웃었다. 왕전은 전장에 나가서도 다섯 번이나 같은 요구를 했다고 한다. 왜 그랬을까? 왕전은 진시황이 의심이 많고 장군들을 항상 경계한다는 사실을 잘 알고 있었다. 생존을 위한 안전조치를 취한 것이다. 이 일화는 진시황의 포악하고 강퍅한 성격을 논할 때 자주 인용된다. 하지만 그만큼 권력 운용에서 민감하며 유능한 신하들, 특히 군사권에 대한 지배력이 뛰어났다는 것을 반증하는 대목이다.

진시황은 천하통일의 뜻을 세운 후 8년간 준비했고 약 10년 만에 전국을 통일하였다. 파죽지세였다. 한비자는 한나라 왕이 "형세가 여유 있을 때 헛된 명성이 있는 자를 총애하고, 위급할 때 투구와 갑옷을 착용한 무인을 찾는 행태를 통탄"했다고 한다. 나라가 위기에 빠졌음에도 훌륭한 인재를 구하지 않고 거시적인 안목으로 나라를 살리기 위해 노력하지 않는 왕을 걱정한 것이다. 한나라는 기원전 230년 가장 먼저 멸망했다. 가장 강력했던 초나라는 왕전에 의해 무릎 꿇었다. 기원전 224년 초나라는 나라의 모든 군사를 모아 왕전과 싸우고자 하였다. 하지만 왕전은 끝내 출전하지 않으면서 때를 기다렸다. 초나라 군사들이 싸우지 못한 채 크게 지쳐 동쪽으로 철군할 때 기습적으로 군사를 내어 적을 무너뜨렸다. 군사력이 우세했음에도 끝내 때를 기다려서 강한 적을 꺾은 것이다. 여러 나라가 연이어 멸망하자 한때 중원을 호령했던 제나라는 스스로 항복하였다. 수많은 신하가 항복에 반대했다. 전국적으로 여전히 진시황에 대한 반감이 높으니 초나라의 옛터를 접수하여 영토를 확장한 후 싸움의 형세를 동서 구도로 만들면서 진나라와 싸우자는 계책도 나왔다. 하지만 제나라의 마지막 왕 건(建)은 이를 받아들이지 않았다.

통일은 이기는 데 머무는 것이 아니다

"진나라를 망하게 할 자는 호(胡)입니다." 진시황이 이내 장군 몽념에게
명해 군사 30만 명을 이끌고 북쪽 흉노를 치게 했다.

- 사마광, 《자치통감》 권6 중

진시황은 전국을 통일한 이후에도 행보를 멈추지 않았다. 그는 50만의 대군을 모아 중국 남부와 베트남 북부에 이르는 광범위한 지역을 중국의 영토로 만들고자 했다. 동월(東越, 저장성 남부), 민월(閩越, 푸젠성 푸저우 일대), 남월(南越, 광저우 부근), 낙월(駱越, 베트남 북부 지역)까지 '백월(百越)'이라고 불리는 중국 남부의 변방 지역 전체를 점령하는 데 성공한 것이다. 또한 쓰촨과 윈난(雲南, 운남) 등 통제하기 곤란한 내륙 지역은 도로를 만들어서 교류를 활성화해 중앙 정부

황제 지배체제 1

의 영향력을 강화하였다. 그리고 몽염을 시켜 흉노족을 몰아내고자 했다. 흉노는 단순한 이적 오랑캐가 아니었다. 진정한 의미의 유목제국이 처음 등장하였고, 중국에 황제 지배체제가 들어설 무렵 흉노 역시 선우(흉노족의 왕을 일컫는 말)를 중심으로 초원의 제국이 되었다. 천하의 진시황이라지만 흉노를 멸망시킬 방법은 없었다. 초원 지역으로 밀어내기. 동시에 장성을 쌓아 방비하기. 조나라, 연나라 등 이미 전국시대 북방을 관리하던 국가들도 장성을 쌓아 흉노를 막고자 했다. 진시황은 흙으로 거대한 방어선을 쌓아 올렸다. 과거 제후국들이 만들어놓은 성을 고치기도 하고 새로운 성을 잇기도 하면서 농경 세계와 유목 세계, 중화와 이족의 경계선인 만리장성을 만든 것이다. 그렇게 역사상 처음으로 중국 전체를 포괄하는 대제국, 황제가 지배하는 나라가 등장하였다.

바로 이 순간 중국의 운명이 결정되었다. 황제의 운명이라는 표현이 정확할까? 만리장성을 기준으로 나뉜 세계. 북방 오랑캐의 침략을 막아내며 농업 문명국가이자 황제가 지배하는 대제국을 지켜내야 하는 운명, 수많은 사회모순과 수많은 정치 변동과 수많은 효웅의 등장으로 제국이 멸망하면 또 다른 제국을 세우고 또 다른 황제를 모셔야만 하는 운명. 진시황은 한 문명의 형식을 결정지은 것이다.

> 마침내 천하를 모두 36군으로 나누고 군마다 군수와 군위, 군감을 두었다. 또 천하의 무기를 모두 함양에 모은 뒤 이를 녹여 종과 북을 매다는 틀과 금인 열두 개를 만들었다. (…) 이어 법도를 비롯해 형(衡, 부피)과 석(石, 무게), 장척(丈尺, 길이) 등의 도량형도 그 단위를 통일했다. 이어 천하의 부호 12만 호를 함양으로 옮겨 살게 했다.
>
> – 사마광, 《자치통감》 권6 중

국가적 차원에서 문명의 형식은 구체적이었다. 춘추전국시대 동안 여러 제후국이 쌓아온 국가 운영의 노하우가 종합적으로 체계화됐다. 군현제와 관료제. 진시황은 천하를 36개의 군현으로 나누었고 중앙에서 직접 관리를 파견하였다. 이사는 황제의 자제나 공신들에게 땅을 하사하고 그들을 제후로 삼는 것에 반대하였다. 그러면 필경 언젠가는 주나라처럼 되고 말 것이다. 제후가 나라를 세우고 황제에게 대항할 것이 뻔하기 때문이다. 봉건제가 아닌 중앙집권적 관료제. 황제 지배체제를 지탱하는 행정구역과 관리 체계가 확립된 것이다. 황제는 행정·군사·감찰 기구를 통일하면서 승상, 태위, 어사대부를 총괄하였다. 승상, 태위, 어사대부는 각각 행정권·군사권·감찰권의 수장으로서 서로를 견제하며 황제 지배체제를 지탱하였다.

진시황은 화폐도 통일하였다. 황금을 상폐로, 동전을 하폐로 정했으며 둘 다 전국에 통용되게 하였다. 동전은 반량전이라 했는데 가운데에 사각형 구멍이 있는 둥근 모양으로 '반량(半兩)'이라는 글씨를 새겼다. 황금과 화폐 그리고 민간에서 유통되던 포목 간에 유통의 기준을 세웠으며, 옥이나 은 같은 여타 장식물이나 재물은 화폐로 사용하지 못하게 했고 민간에서의 화폐 주조 또한 불법화했다. 동시에 토지 측량 도량형을 6척에 1보, 240방보를 1묘로 통일했다.

진시황은 도로 정비에도 힘썼다. 길의 폭을 50보로 정하였고 도로 양쪽으로는 3장마다 푸른 소나무를 심었다. 길 양쪽에 철을 박아 튼튼하게 만들었는데 수도인 함양(咸陽, 오늘날 시안 인근의 셴양시)을 중심으로 전국의 길을 종횡으로 닦았다. 방해가 되는 성벽을 부수고, 굽은 길은 시간을 들여 곧게 만드는 등 도로 사업에 힘썼다. 도로 정비는 행정 능력의 강화는 물론이고 군대의 빠른 이동을 의미하였다. 흉노족을 비롯하여 변방의 위협 세력을 막기 위함이었는데 북쪽 변경으로 나아가는 '구원직도', 남중국해로 나아가는 '양월신도', 윈난 지역으로 나아가는 '오척도' 등이 대표적이다.

진시황의 통일 사업에서 가장 중요한 부분은 법과 문자의 통일이다. 전자는 중국의 고유한 통치 원리로 발전하였고, 후자는 중국 문명이 오래 생존함은 물론이고 동아시아 문명권으로 발돋움할 수 있는 확고한 기반이 되었다. 진시황은 진나라의 오랜 전통, 법가에 기초한 엄격한 형률로 나라를 다스렸다. 1전 이상을 훔치면 왼쪽 발을 베었고, 훔친 뽕나무잎이 1전이 안 되어도 30일간 노역을 해야 했으며, 절도를 하려다가 그만두어도 형벌을 받아야 했다. 연좌제는 다양한 형태로 적용되었다. "같은 집에 살면 연좌되고", "같이 도둑질을 하면 연좌되고", "같이 죄를 지으면 연좌되고" 등 법률 조문은 연좌제로 가득 차 있었다. 친척은 물론이고 동료, 친구, 동네 사람들 또한 연좌제의 적용 대상이었고 신고를 하지 않으면 죄를 지은 만큼 처벌받았다. 이형거형(以形去形), 즉 형으로 형을 없애는 방법이다. "왕은 9할은 형벌을 내리고 1할은 포상을 내려야 한다"는 것이 상앙의 지론이었고 이사에게 고스란히 계승되었다. 흥미로운 것은 여기에 음양오행설(陰陽五行說)이 더해졌다는 점이다. 진시황은 진나라가 수덕(水德), 즉 물의 힘에 기운을 받아서 창건된 왕조라고 믿었다. 물은 양(陽)보다는 음(陰)에 가깝고, 따라서 음을 다스려야 하기 때문에 엄격한 형법 체계를 갖추는 것이 당연하다는 논리였다.

그리고 전국의 문자가 통일돼 종래의 전서(篆書)에서 벗어나 예서(隸書)가 시행되었다. 한문은 뜻글자, 즉 표의문자다. 말하는 대로 적는 방식이 아니기 때문에 불편할지 모르겠지만, 뜻을 담고 있기 때문에 음(音)이 다르고 말하는 방식이 달라도 그 의미는 고스란히 전달된다는 장점을 지닌다.

통일 이후 진시황의 통치 방식은 대부분 춘추전국시대의 노하우를 받아들인 것이었다. 특별히 창의적이었다기보다는 춘추전국시대에 등장한 수많은 아이디어와 창의적인 제도를 하나로 모으고, 종합적으로 관철했다. 이러한 진시황적 종합은 이후 중국적인 것으로 20세기까지 고스란히 계승된다. 부분적인 변화는 있을 수 있다. 군현제가 아닌 주현제를 실시한다든지, 재상제도를 폐지하고 내각대학사 여럿을 둔다든지, 만리장성 이남 지역을 빼앗기거나 만리장성을 넘어 다른 세계를 탐닉한다든지 이후 2,000년의 역사 속에서 무수한 변용이 일어난 것은 사실이다. 하지만 하나의 권력, 중앙집권체제 그리고 중앙집권체제에 걸맞은 행정제도와 관료제 그리고 각양의 통일적인 사회적 표준으로 나라를 다스리고자 하는 행태만큼은 중국인들에게 '일반적인 것'이었다.

　진시황이 이룬 가장 거대한 업적은 문자의 통일과 서체의 개선이라고 할 수 있다. 서체는 이후에도 다양하게 발전하였으며 서예라는 동양 문명의 독특한 예술 세계를 만들었다. 위진남북조시대 왕희지(王羲之, 303~361)를 필두로 조맹부(趙孟頫, 1254~1322), 구양수(歐陽修, 1007~1072) 등이 대를 이으면서 다른 지역에서는 찾아보기 힘든 붓의 예술 세계가 만들어진 것이다. 유독 동아시아에서는 회화에 앞서 서예를 최고의 예술로 보았다. 동시에 동아시아 문명의 지식 세계가 문자를 통해 체계화되었으며 영속적으로 계승되었다. 당대에는 대나무를 쪼개 만든 죽간에 기록했지만, 한나라의 채륜(蔡倫, ?~121)이 종이를 발명한 이후로는 붓과 먹, 종이와 책이라는 압도적인 기록 문화가 중국에서 탄생하여 한반도, 일본, 베트남, 중앙아시아 등에 영향을 미쳤다.

　이런 현상을 마냥 긍정적으로 볼 수만은 없다. 황제를 떠받드는 관료 계층이란 자신의 생각을 한문으로 표현할 줄 아는 지식 계층이고, 따라서 문자의 통일은 지배계층의 지식 독점과 그로 인한 권력 독점 현상을 불러왔으니 말이다. 민중 입장에서는 어지간한 이론적 체계를 가지고는 혁명을 일으킬 수 없는 견고한 구조가 만들어진 것이다. 그럼에도 여타 문명권과는 비교할 수 없는 수준의 기록 문화 그리고 압도적인 문서 편찬을 고려한다면, 진시황의 문자 통일은 통일 정책을 넘어선 문명사의 중요한 지점이라고 평가할 수 있다.

400년을 통치하며
진정한 전통을 이룬 한나라

첫째, 사람을 죽인 자는 사형에 처한다. 둘째, 사람을 다치게 한 자는 그에 준하는 형을 가한다. 셋째, 남의 물건을 훔친 자는 그 죄의 경중에 따라 처벌한다. 진나라의 나머지 법령을 모두 폐지해 관민이 이전처럼 안심하고 생업에 종사할 수 있게 할 것이오. 내가 이곳에 온 것은 부로(父老, 마을의 남성)들을 위해 해로움을 없애고자 한 것이지, 포악한 짓을 하려는 것이 아니오. 그러니 조금도 두려워하지 마시오.

— 사마천, 《사기 본기》 권8 〈고조본기〉 중

진시황의 통일제국은 쉽게 무너지고 말았다. 왜 그랬을까? 지나치게 엄격한 법 집행이 끝내 문제가 되었다. 진시황이 죽은 후 뒤를 이은 이세[二世, 이름은 호해(胡亥)다] 황제는 "법\률을 바꿔 (백성을) 더욱 혹독하게 다루는 데 애썼다." "열두 명의 공자가 함양에서 죽어 저자에 내걸리고, 열 명의 공주가 두현에서 돌로 쳐 죽이는 형벌"에 처해졌으며 연루된 자들 또한 헤아릴 수 없었다. 국정 운영이 매번 이런 식으로 진행되었고 아방궁 건설 사업에 박차를 가하게 되니 백성들의 부담감은 극도로 커질 수밖에 없었다.

그리고 기원전 209년 가을, 진승(陳勝)과 오광(吳廣)이 난을 일으켰다. 이들은 평민 징발 임무를 담당했는데 갑작스럽게 내린 큰비로 길이 끊기면서 기한을 맞출 수가 없었다. 기한을 어기면 참수형, 도망가도 참수형. 결국 진승과 오광은 끌고 온 무리를 꼬드겨 반란을 일으켰다. "이왕 죽을 것이라면 큰 이름을 내야 할 것이다. 왕후장상(王侯將相)의 씨가 어찌 따로 있을 수 있겠는가!" 수많은 이들이 곳곳에서 반란을 일으켰다. 진섭, 무신, 항량, 전담, 한광 그리고 유방. 진나라의 통일 정책은 체계적이었을지언정 정복민의 마음을 사지는 못했다. 무신은 조나라 왕을 칭했고, 전담은 제나라, 한광은 연나라 왕을 자칭했다. 하지만 두각을 나타낸 인물은 항량의 뒤를 이은 항우와 유방이었다. 진나라는 내부적으로 무너지고 있었다. 환관 조고(趙高)는 이세 황제를 꼬드겨 승상 이사를 죽음으로 몰았다. 수많은 반란을 제압하며 항량마저 죽음에 몰아넣었던 진나라 장수 장함 역시 미움을 받자 항우에게 투항하였다.

유방은 항우에 앞서 진나라의 수도 함양을 점령하는 데 성공한다. 유방은 세 가지 원칙, 즉 사람을 죽인 자, 사람을 다치게 한 자, 남의 물건을 훔친 자에 대해 경중을 따져서 처벌하는 것을 제외하고 진나라의 모든 법을 없앴다. 뒤늦게 함양에 도착한 항우는 유방과는 다른 행동을 보인다. "함양을 도륙하고, 항복한 진나라 왕 자영을 죽이고, 진나라의 궁실을 불태웠다. 불이 석 달 동안 타고도 꺼지지 않았다." 그런 후 재화와 보물, 여성들을 취해 자신의 근거지인 초나라로 돌아갔다. 관중의 백성들은 무슨 죄인가. 항우는 가혹했고 민심을 수습하지 못했다. 관중이 지니는 상징적이고 실질적인 의미를 무시한 채 내키는 대로 행동한 것이다. 항우는 용맹했지만 유방에 비해 덕이 없었고 지혜롭지 못하였다. 유방은 어땠을까? 항우에 비해 모든 것에서 열세였던 그는 기어코 항우를 상대로 승리를 거둔다.

마치 황제가 될 운명이라도 타고난 듯 유방과 관련된 기록은 그를 항우는 물론이고 진시황과도 대비시킨다. 유방은 유덕하다. 패현 풍읍 중양리 사람으로서 그다지 특별한 지역적·가문적 배경도 없지만, 그는 "사람이 어질어 다른 사람을 사랑하고, 베풀기를 좋아했고, 성격이 활발했다. 늘 큰 뜻을 품고 있었던 까닭에 일반 백성처럼 돈을 버는 생산에 얽매이지 않았다." 덕이 있으니 주변에 사람이 모였다. 책사 장량이 큰 지혜로 유방을 도왔다. 항우보다 먼저 함양을 점령했기 때문에 유방은 항우의 미움을 받았고, 그는 파촉이라는 외진 곳으로 피난할 수밖에 없었다. "잔도를 불태우시라." 파촉에 이르는 길은 멀고 험난하기 때문에 도로가 발달하지 못했다. 장량은 그나마 극히 험한 곳에 만들어진 잔도를 모두 불태워서 항우에게 다시는 관중과 중원을 탐내지 않겠다는 것을 입증하라고 권하였다. 유방은 이를 따랐다.

함양을 점령한 후 모든 군대가 약탈에 여념이 없을 때 유방의 수하 소하(蕭何, ?~BC193)는 진나라의 통치 문서를 모았다. 이를 통해 천하에 대한 정밀한 정보를 획득했으며 국가 운영에 관한 최고의 노하우를 손에 넣었다. 소하는 일찍이 한신(韓信, ?~BC196)의 능력을 알아보았고 유방에게 천거하였다. 유방이 자신을 알아주지 않자 한신이 도망을 쳤고 소하는 그의 발걸음을 돌려세웠다. 이후 한신은 탁월한 군사적 재능을 발휘하였으며, 대장군이 되어 한나라가 천하를 통일하는 데 큰 공을 세웠다.

유방은 과감하지만 남의 말을 들을 줄 알았고 백성을 아꼈기 때문에 진나라가 세웠던 강고한 법률 체계를 무너뜨리는 데 주저함이 없었다. 애초에 잘못 세워진 제국. 적어도 법가 사상과 엄격주의는 중대한 문제점을 내포했다. 더구나 군사력이 압도적으로 강했던 항우조차 유방에게 패했으니 평민 출신으로 황제의 자리에 오른 유방에게 천명이 있음은 그의 덕스러움 말고 무엇으로 설명할 수 있겠는가. 한나라 역사가 사마천부터 송나라 역사가 사마광(司馬光, 1019~1086)까지 중국의 역사가들은 진나라의 허망한 멸망과 한나라의 오랜 번성, 진시황과 항우의 결격 사유와 유방의 탁월함을 역사적으로 합리화하는 데 주저함이 없었다.

하지만 천하를 통일한 이후 유방의 삶은 어땠는가. 그는 한신과 팽월을 죽였고 공신들의 기세를 꺾는 데 여념이 없었다. 흉노와의 싸움에서는 대패했고 뇌물을 써서 간신히 목숨을 건질 수 있었다. 정쟁은 유방 사후에도 그치지 않았다. 유방의 아내 여후(呂后)는 척부인을 돼지로 만들어버렸다. 유방이 말년에 아끼던 척부인의 "손과 발을 자르고, 눈알을 빼고, 독초의 훈기로 귀를 멀게 하고, 벙어리를 만드는 약"을 먹인 후 화장실에 버렸고 그녀를 인간 돼지라고 불렀다. 어디 이뿐인가. 여후는 유방 집안사람들을 도륙을 내고자 했고 천하는 여씨 집안사람들의 수중에 넘어갔다. 이런 식의 전개라면 진시황이 죽은 후의 진나라와 무엇이 얼마나 다를까.

> 한문제는 대나라에서 장안으로 와 즉위한 지 23년이 지나도록 궁실과 원유, 애완물, 의복, 거마 등에서 늘어난 것이 없었다. 백성에게 불편한 것이 있으면 곧바로 법령을 느슨하게 해 백성을 이롭게 했다. (…) 한문제는 늘 수수한 옷을 입었다. 총애하는 신부인에게도 땅에 끌릴 정도로 긴 옷은 입지 못하게 했다. 휘장에는 수를 놓지 못하게 했다. 돈후하고 검박한 모습을 보여 천하의 모범이 되고자 한 것이다.
>
> — 사마천,《사기 본기》중 권10 〈효문본기〉 중

진정한 의미에서 진시황과 다른 통치를 펼쳤던 인물은 한문제(漢文帝, BC202~BC157)였다. 한문제 유항(劉恒). 한고조 유방의 넷째 아들이다. 여후가 죽은 후 여씨 일가와 한나라의 대신들이 크게 충돌해 여씨 일가가 몰락하게 된다. 그리고 유항이 황제로 옹립되니 그가 바로 한문제. 한문제와 그의 아들 한경제(漢景帝, BC188~BC141) 때의 치세를 문경지치(文景之治)라고 부르는데 한나라 400년 역사 최고의 치세로 평가받는 기간이다.

진시황과 한고조 유방 그리고 한문제는 입장이 판이했다. 진시황은 태어날 때부터 고귀한 신분. 행보에 거칠 것이 없었다. 이에 반해 유방은 많은 공신과 대업을 도모했기 때문에 천하를 거머쥔 후 공신이나 외척과의 갈등은 뻔한 수순이었다. 한문제의 경우는 사정이 애매했다. 대신들의 추대가 있었기 때문에 왕권이 강할 수는 없었지만, 여씨 일족의 파괴적 행보 탓에 강력한 군주에 대한 기대 또한 높았으니 말이다.

한문제는 그의 길을 갔다. 또한 진정한 의미에서 진시황과는 다른 전통을 만들었다. 한문제는 연좌제를 혁파하고 잔혹한 형벌을 폐지하는 등 진나라와는 다른 사법 질서를 구축하고자 하였다. 또한 황족이나 높은 신분의 관리라고 할지라도 백성을 함부로 체포하거나 세금을 징수하지 못하게 했다. 지속적으로 사면령을 내려 백성을 생업의 장으로 돌려보냈다. 유방이 진나라를 멸망시켰을 때 세 가지 법을 제외하고 모든 것을 없앤다고 했지만 현실은 그렇지 않았다. 어찌 됐건 국가가 운영되려면 체계적인 법률이 바탕이 되어야 하지 않겠는가. 한문제는 그런 순리를 인정함에도 불구하고 구체적으로 진나라의 엄혹성을 누그러뜨려 간 것이다.

한문제는 진평(陳平), 가의(賈誼), 조조(鼂錯, 위나라를 세운 조조하고는 다른 인물이다) 같은 뛰어난 인재들을 높은 자리에 앉혔고, 그들의 말을 주의 깊게 들었다. 신하들과 적극적으로 소통했으며, 오만한 황족이나 제후들을 대하는 데 있어서도 넉넉함과 여유로움으로 인내했다. 마음을 다한 그의 호의에 많은 사람이 감화되었다. 대신들이 죄를 지으면 자진을 하게 했지 형벌을 내리진 않았다. 또 그는 농업이 천하의 근본이라고 믿었다. 그렇기 때문에 백성들이 본업에 힘쓸 수 있게 여러 차례에 걸쳐 조세를 절반 이하로 내려주거나 아예 면제해주었다. 세금을 과감하게 면제할 수 있었던 힘은 국가 경제의 안정성, 농업 생산력의 성과 덕분이었다. 기근이 들면 그간 백성들이 들어갈 수 없었던 산이나 연못을 개방하여 먹거리를 구하게 했고, 국가의 창고를 열어 백성을 구휼하였다. 이 밖에도 백성들이 돈을 주고 작위를 살 수 있게 해서 스스로의 신분을 지킬 수 있게 하였다. 통치자로서 진시황과는 전혀 다른 태도였다. 덕스러운 인격을 갖추고, 신하들의 의견을 존중하며, 백성들의 평안한 삶을 위해 헌신하는 황제가 등장한 것이다.

한문제는 흉노와 남월 등에 대해서도 온건 정책을 유지하였다. 흉노는 지속적으로 위협이 되었다. 더구나 진나라가 무너진 이후 오늘날 중국 남부와 베트남 북부 일대에 남월이라는 독립 국가가 들어섰다. 한문제는 정벌전이 아닌 방비에 매진하였다. 한문제는 "선우와 형제의 의를 맺고, 수많은 백성의 근원으로 선량하기 짝이 없는 백성을 보호할 것"을 천명하였다. 외적의 침략에 대해서도 화친 정책으로 응수했다. 철저하게 방비하면서 군사적 발호를 억제하고 장기간 공을 들여 화친 관계를 유지하는, 그래서 적을 무디게 하는 전략.

한문제 때도 흉노의 발호는 계속됐지만 대규모의 침탈 혹은 대대적인 원정은 이루어지지 않았다. 정치가들의 지난한 협상과 약속을 밥 먹듯이 어기는 흉노의 간계가 있긴 했지만, 확고한 화친 전략을 고수한 덕에 백성이 전장에서 대대적으로 죽어 나가는 일은 없었다. 더불어 크게 위협이 되지 않았던 남월이나 고조선에는 제후 작위를 내려서 포섭하고자 하였다.

> 지금 천하가 하나로 통일돼 탕이나 우 때보다 토지와 인민이 적지 않습니다. 게다가 몇 년 동안 계속되는 수재와 한재도 없었습니다. 그런데도 저축해놓은 것이 그때만큼 되지 못한 것은 무엇 때문입니까? 땅은 나올 이익을 남겨두었고, 백성들은 더 일할 여력을 남겨두었습니다. 곡식을 생산할 수 있는 땅을 아직 다 개간하지 않았고, 산과 연못에 있는 이로운 것들도 다 드러내지 못했으며, 놀고먹는 백성들을 다 농사짓는 곳으로 돌아가게 하지 못했기 때문입니다.
>
> – 사마광, 《자치통감》 권15 〈태종효문황제하십이년〉 중

기원전 168년 한문제의 통치가 열두 해째 되던 해 조조가 상소를 하였다. "국가가 안정적으로 돌아가는 것처럼 보이지만 그렇지 않다. 특별한 문제가 없어 보이지만 전체적으로 농업 생산량이 많지 않다. 여전히 개간지가 넘쳐나는데 백성들이 적극적으로 농업 활동을 벌이지 않기 때문이다." 가의의 뒤를

이은 조조는 한문제의 통치가 지닌 문제점을 진중하게 지적했다. 황제의 훌륭한 통치가 오히려 국가 기강을 느슨하게 한다는 주장이다. 문제는 이뿐이 아니다.

> 장사하는 사람들의 경우에는 큰 집들은 저축해놓고 이자를 받고, 작은 집에서는 앉아서 물건을 늘어놓고 판매를 합니다. 그들은 매일 도시에서 놀이를 하다가 위에서 급하게 쓸 일이 있으면 편승해 팔 때는 반드시 배를 받습니다. 그 집의 남자들은 밭을 갈거나 김을 매지 않는데도 입는 옷은 전부 무늬 있는 것이고 먹는 것은 늘 기름진 고기입니다. 또한 농부들이 하는 고생을 하지 않고도 천백전의 수익을 얻습니다. 이렇게 얻은 부유함을 가지고 왕후들과 교류해 힘은 관원의 세력보다 더하고, 이득을 취함으로 서로에게 기울어집니다. (…) 백성들이 농사에 힘쓰도록 하려면 곡식값을 올려주어야 합니다.
>
> ― 사마광, 《자치통감》 권15 〈태종효문황제하십이년〉 중

상업이 나날이 발전하자 장사하는 이들은 큰 노력을 하지 않고도 국가의 풍요로움을 이용하여 폭리를 취한다. 더구나 엄청난 자금이 이들의 수중으로 들어가기 때문에 황족이나 고위 관료들이 이들과 친하게 지내면서 더욱더 많은 이득을 누린다. 조조는 막연하게 도덕적 견지에서 농업을 옹호하지 않는다. 오히려 그는 현실적이었다. "현재의 법률에서는 상인을 천한 자라고 하지만 상인은 이미 부귀를 누리고 있으며, 농민을 존중하고 있지만 농민은 이미 가난해져 버렸다." 국가가 안정적인 궤도에 오르자 곧장 부익부 빈익빈 현상이 시작된 것이다.

당시 농민은 화폐로 세금을 내야 했기 때문에 상업과 고리대가 개입할 수밖에 없었으며, 구조적으로 상인들이 부자가 될 수밖에 없었다. 더구나 상인

과 귀족의 유착 관계는 앞으로 어떤 일을 야기할지 예측할 수 없는 상황. 보다 적극적인 국가 개입이 필요하다. 국가가 곡물의 가격을 의도적으로 높이고 이를 통해 농민의 화폐 취득에 특혜를 주며, 농민 또한 농업적 성공을 바탕으로 작위를 얻을 수 있게 해야 한다. 다수의 농민이 부자가 될 때 상인도 귀족도 견제할 수 있으며, 그만큼 백성이 행복한 세상이 될 수 있다. 또한 곡물가의 조정은 조세 확충에도 큰 도움이 되므로 지속적인 감세 정책을 추진할 수 있는 기회가 되기도 한다.

조조의 주장을 한문제는 받아들인다. 당시만 하더라도 상인이 개입한 대규모 곡물 시장이 없었기 때문에 국가의 농민 지원 정책은 곧장 효과를 발휘할 수 있었다. 흉노와 장기적으로 대치하고 있는 상황 또한 활용할 수 있었다. 변경에 곡물을 납입한 대가에 따라 농민들에게도 높은 작위를 주었기 때문에 농민의 지위는 상승했으며 국가의 재정도 풍요로워졌다. 더구나 풍년이 계속되었기 때문에 한문제는 약 12년간 세금을 크게 낮추거나 전부 면제해줄 수 있었다.

조조의 정책은 시사하는 바가 크다. 역사가 사마광은 한문제의 통치를 "한나라가 일어나서 번거롭고 가혹한 것들을 제거해 백성과 더불어 휴식"했으며 그로 인해 국가가 풍요로워졌다고 평가하였다. 진시황 시절과 비교한다면 일견 상통하는 주장일 수 있다. 하지만 한문제의 자유방임적인 태도는 분명 한나라의 경제 질서에 문제를 일으키고 있었고, 가의와 조조 등은 이를 해결하고자 적극적인 대책, 즉 국가의 적극적 개입을 통한 인위적 시장 조정을 도모한 것이다.

한문제의 뒤를 이은 한경제 역시 같은 정책을 취했다. 하지만 엉뚱한 곳에서 문제가 발생하였다. 오초칠국의 난이 일어난 것이다. 한경제가 즉위한 지 3년째 되는 기원전 154년, 황족이자 오왕이었던 유비(劉濞, 《삼국지》에 나오는 유비와는 다른 인물)가 반란을 일으켰다. 진나라가 멸망한 이후 군현제는 폐기되고 군국제가 도입된다. 수도 일대는 황제가 직접 다스리지만 먼 지역에는 황족을 제후로 임명해서 다스리게 했다 유비는 한고조 유방의 조카였는데 군공을 세워 오왕으로서 일대를 다스리고 있었다. 이에 초왕 유무가 합류하여 본진을 이루는 등 7개의 제후국이 반란을 일으킨 것이다. 7국은 흉노와 동월에도 도움을 청하였다.

반란의 명분은 조조의 봉지(封地) 삭감 정책 폐지였다. 조조는 제후들이 죄를 지으면 과감하게 그들의 특권을 박탈해야 한다고 주장하였다. 조조의 주장은 받아들여졌다. 초왕 유무는 동해군을 빼앗겼고 조왕 유수는 하간군을, 교서왕 유공은 상산군을 빼앗겼다. 이에 격분한 제후들은 반란을 도모했지만 맥없이 실패하였다. 제후의 군대는 주요 지역을 장악하지 못했으며 황제의 군대에 패하고 말았다. 도중에 두영, 원앙 같은 인물들이 조조를 죽이면 난이 진압될 것이라는 간편한 생각에 참살당한 조조만 억울할 따름이었다.

돌발적인 위기 상황은 수개월 만에 끝났지만 한문제와 경제의 치세는 새로운 질문을 마주하게 했다. 황제의 덕스러운 통치는 백성에게 도움이 되는가, 아닌가? 안정된 제국이 귀족과 상인의 발호를 부추기는 것은 아닐까? 풍요로운 사회경제가 특정 세력에게 부를 몰아주고 권력의 타락을 부추기는 것은 아닐까? 진시황과 다른 통치, 과거 요순이 보여주었던 도덕 정치는 이미 한계를 드러낸 것이 아닌가?

선비를 기르는 방법 가운데 태학을 세우는 것보다 큰 것은 없습니다. 태학이란 똑똑한 선비들을 기르는 곳이고 교화를 시키는 근본입니다. (…) 선비를 기르며, 수차례 시험을 보고 물어보아 그들이 가진 재주를 다 발휘하게 하십시오.

(…)《춘추》의 대일통 개념은 천지의 변하지 않는 진리로 옛날부터 오늘

날까지 통하는 이치입니다. (…) 신은 어리석으나 육예의 과목과 공자의 학술에 들어 있지 않은 것은 모두 그 도를 끊어 아울러 나아가지 못하게 하여야 치우치거나 옳지 않은 학설이 없어진다고 생각합니다. 그런 후에야 통치 기강이 하나가 될 수 있고, 법률과 제도가 밝아지고 백성들은 좇을 바를 알게 될 것입니다.

– 사마광,《자치통감》권17 중

한경제의 뒤를 이어 비로소 한나라 일곱 번째 황제 한무제가 등극했다. 그는 한경제의 열한 번째 아들이었고 시호는 세종이었다. 한무제의 시대는 철저하게 한문제와 경제의 시대에 대한 반성에서 출발한다. 그는 군현제를 복구하고 황제 지배체제를 강화하면서 적극적인 통치자의 모습을 발휘하였다.

기원전 140년 10월, 한무제는 조서를 내려 뛰어난 선비들을 천거하도록 하였다. 또한 나라를 잘 다스리는 법에 대해 물으니 100여 명이 황제에게 직언했다. 그중 동중서(董仲舒)가 있었다. 동중서는 다양한 생각이 난무하는 당시의 시대상을 경멸했다. 각자가 다른 주장을 펼칠 때 법률과 제도는 방향 없이 표류하고 말 것이다. 해답은 유학 사상뿐. 황제는 태학(太學)을 세워서 선비들에게 조직적으로 유학을 가르쳐야 하며, 그렇게 양성한 인재들을 관료로 등용하여 국정 운영에 힘쓰게 해야 한다.《춘추》에 나와 있듯 천하는 '대일통(大一統)', 즉 하나가 되어야만 한다. 하늘도 하나, 하늘의 뜻도 하나, 하늘의 아들인 황제도 하나 그리고 황제가 다스리는 백성도 나라도 하나. 황제는 유학 사상에 의거하여 법률과 제도를 정비하여 백성을 위한 통치를 펼칠 수 있다.

동중서는 자신의 주장이 법가와는 질적으로 다르다고 느꼈을 것이다. 법가는 가혹한 엄격성에 근거한 외재적 규율에 의존하는 사상이다. 법가의 세계에서 황제는 군림하는 권력자일 뿐이며 백성은 통치의 혜택을 누릴 수 없다. 유학 사상은 다르다. 황제의 통치에 왕도와 민본이라는 내적인 가치를 부여하며,

그 결과 백성은 보다 나은 삶을 누릴 수 있다.

동중서의 사상은 한문제와 경제 시대의 혼란에 대한 답변이기도 하다. 백성을 휴식하게 한다? 그 결과 통치 질서의 붕괴와 귀족의 발호 그리고 농민들의 어려움이 초래됐다. 황제는 적극적으로 통치해야 한다. 다만, 유학 사상으로 무장하여 다양한 재주를 발휘할 수 있는 신하들과 함께 말이다. 한무제는 동중서의 주장을 받아들였고, 이때부터 중국 역사는 왕조의 변동과 상관없이 대부분 유학 사상에 기초하여 통치 질서를 유지하게 된다.

> 황제는 조서를 내려 민간에서 사사로이 철기를 주조하거나 소금을 만드는 것을 금했다. 그런 사람은 왼쪽 발에 여섯 근의 쇠고랑을 채우고, 물건들은 모두 몰수했다. 공경들이 상인이나 수공업자들에게 그들이 가지고 있는 물건을 스스로 점검하게 하고, 민전 2000을 1산으로 하도록 청했다. (…) 의도적으로 재산을 숨기고 점검받지 않은 사람이나 점검을 받되 제대로 받지 않은 사람은 변방에서 1년간 수자리를 서게 하고 민전을 몰수했다. 또 세금에 대해 다른 사람을 고발한 자에게는 고발된 재산의 절반을 나눠 주었다.
>
> — 사마광,《자치통감》권19 중

한무제는 동중서의 의견만 들은 것이 아니었다. 황제에게는 여전히 조조와 같은 적극적인 개입주의자들이 필요했다. 한무제 시대에는 상홍양(桑弘羊), 장탕(張湯) 등의 인물이 이를 주도했다. 당시 최고의 부자들은 소금 판매와 철 생산에 관여하고 있었다. 소금과 철은 고대 사회에서 가장 중요한 산업이다. 소금의 경우 해안가나 특정 지역에서만 생산됐기 때문에 생산하거나 유통하는 이가 큰 이익을 얻을 수 있었다. 철기의 경우 철제 무기를 넘어 철제 농기구가 보편화되는 단계였기 때문에 소금 못지않은 이득을 누릴 수 있었다. 한무제 이전에는 관련 업자들에게 과세하는 수준이었다. 그렇게 거두어들인 세금이 국가 재정으로 잘 활용되지도 못하였다. 전매제. 한무제는 소금과 철의 생산과 판매를 모조리 독점하라는 명령을 내렸다. 소금에 대해서는 생산지에 염관을 파견하여 민간업자가 생산한 소금을 국가가 모두 사들인 후 민간에 되팔았다. 철은 철관이라는 관청을 설치하고 오직 이곳에서만 철기를 주조, 판매할 수 있게 했다. 당대 부의 원천을 국가가 독점한 것이다.

한무제는 연이어 새로운 재정 정책을 추진했다. 균수법(均輸法)과 평준법(平準法). 균수법은 국가에 필요한 물품을 직접 구매하여 중간 상인의 개입을 막겠다는 발상이다. 균수관이 각지에서 국가에 필요한 물품을 구매하는 역할을 감당한다면, 평준관은 수도에서 균수관이 사온 물자를 비축하여 물가를 적절하게 조절하는 역할을 담당하였다. 물가가 떨어지면 매입을 늘려 물가를 올리고 물가가 오르면 물자를 반출해서 물가를 낮추는 방식인데, 이를 통해 국가 재정을 강화하는 동시에 제국 경제의 영향력을 극대화하였다. 그 결과 상인들의 이윤 추구가 봉쇄될 수밖에 없었으며 상인들의 영향력이 떨어지는 만큼 상인과 귀족의 결탁이 사라지고, 황제는 백성에게 보다 이익이 돌아가는 형태로 사회를 이끌어갈 수 있게 될 것이다. 이와 더불어 고민령(告緡領)을 실시하여 세금을 허위 신고한 이를 고발한 자에게 고발액의 절반을 보상해주었다. 또한 오수전(五銖錢)이라는 새로운 화폐를 만들었으며 화폐 주조권은 국가가 독점하였다. 시대는 크게 변화하고 있었다. 국가가 농업과 군대 양성을 통해 국력을 확충하는 단계를 벗어나 재정 시스템을 통해 국가를 운영하는 단계에 들어서게 된 것이다. 국가 운영 능력을 극대화하며 이를 통해 귀족과 상업 세력의 발호를 막는 방식이 창안된 것이다.

동중서와 상홍양. 한무제 시대의 정치는 진시황과 한문제 시대에 대한 절충 혹은 대안이라 할 수 있다. 한쪽에는 보다 포괄적 자세를 견지하는 관료 집단이 존재하며, 다른 한쪽에는 기술적인 국가 개입을 통해 효과적으로 나라를 운영하려는 관료 집단이 존재한다. 너무나 오랜 기간 이를 두고 유가와 법가의 공존 정도로 쉽게 해석해왔다. 더구나 상홍양의 개혁 정책에 저항했던 현량문학가들이 이윤 추구의 부도덕성, 검소함의 미덕 등을 강조하면서 지방관의 수탈을 절대 악처럼 묘사하고 이를 합리화하기 위해 유교적인 논리를 끌어들였기 때문에 편견이 더 강해질 수밖에 없었다.

하지만 당대를 돌아봤을 때 법가의 시대는 이미 오래전에 끝이 났다. 더구나 법을 통한 국가 운영은 법가만의 전유물이 아니었으니, 이미 한나라는 '절충과 균형'에 근거한 관료주의 국가로 성장하고 있었다.

다만, 이 지점에서 한무제는 엉뚱한 일탈을 감행하며 문제의 본질을 흐렸다. "안으로는 지극히 사치하여 돈을 허비하고 밖으로는 이적을 물리치는 전쟁을 일으켜 천하는 쓸쓸해지고 재력도 소모"되었기 때문이다. 끝내 황제는 안정적인 국가 운영을 통해 얻어진 충분한 국가 재정은 물론이고 강력한 통치력을 개인적인 사치, 영토 확장, 흉노와의 싸움 등 온갖 외적인, 냉정히 말해 황제 자신을 위한 자산으로 활용하고 말았다. 황제 지배체제에 대한 황제의 일탈. 이 지점에서 동중서를 비롯한 유학자들의 민본에 대한 이상은 부수적인 수준으로 전락하였고, 백성의 살림살이는 다시금 황제에 의해 위협받는 상황에 놓이게 되었다.

당태종 이세민,
부흥의 시대를 열다

황제 지배체제 2

위진남북조시대의 중국

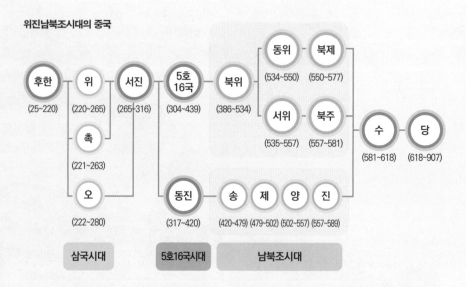

한나라가 멸망한 이후 수백 년간 혼란이 지속됐는데 이를 '위진남북조시대'라고 한다. 유비, 조조, 손권이 활약하던 시대는 매우 짧았다. 북방 민족의 침입으로 화북 지역에는 이민족 왕조가 들어서 양쯔강 이남 지역의 전통 왕조와 대립했다. 하지만 시간이 지나면서 화북 지역의 이민족 왕조는 중국화됐고, 수나라가 중국을 통일하던 무렵에 이르러서는 그저 출신 지역을 구분하는 정도로 무의미해졌다. 강력한 군사력을 지닌 북방 민족들이 정치적으로는 성공했음에도 문화적으로는 중국에 동화되는 패턴이 시작됐다고 할 수 있다.

북방 민족의 북위는 화북 지역을 최초로 통일한 왕조로, 점차 중국 문화에 동화되어갔다. 남조 중에 송나라도 있는데, 당나라의 뒤를 이은 통일 제국 송나라와는 다른 왕조다.

당나라의 등장, 특히 당태종 이세민(李世民, 599~649)의 활약을 눈여겨볼 필요가 있다. 당나라는 한나라의 뒤를 이어 오랫동안 번성했다. 오랜 분열기 끝에 다시금 등장한 통일 제국이었으며, 당나라 이후 중국의 전통 사회는 송나라·원나라·명나라·청나라 등 통일제국으로 이어졌다. 유럽 등 여타 문명권과는 확연히 다른 모습이다.

당태종 이세민은 돌궐을 굴복시켰고, 실크로드를 점령했으며, 만주와 한반도에도 영향력을 행사했다. 또한 농민에게 토지를 나눠주는 균전제(均田制), 체계적인 법질서를 만들기 위한 율령(律令)체제 등을 도입하며 황제 지배체제의 수준을 높였다.

보통 당나라 이후 '동아시아 문명권'이 성립됐다고 한다. 한자, 불교, 유교, 율령 등 중국식 제도가 한반도를 비롯하여 동아시아 여러 국가에 적극적으로 수용됐기 때문이다.

★ POINT

• **위진남북조시대:** 위촉오 분열기 ▶ 진나라가 잠시 통일했으나 북방 민족의 침략을 받

음(5호16국시대). ▶ 양쯔강을 경계로 남과 북에 2개의 왕조가 대립하는 남북조시대, 중국 역사에서 유일무이한 분열기임.

- **수나라:** 수문제가 건국했고, 2대 황제 수양제 때 멸망함. 대운하를 건설하고 고구려를 침략함.

- **당나라:** 당고조 이연(李淵, 566~635)이 건국했고, 권력 투쟁 끝에 당태종 이세민이 승리함. 균전제(농민들에게 토지를 균등하게 나누어줌), 조용조(租庸調, 토지를 받은 대가로 세금 및 노동력을 제공함), 부병제(府兵制, 농민들이 병역 의무를 감당함)를 실시함. 율령체제를 확립함. 돌궐·토욕혼·고창국 등을 점령하면서 북방과 서방을 점령했으나 고구려 원정은 실패함. 그 결과 만주와 한반도는 독자적인 역사로 나아감.

반세기도 이어지지 못한 통일제국, 수나라

수문제는 제업을 건립하는 데 외척의 신분에 기댔을 뿐입니다. 그는 천하의 영재들을 부리고 임용했지만 문무 대신들에 대해서는 의심하고 불신하는 방법을 사용했습니다. 그는 북주의 국운을 가볍게 바꾼 것이지 결코 강력한 적을 무찌른 후에 나라를 세우는 업적을 이룬 것이 아닙니다. 그는 24년 넘게 재위했지만, 백성은 그의 덕정을 보지 못했습니다. 양제가 즉위하자 사회의 도덕 기풍은 문란해졌고, 당시의 인력과 물자가 모두 탕진되었습니다. 설사 하늘이 신비한 무력을 내려주어 적을 무찌르고 혼란을 평정하여도 전쟁의 위협은 끊이지 않을 것이고, 노심초사하는 마음 또한 떨칠 수 없을 것입니다.

- 오긍, 《정관정요》 〈봉건편〉 중

《정관정요(貞觀政要)》. 정관은 당태종 이세민의 연호다. 국가 운영을 두고 황제와 신하들이 기탄없이 나눈 대화를 묶은 책으로, 저술 태도가 매우 적극적이며 의미심장하다. 오늘날에도 이 책은 제왕학의 모범으로 불리며 당나라가 번성한 요체가 담겨 있다는 평가를 받는다.

400년을 지속한 고대 제국 한나라가 멸망한 이후 혼란기가 길었다. 마치 로마제국이 멸망한 후 게르만족이 지배하는 중세시대가 열렸듯 중국 또한 비슷한 운명에 처했다. 하지만 당나라와 송나라. 연이은 중화제국의 등장으로 동서양의 역사는 극적으로 갈렸다. 두 제국은 약 700년에 걸쳐 번성했고, 그사이 유럽은 무수히 많은 봉건 국가가 난립하면서 전혀 다른 역사를 만들어갔다.

한나라 멸망 이후 수백 년의 혼란을 종식한 나라는 따로 있었다. 바로 수나라. 수나라는 문제(文帝, 541~604)가 창업을 했고 589년 천하를 통일했지만 그의 아들 양제 때 멸망했다. 고작 40여 년. 왜 그랬을까? 정관 11년 예비시랑 이백의는 상소문을 올려 작위를 세습하는 일을 비판하였다. 그러면서 앞의 인용문에서와 같은 말을 남겼다. 수나라가 단명한 이유는 황제의 국정 운영 방식에 문제가 있었기 때문이다. 첫째, 수문제는 천하를 통일한 것이 아니라 어부지리로 획득한 것이다. 통일을 하는 데 감당해야 할 수고로움을 몰랐다는 말이다. 둘째, 그는 덕정(德政), 그러니까 백성을 위한 통치를 숙고하지 않았던 인물이다. 그렇다 보니 그의 아들 대가 되어 그동안 쌓아온 부와 국력을 탕진했을 뿐이다.

실제로 수문제 양견(楊堅)은 어부지리로 천하를 획득한 인물이었다. 수문제의 젊은 시절 화북 지역은 둘로 나뉘어 있었다. 북주(北周)와 북제(北齊)가 대립하고 있었는데 북주가 북제를 멸망시키며 화북 지역을 통일했다. 이번에도 관중이 중원을 이겼다. 큰 공을 세운 인물은 우문헌. 북주의 황제였던 무제의 동생이었다. 화북을 통일한 후 무제는 서른여섯 살의 젊은 나이에 죽고 만다. 무제의 아들은 선제. 그리고 선제의 장인이 훗날 수문제가 되는 양견이었다.

선제는 숙부인 우문헌을 제거하며 일가친척을 멀리 쫓아내는 등 권력을 강화하는 데 몰두하였다. 결과는 최악으로 치달았다. 궁궐에는 쓸 만한 인재들이 사라졌고, 황실을 뒷받침할 만한 집안사람들은 선제의 미움을 받아 쫓겨났으며, 선제는 이에 만족한 듯 사치와 주색에 빠져들었다. 선제는 겨우 일곱 살짜리 아들에게 황제직을 물려주고 상황에 올랐다. 그러고선 더욱더 황음무도(荒淫無道)를 즐겼다. 자연스럽게 양견의 위세가 높아졌다. 그는 오랫동안 관리 생활을 했지만 그다지 특별할 것 없는 인물이었다. 하지만 상황의 장인이고 선제 때문에 텅 비어버린 조정에서 그나마 영향력을 가진 쓸 만한 인물이기도 했다. 신하들은 양견에게 의지했다. 장인의 부상이 거북스러웠던 선제는 그를 암살하고자 했으나 실패했고, 강남을 정벌하는 사령관으로 임명하여 멀리 쫓아내고 말았다. 하지만 이듬해 선제는 건강이 급격히 악화되어 죽는다. 그의 나이 스물두 살, 아들 정제는 이제 막 여덟 살이 되었을 뿐이다.

양견은 기회를 놓치지 않았다. 자신에게 '총지중외병마사'라는 지위를 스스로 부여했으며 황제가 자신에게 모든 실권을 양도했다는 거짓 조서를 반포하였다. 행운은 연이어 일어났다. 당대 최고의 군사령관은 울지형과 위효관. 양견은 위효관에게 울지형을 토벌케 했다. 자중지란(自中之亂)을 유도한 것이다. 68일간의 싸움 끝에 울지형이 자결을 하였고, 이 때문에 반란의 움직임도 사라졌다. 그리고 3개월 후 위효관마저 병사. 위효관이 죽은 후 양견은 황제의 자리에 오른다.

화북 지역의 지배권을 계승한 수문제 양견은 남방 정벌 또한 어렵지 않게 이루었다. 모든 것이 순조로웠다. 오랜 기간 중국은 남과 북으로 나뉘어서 대립하였고, 말기에 이르렀을 때 남쪽의 왕조는 양쯔강 이남 지역만을 간신히 확보하고 있었을 뿐이다. 수문제는 수년간의 준비 끝에 588년 정벌에 나서서 내부로부터 무너지고 있었던 남조마저 집어삼켰다. 한나라의 뒤를 이은 새로운 통일 왕조의 등장. 새로운 황제 수문제가 이끄는 수나라가 시작되었다.

하지만 수문제 양견은 덕이 없는 인물이었다. 또한 여색을 밝혔다. 그는 노비로 끌려온 울지형의 손녀를 총애했다. 수문제의 아내 독고황후가 이에 크게 분노하여 그녀를 죽여버렸다. 이후 독고황후가 죽자 수문제는 더욱 여자를 탐했다. 이러한 행실은 그의 아들 수양제에게서도 고스란히 반복된다. 독고황후가 살아 있던 시절 그녀는 자식을 편애하기로 유명했다. 그녀에게는 다섯 아들이 있었는데 그 끝이 비참하기 짝이 없다. 장남인 황태자는 황후의 미움을 받아 태자에서 쫓겨난 후 죽었고, 셋째 진왕 양준은 아내에게 독살당했다. 넷째 촉왕 양수와 다섯째 한왕 양량은 수문제를 거슬리게 하여 서인이 되거나 유폐되는 운명을 겪었다.

> 정관 2년, 태종은 황문시랑 왕규에게 말했다.
> "수나라 개황 14년 큰 가뭄이 발생하여 백성 대다수가 굶주림에 시달렸소. 당시 창고 안의 물자는 가득했지만 백성을 위해 어떤 구제도 하지 않았소. 백성은 도처로 떠돌아다니며 음식을 구걸했소. 수문제는 이들을 불쌍히 여기지 않고 창고를 아껴 말년까지 비축했는데 50~60년 동안 공급할 수 있는 분량이었소. 양제는 이러한 부유한 재력에 의지하여 사치를 일삼고 황음무도했기 때문에 나라를 멸망으로 이끈 것이오. 양제가 나라를 잃은 원인도 여기에 있소. 무릇 나라를 다스리는 자는 인재를 축적하는 일에 힘써야지 창고를 살찌워서는 안 되오. (…)"
>
> - 오긍, 《정관정요》〈변흥망편〉 중

수문제의 아들이자 2대 황제 양제에 대한 평가는 한층 더 가혹하다. 그는 아버지가 축적한 재산으로 낭비를 일삼았으며, 무리한 전쟁을 펼치다가 나라도 잃고 자신도 잃었기 때문이다. 하지만 의외의 지점에서 수양제는 중국 역사에 심원한 영향을 주었다. 대운하를 만들어 남북의 물자를 하나로 이었으며, 무엇보다 돌궐을 꺾고 고구려 정벌을 시도했기 때문이다.

과거 진나라와 한나라의 숙적이 흉노였다면 수나라와 당나라의 맞수는 돌궐이었다. 552년 돌궐은 경쟁자인 유연(柔然)을 공격하여 무너뜨린 후 북방 유목 지역의 패자로 등극한다. 흉노와 진나라가 맞섰듯, 이로써 돌궐과 수나라가 경쟁하는 구도가 만들어진 것이다.

하지만 돌궐의 지배구조는 취약했다. 돌궐의 지배자를 가한이라고 부르는데 대대로 가한들은 제국을 나누어서 통치하였다. 몽골초원부터 중앙아시아에 이르는 광대한 지역에 진출했기 때문에 나름대로 효율적인 분국체제를 구축한 것이다. 하지만 582년 이시바라 가한과 그 외 군소 지배자들 사이에 충돌이 일어나면서 돌궐은 동돌궐과 서돌궐로 나뉘어진다. 크게 세력이 위축된 이시바라 가한은 수나라에 신하를 자청하였다. 그의 동생 야브구가 가한을 물려받은 후 세력을 회복했으나, 야브구는 서돌궐과 싸우다 죽게 된다. 다시 야브구의 아들 계민 가한이 수나라에 복종을 하여 세력을 키우는 등 돌궐은 내부적으로 끊임없이 반목하였고 그 결과 수나라는 보다 안정적으로 북방을 제어할 수 있었다.

수나라,
고구려에 손을 뻗다

한나라 멸망 이후 3세기부터 6세기까지 350년 넘게 중국은 혼란기였다. 이 시기를 위진남북조시대라고 하는데 중국이 분열기를 겪는 동안 만주와 한반도에서는 고구려, 백제, 신라를 중심으로 고대 국가가 치열하게 경쟁하고 있었다. 그중 발군은 고구려였다. 랴오둥에서 만주 그리고 한반도 북부까지 고구려는 중국의 영향력이 미치기 어려운 곳에서 강력한 세력으로 발돋움하는 데 성공하였다.

수나라가 등장하기 이전에 남북조의 여러 왕조와 통교한 나라는 모두 200여 개국에 이른다. 그중 교섭 빈도 1위는 고구려. 고구려는 북위, 고막해, 거란, 지두우, 물길, 유연 등과 활발하게 무역을 하며 이득을 취했다. 흥안령 지역의 눈강 유역 일대에 거주하던 남실위에 철을 수출하고 말을 수입하는 마철교역을 추진했고, 이 시기 속말부의 간섭에도 불구하고 돌궐과 대규모 교역을 진행할 정도였다. 한나라 같은 거대 중국제국이 없던 시대. 북방과 만주에는 수많은 이민족이 성장하고 있었고 고구려는 어떤 민족보다 막강한 세력으로 일대를 좌지우지하고 있었다. 랴오시(遼西, 요서) 지방의 차오양[朝陽, 조양(과거에는 '영주(營州)'라고 불렀다)]이 당시 동아시아 교역의 중심지 역할을 하였다.

처음부터 수나라와 고구려의 사이가 나빴던 것은 아니다. 하지만 수나라의 등장으로 동아시아 국제 질서가 요동치기 시작했고 돌궐마저 힘을 잃지 않았는가. 수문제가 고구려 평원왕(平原王, ?~590)에게 보낸 국서에는 "수나라의 노수를 매수"했다는 기록이 나온다. 노수는 쇠뇌라는 무기를 사용하는 병기 전문가를 의미한다. 즉 병기를 생산하는 군수 기술자를 몰래 빼냈다는 말이니 주목할 만한 부분이다. 쇠뇌는 활을 개량한 도구로 보다 멀리, 빠르게, 연속으로 발사할 수 있는 장치다. 고구려가 중국 보병이 사용하는 무기에 관심을 보이고 이를 몰래 수입한다? 쇠뇌 기술은 이 시기 한반도에 빠르게 정착하였다. 만주와 한반도의 지정학적 의미가 바뀐 것이다. 주변에 있던 작은 국가가 아닌 지정학적 선명함과 고도의 정치체제를 가진 신경 쓰이는 고대 국가가 수나라 주변에 새로이 등장했으니 말이다.

598년 수나라가 돌궐에 결정적으로 우위를 점한 지 얼마 안 되어 고구려 영양왕(嬰陽王, ?~618)이 랴오시 지방을 선제공격한다. 하지만 이 시기 수나라와 고구려는 충돌하지 않았다. 영양왕은 침범을 사과하였고 수나라 역시 잠시 군사를 동원했을 뿐이다. 전쟁은 612년부터 본격적으로 진행되었다. 수양제는 113만이 넘는 대군을 직접 이끌고 고구려 정벌에 나섰다. 보급부대까지 합치면 300~400만이 넘는 인원이었고, 전 군을 출동시키는 데만 몇 달이 걸렸을 만큼 엄청난 행렬이었다.

원정군을 살펴보면 이전과는 판이한 특징을 지닌다. 우문술은 선비족 출신의 장수였고 수양제를 보필한 곡사정은 허난 출신이었다. 북방과 남방의 다양한 사람들이 새로운 통일 왕조에 흡수되었던 것이다. 더구나 돌궐의 처라 가한 또한 군대를 끌고 원정에 참여했고, 남방과 서방의 여러 이민족은 물론이고 속말부 등 일부 말갈족 역시 고구려가 아닌 수나라 편에 섰다. 또한 한반도 남부의 백제와 신라 역시 수나라의 원정을 재촉하였다. 이미 수년 전 신라의 진평왕(眞平王, ?~632)은 승려 원광을 시켜 〈걸사표(乞師表)〉라는 글을 쓰게 했다. 수나라 황제에게 군사를 일으켜 고구려를 정벌하라는 간청이었다. 백제도 적극적이었다. 좌평 왕효린을 보내는 등 사신을 파견하여 고구려 토벌을 거듭 요청하였다. 삼국 간의 끝도 없는 무력 충돌, 백제와 신라에 대한 고구려의 고압적 태도 등이 미친 영향이었다. 막상 수나라의 침공이 시작되자 백제와 신라는 침묵을 지켰다. 유례가 없는 일이 벌어졌기 때문이리라.

수나라와 고구려의 싸움에서 눈여겨볼 부분은 해전이 시도됐다는 점이다. 강남 지방을 점령하기 위해 양쯔강 일대에서 벌어졌던 수전을 제외하고 대부분은 응당 육전이었고, 싸움은 벌판에서의 기마전 혹은 성을 무너뜨리기 위한 공성전이 주를 이루었다. 하지만 수나라는 고구려 정벌에서 바다를 이용하였다. 일찍이 수문제 때인 589년 주라후가 이끄는 수나라 군대가 서해를 건너 곧장 평양성을 공격하기도 했다. 대군을 편성한 수양제는 내호아가 이끄는 수군이 평양성을 직접 공격하게 했다. 원래 계획은 별동대를 편성하여 육군이 살

수, 즉 압록강을 넘어서 내호아의 수군과 합류하여 평양성을 공격하는 것이었다. 실제로 우중문과 우문술은 부대를 이끌고 랴오둥을 가로질러 살수로 향했다. 하지만 공명심에 빠져 있던 내호아의 수군이 단독으로 평양성을 공격, 고구려군에 패배하고 만다. 전투 정황을 확실히 알 수는 없지만 아마도 대성산성, 고방산성, 청암리토성, 청호동 등 평양을 감싸는 대동강 연변에서 수군을 무너뜨린 것으로 추정할 수 있다. 더구나 고구려 군대가 살수에서 수나라의 별동대를 격파하는 대승을 거둔다. 전황은 수양제의 뜻대로 흘러가지 않았다. 몇 개의 성을 빼앗기 했지만 전략적 요충지였던 랴오둥성은 굳건히 버텼고, 참신한 군사 전략은 모조리 실패하였다. 고구려의 승리와 수나라의 패배.

그럼에도 불구하고 전쟁은 변화를 촉발하였다. 이전까지 고구려의 방어선은 요하를 따라 이루어졌다. 남소성에서 안시성으로 이어지는 촘촘한 성에서의 격전이 중요했기 때문이다. 하지만 수나라 군대가 서해를 이용하여 랴오둥반도는 물론이고 압록강이나 대동강까지 직접 쳐들어온다면? 중국의 산둥반도와 랴오둥반도 인근에는 묘도군도를 비롯하여 수많은 섬이 분포하고 있다. 군도를 이용하여 수군을 효과적으로 활용하면 만주와 한반도에서 군사력을 행사하기가 훨씬 수월하다. 실제로 랴오둥반도 최남단을 지키는 비사성에 대한 공격은 수나라는 물론이고 당나라에서도 계속 이어졌다.

고대에서 중세로 이어지는 거대한 역사 발전, 한나라 때와는 비교할 수 없는 사회적 자원을 확보한 수나라 그리고 강력한 대왕이 통치하는 한반도의 신흥 국가들. 이제 중국을 넘어 동아시아 역사가 격동하기 시작하였다.

이연의 신중함과 이세민의 과감함으로 이룩한 통일제국

618년 수양제가 죽었다. 어이없는 결말이었다. 무리한 고구려 원정은 계속되었다. 결정적인 전투에서 수나라는 고구려를 이길 수 없었고, 고구려는 때에 따라 적절히 수나라에 사죄를 하거나 형식적으로 패배를 인정하면서 국력을 보존하였다. 그렇게 끝도 없는 싸움이 이어지는 사이에 양현감의 반란(613)이 일어나는 등 수나라 내부 상황은 엉망이 되었다. 더구나 사치, 그 지독한 행태는 광범위한 반발을 불러일으켰다. 말년에 수양제는 무엇을 했을까? 무엇 하나 제대로 마무리 지은 것이 없었다. 양저우(揚州, 양주)로 도망가서 끝까지 황음을 일삼다가 부하들에게 살해당했을 뿐이다.

당나라의 초대 황제는 당고조 이연이다. 그는 유능한 인물이었고 백성의 마음을 얻을 줄 알았다. 수양제는 "이연의 상이 기이할 뿐만 아니라" 이름 연(淵)이 마음에 들지 않았다. 도참설 같은 예언에나 나올 법한 이름이었기 때문에 그를 꺼린 것이다. 이연 역시 황제가 두려웠다. 그는 "마구 술을 마시며 뇌물을 받는 등의 모습으로 스스로를 감췄다."

양제의 전횡으로 수나라가 혼란에 빠졌을 때 이연은 산서와 하동 일대를 관할하는 무위대사로 파견된다. 산서와 하동은 오늘날 산시성(陝西省) 일대를 말한다. 서남쪽으로 내려오면 시안이 있고, 동북쪽으로 올라가면 베이징이 있다. 서북쪽으로는 내몽골자치구가 있다. 간단히 말해 북쪽으로는 돌궐이 있고 남쪽으로는 수도 시안이 있다는 얘기다. 천하를 손에 넣을 수 있을 만큼 중요한 곳이지만 돌궐이라는 강대한 세력과도 마주해야 하는 위태로운 곳이기도 했다. 이곳에서 이연은 도적 떼를 몰아내고 돌궐 군사와 싸워 승리하는 등 민심을 얻었다.

이연의 둘째 아들이 이세민이다. 기록에 따르면 이세민은 아버지보다 더 적극적이었다. 수나라가 멸망에 이를 즈음 세력을 도모해서 새로운 나라를 세우자는 발상은 이연이 아닌 이세민에게서 나왔다. 이연은 이세민의 발상에 대로했지만 결국 수긍하였고, 아버지와 둘째 아들의 모의에 많은 사람이 모여들었다. 사실 이와 상반된 기록을 찾는 것은 어렵지 않다. 이연은 산서와 하동 일대에 정착하자 아들들을 통해 일대의 인재들을 모았기 때문이다. 분명한 것은 이연 못지않게 둘째 아들 이세민도 적극적이었다는 점이다.

617년 6월, 이연은 산서와 하동의 중심지라고 할 수 있는 태원과 진양을 거점으로 군대를 일으켰으며 스스로 '의병(義兵)'이라고 주장했다. 이때부터 5개월 동안 이연이 이끄는 의병은 서하와 곽읍을 취하여 일대에 대한 지배를 확고히 하였다. 빠른 속도로 남하해서 장안성(長安城)을 점령하고자 한 것이다. 곽읍을 평정하는 과정에서 부자간의 논쟁이 있었다. 북쪽에 돌궐을 등진 상태에서 군대를 끌고 남하한다는 것이 쉽지 않았기 때문이다. 이세민은 대성통곡을 하는 등 격렬히 반발하였다. 돌궐의 정세가 순탄치 못하고 때가 때이니만큼 과감한 결단을 내려야 한다는 것이다. 의견 충돌 끝에 이연은 아들의 말을 따랐다. 결과는 성공적이었다. 곽읍을 지키던 송노생의 군대를 물리쳤으며 곧장 임분군과 강군을 점령하였다.

시안에 이르려면 하동을 통과해야 한다. 이곳은 수나라의 장수 굴돌통이 지키는 곳인데 싸움에서 쉽사리 이기지 못하였다. 의견이 또다시 갈렸다. 이세민은 굴돌통을 놔두고 시안을 먼저 치자고 주장했다. 고민 끝에 이연은 군대를 나누었다. 하동을 포위한 가운데 시안을 공격하기로 결정한 것이다. 이연의 명령에 따라 첫째 아들 이건성은 동관을 거쳐 시안으로 들어갔고, 이세민은 "위북 일대를 순회하며 백성을 설복하게 했다. 관중의 군도가 모두 이연에게 항복했다." 시안과 관중 일대가 무너지고 마니 하동을 지키던 굴돌통은 항복할 수밖에 없었다. 이연의 신중함과 이세민의 과감함이 잘 어우러졌고, 그 결과 하동에서 시안에 이르는 수나라의 핵심 지역을 단기간에 정복할 수 있었다.

이후 7년간은 육박전의 시대였다. 곳곳에서 여러 세력이 거병을 하였고, 이연이 세운 당나라는 이들과 격전을 벌여야만 했다. 설거와 설인고 부자는 현재의 간쑤성(甘肅省) 란저우시(蘭州市) 일대의 부호로, 일대에서 막강한 영향력을 행사했으며 돌궐과도 친분이 있었다. 이들 또한 왕이라 칭하며 10만이 넘는 병력을 끌고 시안으로 쳐들어왔다. 이 싸움에서도 이세민의 활약은 대단했다. 그는 설인고의 부대를 크게 물리쳤고 그 기세를 이용하여 파촉 지역까지 진출하였다. 설거 부자는 포기하지 않았다. 이들은 돌궐을 끌어들여 고척 전투에서 당나라 군대에 패배를 안겼다. 하지만 천수원 전투에서 상황은 역전된다. 이세민은 적의 예기를 꺾기 위하여 버티기에 돌입한다. 설거 부자는 기세를 이용하여 시안을 취하고자 도발을 일삼았지만 이세민은 60일 동안이나 여러 장수가 반발하는데도 끝까지 움직이지 않았다. 618년 11월 설거 부자의 군대에서 군량이 바닥나고 군심이 동요되자 비로소 이세민의 군대가 움직였다. 천수원에서의 싸움은 대승이었다. 정예군 1만여 명, 남녀 5만 명을 포로로 삼았으며 설거의 아들 설인고는 포로로 붙잡아 참수했다.

이듬해에는 유무주와의 싸움이 벌어졌다. 유무주는 돌궐에 의지하여 진양 일대에서 거병하였다. 돌궐은 유무주를 '정양 가한'에 봉했고 유무주는 스스로를 황제라고 칭했다. 수나라가 무너지자 돌궐이 기세를 드러내기 시작한 것이다. 돌궐은 중국의 권력자들에게 군사를 지원하는 것은 물론이고 가한이라는 칭호를 내리면서 영향력을 행사했다. 하지만 유무주와의 싸움에서도 이세민은 승리를 거둔다. 이번에도 적의 도발에 흔들리지 않고 때를 기다린 끝에 유무주 군대의 기세가 무뎌지자 공격을 시작하였다. 수차례 전투에서 승리를 거두는 동안 이세민은 이틀이나 밥을 먹지 않고 사흘이나 갑옷을 벗지 못했다. 하루에

200여 리를 행군하며 수십 차례 싸우느라 병사들은 굶주리고 피로에 지쳤음에도 지도자가 앞장서서 싸움을 독려하니 누구도 불만을 얘기할 수 없었다. 그 자신이 전략과 전술에도 탁월했지만, 이미 오랫동안 용병술을 익히고 탄탄한 군대를 조직했기 때문에 가능한 일이었다.

나라를 세우는 데 가장 큰 걸림돌은 이밀(李密)과 왕세충(王世充)이었다. 이밀은 일찍부터 반란의 중심에 있었다. 수양제가 두 번째로 고구려를 침공할 때 양현감의 반란이 일어났는데, 이때 이밀은 반란의 핵심 인물 중 하나였다. 양현감 세력은 진압당했지만 이밀은 도주하는 데 성공하였다. 수양제가 천하의 혼란을 방기한 채 양저우로 거처를 옮겼을 때 이밀은 뤄양 일대에서 수나라 군대와 사투를 벌이며 강력한 반란 세력으로 커가고 있었다. 이 시기 이연과 이세민 역시 거병했는데 당시만 해도 이밀에 비할 수 있는 세력이 아니었다. 이연은 이밀에게 고개를 숙였고 이밀 또한 이연의 발호를 용인하였다. 당시만 하더라도 이밀이 주도하는 반란에 이연이 참여하는 모습이었다.

왕세충은 이밀의 반란을 진압하기 위해 파견된 수나라의 장수였다. 그는 뤄양을 거점으로 이밀의 반란군과 싸움을 이어갔다. 초기에는 이밀이 우세했다. 하지만 전세가 유리하자 이밀은 자만에 빠졌고 왕세충은 이를 놓치지 않았다. 이밀의 대패. 세력을 잃은 이밀은 이연을 찾아가 의탁했고 왕세충은 수나라에 대한 충성심을 버리고 황제를 칭했다. 이때 두건덕이 이끄는 10만의 농민군이 왕세충에게 합류를 한다. 이밀이 몰락함으로써 이연·이세민의 무리와 왕세충·두건덕이 이끄는 무리가 충돌하는 형세로 바뀐 것이다.

또다시 이세민. 이세민은 두건덕과의 호뢰 전투에서 같은 방식으로 승리를 거두었다. 탁월한 용병술. 적군이 강할 때 지구전을 벌이며 적의 강한 기세를 억누른다. "나의 약세로 적의 강세를 꺾는" 담대한 인내력. 더구나 그는 기병을 다루는 데 능했다. 기다리는 것마저도 단지 기다리는 것에 그치지 않았다.

성벽에 의지하여 틀어박혀 있으면서도 기병으로 적의 보급로를 끊거나 약탈을 벌여서 적을 약하게 하고 스스로를 강하게 하는 힘. 그리고 결전의 시간이 다가오면 역시 기병으로 적을 무너뜨리는, 어찌 보면 참으로 교과서적인 능력인데 이세민은 바로 이 부분에서 능수능란했던 것이다.

이세민은 두건덕의 군대를 완벽하게 무너뜨렸다. 5만의 군대를 포로로 잡았고 그중에는 두건덕도 있었다. 두건덕이 밧줄에 묶여 뤄양성으로 끌려오자 왕세충은 흰옷을 입고 항복할 수밖에 없었다. 두건덕은 처형당했고, 왕세충은 유배를 가는 길에 죽었으며, 이밀은 이연을 상대로 반란을 도모하다가 살해당했다. 이밀, 왕세충 등 한때 강력했던 세력들은 각축 끝에 힘을 잃어갔고, 적절한 순간에 이연과 이세민은 힘으로 적을 굴복시켰다. 이 밖에도 이자통, 두복위, 유흑달, 보공석, 양문간 등의 발호를 찍어 누르며 마치 진나라 이후 한나라가 등장하듯 새로운 통일제국 당나라가 들어섰다. 누구보다 둘째 아들 이세민의 공이 컸다.

당태종 이세민, 새로운 부흥의 시대를 열다

이튿날 새벽 이세민이 군사를 이끌고 현무문에 매복했다. 이건성과 이원길은 현무문으로 들어오다가 이상한 낌새를 눈치채고 급히 되돌아 나가려고 했다. 이세민이 이건성을 추격해 사살하고, 울지경덕이 이원길을 죽였다. 마침내 이연이 이세민을 태자로 삼았다. 이어 국사와 군무를 모두 태자에게 맡기면서 임의로 처결한 연후에 보고만 하도록 했다.

- 증선지,《십팔사략》〈당고조〉 중

충돌은 불가피했다. 애초에 거병 자체가 이연과 이세민의 합작품이었고, 첫째 아들 이건성 또한 공이 많았지만 이세민에 비할 바가 아니었다. 무엇보다 이세민이 빨랐다. '현무문의 변(玄武門之變)'. 이세민은 형 이건성과 동생 이원길을 죽이고 아버지 이연에게서 권력을 빼앗았다. 이 사건을 두고 기록은 오락가락한다. "당고조 이연은 이세민을 후사로 삼고자 했으나 이세민이 고사하는 바람에 그만뒀다." 하지만 "이건성과 이원길이 이세민을 죽이려고" 했기 때문에 이세민이 정변을 일으킬 수밖에 없었다는 것이 공식적인 기록이다. 하지만 이세민이 "문학지사를 대거 끌어들였다." 두여회(杜如晦), 방현령(房玄齡) 등은 이세민의 꾀를 내는 참모로 일했다. 이연이 방현령을 두고 "내 아들을 두고 일을 도모"한다는 기록 또한 분명하다. 사정이 어찌 됐건 이세민은 애초에 적극적이었다. 이세민은 핵심 참모들과 수천의 병사를 현무문 일대에 모았고 아버지의 명령인 양 두 형제를 끌어들여 과감하게 척살하였다. 이를 통해 이세민은 권력을 움켜잡고 스스로 당나라의 태종이 되었다.

당태종 이세민은 적극적인 통치자였으며 수나라와는 비교할 수 없는 안정적인 왕조, 한나라의 뒤를 이어 제2의 중화제국이 발흥하는 길을 열었다. 그 비결은 균전제와 율령체제에 있었다. 당태종은 세업전과 구분전이라는 토지를 백성에게 나누어 지급하였고 법률을 새롭게 정비하였다. 수나라의 멸망 이후 전란이 거듭되면서 국가는 백성에게 토지를 나누어줄 가능성을 획득하였다. 위진남북조시대라는 혼란기는 국가가 힘을 잃고 귀족이 강성해지는 기간이었다. 하지만 수나라와 당나라의 등장은 정반대의 기회를 부여하였다. 오랜 전란으로 귀족 세력은 약화되었으며 국가는 반대 세력을 제압하면서 광대한 토지를 확보할 수 있었다. 당나라는 이렇게 확보한 토지를 백성에게 나누어주었으며, 자영농이 된 농민들은 안정적인 세금원이 되었다. 경작하던 농민이 죽으면 토지를 회수하여 새로운 농민에게 주었는데 국가의 강한 토지 지배력은 국가 경제를 안정시켰다.

융통성을 발휘하기도 했다. 견직물을 생산하기 위해서는 안정적인 뽕잎 관리가 필수적이었기 때문에 뽕나무를 재배하는 토지는 세습의 권리를 인정하였고, 마를 재배하는 마전 또한 같은 방식을 취하였다. 백성들은 국가에서 땅을 받고, 일부는 자녀에게 물려줄 수도 있고 경제적 이득도 쌓을 수 있었다. 그 대가로 세금을 내고 부병제의 구성원이 되었다. 국가에 필요한 노동력과 군사력을 바친 것이다. 국가가 토지를 지급하는 것을 '균전제', 백성이 의무를 감당하면서 세금을 내는 것을 '조용조', 노동력 특히 군사력을 제공하는 것을 '부병제'라고 불렀다. 황제를 정점으로 한 관료체제가 힘을 회복하자 백성들은 귀족의 수탈에서 일정 정도 벗어나 비교적 안정적이며 독립적인 생활을 할 수 있게 되었다. 동시에 주현제를 실시, 황제의 권력이 지방에서도 통용될 수 있는 시스템을 확충하였다. 621년에는 동전을 발행하여 경제를 안정시켜나갔다. 주현제와 동전 발행 등은 춘추전국시대와 진시황의 전통을 탄력적으로 계승한 것이다.

627년 당태종은 장손무기(長孫無忌), 방현령 등을 '학사 법관'에 임명하고 법률의 재정비를 명했다. 10년간의 노력 끝에 《당률》이 완성됐고 이후 이를 보완하는 《당률소의》가 편찬되면서 중국식 법률 체계가 완성된다. "율(律)로 형벌을 바로 하고 죄를 정하며, 영(令)으로는 규범과 제도를 세우며, 격(格)으로는 위법을 금하고 사악을 그치게 하며, 식(式)으로는 일의 방법과 절차를 정한다." 형벌과 예법에 근거한 중국식 제도와 규범, 절차가 완성된 것이다. 춘추전국시대 법가에서 출발한 법의 역사는 난세를 평정하는 경세의 논리에서 시작하여 유학을 비롯한 다양한 학문적 전통과 결합하였다. 그리고 한나라, 당나라 같은 제국의 운영 노하우가 결합되면서 율령이라는 이름으로 종합되었다. 한 사람의 황제, 엘리트 관료제, 이를 떠받치는 율령체제. 중세 중국은 전 세계 어떤 지역보다 앞선 시스템을 만들어내는 데 성공하였다. 당나라의 법전은 이후 송나라부터 청나라까지 중국 전통 왕조의 모범이 되었다.

> 천하에 어리석은 사람은 많고 지혜로운 사람은 적소. 지혜로운 사람은 나쁜 일을 할 수 없고, 어리석은 사람은 범법 행위를 좋아하오. 대체로 사면해주고 용서해주는 은혜는 범법자에게만 내려지오.
>
> (…) 제갈량은 촉나라를 10년간 다스리면서 사면하는 일이 없었으나 촉나라는 잘 다스려졌소. 양무제는 해마다 여러 차례 대사면을 단행했지만 결국 나라는 기울어져 멸망했소.
>
> 작은 은혜를 베푸는 사람은 큰 덕을 상하게 하오. 그런 까닭에 나는 정권을 잡은 이래로 사면령을 발표하지 않은 것이오.
>
> — 오긍, 《정관정요》 〈사령편〉 중

당태종이 황제로 즉위한 지 7년이 되던 해에 신하들에게 했던 말이다. 사면령. 황제가 함부로 죄를 용서해주는 것은 결과적으로 어리석고 나쁜 일을 하는 사람들에게 날개를 달아주는 꼴이 될 수밖에 없다. 제갈량이 촉나라를 다스릴 때는 사면령이 없었지만 나라가 번성했고, 사면령을 남발한 양무제(梁武帝, 464~549)의 나라는 무너지고 말았다. 법률을 정비하고 체계화하는 것도 중요하지만, 사람이 이를 운영하고 그 정점에는 황제 자신이 있기 때문에 스스로 삼가며 일을 해나가야 한다. 왜 사면을 하게 되는가. 공평하고 안정적으로 만들어놓은 법률이 아닌 사람의 마음, 권력의 인정이 개입되기 때문이다. 그 결과는 또 다른 사회 혼란으로 이어질 수밖에 없다.

당태종은 누구보다 사람 욕심이 컸고 사람의 말을 듣는 데 적극적이었다. 황제가 되어서도 신하의 말에 귀를 기울였고, 끊임없이 신하들을 채근했다. 의견을 말하라. 자유로운 의견, 황제의 자존심을 긁는 고언이 넘쳐날 때 나라는 번성한다. 그는 꾸준히 자신을 돌아보며 좋은 의견을 받아들여 통치의 맥을 이어 갔다. 그러한 노력의 중심 혹은 그러한 꾸준함의 결실이 율령이라고 보아도 좋을 것이다.

방현령과 두여회는 당태종의 최측근이자 당나라 최고의 신하로 일컬어지는 인물들이다. 이들은 고비고비에서 큰 역할을 했지만 왕규(王珪)·위징(魏徵) 같은 이들에게 "현명함을 양보"하여 황제와 신하 간의 소통을 더욱 풍성히 했으며, "자신들의 공로를 언급하지 않"았다. 그럼에도 방현령의 경우 32년간 재상의 자리에 있었고 두여회 역시 온갖 영화를 누렸다. 한때 당나라를 위협했던 이밀의 휘하에는 서세적(徐世勣)이라는 장수가 있었는데 그는 이정(李靖)과 더불어 최고의 장수로서 당태종의 군사적 업적에 빛을 더했다. 그는 이씨 성을 하사받아서 역사책에는 대부분 이세적(李世勣)으로 기록되어 있다. 위징은 첫째 아들 이건성을 모셨던 신하로, 이세민을 빠르게 제거해야 한다며 강한 결단을 요청했던 인물이다. 이건성이 죽은 이후에도 위징은 고개를 꼿꼿이 들고 아무 일이 없었던 듯 행동했다. "황태자가 만약 신의 말을 따랐다면 분명 오늘의 화가 없었을 것입니다." 위징은 당당하게 이건성의 수하로서 할 일을 했다면서 이세민을 대하는 데 두려움이 없었고, 이를 높이 산 이세민은 그를 평생 곁에 두고 온갖 비판을 감내하였다.

당태종이 집권 16년 차 되던 해에 위징에게 물었다. "나는 나 자신의 욕망을 억제하며 나라를 다스리고, 역사의 뛰어났던 군주를 앙모하며 그들을 좇기를 희망하오." "그러기 위해서는 덕행, 어진 정치, 공적 이익의 도모가 중요하다고 생각하고 최선을 다해왔는데 그대는 어떻게 생각하는가." 위징은 대답했다. "안으로는 재앙과 혼란을 평정하고, 나라 바깥으로는 오랑캐를 정복한 것이 폐하의 공업이고, 도탄에 빠진 백성을 어루만져 저마다 생업을 갖게 한 것이 폐하께서 도모한 이익입니다." 다만 앞으로 "멈추지 않고 분발하면 덕행과 어진 정치 또한 이루실 것입니다." 스스로를 과장하지 말고 더욱 크게 노력하면 뜻한 바에 도달할 수 있다는 직언이다. 위징은 황제 앞에서 거침이 없었고 태종과 위징의 대화는 매번 이런 식이었다. 훗날 고구려 원정에 실패했을 때도 당태종은 이렇게 탄식했다고 한다. "위징이 살아 있었더라면 이런 출정을 하지 못하도록 막았을 것이다."

황제이자 하늘이 내린 가한, 고구려마저 탐내다

힐리(동돌궐의 마지막 가한)는 우리나라가 최근 내부적으로 현무문의 변이 있었고, 내가 막 즉위한 사실을 들었소. 그래서 대군을 이끌고 직접 이곳까지 왔소. 내가 감히 그들과 대항하지 못할 것으로 생각하고 있는 것이오. 내가 만일 장안 성문을 닫고 스스로 지킨다면 적은 반드시 병사를 풀어 약탈할 것이오.

(…) 태종은 혼자 말을 타고 앞으로 나가 위수를 사이에 두고 힐리와 말했다. 힐리는 당나라의 계획을 예측하지 못했다. 당나라 군대가 계속하여 도착하였다. 힐리는 당나라 군대의 위용이 성대함을 보고, 또 사력이 체포되었음을 알고는 매우 두려워하여 맹약을 청하고 물러났다.

– 오긍,《정관정요》〈정벌편〉 중

630년 당태종은 '천가한'이 된다. 중국의 황제이자 동돌궐의 지배자가 된 것이다. 수년간의 싸움 끝에 이룬 승리였다. 수나라에 제압당한 동돌궐은 각지의 반란군을 후원하였고, 당나라가 세워질 무렵 지배자였던 힐리 가한이 직접 군대를 몰고 와서 무력시위를 벌이기도 하였다. 하지만 돌궐은 끝내 내부 갈등을 극복하지 못했다. 힐리 가한은 세력을 확대하기 위해 '아사나'라고 불리는 왕족을 배제하고 소그드인들, 중앙아시아의 상인들을 대거 끌어들이며 갈등을 키웠다.

이에 앞서 627년에는 '조드(dzud)'가 찾아왔다. 조드는 수십 년에 한 번씩 엄청난 눈이 내리고 늦가을에 서리가 지는 현상으로 대지는 빠르게 말라갔고 가축은 먹을 것이 없는 데다 날씨는 영하 40℃ 이하로 내려가 급격히 추워졌다. 수백만의 가축이 쓰러졌고 그만큼의 고기와 우유뿐 아니라 땔감으로 사용하던 배설물까지 함께 사라져버렸다. 자연재해는 정치적 갈등을 부추기는 경향이 있다. 설연타는 힐리 가한에게 등을 돌렸고 만주와 서돌궐 접경 지대의 유목민을 규합했다. 당태종은 설연타에게 가한의 칭호를 내리며 소 꼬리털 깃발과 북을 하사했다. 당나라가 지원하는 설연타와 힐리 가한의 싸움이 시작됐다.

기회는 또 찾아왔다. 힐리 가한의 조카 돌리가 반란을 일으킨 것이다. 당태종은 이정을 총사령관으로 하는 3,000의 정예 기병부대를 주축으로 10만의 대군을 동원하여 힐리 가한의 본진을 공격하였다. 수천 명의 돌궐 부족장과 귀족들을 포로로 잡았고 가축 수십만 마리를 얻었으며 10만이 넘는 돌궐 군대를 참수하였다. 5만 명의 포로를 끌고 돌아왔는데 그중에는 힐리 가한이 있었다. 동돌궐이 붕괴한 것이다. 그리고 살아남은 돌궐의 수많은 부족장과 귀족들은 당태종을 하늘이 내린 가한, 유목 세계의 지배자로 추대하였다.

이는 중대한 변화였다. 역사상 중화와 유목 세계가 하나가 된 적이 있었던가. 중국인들은 만리장성에 의지했고 북방과 서방의 이민족을 밀어낼 뿐이었다. 그런데 당태종은 새로운 질서를 확립하였다. 그는 황제이자 가한이었다. 10만이 넘는 돌궐인이 만리장성을 넘어 중국으로 들어왔다. 당나라 관료 온언박은 돌궐의 정체성을 유지하는 것이 당나라에 유리하다고 판단했다. 부락을 보전하고 몽골초원과 비슷한 만리장성 이남의 땅에 정착시키는 것. 그것이 가능하다면 서돌궐을 비롯한 북방의 위협을 막을 수 있고 당나라는 더욱 강력한 군사력을 가질 수 있을 것이다. 수많은 신하가 반대했지만 온언박의 주장은 받아들여졌다. 유주(幽州, 오늘날 베이징)에서 오르도스 부근의 영주(營州, 오늘날 닝샤후이족 자치구)까지. 투항한 돌궐족은 당나라의 변경 곳곳에 촘촘히 분산 배치되었다. 이로써 그들은 자신들만의 생활양식을 유지할 수 있었고, 유사시에는 당나라의 군사력이 되었다.

태종은 한술 더 떴다. 글필하력, 아사나사이, 아사나사마 등 돌궐의 부족장과 인척 관계를 맺었으며 100명이 넘는 돌궐인을 등용하여 조정의 절반을 채웠다. 수도 시안에 머무는 돌궐인들만 1만 가구에 달했다고 한다. 과감한 변화의 직접적인 결과는 군사력의 강화였다. 당나라의 군사제도를 보통 부병제라고 한다. 하지만 자세히 살펴보면 정확한 이야기는 아니다. 수도 시안에는 세습 부대가 많았기 때문이다. 부자군(父子軍)으로도 불렸던 북군(北軍)이 있었는데 이들은 직업군인들이었다. 또한 귀족 집안의 자제로만 구성된 금군(禁軍), 즉 황실 근위대가 있었고 돌궐족이 기반이 된 용병부대도 있었다. 이들을 묶어 통칭 중앙군이라고 하는데 당태종 대에는 이들의 활약이 대단했다.

돌궐을 흡수한 당태종은 방향을 서쪽으로 틀어 토욕혼을 공격하였다. 토욕혼은 선비족의 일부가 남하하여 세운 나라인데 오늘날 티베트로 이어지는 길목을 장악하고 있었다. 토욕혼을 점령한다는 것은 실크로드에 영향력을 행사한다는 것을 의미한다. 이번에도 이정이 전군을 지휘했고 돌궐 장수인 글필하력 또한 동행하였다. 만두산, 우심퇴, 적수원 등에서 치열하게 싸웠는데 적수원 전투가 유명하다. 당나라 형제 장수 설만철과 설만균이 토욕혼의 군대에 포위되자 글필하력이 구원병을 끌고 와서 이들을 도우며 승리를 이끌었다.

당태종 대에 북방 민족과 중국은 상당한 영향을 주고받았고 군사 분야에서도 마찬가지였다. 당나라의 정예병이 기병 전술에 강했듯 설연타를 비롯한 돌궐족은 보병전에 능숙했다. 하마 기병 전술, 장창 전법 등 새로운 전술이 등장했다. 하마 기병 전술은 때에 따라 기병이 말에서 내려 보병으로서 싸우는 것을 말한다. 사전에 철저한 훈련을 통해 싸우는 사람과 빈 말을 관리하는 사람을 나누어야 하며 전투 상황에 따라 말에서 내리고 오르는 것에 대한 세밀한 전법을 훈련해야만 했다. 장창은 말 그대로 긴 창이다. 긴 창을 통해 속도가 빠른 기병의 진격을 막는 동시에 말과 기병을 공격하여 무너뜨리는 전략이니 유목민과 농경민의 조합이 군사적인 측면에서 큰 활기를 불어넣은 것이다.

> 이내 고려(고구려), 백제, 신라, 고창, 토번 등 여러 부족장까지도 자제를 경사로 보내며 국자감 입학 허용을 청했다. 경전을 강연하는 자리인 강연에 나가는 사람이 8,000여 명에 달했다. 그러나 가르치는 사람의 학설과 관련된 학파가 너무 많고, 경전 글귀가 지나치게 복잡한 문제가 있었다. 공영달(孔穎達)에게 명해 여러 유학자들과 함께 오경의 주석을 달도록 한 이유다. 이를《오경정의》라고 불렀다.
>
> 고창왕 국문태가 이에 앞서 서역에서 조공 오는 길을 막고 중국인을 억류했다. 후군집을 교하대총관으로 삼아 군사를 이끌고 가 이를 치게 했다. 이때에 이르러 고창국을 멸망시키고, 그 땅을 서주로 삼았다. 정관 15년인 641년 토번이 혼인을 청했다. 문성공주를 시집보냈다.
>
> – 증선지,《십팔사략》〈당태종〉 중

당태종의 군사적 업적은 계속되었다. 토욕혼이 실크로드의 길목에 있었다면, 고창국은 실크로드 자체라고 할 수 있다. 당태종은 이곳을 점령했으며 새롭게 떠오르는 세력인 토번에는 혼인 정책을 펼쳤다. 토번은 오늘날 티베트 일대에서 흥기했고 토욕혼이나 고창국처럼 단숨에 제압할 수 있는 나라가 아니었다. 토번의 지배자는 송첸캄포. 그는 티베트 일대를 최초로 통일한 인물이었다. 히말라야를 넘어 인도와 네팔을 위협했으며, 실크로드를 통해 당나라의 수도 시안(당시에는 장안)으로 군대를 이끌었다. 당태종은 혼인 정책을 통해 문제를 해결한다. 정확히 누구의 딸인지는 모르는, 아마도 황실의 여성이었을 문성공주를 딸로 삼은 후 송첸캄포와 혼인시킨 것이다. 당태종은 토번과 서돌궐의 갈등을 부추겼으며, 적절한 외교전과 화친 정책 그리고 때에 맞는 군사 활동을 통해 642년 서돌궐의 투항을 끌어냈다.

지극히 화려한 치적에도 불구하고 당태종의 빛나는 외교·군사적 업적에는 뚜렷한 한계가 있었다. 그는 북방의 몽골고원을 점령하지 못했으며 서방 정책

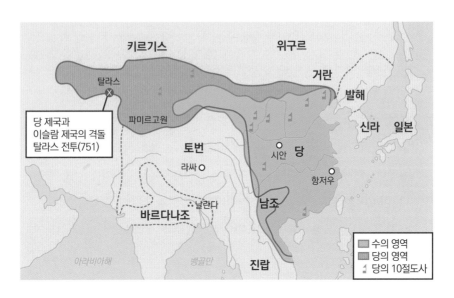

당나라는 만리장성을 넘어 내몽골 일대와 실크로드, 즉 중앙아시아 일대까지 영토를 넓혔다. 이전에 한나라는 만리장성 북쪽으로 흉노를 몰아내고, 실크로드로 가는 길을 발견했다. 당나라는 돌궐을 지배하며 만리장성 이북 지역까지 영향력을 행사했으며, 특히 실크로드 일대를 장악하며 서역과의 교류를 확대해갔다.

또한 복잡한 갈등 관계를 이용하는 봉합적인 방식이었다. 그럼에도 불구하고 당태종은 이전의 어떤 황제도 도달하지 못했던 단계에 이르렀다. 북방과 서방의 이민족 세계를 완전히 평정했으며 이를 통해 유목민과의 활발한 교류, 나아가 중화와 주변 세계의 적극적인 문화적 소통이라는 틀을 창출했다. 제국의 승리를 동아시아 문명의 교류라는 방향으로 나아가게 했던 것이다.

> 정관 19년, 태종이 요동의 안시성을 공격하자 고구려 병사와 백성은 필사적으로 저항했다. 태종은 고연수, 고혜진 등에게 투항할 것을 명령했다. 당나라 군대가 안시성 아래에 진영을 치고 병사를 움직이지 않으며 그들의 귀순을 권하였으나, 성안은 움직임이 없이 견고했고 태종의 깃발을 볼 때마다 성 꼭대기로 올라가 북을 두드리고 외쳤다. 태종은 매우 노여워하여 강하왕 이도종에게 토산을 쌓아 성을 공격하도록 명령했지만, 끝까지 함락시킬 수 없었다. 태종은 병사들의 퇴각을 준비하면서 안시성을 견고하게 수비하여 신하 된 자의 지조를 지킨 것을 칭찬하고 비단 3백 필을 내려 군주를 위해 충성하는 사람들을 격려했다.
>
> ─ 오긍,《정관정요》〈인의편〉중

북방과 서방을 안정시킨 후 3년 만에 당태종은 고구려를 쳐들어간다. 고구려의 화친 정책이 실패했음을 확인하는 순간이었다. 수나라와의 싸움에서 큰 공을 세운 영류왕(榮留王)은 당나라에 저자세 외교 정책을 취했다. 한때 고구려는 수나라와의 싸움에서 승리한 이후 수나라 병사들의 시신을 모아 거대한 무덤을 만들고 그 위에 '경관'이라는 기념물을 만들기도 했다. 하지만 당나라와의 관계 개선을 위해 수나라 병사들의 시신을 수습했으며, 경관이라는 기념물을 스스로 무너뜨렸다. 그러면서 국가 기밀에 해당하는 '봉역도'를 바쳤으며, '진대덕'이라는 당나라 관리의 정탐 행위를 허용할 정도로 몸을 낮췄다. 당태종은 자신만만했다.

고구려는 내부 사정 또한 좋지 못했다. 연개소문(淵蓋蘇文)이 정변을 일으켜서 영류왕을 제거하였고 보장왕(寶藏王)을 그 자리에 앉혔다. 영류왕을 처단하는 과정에서 수많은 귀족과 관료를 처단했으며 주요 지역을 관할하던 성주들을 갈아치웠다. 연개소문은 침공을 막고자 당나라, 돌궐, 말갈 등 주변 세력에 대한 외교 공작을 펼쳤으나 이 또한 신통치 않았다.

645년 4월, 태종이 이끄는 당나라 군대는 랴오허강(遼河, 요하)을 넘어 고구려를 쳐들어갔다. 개모성, 신성 등을 점령한 후 랴오둥성에서 격전을 벌였다. 랴오둥성은 수나라의 침공을 버텨낸 곳이며, 고구려를 세운 주몽의 갑옷과 창 조각을 모셔둔 신성한 성이기도 하다. 하지만 남풍을 이용한 화공 공격에 무너지고 만다. 성을 지키던 1만 명의 병사가 죽었고 다른 1만 명은 포로가 되었다. 남녀 백성 4만여 명이 포로로 끌려갔고, 양곡 50만 석과 수만 마리의 소와 말을 빼앗겼다. 엄청난 피해였다.

같은 시기 장량이 이끄는 당나라 수군은 500여 척의 배와 4만 3,000의 군사를 동원하여 랴오둥반도 끝자락의 비사성을 공격했다. 수나라에서 시도된 해양전이 일반화되는 순간이었다. 그리고 당나라군은 비사성을 빼앗는 데 성공한다. 이때 고구려는 랴오둥성에 버금가는 요지 백암성마저 빼앗긴다.

그리고 안시성. 안시성이 무너지면 랴오둥 방어선은 무너질 수밖에 없다. 방어선이 무너지면 당나라 군대가 랴오허강을 이용하여 발해만으로 나아갈 수 있기 때문에 보다 정교한 수륙병진 작전을 펼칠 수 있게 된다. 위급한 상황. 연개소문이 15만 대군을 보냈으나 안시성 외곽에서 패배하고 만다. 3만 6,800명이 포로로 잡혔고 그중 말갈 병사 3,300여 명은 생매장당했다. 아직도 당나라가 아니라 고구려에 붙어 있는 것인가! 황제이자 천가한인 당태종은 고구려뿐 아니라 만주 일대의 이민족에게도 분명한 경고의 메시지를 보냈다.

하지만 싸움은 의외였다. 안시성이 무너지지 않았던 것이다. 하루에도 6~7

차례 공방전을 벌일 정도로 격렬한 싸움이 이어졌다. 당나라군이 포차로 성의 누각과 성가퀴를 공격하면 고구려군은 그곳에 토담과 목책을 세웠다. 성의 존재 의미를 없애버리면 된다. 당태종은 60일 동안 무려 50만 명을 동원하여 안시성 동남쪽에 토산을 세웠다. 하지만 토산은 무너졌고 항전이 길어지면서 날씨가 추워졌다. 9월이 된 것이다. 당태종 스스로 말했듯 "랴오둥은 일찍 추워져 풀이 마르고 물이 얼어서 사람과 말이 오래 머무를 수 없으며 군량도 곧 소진될 것"이었다. 여러 성을 점령하며 수많은 고구려 군대를 이겼지만 그만큼 많은 병사가 죽었고 "전마 역시 10중 7~8을 잃었다. 능히 전공을 세웠다고 말하기 어려운" 현실이었다. 당태종은 '깊이 후회하며', '탄식'하였고 군대를 물릴 수밖에 없었다. 돌아오는 길에는 요택이라는 습지를 만나 고생을 하였다. 북방이나 서방에서는 경험하지 못했던 실패를 맛본 것이다.

당태종은 포기하지 않았다. 2년 후인 647년 당나라는 또다시 고구려를 공격했다. 5월에는 우진달이 이끄는 수군이, 7월에는 우진달과 이해안이 지휘하는 수군이 랴오둥반도와 압록강 하구 일대를 쳐들어갔다. 이듬해인 648년에는 설만철이 지휘하는 수군이 압록강 하구의 박작성을 점령하기까지 했다. 단숨에 서해를 건너 평양성을 공격할 수 있는 교두보를 차지한 것이다. 하지만 수차례의 공격은 잠깐의 승리만 안겼다가 매번 실패로 끝나고 말았다.

649년 7월, 황제가 된 지 24년 만에 당태종은 세상을 떠났다. 중국 역사에 길이 남을 뛰어난 황제, 진시황이나 한무제와는 또 다른 통치력을 선보이며 새로운 전례를 이룬 지존. 수많은 역사서는 당태종을 두고 말년에 고구려를 침공하면서 국력을 낭비했다는 점을 아쉬워했다. 평소에 검약을 강조했으며 전쟁의 비효율성을 극도로 경계했음에도 고구려에 대해서는 평정을 잃었으니 말이다.

당태종은 전장에서도 뛰어났지만 학문적 열정 또한 대단했던 인물이다. 진나라와 수나라는 왜 그토록 빨리 멸망했는가. 이에 반하여 한나라가 오래갈 수 있었던 이유는 무엇인가. 천하 기재 제갈량은 어떻게 국가를 운영했던가. 병법에 관해서는 손무를 따라갈 자가 없는데 그것을 어떻게 적용하고 활용할 수 있을까. 적극적인 소통을 통해 신하의 위상을 드높이고 균전제와 율령의 완성을 통해 국가 운영 방식을 일신했던 황제. 수많은 이민족을 제압하되 이민족의 문화를 적극적으로 수용하며 중화 문명의 성격에 혁신을 가했던 황제. 그의 치세는 그렇게 끝났다.

중국이 헤아릴 수 없는 랴오둥 너머의 세계:
만주와 한반도

여름 4월에 혜성이 필성과 묘성 사이에 나타났다. 당의 허경종이 말하기를 "혜성이 동북방에 나타나는 것은 고구려가 장차 멸망할 조짐이다"라고 하였다. 가을 9월에 이적이 평양을 함락시켰다. (⋯) 연남건이 군사 업무를 승려 신성에게 맡겼는데, 신성은 (⋯) 몰래 사람을 이적에게 보내 내응하겠다고 자청하였다. 그 5일 뒤에 신성이 성문을 열자, 이적이 군사를 풀어 성 위에 올라 북을 두드리고 함성을 지르면서 성에 불을 지르게 했다. 연남건은 제 손으로 목을 찔렀으나 죽지 않았다. 왕과 연남건 등을 사로잡았다.

- 김부식,《삼국사기》〈고구려 본기〉 중

당태종의 죽음 이후에도 전쟁은 끝나지 않았다. 그가 살아 있던 시절 신라의 김춘추가 찾아왔다. 당태종은 김춘추에게 "백제는 바다의 험함만을 믿고 있으나 건너서 공격할 수 있다"라고 말했다. 고구려와 백제 그리고 신라의 갈등은 당나라가 만주와 한반도에 개입할 큰 기회를 주었다. 당나라는 신라와 손을 잡았다. 이에 비해 백제는 신라와의 싸움에만 몰입했고 고구려와 백제는 적절히 연합하지 못했다.

그리고 660년, 고구려가 아닌 백제가 먼저 멸망했다. 당나라 수군 13만 명이 경기도 인근의 덕적도에 상륙한 후 다시 배를 몰아 금강 하구를 치고 올라갔다. 김유신이 이끄는 5만의 신라군은 이천에 집결한 후 탄현을 거쳐 황산벌, 오늘날 논산시 연산면을 거쳐 백제의 본진을 공격했다. 백제의 장수 계백이 이끄는 5,000명의 결사대가 황산벌에서 신라군과 맞서 싸웠을 뿐 백제는 지독히도 무기력했다. 단 10일 만에 백제는 역사에서 사라졌다.

백제의 멸망은 고구려 입장에서는 최악이었다. 전선이 'ㄷ 자' 형태로 극단화됐기 때문이다. 연개소문은 죽었고 아들 간의 갈등은 극에 달했다. 권력 투쟁에서 밀린 첫째 아들 연남생은 국내성을 비롯한 6개의 성과 10만 호를 바치면서 당나라에 투항했다. 668년 봄 설인귀가 3,000의 군대를 끌고 부여성을 공격했고, 고구려 기병 1만을 상대로 승리하였다. 부여성의 몰락으로 인근 40개의 성도 스스로 성문을 열었다. 이세적은 기세를 몰아 압록강 변의 대행성을 점령, 랴오둥과 만주 일대를 완벽하게 차지했다. 그리고 신라군까지 참여한 평양성 전투를 통해 고구려는 역사의 뒤안길로 사라지고 만다.

고구려의 멸망은 당태종의 뒤를 이은 당고종(唐高宗, 628~683) 때의 일이다. 이세적을 비롯하여 많은 장수가 당태종과 전선에서 고락을 함께했던 이들이다. 고구려와 백제의 멸망. 이것은 과거 한나라가 고조선을 멸망시켰던 것과는 차원이 다른 문제였다. 랴오둥에서 장기간의 군사 작전을 진행했으며 서해를 수군의 활동 범위에 포함할 정도였으니, 이전과는 비교할 수 없는 수준의 군사 운용이었다. 또한 전쟁의 결과 만주와 한반도의 상당 부분을 점령했으니, 이 또한 한나라 때와는 비교할 수 없는 수준이다. 더구나 당나라가 상대한 정치 세력은 성숙한 고대 국가로. 한나라 때와는 비교할 수 없을 만큼 차이가 컸다.

그럼에도 불구하고 당나라의 한반도 공략은 완벽하게 파탄 나고 만다. 신라는 매소성과 기벌포에서 당나라 군대를 무찔렀다. 또한 같은 시기 티베트의 토번이 승승장구하며 당나라를 위협했기 때문에 당나라는 동서에서 어려움을 겪을 수밖에 없었다. 그리고 고구려의 후예를 표방하는 발해가 등장했다. 당나라의 동북방은 뜨겁게 달아올랐으며 거란의 반란과 고구려의 유장 대조영의 발해 건국이 이어지면서 끝내 만주와 한반도는 중국의 관할 지역에서 벗어난다. 중국과 만주 그리고 한반도. 거리보다는 지형적 어려움이 크고, 무엇보다 중국 북방이나 서방에는 유목민족이 활동하고 있었지만 이곳은 그렇지 않았다. 수렵과 목축을 함께하거나 농경 문화가 정착했고, 중국 문물을 수용하여 일찍 고대 국가가 등장한 곳. 수나라와 당나라의 장기적인 침공은 중국이 만주와 한반도를 통합할 수 없다는 사실을 각인시킨 사건이었다. 이후의 역사에서 중국은 위세를 부렸을 뿐 이때와 같은 원정을 다시는 시도하지 못한다. 또한 만주부터 한반도를 넘어 일본 열도까지는 중국 문화의 영향을 받으면서도 자신들만의 독자적인 이야기를 써 내려간다. 가까우면서도 소원한, 유럽의 중세와는 전혀 다른 동아시아의 풍경이다.

유일무이한 여자 황제
측천무후

당고종 이치는 고혈압과 어지럼증으로 고생했다. 여러 부서에서 상주하는 사안을 자세히 살펴볼 수가 없어 가끔 황후 무씨로 하여금 결재하도록 했다. 황후 무씨는 천성이 명민하고, 문사의 군서를 섭렵한 바 있었다. 국가의 처리가 모두 당고종 이치의 뜻에 부합했다. 이로부터 정사가 모두 황후 무씨에게 맡겨지기 시작했고, 그 권세가 황제와 같았다.

(…) 태후 무씨는 마침내 당나라 종실을 일대 살육하고 (…) 측천문자를 사용해 (…) 황제를 칭하면서 국호를 당에서 주로 변경했다. (…) 당시 주나라를 창건한 무조는 나이가 67세였다.

- 증선지,《십팔사략》〈당무후편〉 중

당나라 역사에서 가장 특이한 부분, 아니 중국 역사에서 가장 독특한 부분은 측천무후의 등장일 것이다. 측천무후는 황후로서 권력을 행사한 인물이 아니다. 그녀는 스스로 황제의 자리에 올랐으며 당나라를 없애고 주(周)나라를 세운, 중국 역사상 단 한 명의 여성이다.

그녀에 대한 회고는 매우 자극적이다. 유씨 집안을 박살 낸 한고조 유방의 아내 여후(呂后, ?~BC180) 혹은 청나라 말기의 권력자 서태후(西太后 1835~1908) 등과 비교되며 온갖 잔혹하거나 성적인 이야기가 넘실댄다. 하지만 당대의 사서를 보면 이런 이야기는 그다지 비중 있게 다뤄지지 않는다. 권력 다툼에 음모와 책략이 없었던 적이 있던가. 권력 찬탈에 배신과 죽음이 없었던 적이 있던가. 측천무후의 권력 장악 과정은 단지 그가 여성이라는 이유로 자극적으로 회자될 뿐이다.

당태종 말년에 후계자 싸움은 치열했고 최종적인 승자는 당고종 이치(李治) 였다. 측천무후는 어린 시절 당태종의 후궁으로 들어갔다. 하지만 특별히 총애를 누리지 못했고 당태종이 죽은 후 절로 들어가 비구니가 되었다. 하지만 인연은 당태종의 아들 당고종과 이어졌다. 20대 후반의 나이였음에도 당고종의 눈에 띄어 황궁으로 돌아오게 된 것이다.

이때부터 측천무후는 당고종의 황후, 당고종이 아끼던 소숙비 등과 치열한 암투를 벌인다. 치열한 싸움에서 측천무후는 승리를 거두었고, 655년 당고종은 조서를 내려 황후와 소숙비를 폐서인하고 측천무후를 황후의 자리에 올린다. 그리고 두 여인에 대한 처분을 측천무후에게 맡긴다. 한 달 동안 빛이 들어오지 않는 방에 갇혔던 두 여인은 측천무후에게 끔찍하게 살해당했다. 측천무후는 곤장 100대를 때려 두 여인의 몸을 엉망으로 만들었다. 그런 후 수족을 잘랐고 다시 옹기 술독에 집어넣어 절여 죽였다. 황후는 죽을 때도 근엄함을 잃지 않았고 소숙비는 측천무후를 '구미호 같은 년'이라고 몰아붙였다. "저세상에서 난 고양이가 되고 무가 너는 쥐가 될 것이니 그때 내가 너의 목을 눌러 죽일 테다!"

저주는 다음 생에서나 가능했다. 권력을 향한 측천무후의 행보는 거침이 없었다. 당태종의 매부이자 창업 공신 중 한 명이었던 장손무기를 역모로 몰아 자결케 했고, 당고종을 설득하여, 당고종은 천황으로 그리고 자신은 천후로 칭호를 바꾸기까지 했다. 당고종은 갈수록 몸이 안 좋아졌고 그만큼 측천무후에게 의지했다.

평소에도 명민하게 당고종의 정사를 도왔던 측천무후는 '건언십이사(建言 十二事)'라는 개혁 조치를 발표한다. 이 지점에서 측천무후는 권력 쟁탈에만 매몰되었던 수많은 인물과 다른 행보를 보인다. 첫째, 시안과 그 주변 지역 백성에게 요역을 면제하는 것을 시작으로 농민들이 짊어져야 했던 부역의 의무를 경감시키고자 하였다. 둘째, 8품 이상 관리들의 급여를 올리고 퇴직한 관리를 위한 제도적 장치를 마련하였다. 또한 언로를 확대하여 신하들의 의견을 적극 수용하며 국정을 운영하고자 하였다. 여기까지는 현명한 통치자의 일반적인 행태라고 할 수 있다. 흥미로운 지점은 그다음이다. '모권 신장'. 당시 아버지가 죽으면 삼년상을 치러야 했는데 어머니가 죽었을 때는 그렇지 않았다. 측천무후는 둘을 동등하게 대할 것을 명령했다. 이런 조치들은 민심과 지지를 얻기 위한 일반적인 조치임이 분명하다. 하지만 황실의 권력 쟁탈전이 정책 제안으로까지 이어진 예는 찾아보기 어려울뿐더러 여성 정책이 등장했다는 것은 획기적인 사례라고 할 수 있다.

당고종 말년에 측천무후는 황태자를 빈번히 갈아치웠다. 맏아들 이홍은 병사했고, 둘째 이현은 폐출됐으며, 셋째 이철은 황제에 올랐다가 왕으로 강등. 결국 막내아들 이단이 엉겁결에 황제가 되었다. 측천무후는 자식들을 이런 식으로 다루는 가운데 이경업의 난을 진압했고 재상 배염을 죽음으로 몰았다. 모두 권력을 강화하기 위한 조치였다.

그리고 황제로 등극하기 위해 합리화 투쟁을 벌인다. 측천무후는 불교를 적극적으로 이용하였다. 당나라 황실은 도교를 숭배했다. 노자와 황실이 같은 이씨 집안이라고 믿었기 때문이다. 그럼에도 불교 또한 굉장한 영향력을 행사하고 있었다. 측천무후는 《대운경》에서 중요한 기록을 찾는다. "부처님이 천녀 정광에게 보살, 즉 여자의 몸으로 변하여 나라를 통치하셨다"라는 구절이다. 여자가 나라를 다스릴 수 있는 권한을 부처님이 보증해주시지 않았는가. 측천무후는 승려들을 모아 《대운경》을 발췌하고, 이를 풀이한 해설서 《대운경소》를 발행하라고 지시하였다.

같은 시기 신묘한 일이 연달아 일어났다. 686년 옹주 신풍현에 지진이 발생하여 흙더미가 하나 솟아올랐다. 측천무후는 이를 '경산'이라고 불렀으며 상서로운 일의 예표라고 주장하였다. 2년 후에는 부유예라는 사람이 지역민 수백 명을 대동하고 황궁에 나타났다. 측천무후가 황제가 되어야 한다는 시위를 벌이기 위해서다. 부유예를 기특히 여긴 측천무후는 그를 정5품 문하성 급사중으로 발탁하였다. 이 사건이 알려지자 청원운동이 불길처럼 번졌다. 뤄양에서 1만 2,000명이 넘는 사람들이 측천무후의 즉위를 청원하는 운동을 벌였는데, 승려와 도사는 물론이고 인근에 정착한 이민족들도 참여하였다. 뤄양 청원운동 다음 날에는 6만이 넘는 사람이 몰려들었고 관료들도 대거 참여하였다. 신비한 일도 일어났다. 봉황 한 마리가 궁궐로 날아들었다! 붉은 새들이 조정으로 날아들었다! 온갖 신비한 일이 일어나기 시작한 것이다.

측천무후, 그녀는 14세에 입궁, 32세에 황후가 되었고 40세에 고종과 나란히 '이성(二聖)'으로 불리며 천후가 되었고 60세에는 황태후, 67세에는 황제가 되어 새로운 나라를 창건하였다. 측천무후가 황제가 되는 과정을 비판적으로 바라볼 수도 있다. 하지만 여성의 정치 참여가 엄격히 금지되며 유교적 세계관이 강고하던 그 시절, 불교 경전에서 근거를 찾고 심각한 정치적 혼돈 없이 황제에 오른다? 가히 미증유의 사건이라고 할 수 있다.

여황제가 다스리는 나라는 이후 15년을 갔다. 다만 여기. 말년의 측천무후는 정쟁을 감당할 수 없었고 태자 이현에게 국정을 양위하고 말았다. 도로 당나라로 돌아간 것이다. 이후 수많은 전통 시대의 호사가들은 측천무후를 비판했다. 하지만 비판의 내용은 공허하기 짝이 없었다. 단지 여성이 황제가 됐다는 문화적 충격을 반영한 것일 뿐이니 말이다. 누사덕, 서유공, 적인걸 등 측천무후의 시대에는 뛰어난 관료들이 활약했으며 사회는 안정을 누렸다. 측천무후는 "관리의 책임을 철저하게 물었고 관리의 진퇴를 명확히 했으며, 무능한 자는 여지없이 폐출하고 능력이 있는 자는 신속하게 승진시켰다." 육지라는 인물의 평가인데 사람을 알아보는 눈, 인재를 활용하는 능력에서 측천무후의 탁월함은 당대에도 널리 인정받았다. 물론 외교적인 실패는 연이어졌다. 고구려의 뒤를 이은 발해가 등장하고 거란을 비롯한 동북방 이민족의 치열한 항전에 제대로 대처하지 못했을뿐더러 실크로드와 티베트 일대에서의 영향력 또한 잃어버렸기 때문이다. 당태종이 보여주었던 경륜과는 비교할 바가 아니었던 것이다.

유리천장을 뚫는 데 많은 시간을 소비했기 때문일까. 아니면 그녀 역시 시대의 한계를 벗어나지 못했기 때문일까. 오늘날 측천무후에 대한 호의 어린 평가에 비해 그리고 여성으로서 거둔 전무후무한 성공에 비해, 여제 측천무후의 리더십은 결국 당대 권력의 논리에서 크게 벗어나지 않았으니 말이다.

당태종과 측천무후. 분명한 것은 황제가 지배하는 중화제국이 완연하게 부활했다는 사실이다. 이는 서양을 비롯한 여타 문명권의 역사와는 크게 차이가 나는 부분이라고 할 수 있다. 서양의 경우 로마제국은 껍데기만 남았다. 지중해 전체를 지배하던 제국은 끝내 돌아오지 않았다. 살아남은 동로마제국은 그리스화되어 비잔틴이라는 새로운 이름으로 바뀌었고 서유럽은 게르만족, 노르만족의 땅이 되었다. 샤를마뉴 대제나 오토 1세 등은 교황에 의해 로마제국의 황제로 추대되었지만, 모든 면에서 과거 로마제국에 비할 것이 못 되었다. 오히려 로마는 서유럽에서 문화적인 상징으로 기능하였다. 로마적인 것이 르네상스 이후 유럽 문명에 새로운 활력을 불어넣었기 때문이다.

이에 반해 당나라의 등장은 중국 역사가 동일한 구조에서 한층 심화될 수 있다는 사실을 확인시켜줬다고 할 수 있다. 황제와 관료제는 균전제와 율령체제로 복잡해지고 심화됐으며, 중국의 중세는 유럽보다 훨씬 통일적이며 조직적이고 중앙집권적인 형태로 발전할 수 있었다. 새로운 변용 또한 일어났다. 중국과 그 주변 세계는 새로운 형식으로 경쟁과 교류를 강화해나갔으며, 이는 향후 중국 역사에 크나큰 영향을 미칠 것이기 때문이다.

유럽이 그리스-로마에서 중세-크리스트교로, 서아시아가 고대 정복 국가에서 이슬람 왕조로 크나큰 문명적 전환을 할 때 중국은 비교할 수 없는 안정성을 갖추고 중국적인 길을 만들어간다. 어떤 의미에서 중국의 진정한 시작은 당나라 이후라고 할 수 있을지도 모른다. 여하간 당나라와 그 뒤를 이은 송나라를 통해 중국은 중세 역사에서 여타 문명과는 비견할 수 없는 수준에 이르게 된다.

5강

새로운 인간의
탄생

교양과 시험, 배움과 출세 사이에서

다 죽었어!
동아시아 점령!
북중국 내놔!
여진(금)
몽골(원)
이제 대세는
우리야!
거란(요)
우리는
금과 비단이면 만족!
…
서하(탕구트)
송
전세 역전
북방 민족이 동아시아를 주도하다!

CHINA

1. 과거제도

중국 역사를 이해하는 데 가장 중요한 요소는 '과거제'다. 과거제를 관료를 뽑는 시험제도 정도로 이해하면 곤란하다. 오히려 중국 역사가 만들어온 독특한 문인 문화의 결정체라고 봐야 한다.

중국의 문인(선비나 사대부도 모두 같은 표현이며 조선에서는 양반이라고 불렀다)들은 어릴 때부터 체계적인 교양 훈련을 받으며 성장했다. 붓글씨와 경전 공부를 통해 학자로서의 소양을 길렀고 회화, 시, 책 수집, 정원 가꾸기 등 다양한 예술적 능력을 기르기도 했다. 문화예술에 대한 존중 덕분에 왕희지·구양수 같은 서예가, 이백(李白, 701~762)·두보(杜甫, 712~770) 같은 시인 등 위대한 문인들이 다수 배출되기도 했다.

과거제는 수나라 때 처음 실시됐지만 송나라 때 정착했다. 과거제는 시험을 통해 능력을 측정하며, 신분과 관계없이 관료가 될 수 있는 독특한 능력주의에 기반한다. 학문에 대한 이해, 글쓰기 능력, 사회 정책에 대한 소신 등 문인 관료가 갖춰야 하는 다양한 실력을 엄밀하게 검토하며 인재를 선발하는 제도였는데 공부를 강조하는 문화는 오늘에까지 영향을 주고 있다.

2. 국제 관계

당나라의 멸망 이후 중국을 지배한 나라는 송나라다. 하지만 송나라는 당나라가 보여주었던 과거의 영광을 되찾지 못했다. 북방 민족의 전성기가 도래했기 때문이다.

교양과 시험, 배움과 출세 사이에서

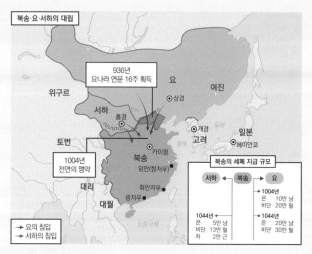

북송·요·서하의 대립

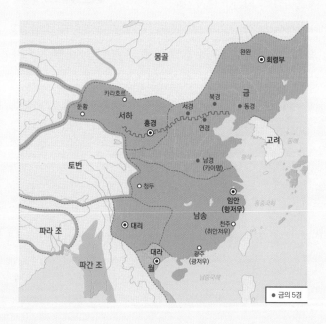

과거 북방 민족은 중국을 지배하는 과정에서 중국화되고 말았다. 하지만 이번에는 달랐다. 황제 국가를 자칭했으며 송나라를 대신해서 동아시아의 질서를 주도하고자 했다. 이들은 관료제는 물론이고 문자까지 창안했으며, 만주부터 실크로드까지 과거 당나라의 영향력이 미치던 곳을 직접 관리하고 통제하며 중국을 압박했다. 경제 · 사회적으로 크게 번성했던 송나라는 북방 민족의 저돌적인 공세에 부딪혀 아무런 힘을 발휘하지 못했으며, 결국 몽골에 멸망당하고 만다. '중국이 빠진 동아시아', 중세 중국의 역사는 북방 민족의 저돌적인 도전 앞에서 큰 변화를 겪게 된다.

★ POINT

- **당나라에서 송나라로:** 당나라 중기 안사의 난(安史─亂, 755~763) ▶ 당나라 멸망 ▶ 5대 10국시대(五代十國時代, 907~979) ▶ 송(북송) 건국(북방에 거란이 세운 '요'와 갈등) ▶ 여진이 세운 '금' 등장 ▶ 요를 멸망시키고 송을 화북 지역에서 몰아냄(남송의 시작) ▶ 몽골의 등장, 금나라 멸망 ▶ 몽골은 원나라를 건국하며 남송을 멸망시킴.
- **송나라:** 과거제를 본격적으로 실시함. 문치주의(文治主義) 정책을 추진했으며, 사대부라는 신흥 지배층이 등장함.

교양과 시험, 배움과 출세 사이에서

이상적인 선비의 삶을 모색하다

세상 사람의 흔한 병폐는 귀로 들은 것은 귀히 여기고 눈으로 직접 본 것은 천히 여기며, 멀리 있는 것을 중히 여기고 가까이 있는 것을 가벼이 여긴다는 점이다.

어려서부터 함께 자라 서로 돕고 힘쓰는 사이에, 그들 중에는 어질고 명철한 사람도 있으려니와 그런데도 매양 서로 친하다는 이유로 무시하고 모욕하여, 예와 공경을 보태지 않는 경우가 있다. 다른 고을이나 다른 현에 사는 사람으로 조그만 명성의 풍문만 있다 해도 목을 매고 발돋움하여 목마를 때보다 심하다.

— 안지추, 《안씨가훈》 〈모현편〉 중

안지추(顔之推, 531~591)라는 인물은 위진남북조시대 말기를 살았던 인물이다. 사람은 한평생을 어떻게 살아야 하는가. 가족 관계, 친구 관계 그리고 출사하여 세상을 떠받치는 길은 어떻게 이루어지는가. 당대의 지식인이었던 안지추는 자신과 자기 집안사람들이 살아갈 《가훈(家訓)》을 정리하였는데, 이후 이 책은 대표적인 인간학 서적으로 자리 잡았으며 주변 국가에도 영향을 미쳤다. 조선 후기 유학자 정약용도 《거가사본》을 집필할 때 상당 부분을 이 책에 의존하였다.

《안씨가훈》은 실용적이며 구체적이다. 사람들이 흔히 간과하는 문제들, 예를 들어 가까운 사람들을 우습게 여기고 무시하는 태도부터 안지추는 집요할 정도로 비판적인 경구들을 만들어갔다. 가족 관계는 왜 자꾸 문제를 일으키는가. "바람이 깊으면 쉽게 원망하게 되고, 거리가 가까우면 쉽게 막히게 된다." 지나치게 가까이 모여 살면 서로 다툴 여지가 많으니 차라리 "각기 아주 멀리 흩어져 살면서", "서로를 그리워하고 오랫동안 서서 해와 달을 바라보는 편이 낫다." 가족만큼 편하고 가까운 존재가 어디에 있는가. 문제는 바로 그러한 익숙함에서 기인한다. 편하기 때문에 바라는 것이 많고, 그만큼 쉽게 섭섭해하고, 그만큼 사이가 나빠질 수밖에 없다. 소중한 사이일수록 절도를 지키고, 거리를 두고, 서로를 존중하며 관계를 보다 진중하게 만들어가야만 한다. 안지추는 특히 '무당', '부적', '굿'을 요망한 것으로 보았고 집안에서 이런 것들에 의존하는 것을 특별히 경계하였다. 이보다 쓸모없고 부질없으며 사람을 혼란하게 만드는 것이 없기 때문이다.

친구 관계를 비롯한 인간관계 또한 마찬가지다. 사람들은 참으로 작은 이익에 집착하여 관계를 망가뜨리면서 자신의 명예와 수준을 좀먹는다. "상대가 비록 경박하고 천한 자라 해도 반드시 그 공을 돌려주어야 한다. 남의 재산을 훔치면 형벌을 받을 것이고, 남의 미덕을 훔치면 귀신의 책망을 받게 될 것이다." 주변 사람을 무시하지 말고, 욕심이 있어도 양보할 줄 알고, 끝내 상대를 존중하며 그를 세워준다면 결국 존경을 받고 이름이 드러나는 것은 자기 자신일 테니 말이다.

옛날의 배우는 자는 자신을 위하되 부족한 바를 보충했으나, 오늘날의 배우는 자는 남에게 보이려고 하여, 다만 입으로 떠드는 데만 능하다. (…) 무릇 배움이란 나무 심는 것과 같으니 봄에는 그 꽃을 즐기고, 가을에는 그 열매를 얻을 수 있다. 문장을 강론하는 것이 봄꽃이요, 자신을 수양하여 행동에 이롭게 함이 가을 열매이다.

- 안지추,《안씨가훈》〈면학〉 중

안지추가 보기에 사람의 사람다움, 인생의 요체는 배움에 있다. 배움은 많은 것을 만지고 건드린다. 배움은 자세와 태도를 문제 삼는다. 배움의 과정은 노력과 지극함을 저울에 달고, 그렇게 만들어지는 배움의 결과는 실력과 더불어 진정성을 덧입는다. 궁극에 배움은 사람을 변화시킨다. 가벼운 배움은 쓸모가 없다. 단지 자신을 돋보이게 하려고 입으로 떠드는 수준에 만족하니 그 하찮은 가벼움이 역겹지 않은가. 그들의 지식과 학문은 수준이 낮다. 중요한 논의가 이루어질 때 이들은 "멍하니 입을 벌린 채" 또는 "머리를 떨어뜨린 채 하품과 기지개만 할 뿐"이다. 가난해서 배움을 게을리한다? 변명에 불과하다.

"양나라 때 유기"라는 인물은 "촛불조차 구하기 어려워 늘 갈대 줄기를 사서 이를 마디마디 끊어 태워 밝히며 밤에 글을 읽었다." 그러한 단계에 오르는 자가 흔치 않다. 머리가 좋고 신통하여도 배움의 요체를 이루지 못하니 어느 하나 정밀하고 신묘한 단계에 도달하여 능통하거나 익숙하지 못하다. 그러니 결국 필요가 없는 존재가 된다. 깊이 배우며 자신의 부족함과 단점을 고쳐나가고, 노력이 지극함에 다다라서 그 유능함으로 세상에서 공을 세우는 데까지 나아가야 한다. 배움. 책을 읽고 성찰하며 깊이 있게 내면을 쌓을 때 참인간, '선비'가 되는 것이다.

그러면 그 끝은 어디인가. 탁월한 인품을 바탕으로 가정을 훌륭하게 일구고, 세상에 쓸 만한 존재가 된다면 그 끝은 커다란 성취인가? 안지추는 단호히 '그렇지 않다'라고 한다. "오직 욕심을 줄여 만족을 알아 이를 한계로 세워야 할 뿐." "겸허히 하고 덜어낼 줄 안다면 가히 해를 면할 수 있다. 사람이 살아가는 데 옷이란 추위와 노출을 덮어주는 것으로 족하고, 음식이란 배고픔을 메워주는 것으로 족할 뿐이다. 형체의 내부가 오히려 사치와 지나침을 원치 않거늘, 몸 밖에서는 어찌 교만과 지나침을 끝까지 이루고자 한단 말인가."

《안씨가훈》에서 강조한 배움의 요체는 무엇일까? 우선은 독서다. 즉 책을 읽고 깊이 생각하는 것. 당나라, 송나라 때에 이르면 중국의 경제적 번영이 높은 수준에 도달하였고 선비들의 독서 열기 또한 대단해진다. 당나라 당시에는 1만 권 이상의 책을 소장한 선비들이 등장할 정도였는데 송나라 때에는 활자 인쇄술이 발명되면서 그 수가 크게 는다. 송수와 송민구 부자는 3만 권에 달하는 장서를 소장하였고 황흠신은 4만 3,000권, 영왕 종작은 7만에 가까운 책을 가지고 있었다.

독서만 중요한 것이 아니었다. 선비가 갖춰야 할 교양은 다양했다. 우선은 서예. 붓과 종이를 사용하는 중국 문화는 서예라는 독특한 예술 장르를 만들어 갔다. 먹이 깃든 붓으로 한자를 쓴다는 것은 글씨 자체를 미려하게 쓰는 것과 더불어 글을 짓는 것을 의미한다. 위진남북조시대에 왕희지는 서예를 최고의 예술로 끌어올리는 데 가장 중요한 역할을 하였다. 이미 일곱 살에 붓글씨를 썼고 열세 살에 명성을 떨쳤다고 한다. 아름다우나 꾸미려고 노력한 흔적이 없고, 지극한 수준이지만 마음을 두고 최선을 다한 흔적이 없는 최고 수준의 글씨. 그는 행서체를 창안했고 〈난정서〉라는 작품은 서예사에 길이 남을 작품이 되었다. 왕희지는 당대에 '서성(書聖)'으로 불렸는데 그의 아들 왕헌지 또한 서예에 뛰어나 이들 부자를 '이왕(二王)'이라고 불렀다.

당나라에 들어서도 서예는 계속 발전했는데 대표적인 인물이 구양순(歐陽詢, 557~641)이었다. 그는 왕희지의 서체와 위진남북조시대에 남겨진 여러 비석의

교양과 시험, 배움과 출세 사이에서

서체를 결합하여 자신만의 독특한 서체를 창안하였다.

날 저물어 석호 마을서 자게 되었더니
관리들이 한밤중 장정을 잡아간다
할아버지는 흙담 넘어 도망을 치고
할머니는 문밖으로 관리를 맞이한다
관리의 고함 소리 어찌 저리 거센가
할머니 울음소리 어찌 저리 가련한가
할머니 나서서 하는 말 귀 기울여보니
"세 아들놈 업성으로 출정하였답니다.
한 놈이 인편에 편지를 보냈는데
두 놈이 며칠 전에 전사했다 하오.
산 놈도 겨우 목숨 부지하고 있고
죽은 놈은 이미 모든 것이 끝이 났지요.
집에는 더 이상 남자란 없고
그저 젖 먹는 손자만 있다오.
손자놈 제 엄마 있습니다만 나서지 못하는 건
외출할 때 입을 옷 없기 때문이라오.
이 늙은이 기운도 쇠했습니다만
나으리 따라 이 밤에라도 싸움터에 가오리다.
급한 대로 하양의 징발에 응한다면
그래도 아침 취사는 해드릴 수 있겠지요."
밤 깊어 말소리도 끊어졌는데
흐느껴 우는 소리 들려오는 듯
날이 밝아 내 갈 길 나서다 보니

할아버지 홀로 남아 이별을 고한다

- 두보, 〈석호의 관리〉

왕희지에서 구양순으로 이어지는 서예의 발전과 더불어 중국 역사는 도연명(陶淵明, 365~427)에서 이백, 두보로 이어지는 시문학의 절정에 도달한다. 모두 위진남북조에서 당나라에 이르는 시기의 일이다. 중국은 다양한 장르의 시문학이 발전하였다. 5언 또는 7언의 행과 양식을 맞추는 엄격한 운문시부터 온갖 수사적 언어를 사용하는 시가, 노래 가사와 같은 사(詞) 등이 그것이다. 통상 8세기의 인물인 이백과 두보가 율시의 기틀을 마련했다고 평가한다.

이백은 "인간 세상으로 쫓겨 온 살아 있는 신선"이라는 소리를 들을 정도로 시문학에서 최고 수준의 경지에 도달했던 인물이었다. 황실 여인들에게 미움을 받거나 말년에 궁핍함이 있었다고는 하지만, 거의 평생을 최고의 시인으로 추앙받으며 살았다. 이에 반해 두보는 불운한 삶을 살았다. 단 한 번 이백을 만나 교류했는데 자신보다 열 살이 많은 대시인 이백을 흠모하였고 이백 또한 두보를 아꼈다고 한다. 두보는 시안에서 10년을 머물렀으나 과거시험에 합격하지 못했고 미관말직을 전전하였다. 황제 당현종(唐玄宗, 685~762)이 양귀비의 미색에 빠진 이래 나라가 혼란스러웠는데 754년에는 천재지변까지 일어나니 두보는 처자식을 고향 근처 봉선현에 보내 구걸을 시키기까지 한다. 이듬해 가족을 되찾고자 고향으로 돌아온 두보는 굶어 죽은 아이들을 마주하고 말았다. 이백이 황실과 귀족의 집을 넘나들며 글을 뽐냈다면, 두보의 삶은 이런 식이었다. 앞서 인용한 〈석호의 관리〉라는 시는 두보가 직접 체험한 백성의 빈궁한 삶을 읊은 작품이다. 당나라 전후로 중국의 시문학은 비약적인 발전을 거두며 서예와 더불어 한문학의 중심적 지위를 차지했으며 선비들의 삶에 중요한 교양이 되었다.

더불어 산수화를 비롯한 회화 장르 또한 함께 발전하였다. 선비들은 유달리

국화를 사랑하였다. "푸른 잎 국화는 그윽한 향에 아름다운 빛깔로 그 향기는 난초나 혜초(蕙草)보다 낫고, 무성하기는 송백(松柏)을 뛰어넘는구나." 국화는 늦게 피는 꽃이다. 온갖 아름다운 꽃이 미를 뽐내며 봄날을 채우고 초목의 푸른빛 강건함이 여름을 빽빽이 가로지른 후에 비로소 모든 것이 하나하나 시드는 때, 가을이 들어서는 시절에 비로소 모습을 드러내는 국화는 그 때늦은 만개와 특유의 그윽한 아름다움이 백미다. 충분한 시간과 인고의 계절을 통해 단련되고 성숙해가는 인간의 길, 그 그윽한 인간다움은 국화의 아름다움과 잘 어울리는 소재다. 먹으로 그림을 그리고 완성된 작품을 감상하며 다시 시를 쓰는 선비의 삶.

여기에 대나무를 더해야 한다. 대나무는 정원을 가꾸는 데 으뜸가는 나무다. 청정하고 곧은 모습이 선비의 고결한 인격을 상징했기 때문에 선비들은 정원에 꼭 대나무와 소나무를 심었다. "정자 한 채에 연못 하나, 누각 하나에 방 하나, 관람대 하나에 물가에 세운 정자 한 채, 한 그루 화초에 나무 한 그루." 중국의 정원은 나날이 규모가 커져갔고 난초와 돌, 특히 독특한 괴석에 대한 사랑이 더해졌다. 더불어 음악이 필요했는데 선비는 거문고를 뜯을 줄 알아야 했다. 음률에 대한 해박한 지식은 물론이고 절도 있는 감정을 표출하는 데는 거문고가 제격이었다. 당나라의 또 다른 대시인 백거이(白居易, 772~846)는 이른 아침 정원을 청소한 후 소리 내어 책을 읽었고, 거문고를 탔다. 외출할 때도 악기를 들고 다녔으며 좋은 경치를 발견하면 그 자리에서 거문고를 뜯었다.

여기에 더하여 천하를 유람하며 술과 차를 즐기는 삶. 배움을 소중히 여기고 시와 서예와 그림에 능숙하며, 악기를 다룰 줄 알고 정원을 꾸밀 줄 알며, 이를 통해 삶의 그윽함을 누리고, 삶에 켜켜이 쌓이는 감정의 질곡을 온후하고 절도 있게 조절하는 삶. 그로 인해 생각과 감정이 조화를 갖추는 삶. 중국 역사의 중세 사회는 이런 문화 세계를 만들어갔다.

황금 술잔에는 만 말의 청주

구슬 쟁반에는 만금의 성찬

술잔 놓고 수저 던진 채 먹지 못하며

칼 뽑고 사방 돌아보니 마음 아득해

황하를 건너자니 얼음이 강을 막고

태항산 오르자니 흰 눈이 가득하다

한가로이 푸른 계곡에 낚싯대를 드리우고

배 위에서 홀연히 해님의 꿈 꾸노라

길 가기 어려워라 길 가기 어려워라

갈림길 많으니 지금 여기 어드멘가

바람 타고 파도 넘을 날 반드시 오리니

구름 높이 돛 올리고 푸른 바다 건너리

(…)

인생길은 푸른 하늘처럼 넓고 넓은데

어찌하여 나만이 갈 길 몰라 헤매나

부끄럽다! 장안의 귀족들과 어울려

빨간 닭 흰 개 부려 도박 타령하고 있으니

(…)

– 이백, 〈길 가기 어려워라(行路難)〉 중

범관, 〈계산행려도〉

교양과 시험, 배움과 출세 사이에서

과거시험:
동아시아 인재 선발의 새로운 기준

진사가 집영전에서 큰 소리로 불리던 날, 황제께서는 친히 임하시어 재
상이 가지고 들어온 1갑에 든 세 명의 시험 답안을 훑어보고 이들의 이
름을 보며 '아무개' 하고 부르면 합문사가 이를 받아 계단 아래에 전하
고, 근위병 예닐곱 명이 한목소리로 그 이름을 다시 전하여 불렀다.

- 심괄, 《몽계필담》 중

송나라 때 심괄은 황제와 진사(進士)가 만나는 장면을 글로 남겼다. 황제가
직접 급제자의 이름을 부르고 한 명 한 명을 직접 만나보는 행사이니 합격자
에게는 얼마나 영광스러운 시간인가. 사람의 한평생, 선비의 인생에서 가장 중
요한 기준이 만들어지고 만 것이다. 과거제를 통한 인재 선발은 수나라 때 시
작하여 송나라 때 확고히 뿌리를 내린다. 중국의 마지막 왕조인 명나라, 청나
라 역시 과거제도를 통해 인재를 선발하였고 이들을 통해 국가를 운영하였다.

과거제도는 제도화된 출세의 장이었으며 자아실현의 장이었다. 춘추전국시
대 같은 난세는 쉽사리 반복되지 않는다. 난세에 자신의 능력으로 이름을 떨
친다? 쉽지 않을뿐더러 아무나 오를 수 있는 길이 아니다. 더구나 통일제국의
반복적인 등장으로 인하여 제후국 같은 지역 기반의 작은 권력 단위는 사라지
고 말았다. 국가가 마련한 공식적인 길, 황제를 도우며 나라를 다스리는 길, 백
성을 구제하고 귀족의 발호를 억제하며 태평한 사회를 이루는 길. 매우 좁지만
극히 영광스러운 길. 선비의 교양과 중국식 인문 정신은 과거제를 통해 국가
차원의 관료 제도로 흡수되고 만다.

과거제 역시 오랜 시간을 걸쳐서 발전하였다. 그 시작은 통상 한무제 때의 태학으로 본다. 한무제는 태학이라는 학교를 세웠으며 유교 경전에 박식한 오경박사를 선임하여 학생들을 가르치게 하였다. 한 해를 공부한 후 시험을 치러서 벼슬을 주었는데, 부역을 면제해주는 등 혜택이 많았기 때문에 애초에 몇십 명이었던 학생 수가 한나라 후기에는 수만 명으로 늘어나게 된다. 국가가 교육기관을 만들고 인재를 선발하여 관료를 채용하는 시스템이 등장한 것이다. 하지만 이때까지만 하더라도 귀족 자제나 하급 관료 중에서 학생을 선발하는 구조였기 때문에 과거제 같은 선발 시스템은 아니었다고 할 수 있다.

비로소 수나라의 문제 때 '선거제'라는 이름으로 과거시험을 공식화하였다. 수나라의 과거제는 귀족의 특권을 박탈하는 조치였다는 점에서 한무제의 태학제도와는 차이가 있다. 한무제가 태학을 통해 귀족 자제들 중 쓸 만한 인재를 관료로 만들었다면, 수문제는 과거시험을 통해 귀족의 발호를 통제하였다. 입장이 달랐다. 한무제는 강력한 황제권을 바탕으로 제국을 운영하는 데 귀족들을 동원한 것이고 수문제는 정반대였기 때문이다. 위진남북조시대를 거치면서 수많은 나라가 명멸하는 동안 황제의 권위는 땅에 떨어졌고 귀족은 막대한 권력과 경제력을 바탕으로 온갖 특권을 누리고 있었다. 통일제국의 황제 수문제는 이러한 현실을 바꾸고자 한 것이다. 귀족임에도 불구하고 과거를 통과하지 못하면 관료가 될 수 없는 시스템. 수나라의 과거제는 황제권을 강화하고 귀족을 통제하는 도구였던 셈이다. 과거제는 관료를 뽑는 예비 제도였으며 황제는 이제 귀족이 아닌 과거를 통과한 관료와 함께 국가를 운영하기 시작했다.

이러한 흐름은 당나라에서도 계속되었다. 당나라 중기까지만 하더라도 과거를 통해 재상이 된 자는 31명 중 11명밖에 없었다. 하지만 후기가 되면 25명의 재상 중에서 무려 15명이 과거를 거쳐 재상에까지 오를 수 있었으니 큰 변화라 할 수 있다. 문제도 있었다. 당나라 때는 '투권'이라고 불리는 청탁 행위가 빈번했다. 과거시험 답안지에 쓴 이름을 가리지 않았기 때문에 관료들은 응시자의 가문과 명성을 고려할 수밖에 없었으며, 응시자들이 평소에 관료들을 찾아다니면서 얼굴을 익히고 선물 공세를 펼치는 등 엉뚱한 행태가 생겨난 것이다. '좌주'와 '문생' 같은 요상한 파벌까지 생겼다. 선발권을 가진 시험관이 스스로를 좌주라 칭했고 합격자는 좌주의 문생, 즉 좌주의 파당이 되는 문화가 생겨난 것이다.

진정한 의미에서 과거제의 시작은 송나라 때다. 3년에 한 번씩, 300명의 진사 선발. 최종 시험인 전시는 황제가 직접. 송나라가 확립한 과거제의 원칙이었다. 시험은 3년에 한 번씩 정기적으로 치러졌으며 이를 통해 합격한 인물을 '진사'라고 불렀다. 최종 합격까지 크게 세 번의 시험을 통과해야 하는데 마지막 시험은 황제가 직접 주관하며 순위를 매겼다. 이전에는 예부라는 기관에서 고위 관료인 좌주들이 주관했으나 이제 황제가 직접 관료를 선발하게 되었으니 좌주나 문생 같은 파벌을 형성할 수 없게 된 것이다. 오직 황제를 위하여, 황제의 나라를 위하여, 황제와 함께 나라를 다스리는 관료가 되어야만 했다.

개혁은 위아래에서 동시에 이루어졌다. 국정은 중서문하성과 상서성에서 이루어졌는데, 중서문하성에서의 업무 처리는 논의부터 결정까지 황제의 주관하에 진행되었다. 상서성 산하의 6부 역시 황제에게 업무를 보고해야 했으며, 당나라 때는 재상이 주관하던 삼사 같은 기관 또한 황제가 직접 관할했다. 당태종이 방현령이나 위징 같은 소수의 인물과 국정을 논의하며 나라를 통치했다면, 송나라의 황제들은 전문성을 지닌 각 부서의 기관장들과 직접 소통하면서 국정을 설계하고 운영하였다. 이를 위해 송태조 조광윤(趙匡胤, 927~976)은 350명의 진사를 뽑았고, 뒤를 이은 송태종은 5,416명을, 그 뒤를 이은 송진종은 단 한 번의 시험에서 1,538명을 선발할 정도로 과거제 운영에 힘을 다하였다.

때마침 일어난 인쇄술의 발명은 과거제에 큰 영향을 미쳤다. 인쇄술을 통해 책이 다량으로 만들어지고 그만큼 일반인들이 쉽고 싸게 경전을 구할 수 있게 되었으니 말이다. 소수의 귀족만이 장서를 소장하며 그들만의 특별한 지식을 구가하는 것이 아닌 개인적인 의지와 어느 정도의 경제력만 있다면 혹은 지극히 가난하더라도 명석한 머리와 힘겨운 노력이 있다면 이제는 누구나 과거 합격을 통해 귀족보다 더한 영광을 누릴 수 있게 된 것이다. 황제권의 강화는 과거제라는 독특한 제도 창안으로 귀결되었고 이는 신분적 제약을 넘어 수많은 사람이 출셋길에 오를 수 있는 기회를 제공하였다. 송나라의 과거제는 지독하기로 유명하였다. 시험은 엄격하게 집행됐고, 출신 신분을 따지지 않았으며, 극히 일부를 제외하고는 모든 사람이 응시할 수 있었다. 당시 과거 합격자를 '사대부'라 불렀는데 대를 이어 사대부가 되는 집안은 거의 없었다고 한다.

배움에서 시작하여 온갖 교양으로 무장한 삶, 그 귀결점이 매우 명확해진 것이다. 과거에 합격해 관료가 되어 백성을 구제하며 천하를 다스리는 삶. 송나라의 이상은 한반도에 큰 영향을 미쳤다. 당나라에서 송나라로 과거제가 발전해나갔듯, 한반도의 과거제는 고려를 거쳐 조선에서 크게 꽃 피웠다.

수레에 가득 찰 정도의 경서를 읽고
늙어서야 간신히 얻게 된 벼슬아치의 직함
여인네들에게 나이가 몇이냐고 질문받으면
50년 전엔 스물세 살의 미소년이었다네

송나라 때 첨의라는 인물이 뒤늦게 과거에 합격한 자신을 돌아보며 한탄한 글이다. 과거제는 송나라 이후 고착화되었다. 황제가 지배하는 나라에서 과거제는 유일한 출세 수단이 되어갔고, 명나라와 청나라 때는 송나라보다 체계적인 구조화가 일어나기도 하였다. 향교를 비롯하여 정식 교육기관을 거친 학생들만이 과거에 응시해야 하는 형태로 바뀌었기 때문이다.

지방 학교의 등장은 자연스러우며 합리적인 현상이었다. 과거에 합격하려면 일련의 교육과정을 밟아야 했고 이를 수행하는 기관이 필요했으니 말이다. 하지만 명나라 들어 정규 교육을 받은 사람들만이 과거시험을 볼 수 있게 되면서 새로운 형태의 신분제가 확립되고 말았다. 학교 교육을 받으려면 그만큼의 경제력이 있어야 하고 무엇보다 과거에 합격하여 관료가 되는 데 오랜 시간이 걸리기 때문에 집안의 경제력이 무척 중요했다. 단 하나의 출셋길을 위한 중국인들의 전력투구는 과거 합격자를 두루 배출한 명문가의 위상을 높였다. 몇몇 예외적인 경우를 제외한다면 대부분은 충분한 경제적 배경을 바탕으로 학교에 입학하여 과거를 준비했고, 그렇게 배출된 이들의 집안이 명문가로 대우받으며 다시금 관료를 배출하는 구조가 만들어진 것이다. 명나라와 청나라 때 이들을 '향신(鄕紳)'이라 불렀으며 이들은 지역의 지배자들이었다. 관료들은 이들과 함께 지방을 통치하였는데 향신은 곧 지주이자 백성 위에 군림하는 새로운 귀족들이었다.

과거에 합격하려면 아주 어린 시절부터 준비해야만 한다. 송나라 때는 '동과(童科)'라는 제도가 있었다. 아이들을 위한 특별 과거시험인데 영재들을 위한 별도의 관문이었던 셈이다. 하지만 동과를 통해 크게 출세한 인물을 찾아보긴 힘들다. 대부분 어릴 때의 조숙함이 성인 때까지 이어지지 못했고, 성인 관료들은 이들을 신기한 구경거리로 바라보는 데 만족했기 때문이다. 결국 이 제도는 폐지되고 만다.

학문을 시작하는 나이는 통상 만 여섯 살이었다. 스승은 엄격했다. "가르치지 않는 것은 스승의 게으름이다"라는 소리를 들을 정도로 선생은 엄해야 했다. 선생은 '계척(戒尺)'이라는 부채 같은 도구로 학생의 손바닥과 허벅다리를 때리기도 하였다. 소리 내어 읽기를 50번, 암송하기를 50번, 하루에 20~30자씩 한자를 외우는 것으로 공부를 시작하였고 수년에 걸친 공부 끝에 주석을 읽는 법, 해석하는 법, 글 쓰는 법 등을 함께 익혀야 했다. 어마어마한 글자와의 싸움이었다.《논어》는 1만 1,705자,《맹자》는 3만 4,685자로 이루어졌고,《춘추좌전》은 19만 6,845자로 쓰였다. 수십만 자에 달하는 경서를 외우고 익혀야 했다. 유교 경전은 물론이고 역사서와 문학서 등을 통달해야 했고, 글을 짓는 능력도 길러야 했다.

명·청 대에는 학교 입학시험도 있었다. 19세기를 기준으로 본다면 입학시험은 3년에 두 번 정도 치러졌고 나이를 따지지는 않았다. 원래는 어린아이들을 위한 학교였지만, 과거 열기가 워낙 대단했기 때문에 나이가 중년이 되어도 수염을 깎고 오면 모른 척해주었다고 한다. 그만큼 경쟁이 치열해진 것이다.

입학시험을 통과한 후 학교의 교육과정을 수행하고 나면 이제 본격적으로 과거시험을 준비해야 한다. 크게 봤을 때 향시(鄉試), 회시(會試), 전시(殿試)에 붙어야 한다. 향시는 지방에서 보는 시험이고, 여기서 합격자를 가려 중앙에서 주관하는 회시를 보게 했다. 마지막으로는 황제가 주관하는 전시에 합격해야 했다. 명·청 대가 되면 시험제도가 복잡해져서 중간중간에 작은 시험을 무수히 통과해야만 했는데 그럼에도 불구하고 3단계의 골격은 유지되었다.

시험장은 '공원(貢院)'이라고 불렸는데 각 성의 중심 지역에 거대하게 조성됐다. 공원은 '호사'라고 불리는 수천 개의 독방으로 가득 채워져 있다. 평소에는 사용하지 않기 때문에 건물이 허술하기 짝이 없다. 잡초가 무성하고 기와가 무너질 듯하며 벽에는 습기가 차 곰팡이가 가득했다. 호사는 혼자 들어가서 시험을 보는 공간이기 때문에 앉아서 글을 쓸 수 있게 하는 판자 정도만 있을 뿐 가구는커녕 출입문조차 없다. 응시자는 이곳에서 2박 3일간 갇혀서 시험을 보아야 한다. 공원 중앙에 명원루라는 높은 전각이 있는데 관리들이 이곳에서 수험생들을 감시했다. 공원에는 수대라고 불리는 물 공급 시스템이 있었다. 응시자들의 식수는 물론이고 먹을 갈기 위해 써야 하는 물 또한 엄청났기 때문이다. 수천, 수만의 사람들이 시험을 보러 오기 때문에 공원의 규모는 엄청났다. 수백 명의 관리와 감시인들이 이곳에 머무는데 시험 기간에는 대문을 굳게 걸어

잠그고 엄정하게 시험을 치렀다.

거대한 규모, 어디에서도 보기 힘든 독특한 수천 개의 건물, 제대로 관리가 안 된 음산한 시설물, 시험을 보기 위해 몰려든 각양각색의 사람들. 거대한, 하지만 극히 좁은 공간에서 시험을 보는 것 외에 아무것도 할 수 없는 2박 3일간의 여정. 공원은 시험장인 동시에 온갖 야담과 기담의 향연장이기도 했다. 응시자가 갑자기 발광하여 "용서해줘, 용서해줘!"를 외치면서 난동을 피웠고, 소동을 제지하기 위해 감시인들이 달려가 보니 답안지에 글자는 하나도 적지 않고 여인의 신발 그림만 그려놓았더라는 일화도 있다. 이 응시자가 소싯적에 젊은 하녀의 정조를 유린했기 때문에 그녀의 망령이 시험장에 나타나서 그를 미치게 했다는 이야기다. 어떤 응시자는 시험을 보기 위해 근처 여관에 투숙하면서 혼자 묵을 방을 달라고 했는데, 주인이 뒤에 부인이 있지 않냐고 했다. 응시자가 놀라 뒤를 돌아보니 아무도 없었고, 주인은 무슨 소리냐며 안색이 안 좋은 저 여성분이 당신 부인 아니냐고 물었다. 응시자는 크게 놀라며 줄행랑을 쳤다. 그러자 안색이 좋지 못한 여인이 주인에게 따지면서 "죽은 사람은 공원 안에서만 원수를 갚을 수 있습니다. 겨우 기회를 잡았는데 당신 때문에 전부 다 망쳤습니다"라면서 주인을 괴롭혔다고 한다.

이런 식의 야사는 셀 수 없을 정도로 많다. 이러한 야사들은 일정한 패턴을 띤다. 평소 학문에 힘쓰지 않고 여색을 탐하다가 시험장에 나타난 여자 귀신들에게 보복당한다는 것이다. 즉, 과거에 합격하려면 여색을 탐하지 말고 오직 공부에만 집중하라는 교훈적인 이야기들이었다. 응시자들이 엄청난 중압감에 시달렸으며 그로 인해 각종 사건 사고가 일어났음을 알 수 있는 대목이기도 하다.

지방 시험에 응시하는 이들을 '거자(擧子)'라고 불렀고, 여기서 합격하고 중앙 시험에 응시하는 이들을 '거인(擧人)'이라 칭했다. 최종적으로 전시에 합격한 우수한 10인의 성적은 황제가 직접 결정하였다. 1등 장원, 2등 방안, 3등 탐화. 이들은 명예로운 명칭으로 불렸다. 합격식은 황궁에서 엄중한 의식으로 진행하며 황제가 직접 합격자, 즉 진사의 이름을 부르면서 축하하였다. 워낙 혹독한 과정을 통해 소수가 선발되기 때문에 모두가 우러러보며 경외하였다. 장원 급제자는 소설의 소재로도 자주 활용되었다. 최종 합격자인 진사는 중앙 조정에서 관직을 맡아 국가 운영에 참여하며, 그들 중 소수가 높은 관직에 올라서 중요한 직무를 담당하며 큰 영예를 누렸다.

과거에 합격하고도 관료가 되기까지는 시간이 걸렸다. 전통적으로 관료는 적게 뽑고 백성의 삶은 되도록 간섭하지 않는다는 것이 원칙이었으며, 유교가 강조하는 가치였다. 예비 관료들은 지방관과 함께 지역의 일을 관장하였고, 거인 같은 중간 합격자들 역시 지역에서는 유지로 활동할 수 있었다.

송나라부터 본격적으로 발전한 과거제는 중국의 사회상을 크게 바꾸어놓았다. 이제 혈통만으로는 인정받을 수 없는 사회. 뼈대 있는 집안의 기준은 얼마만큼의 과거 합격자를 배출했느냐로 대체되었고, 합격한 이들은 지역 공동체에서 큰 영향을 발휘했다. 이러한 문화는 한반도에 큰 영향을 미쳤으며 조선에서 유사한 형태로 반복되었다. 베트남 또한 과거제를 도입하였다. 공부를 강조하고, 교육을 중요시하며, 과거 합격자를 우대하는 독특한 능력주의는 오늘날까지도 동아시아 역사에서 중요한 문화적 기틀로 작용하고 있다.

과거제가 신분제를 해체한 것은 아니었다. 여전히 귀족과 평민을 비롯한 복잡다단한 신분제도와 계급의 굴레가 사람들을 지배하였으며, 무엇보다 집안의 경제적 배경이 과거시험의 의미를 퇴색시켰다. 조선의 경우 이런 경향이 한층 강했다. 과거시험이 출셋길이라는 것에 대한 사회적 확신이 강해질수록 과거 합격자의 연령이 높아져만 갔으며 그만큼 집안의 경제적 여력이 모든 것을 좌우하였다. 조선에서는 과거 합격자를 양반(兩班)이라고 불렀는데 원래는 문반(文班)과 무반(武班)을 통칭하는 말이었다. 하지만 양반은 곧장 '가문'이라는 말과 결합하면서 특권층 또는 귀족과 유사한 말이 되어버렸다. 송나라 때 사대부처럼 과거에 합격한 사람만이 대우를 받는 것이 아니라 과거 합격자를 배출한 집안이 양반가라는 변칙된 인식이 정착한 것이다.

여러 한계가 있음에도 과거제는 중세의 여타 문명권에서는 볼 수 없는 특별한 제도인 동시에 대단한 사회적 진보를 이루어낸 도구였다. 혈통이나 재력 또는 군사적 업적, 그것도 아니면 가혹한 정쟁과 음모 등을 통해 권력을 쟁취하는 일반적인 정치 문화와 달리 공적인 기준과 과정을 통해 사회적 성취를 이룰 수 있었으니 말이다. 과거제는 왕조 성립 초반에 큰 의미를 지녔다. 사회 혼란을 수습하고 새로운 질서를 만드는 과정에서 과거제를 통해 새로운 인물들이 대거 등용될 수 있었으니 말이다.

한편 과거제는 '고도의 아마추어리즘'을 창출하는 데 큰 역할을 하였다. 과거제는 단순한 시험제도라고 할 수 없다. 오랫동안 누적된 중국인들의 인간상이 투영된 사회적 실체라고 보는 편이 정확하다. 과거에 합격한 인물들은 다양한 분야에 두루두루 능통한 고도화된 인재들이었다. 시서화(詩書畫)에 능하고, 학문적 교양을 갖췄으며, 당대 학문과 사상은 물론이고 문화예술에서도 최고 수준을 겸비한 이들이었다. 이들은 그런 식견을 바탕으로 정치, 경제, 사회, 문화 등 국정 운영과 관련된 다양한 직능을 고루 경험하면서 왕조에 중추적인 역할을 담당하였다.

오늘날의 서구식 '프로페셔널리즘'과 비교한다면 뚜렷한 한계가 있다. 특정 분야의 전문적 능력을 바탕으로 일을 추진하는 현대적인 시스템에 비한다면 과거제로 선발된 관료들은 말 그대로 아마추어일 수밖에 없으니 말이다. 하지만 당대를 기준으로 본다면 매우 선진적인 시스템이며, 그만큼 중국과 동아시아는 여타 문명권에 비해 합리적인 국가 운영을 했다고 평가할 수 있다.

송나라의 등장:
중국과 주변 세계 간 균형이 깨지다

조보가 말했다.

"당나라 말 이후로 전쟁이 멈추지 않아 집이 흩어지고 사람이 죽은 것은 다른 이유가 아니라 절도사의 힘이 너무 세서 임금은 약하고 신하는 강하기 때문입니다. 지금 이를 다스리고자 하신다면 그들의 병권을 점차 빼앗고 전량을 제한하며 정병을 거둬들이십시오. 그러면 천하가 안정될 것입니다."

(…) 얼마 후에 태조가 저녁 조회를 하면서 친구인 석수신, 왕심기와 술을 마셨는데, 태조가 좌우를 물리치고 말했다. (…) 다음 날 이들은 모두 병을 핑계 대고 군정을 해산하길 청했다. (…) 여러 공신들도 천수를 누리다 죽었으며 자손이 부귀하게 살면서 지금까지 끊어지지 않고 있다.

- 소백온, 《소씨견문록》 권1 중

당나라의 뒤를 이은 나라는 조광윤이 세운 송나라다. 당나라의 골칫거리는 '절도사'였다. 문무를 겸비한 당태종 같은 인물은 또다시 나오지 않았다. 이후의 황제들은 광대한 제국을 유지하기 위해 병권을 분산시킬 수밖에 없었다. 동쪽, 북쪽, 서쪽의 수많은 세력을 상대하기 위해서는 지역을 관할하는 장관들, 즉 절도사들에게 병력을 집중시켜서 대응하게 하는 방법이 효율적이고 효과적이었다. 물론 그만큼 섬세하게 관리해야 했다. 황제는 절도사의 병권을 유능하게 통제하고 그들의 반역을 늘 의심하며 관리를 소홀히 해서는 안 된다. 황제가 절도사를 통제하고, 절도사가 군대를 이끌며 변방을 통제하는 구조. 당태종 이후 이러한 구조는 국가 운영의 기본 원칙이 되었다.

하지만 약점은 쉽게 노출되었다. 당현종이 양귀비와 어울리며 정사를 게을리했고 이를 틈타 절도사 안녹산(安祿山)과 사사명(史思明)이 난을 일으켰기 때문이다. 황제가 한눈을 파는 사이에 절도사가 반란을 일으킨 것이다. 당현종은 그토록 아끼던 양귀비를 자결시킴으로 군대의 충성을 확보하였고 무너지던 나라를 가까스로 일으켜 세웠다.

하지만 근본적인 문제는 개선되지 않았고 오히려 심각해졌다. 여전히 당나라는 광대한 제국이었고 절도사가 변방을 관리할 수밖에 없는 구조였다. 안사의 난은 사회구조를 뒤흔들었고 균전제, 조용조, 부병제 같은 시스템은 붕괴되고 말았다. 더구나 당현종 사후 당나라의 중흥을 이끌 뛰어난 황제는 등장하지 않았고, 귀족의 발호는 계속되었으며, 가진 자에게 유리하고 힘없는 백성들에게는 한없이 가혹한 시간이 계속되었다. 안사의 난 이후 당나라는 약 150년을 더 갔다. 그리고 그 기간 동안 절도사의 권한이 지속적으로 강력해졌다.

그렇게 좋지 못한 현상이 쌓이고 쌓여 당나라 말기 거대한 혼란이 도래하였다. 5대10국의 시대. 북부에는 5개의 왕조가, 남부에는 10개의 왕조가 반목하는 분열기가 찾아온 것이다. 왕조 말기의 혼란기는 이제 일종의 뻔한 패턴이 됐다. 진나라가 멸망한 이후 한나라가 세워지기까지 수많은 군웅이 천자를 자청했는데 한나라 말기와 수나라 말기 또한 비슷했다. 문제는 시간이다. 자칫하면 위진남북조시대 같은 오랜 분열기가 발생할 수 있으니 말이다. 하지만 송태조 조광윤의 등장으로 약 70년 만에 당나라 말기의 혼란기는 통일 왕조의 연속으로 마무리되었다.

새로운 황제 송태조 조광윤은 후덕한 인물이었다. 탁월한 군사 지도자였음에도 문인들을 우대하고 독서를 즐거워했으며, 황제가 되어서도 검소하게 살았다. 마음에 들지 않는다고 해서 관리들을 함부로 죽이거나 내치지 않았고,

부정을 저지르더라도 되도록 가급적 직위를 몰수하거나 유배하는 수준으로 처벌 수위를 낮추었다. 천하를 통일하는 과정에서 흔히 볼 수 있는 피의 참극은 벌어지지 않았던 것이다. 골육 간의 상쟁도 없었고 무엇보다 공신들을 대하는 데 있어서 극진하였다.

최측근이었던 조보(趙普)는 공신들의 발호를 우려하였다. 천하를 통일하는 데 공신들의 활약은 대단히 중요하다. 하지만 천하가 안정되고 나면 이들은 위험한 반란 세력이 될 수 있다. 그러니 적당한 때에 미리미리 가지를 쳐내야 한다. 황제의 힘을 강하게 하려면 이들을 제거해야 한다는 말이다. 조광윤은 자신의 방식으로 문제를 처리하였다. 배주석병권(杯酒釋兵權). 술자리에서 공신들의 군권을 빼앗았다는 일화이다.

석수신(石守信), 왕심기(王審琦) 등은 조광윤의 핵심 참모로 전장에서 무수한 공을 세운 인물들이었고 피를 나눈 형제와 같은 사이였다. 나라의 질서를 새롭게 잡아야 한다고 해서 어찌 이들을 함부로 죽일 수 있단 말인가. 그는 오랫동안 지켜왔던 의리를 내세우면서 눈물을 흘리며 저간의 사정을 설명했다. "인생은 흰말이 지나가는 것을 문틈으로 보듯이 순식간이네." "자네들은 어찌하여 병권을 내버리고, 편한 저택과 좋은 전답을 골라 사서 자손을 위해 영구한 기틀을 세우며" "천수를 끝마치려 하지 않는가?" 조광윤은 솔직하게 설득하였으며 석수신, 왕심기 또한 미련 없이 권력을 내려놓고 자리를 떠났다.

조광윤은 약속을 지켰다. 석수신과 왕심기는 물론이고 이들의 후손에게 아무런 해를 가하지 않았다. 또한 이들의 과감한 은퇴 덕분에 안정적인 황제 지배체제를 수월하게 만들 수 있었다. 당대의 역사서에서는 조광윤의 인품을 찬양하지만 석수신과 왕심기 등의 결단 또한 그 못지않게 중요했다. 이들의 평화로운 권력 조정 작업은 선례가 되어 이후에도 많은 신하가 평안하게 은퇴하고 천수를 누릴 수 있었다.

송태조 조광윤은 뛰어난 군사 지도자였다. 20만이 넘는 병사를 직접 지휘하여 963년에는 양쯔강 중류 일대, 965년에는 쓰촨성 일대를 점령하였다. 그리고 971년에는 광시성 일대, 다시 975년에는 장쑤성과 장시성 일대를 수중에 넣었다. 그리고 조광윤의 뒤를 이은 송태종 조광의(趙匡義, 939~997)는 978년에 저장성 일대, 979년에는 산시성 일대를 점령하면서 중국을 통일했다. 하지만 같은 해 송나라 군대는 고량하 강가에서 거란이 세운 요나라에 대패한다. 송태종은 노새가 끄는 수레를 타고 간신히 포로 신세를 면했다.

송태종 조광의는 송태조 조광윤의 동생이다. 송태조 조광윤은 마흔아홉 살의 젊은 나이에 갑자기 죽음을 맞이하면서 동생에게 황제권을 넘겼고, 그의 두 아들 역시 일찍 죽었기 때문에 동생 조광의의 모반을 의심하는 소문이 돌기도 했다. 여하간 송태종은 태조의 뒤를 이어 송나라를 크게 발전시켰다. 엄청난 독서광이었으며 과거제를 발전시켰고 문신들을 중용하는 문치주의를 확립한 인물이기도 하다.

하지만 뜻하지 않은 새로운 변화가 찾아왔다. 거란이 세운 요나라가 등장했기 때문이다. 역사는 그렇게 단순히 반복되지 않는다. 왜 한나라 멸망을 계승한 왕조가 없었을까? 북방 이민족의 침략으로 화북 지역에 새로운 왕조들이 많이 생겼기 때문이다. 위진남북조시대라는 중국의 오랜 분열기는 만리장성 바깥의 세계, 몽골초원과 티베트고원을 기반으로 하는 강력한 세력이 등장했기 때문에 일어난 사건이었다. 진나라와 한나라 때까지만 하더라도 중국을 위협하는 세력은 흉노뿐이었다. 흉노는 중국을 끊임없이 위협하며 만리장성 일대의 변방 지역에 영향력을 행사했다. 하지만 한나라 말기 들어 흉노, 선비, 갈, 저, 강 등 북방과 서방의 이민족은 강력한 군사력을 바탕으로 화북 지역을 점령하고 수많은 나라를 세웠다. 이들은 불교를 수용하는 데 적극적이었으며 실크로드 너머의 세계와 중국이 만나는 데 결정적인 역할을 하였다. 당나라는 정반대, 하지만 같은 방식을 선택하였다. 중국을 통일하고 주변 이민족을 침략한다는 데서는 정반대지만, 중국과 주변 세계를 통합하고 실크로드 너머의 세계와 적극적인 문화 교류를 촉진한다는 데서는 같은 방식이었기 때문이다.

국제적인 관점에서 당나라의 멸망과 송나라의 등장은 이러한 균형의 종말을 의미한다. 중국을 재통일했다는 점에서는 새로운 왕조의 등장이었지만 이민족, 특히 북방과 만주의 이민족은 이제 중국 못지않은 거대한 제국이 되어 중국을 집어삼킬 준비가 되어 있었다. 거란족이 세운 요나라, 여진족이 세운 금나라 그리고 몽골족이 세운 원나라가 그것이다.

북방을 중심으로
새로운 동아시아 질서 재편

거란 질라부 출신의 야율아보기는 907년에 칸이 되었다. 거란족 전체를 통할하는 지도자가 된 것이다. 그리고 916년, 그는 네 번째로 칸의 자리에 추대되면서 황제를 자칭했다. 924년에는 북몽골 일대의 부족들을 굴복시켰으며 오르콘강과 간쑤성 서부 하서회랑(河西回廊), 오르도스의 북동부 일대에 이르기까지 지배력을 넓혔다. 다음 해에는 고구려를 계승한 발해를 멸망시키며 만주를 손에 넣었다. 동서로 광대한 영토를 확보하던 거란은 936년 만리장성 이남의 연운 16주마저 점령하였다. 947년 거란은 정식으로 '요'라는 국호를 정한다.

거란의 등장은 의미심장한 사건이다. 야율아보기는 장남 야율배를 태자로 공표하면서 부처가 아닌 공자 숭배를 표명했고, 상경을 수도로 삼았다. 북방 민족이 불교가 아닌 유교를 국교로 삼는다는 것은 특기할 만한 부분이다. 더구

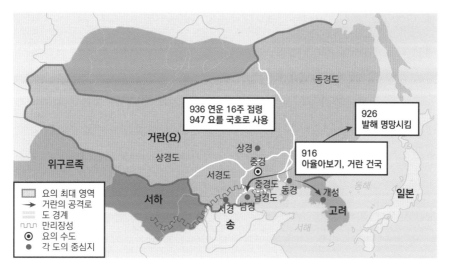

10세기 거란의 판도

나 수도를 정하는 것 역시 중국식 문화였다. 거란은 지리적인 특성상 유목 생활을 유지할 수밖에 없었지만, 수도를 정하고 계절에 따라 특정한 거주지를 정해 통치하였다. 11세기에 들어서면 거란은 성읍을 점령하여 관리하는 등 보다 효과적인 국가 운영을 하게 된다. 유목민족의 습성을 유지하면서도 농경민족을 다스리는 방식을 익힌 것이다. 이 과정에서 황제를 칭하고, 수도를 정하며, 유교나 불교 등을 국교화하여 나라를 운영하는 극히 중국적인 방식이 거란을 통해 북방과 유목의 세계에 능수능란하게 적용되었다.

요나라의 여섯 번째 황제 야율융서는 이러한 흐름을 한층 강화하였다. 그는 만주에서 하서회랑 인근의 텐산산맥까지 과거 당태종이 혼신을 쏟았던 만리장성 인근의 동서 지역을 확고하게 장악하였다. 서쪽으로는 실크로드의 수많은 오아시스 국가의 지배권에 간섭했음은 물론이고, 당나라에 굴욕적인 패배를 안겨줬던 이슬람제국 아바스 왕조와도 우호 관계를 맺었다. 동쪽으로는 일본, 남쪽으로는 송나라와도 교류했다. 특히 1004년 연운 16주, 만리장성 이남 지역에 대한 지배권을 영구히 하는 '전연의 맹약(澶淵─盟約)'을 체결하며 위세가 절정에 달하였다.

이뿐만이 아니었다. 야율융서는 만주·몽골초원·중앙아시아·서아시아를 잇는 지역에 도로와 교량을 건설했으며, 송나라산 은괴와 비단으로 실크로드 무역을 주도하였다. 한족들을 대상으로 과거제를 실시하여 인재를 선발했으며, 독자적인 역법은 물론이고 문자까지 창안하였다. 중국이 빠진, 북방을 중심으로 한 새로운 동아시아 질서가 형성된 것이다. 같은 시기 티베트 일대에서는 탕구트인들이 세운 서하(西夏) 왕국이 들어섰으며 이들은 요나라와 송나라 사이에서 적절하게 이득을 구하면서 실크로드의 한 축을 담당하였다. 새롭게 등장한 신흥 제국 송나라로서는 참으로 곤혹스러운 상황이 아닐 수 없었다.

송태종이 거란에 참패한 이후 송나라는 줄곧 요나라를 이기지 못하였다. 당태종이 돌궐을 제압하던 때와는 비교조차 할 수 없었다. 적어도 만리장성 이남은 중국의 영토가 아니었던가. 송나라는 거란이 장악하고 있는 만리장성 이남의 땅 연운 16주를 되찾기 위해 군사력을 꾸준히 강화했다. 송태조 당시 20만이었던 군대는 송태종 때가 되자 66만을 넘었고, 3대 황제 진종이 통치하던 1018년에는 91만이 넘었다.

당나라 초기 때 시행되던 부병제가 붕괴된 지는 이미 오래였다. 안사의 난 이후 당나라는 절도사와 귀족의 힘을 인정하였다. 그래서 등장한 제도가 양세법(兩稅法). 절도사나 귀족이 소유하고 있는 장원(莊園)이라고 불리는 거대한 대농장을 인정하며 1년에 두 번씩 세금을 걷는 제도였다. 국가가 토지를 제공하고, 자영농으로 살아가는 백성들이 세금을 내며 병역의 의무를 감당하는 시스템이 붕괴된 것이다. 경제적 불평등, 백성에 대한 귀족의 지배력은 더 이상 어찌할 수 있는 문제가 아니었기 때문에 국가는 장원에서 세금을 받으면서 직업

교양과 시험, 배움과 출세 사이에서

군인 제도로 국방력을 확충하였다. 부병제에서 모병제(募兵制)로 시스템이 바뀐 것인데 송나라는 양세법과 모병제를 계승하였다. 요나라와의 전쟁이 계속되는 가운데 군인의 수가 늘어나는 만큼 세금과 군대 유지비는 증가할 수밖에 없었다. 상황도 요나라에 유리하게 돌아갔다. 요나라는 발해의 후신 격인 정안국을 멸망시켰고, 고려를 침략하여 송나라와 고려의 우호 관계를 파괴하였다. 같은 시기 서쪽에서는 탕구트족이 흥기하고 있었다.

진종은 결단을 내릴 수밖에 없었다. 군사력을 감축하여 재정적 안정을 기해야 했기 때문에 요나라와 화친을 맺는다. '전연의 맹약'. 송나라와 요나라는 세 가지 원칙에 합의한다. 첫째, 국경은 변경하지 않는다. 둘째, 송나라는 형, 요나라는 아우의 예로써 교제한다. 셋째, 송나라는 매해 은 10만 냥, 비단 20만 필을 거란에 인도한다. 국서에는 송나라를 남조, 요나라를 북조라고 써놓았다.

진종은 현상 유지를 선택한 것이다. 연운 16주에 대한 요나라의 권리를 인정하고, 상호 간의 평화 유지를 위해 '세폐'라고 불리는 막대한 양의 은과 비단을 요나라에 바쳤다. 이를 통해 군사를 줄이고 재정의 안정을 꾀할 수 있었다. 이후에는 은 20만 냥과 비단 30만 필로 늘어났고, 탕구트족이 세운 서하와도 비슷한 평화조약을 체결하였다.

돈으로 산 안정. 오늘날 많은 사람은 송나라를 허약한 제국이라고 부르며 그 원인을 무턱대고 문치주의에서 찾는 경향이 있다. 그리고 막대한 양의 은과 비단을 바쳤기 때문에 송나라가 몰락의 지경에 이른 것처럼 생각한다. 하지만 이는 섣부른 판단이다. 요나라와 서하로 흘러 들어간 자금은 송나라 연 재정의 1%에도 미치지 않는 수준이었고 평화는 100년 동안 이어졌기 때문이다.

송나라를 짓밟는
금나라·몽골의 등장

문제는 송나라가 얼마나 호전적이었느냐가 아니었다. 전연의 맹약을 맺은 지 정확히 111년 후, 아골타가 만주에서 금나라를 세웠다. 전례 없던 일이다. 북방의 몽골초원은 흉노에서 돌궐로 이어지는 유목민족의 오랜 근거지였다. 토번, 서하 등은 실크로드의 풍요로움에 의지하며 서방에서 성장했고 동북방, 즉 만주의 수렵민족은 그다지 큰 위협이 아니었다. 그런데 만주를 배경으로 여진족이 결속한 것이다. 아무르강부터 쑹화강 일대에 널리 퍼져 사는 여진족이 아골타를 중심으로 독자적인 정치 세력으로 급부상하였다.

아골타는 금나라를 세우기 한 해 전 영강주에 있는 무역소에서 요나라 군대를

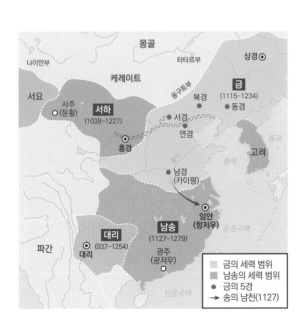

격파하였고, 이때부터 금나라의 공세는 매몰차게 계속되었다. 1123년 금나라는 송나라는 물론이고 서하와 화친을 맺으면서 요나라를 몰아세웠고, 2년 후에는 요나라의 천조제를 사로잡으면서 북방 세계의 패자로 떠올랐다. 거란 사

람들은 근거지를 버리고 중앙아시아로 피난을 갈 수밖에 없었는데, 이들이 그곳에서 세운 나라를 '서요', '흑거란'이라고 부른다. 한 세기 정도 존속했지만 중국과 주변 지역에 대한 영향력은 영구히 잃어버리고 말았다.

송나라는 금나라의 부상을 반겼다. 연운 16주를 확보하여 완전한 통일을 이룰 때가 왔다고 믿은 것이다. 하지만 1123년 금나라와 화친을 맺은 후부터 무려 20년간 금나라와 송나라는 전쟁에 돌입한다. 당시 금나라의 국왕은 아골타의 뒤를 이은 오걸매, 송나라는 휘종. 평화조약을 맺으면서 휘종은 금나라에 요나라 수준에 버금가는 은과 비단을 약속하였다. 하지만 금나라는 요나라를 몰아내자마자 송나라를 공격한다. 1125년 금나라의 군대는 산시성과 허베이성, 오랜 기간 북방과 중국이 교류했던 길을 따라 송나라의 수도 카이펑과 요충지인 태원으로 진격하였다. 금나라는 송에 금 30만 냥, 은 1,200만 냥, 소와 말 1만 마리, 비단 100만 필을 요구했으며 원하는 바를 얻고 귀환하였다. 그리고 곧장 주변국에 대한 영향력을 강화했다. 서하는 물론이고 고려 또한 금나라와 사대의 관계를 수립했다. 요나라만큼이나 금나라도 중국을 배제한 동아시아 국제 질서를 구축하고자 한 것이다.

일은 일사천리로 흘러갔다. 1126년. 고작 한 해가 흐르는 동안 주변국은 금나라와 화친을 맺었고 그해 겨울 금나라의 대군은 송나라의 수도 카이펑(開封, 개봉)을 포위하는 데 성공한다. 수많은 탈출 행렬이 이어지는 가운데 약 7만의 주민들이 이듬해 1월 초까지 사수전을 벌였다. 이 와중에 휘종은 나라를 위기에 빠뜨린 죄인들을 처형하고 아들 흠종(欽宗, 1100~1161)에게 제위를 양도하는 등 여러 가지 노력을 벌였지만 전황은 바뀌지 않았다.

> 휘종은 꽃과 돌을 좋아했다. (…) 해마다 더욱 많은 것을 옮겨 오느라 배들이 서로 꼬리를 물고 회수와 변하를 메워 이를 '화석강'이라 불렀다.

(…) 암벽과 늪지대까지 수색하여 숨겨진 것도 빠뜨림이 없이 찾아내었다. (…) 돌 하나, 나무 하나, 조금이라도 볼 만한 것이라면 즉시 건장한 사졸들을 거느리고 그 집으로 들어가, 누런 보자기로 이를 덮고는 임금의 물건이라 지적했다.

— 장거정,《제감도설》〈광우복철편〉 중

송나라는 이미 오래전부터 개혁을 통해 국가를 일신하고자 했으나 정쟁만 거듭됐을 뿐 바뀐 것은 거의 없었다. 더구나 휘종은 중국 역사를 대표하는 문화예술인이었을 뿐 정치적으로는 극도로 무능한 위인이었다. 그는 최고의 안목을 가지고 수많은 예술품을 감정하고 수집하였다. 주변에는 예술가들이 넘쳐났으며 휘종 또한 당대 최고의 시인이자 화가였다. 그는 도교를 숭배하며 그다지 의미 없는 설법을 듣는 데 시간을 할애했으며, 건물을 짓고 정원을 만들며 축제를 벌이는 데 재산을 탕진하였다. 만세산(萬歲山) 혹은 간악(艮岳)이라고 불렀

휘종, 〈도구도〉

던 높이 138미터, 둘레 5,590미터의 산을 지었을 때는 모든 면에서 절정이자 위기였다. 휘종은 폭포와 시냇물이 아름답게 흐르는 인공 산을 만들고 그 안에 기암괴석과 아름다운 다리, 각양의 정자와 건물을 지었으며 변방에서 자라는 이국적인 나무 수천 그루를 옮겨 왔다. 가히 도교의 신선이 사는 세계이자 중국 특유의 대규모 정원, 즉 원림 조성의 결정판이라고 할 수 있다. 이 엄청난

예술적 완성을 위해 백성들은 크나큰 고초를 겪었다. 수천 명의 인력이 기암괴석을 캐내고 옮기느라 고생했으며, 만세산에 꾸밀 각종 자재와 수목을 빼앗긴 것은 물론이고 운송까지 책임져야 했다.

1120년, 방랍이란 인물이 저장성(浙江省, 절강성)에서 반란을 일으켰는데 이유는 두 가지. 첫째는 요나라와 서하에 바치는 은과 비단에 대한 부담, 둘째는 만세산 건설에 따르는 고통. 반란을 진압하며 7만에 달하는 병력을 소진했는데, 공교롭게도 만세산은 1123년 금나라가 요나라를 무너뜨린 해에 완공되었다. 어디 이뿐인가. 만세산의 모델은 항저우(杭州, 항주)의 봉황산으로, 금나라에 패배한 후 화북을 잃고 쫓겨난 송나라의 두 번째 수도였으니 참으로 한심한 현실이었다.

금나라는 또다시 송나라의 수도를 짓밟았고 휘종과 흠종은 붙잡혔다. 휘종은 '혼덕공(昏德公)', 흠종은 '중혼후(重昏侯)'라는 모멸적인 명칭을 부여받았고 평민으로 강등되어 금나라로 끌려갔다. 혼덕공은 '덕을 혼미하게 만든 제후', 중혼후는 '그보다 갑절로 혼미한 제후'라는 뜻이다. 끌려간 것은 휘종과 흠종만이 아니었다. 1만이 넘는 궁궐의 귀족 여성들이 금나라로 끌려가서 창부 또는 노비가 되었고, 그들이 가지고 있던 엄청난 보화는 1,000여 대의 수레로 옮겨졌다. 100만 개 이상의 금괴, 800만 개 이상의 은괴, 150만 필 이상의 무늬가 그려진 최고 수준의 비단, 5,400만 필의 면포 등 황제의 창고가 고스란히 금나라 수도로 옮겨졌다. 만세산이 세워진 지 4년 후 북송은 화북의 모든 근거지를 잃고 남쪽으로 도망간다. 이를 구분하기 위해 1127년 이전을 북송, 이후를 남송이라고 부른다.

이때부터 송나라는 1279년 남송이 완전히 멸망할 때까지 양쯔강 이남 지역, 강남의 물자에 의지하며 나라를 유지한다. 참으로 위태로우며 예측 불가능한 시기였다고 할 수 있다. 기나긴 시간 동안 중국의 중심 지대는 언제나 관중과 중원을 중심으로 한 화북 지대였다. 하지만 이제는 강남을 기반으로 외세와 항전을 벌여야 하며 금나라가 중국의 절반을 차지하여 동아시아의 패자가 되어버린, 그야말로 신질서가 도래하였다.

남송 150년은 영광과 고난의 반복이었다. 초기에는 도적 떼와 반란이 횡행했으나 주전파 악비(岳飛)가 이를 진압하면서 남송은 안정을 찾게 된다. 악비는 강남의 중앙에 있는 무한과 양양 등에서 크게 활약하며 '악가군'을 이끌었다. 황제의 지도력이 극히 약한 상황에서 악비를 비롯한 무장들은 군벌을 형성하여 금나라와 맞서 싸웠다. 하지만 진회(秦檜) 같은 주화파는 이를 못마땅하게 여겼으며, 새롭게 황제에 오른 고종은 군벌 세력의 위험성과 화북 지역의 지배권을 맞바꾸었다. 진회의 주장에 따라 악비를 제거하고 북쪽에는 금나라, 남쪽에는 송나라가 존재하는 구조를 수용한 것이다.

결과는 치욕적이었다. 1142년, 금의 사절이 남송의 황제 고종을 책봉했다. 금나라의 황제가 송나라 황제를 제후처럼 여기는 구조로, 소국 송나라가 대국의 은혜로 존속하게 되는 모양새가 만들어진 것이다. 이로 인하여 진회는 중국 전통 사회에서 매국노로 여겨졌다. 그의 이름인 '회(檜)' 자를 이름에 쓰지 않을 정도였다고 한다. 그와 반대로, 명장 악비는 충정의 대상으로 지금까지도 중국인들에게 사랑을 받고 있다.

이후에도 공방전은 계속되었다. 1161년 양쯔강에서 벌어진 채석기 전투에서 송나라는 금나라를 크게 격파하였고, 비로소 '신하'가 아닌 '숙부와 조카' 관계로 조공 관계를 조정하였다. 1206년에는 송나라가 금나라에 선전 포고를 하기도 했다. 하지만 금나라 군대가 서쪽으로는 쓰촨 지방, 동쪽으로는 양쯔강 북쪽으로 군대를 몰고 오는 등 전세는 회복되지 않았고 송나라는 간신히 수도를 지켰을 뿐이다.

그리고 얼마 후인 1234년, 몽골이 금나라를 멸망시킨다. 또다시 격변이 시

교양과 시험, 배움과 출세 사이에서

작된 것이다. 몽골초원에서 칭기즈칸이 이끄는 새로운 세력이 부상해 금나라부터 멸망시켰다. 다시 한번 송나라는 잘못 생각했다. 요나라를 멸망시키면 연운 16주를 차지할 줄 알고 금나라를 끌어들였듯, 몽골의 도움을 받으면 화북 지역을 회복할 수 있으리라고 생각했다. 하지만 몽골은 이제부터 인류 역사에 전무후무한 이야기를 써 내려가기 시작했다.

송나라 말기 사회경제적 모순은 나날이 심각해져만 갔다. 북송 초기 개혁 작업의 실패, 휘종의 방향을 잃은 통치, 화북 지역의 상실, 재앙과도 같은 전쟁. 송나라의 마지막 재상 가사도(賈似道)는 과감한 사회경제적 개혁을 실천코자 하였다. 1263년, 그는 공전법(公田法)을 제정하였다. 500무가 넘는 경작지를 국가가 매입하여 공전으로 바꾼 다음 백성들에게 나누어주겠다는 발상이었다. 과감하게 토지 소유관계를 바꾸어야 하고 이를 통해 백성의 삶이 안정되어야만 국가 재정과 군사력 유지에 도움이 될 수 있다는 절박하고 강력한 개혁 입법이었다. 하지만 상황은 이미 최악을 지나고 있었다. 너무나 오랫동안 국가 운영은 대상인과 지주 같은 세도가들이 좌지우지해왔고, 과감한 개혁보다는 재정 확대와 통화 팽창을 주기적으로 실시했을 뿐이다. 외부적 위기에도 불구하고 송나라의 가진 자들은 양보할 줄 몰랐다.

그리고 멸망. 1268년, 칭기즈칸의 후손인 쿠빌라이는 양쯔강의 지류인 한수이 일대의 양양과 번성을 공격하였다. 몽골군은 물론 북방의 한족, 페르시아인, 위구르인, 심지어 고려인과 여진족까지 동원되었다. 이슬람 투석기가 번성의 거대한 성벽을 부수었고, 1만이 넘는 사람들이 살육당하기도 하였다. 5년에 걸친 치열한 전투 끝에 성은 함락당하고 만다. 1275년 몽골군은 양쯔강을 건너 난징, 양저우, 광둥(廣東, 광동)과 푸젠(福建, 복건) 등 남송의 주요 지역에 대한 파상 공격을 단행한다. 4년간의 치열한 전쟁으로 남송의 거의 모든 곳이 몽골의 땅이 되었다. 20만에 달하는 피난민이 중국 최남단의 애산(厓山)으로 도망하여 최후의 저항전을 펼쳤다. 하지만 한수이와 양쯔강을 점령하면서 이미 어마어마한 규모의 해군을 동원한 몽골은 역시 해전을 통해 최후의 거점 지역을 무너뜨렸다.

북방 민족이 중국 전토를 지배하는 전혀 새로운 시대의 등장. 그리고 이때부터 청나라가 멸망할 때까지 중국의 근세는 전혀 다른 방식으로 작동한다. 이민족이 지배하는 원나라, 한족의 부흥을 외치며 등장한 명나라 그리고 다시금 이민족이 지배하는 청나라. 중국 역사가 또 한 번 요동치기 시작한다.

최초의
실험

거대한 상업제국, 그리고 불교와 도교

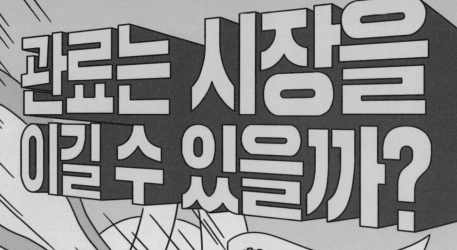

CHINA

1. 최초의 상업제국, 송나라

송나라 역사에서 주목해야 할 부분은 '경제 문제'다. 송나라는 중국 역사는 물론이고 중세 세계에서 상업과 무역이 가장 번성했던 나라다. 세계 최초로 지폐를 사용했으며, 농업 생산력이 극대화됐고, 상업의 발전 또한 유례가 없는 수준이었다. 경제적 번영은 각양의 사회문제를 일으켰고, 이에 대한 국가 지도자들의 고민 또한 깊어졌다.

이 와중에 등장한 인물이 왕안석(王安石, 1021~1086)이다. 그는 주도면밀한 개혁 정책을 추진했으나 예상치 못한 어려움을 겪게 된다. 관료들이 주도하는 여러 정책은 복잡다단한 시장 상황을 해결하지 못했으며, 무엇보다 보수적인 정치 문화가 적극적인 혁신 정책을 방해했다.

2. 불교와 도교의 등장

인도에서 전래한 불교는 중국 역사를 넘어 동아시아 역사에 심원한 영향을 미쳤다. 불교는 유교가 제시하지 못한 철학적인 질문들을 통해 새로운 정신적 활력을 불러일으켰으며, 중국사를 더욱 풍성하게 만들었다. 인도에서는 쇠퇴했지만, 중국을 중심으로 한반도와 일본 열도에서 불교는 여러 종파를 거느리며 크게 번성했다.

도교는 독특한 민중 종교로, 단순하고 소박한 교리를 통해 민중의 삶에 희망을 불어넣었다. 특히 난세에는 저항의 구심점이 되어 왕조를 무너뜨리고 역사를 새로운 단계로 이끄는 데 중요한 역할을 했다.

거대한 상업제국, 그리고 불교와 도교

★ POINT

- **송나라의 경제적 번영:** 농업 생산력 극대화, 상업과 무역의 발전, 지폐 발행, 수도 카이펑의 번영 ▶ 왕안석의 개혁(경제 발전으로 인한 사회문제, 북방 민족과의 대립으로 군사비 지출) ▶ 신법이라는 개혁 추진(정부의 적극적 시장 개입, 개혁 관료 양성, 중소 상인과 자영농 육성) ▶ 보수파의 반발과 당쟁 심화 ▶ 개혁 실패

- **불교:** 인도에서 전파 ▶ 구마라습(鳩摩羅什, 344~413)과 현장(玄奘, 602?~664)의 불경 번역 ▶ 선종(禪宗) 등 불교의 중국화
  - 불교의 교리: 사성제(四聖諦, 집착과 욕망으로 인간은 고통 가운데 있다. 따라서 수행과 깨달음을 통해 열반에 이르러야 한다), 삼법인(三法印, 세상에 존재하는 모든 것은 변하기 때문에 집착하고 욕망할 이유가 없다)

- **도교:** 민중 종교로 발전 ▶ '황건적의 난' 등 민란 주도 ▶ 당나라 때는 황실의 후원을 받으며 번영 ▶ 유교, 불교와 더불어 중국의 3대 종교로 정착

어느 때보다 번성했던
송나라 수도 카이펑

신종이 이미 사마광을 물리치고 나서 일시에 올바른 인물들이 모두 물러났고, 오직 왕안석을 등용해 조종(組宗)의 법도를 모두 바꾸어 군대를 쓰고 이익을 추구함으로써 천하가 비로소 어지러워졌다.

(…) 태황태후가 말했다. "왕안석은 진실로 재주와 학문을 지녔지만 그를 원망하는 사람이 아주 많습니다. 황제께서는 그를 아껴 보전해 주고자 하시지만 잠시 그를 지방으로 내보내는 것만 못하니, 1년 남짓 후에 다시 불러 기용하는 것이 좋겠습니다." 신종이 말했다. "여러 신하 중에서 오직 왕안석만이 몸을 바쳐 국가를 위해 일에 임할 수 있습니다."

- 소백은, 《소씨견문록》 권3 중

강력한 북방 민족과 지나친 군비 지출. 개국 초부터 짊어진 송나라의 숙명 같은 문제였다. 진종 때는 군비 지출이 연간 조세 수입의 75%를 차지하기도 했고 신종(神宗, 1048~1085) 통치 말기에는 80%까지 다다르기도 했다. 송나라 초기의 군사 원정은 중국을 통일하는 데 그쳤을 뿐 북방 민족 앞에서는 전혀 힘을 쓰지 못했다. 연운 16주를 차지한 요나라와의 갈등에 이제는 탕구트족이 세운 서하까지, 도처의 군사적 위협이 군비 지출을 증가시켰고 그로 인한 재정적·사회적 부담이 갈수록 커질 수밖에 없었다. 개혁, 개혁이 필요했다.

왕안석이 등장하기 전 범중엄(范仲淹, 989~1052)이라는 뛰어난 관료가 개혁을 시도하였다. 탕구트족의 침략을 막으며 학자장군이라는 별칭까지 얻은 그는 1043년 재상이 되었고 〈답수조조진십사(答手詔條陳十事)〉라는 개혁안을 올렸다. 생산력을 강화하고, 관료의 숫자를 줄이며, 조세 형평성을 실천하자는 것이 핵심이었다. 농업과 견직물의 생산성 향상을 도모하고, 불필요한 행정직을 줄이며, 백성을 함부로 부역에 동원하지 않는 것이 관건이었다. 무엇보다 지방 민병대를 조직하여 군비 지출을 줄이고자 하였다. 당시는 송나라의 네 번째 황제인 인종(仁宗, 1010~1063) 때. 국왕은 우유부단했고 개혁을 원하는 신하들은 많지 않았다. 범중엄은 송나라의 뛰어난 관료였고 후대 역사가들에게 칭송을 받았지만 당시에는 당파를 조장한다며 정적들의 공박을 당했을 뿐이다. 개혁이 절실했지만 변화는 쉽지 않았다.

그리고 1067년, 인종의 뒤를 이어 신종이 즉위한다. 신종은 집권 3년 차에 왕안석을 참지정사로 임명하여 과감한 개혁을 도모했다. 왕안석은 당송팔대가에 속하는 인물이다. 당나라와 송나라를 통틀어 최고의 문장가이자 유학자 중 한 명으로 평가받았는데, 그는 중국 역사상 가장 인상적인 대개혁을 도모한다.

상황은 간단치 않았다. 표면적으로는 북방 민족의 위협과 그로 인한 군사비 지출이었지만, 이면적으로는 훨씬 중대하며 광대한 변화가 진행됐기 때문이다. 바로, 당송변혁기. 많은 역사가는 당나라와 송나라를 단순한 왕조 이행으로 보지 않는다. 예를 들어보자. 당나라의 수도는 시안으로 동서 9.7킬로미

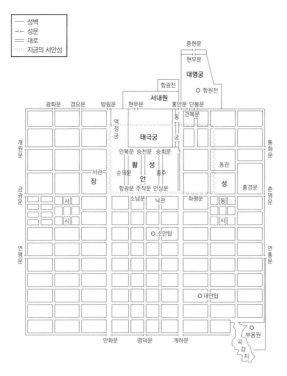

당대의 장안성

범례:
— 성벽
⊣⊢ 성문
= 대로
〰 지금의 서안성

터, 남북 8.6킬로미터에 달하는 거대한 직사각형 형태의 도성이었다. 도성 중앙을 주작대로가 관통하였다. 주작대로는 남문에서부터 직선으로 북쪽 중앙 황제가 거처하는 황성에 이르렀다. 황성 또한 거대한 직사각형 형태였다. 거대한 규모의 도성과 북쪽 중앙에 자리 잡은 황성 그리고 남북을 정중앙으로 가로지르는

주작대로. 곧게 뻗은 도로를 바탕으로 직사각형의 생활 공간을 마련하는 방식이 장안성 설계의 기본 원칙이었다. 성 곳곳이 모두 이런 식으로 만들어졌다.

황성의 오른편, 즉 성 동북부에는 관료들의 저택이 있었다. 개방적인 왕조답게 장안성 곳곳에는 도교와 불교를 비롯하여 조로아스터교, 경교까지 다양한 종교 사원이 있었다. 일본의 승려 엔닌(円仁, 794~864)이 이곳을 방문했을 때는 약 300개의 불교 사찰이 있었다고 한다. 태묘·사직단·선농단·선잠단·명당·교사단·원구단 등 황실의 의례를 위한 시설 또한 곳곳에 있었는데, 그보다 인상적인 공간은 주작대로 동서에 자리 잡은 '동시(東市)'와 '서시(西市)'라는 시장이었다. 시장의 면적은 남북이 1킬로미터, 동서가 924미터였으니 90만 평

이 넘는 규모였고 3,000호가 넘는 상점이 빼곡히 들어차 있었다고 한다. 시장은 정오에 열려서 해 질 녘에 닫혔다. 관리들은 시장의 유통 현황을 꼼꼼히 감독했으며 상행위 또한 엄격히 통제하였다. 동시와 서시는 업종별로 구분됐으며 '행'이라는 상인조합이 운영했다. 시간이 흐르면서 남시(南市)와 중시(中市) 같은 시장이 등장했고 시안 밖에 북시(北市)가 있기도 했지만, 대체로 시안의 시장은 동시와 서시를 중심으로 도성 안에서 번성하였다. 당시 시안의 인구가 100만에 달했으며 서시에서는 외국인 상인들도 활발히 활동했다고 한다. 시안은 당태종이 세운 대흥성에 기초해 발전한 도시다. 이전 왕조들에 비해 도성의 규모가 크고 엄청난 번성을 누렸지만 기본적인 도성 구조와 운영 방식은 유사했다. 도성 안에서 황제와 관료들의 관리 감독하에 번성했다는 점에서 말이다.

하지만 송나라의 수도 카이펑은 이와는 다른 모습을 띠었다. 송태조 때부터 통금 시간은 새벽 1시였는데, 이조차도 100년 후에는 사라지고 말았다. 이미 태조 때부터 상행위가 적극적으로 권장됐으며, 전성기 때 카이펑의 점포들은 24시간 자유롭게 영업했다. 관료는 물론이고 상인이나 수공업자 등 백성들 또한 거주지를 자유롭게 선택할 수 있었다. 도성의 내부는 계획적이지 못했다. 도성 중앙에는 황궁이 있고 여전히 남과 북을 가로지르는 거대한 직선도로가 있었지만, 몇몇 핵심적인 도로를 제외하고 카이펑은 시안과 전혀 다른 형태로 발전하였다. 그럴 수밖에 없었다. 백성들은 각자의 재산과 목적에 맞춰 주택을 구입했고, 각양의 목적을 지닌 건물들은 모두 길 쪽으로 문을 냈다. 가게, 식당, 여관 등 다양한 상업 시설이 들어섰는데 상업이 번성했기 때문에 건물의 층수가 나날이 높아졌을 뿐 아니라 도성 바깥쪽에도 새로운 상업 공간이 지속적으로 추가되었다. 도시가 번성할수록 도성의 경계선, 즉 성의 안과 밖 구분이 모호해졌다.

1100년대가 되면 카이펑의 인구가 130만 명을 돌파해 규모 면에서 장안성을 뛰어넘었다. 수도 시안에 100만이 살았다는 것은 과장된 기록이며 30만 명 정도가 합리적인 분석이라는 주장을 고려한다면, 카이펑은 시안과 비교가 안 될 정도로 번성했던 것이다. 그럼에도 도성의 규모는 시안의 절반밖에 안 됐다. 밀집된 공간에서의 상행위가 중요했고, 도성은 이런 상업적 욕구들로 채워졌기 때문이다. 높은 성벽이 지니는 의의가 사라진 것이다. 황제와 관료의 권력 또한 마찬가지였다. 엄격한 통제와 관리가 아닌 상업의 발전을 지지하며 지탱하는 형태로 정책이 집행됐다. 시안에서 볼 수 있는 엄격한 기강, 압도적인 행정력을 카이펑에서는 기대하기 힘들었다. 카이펑 인근에는 여전히 황허의 범람 위협이 있었고, 무엇보다 북방 민족의 침입을 막아낼 수 있는 지형적 이점이 없었다. 도성 주변의 광대한 화북 평원은 도성을 넘어 시장과 인구가 늘어나는 데 유리할 따름이었다. 송나라 이전에는 찾아보기 힘든 도시 발전이 이루어졌던 것이다.

황제권은 쇠퇴, 경제는 급성장

중국 역사 최초로 상업 시설이 개인 주택보다 비싼 가격에 팔리기 시작한 것도 이때다. 977년, 태조의 뒤를 이은 태종이 도성의 기강을 바로잡고자 하였으나 효과가 없었다. 이미 황실과 정부 기관이 수도 최대의 부동산 업자로 이득을 보고 있었기 때문이다.

동쪽으로 가면 서씨네 호갱점이 있고 그 길 바로 남쪽으로 상씨네 와자

거대한 상업제국, 그리고 불교와 도교

가 이웃하고 있다. 또 북쪽으로 가까이 중와, 그다음에 이와가 있다. 그 안에 50여 개의 크고 작은 공연장이 있다. 중와에는 연화극장과 모란극장이 있고, 이와의 야차극장과 코끼리극장이 있는데 이곳들이 가장 크며 수천 명의 청중을 수용할 수 있다.

- 맹원로,《동경몽화록》중

와자(瓦子)는 오락 시설을 말한다. 공연장, 주점, 식당, 사창가가 밀집된 거리다. 초롱으로 불을 밝히며 밤새 영업했고 옷, 그림, 화환, 스카프 등 다양한 물품을 팔았다. 용진교의 야시는 휘황찬란한 불빛으로 유명했으며 남녀 노비를 고용할 수 있는 수십 개의 인력 시장, 각종 사냥 짐승과 새 종류의 고기를 파는 곳 또한 크게 번성하였다. 부침개로 유명한 장씨네 유병집부터 100칸이 넘는 방을 보유한 대형 음식점도 있었다. 이곳에서는 몇 날 며칠을 머물며 쾌락과 향연을 누릴 수 있었다. 사대부의 점잖은 취향에 부응하는 장원루 같은 식당에서부터 '주(酒)'라는 깃발을 펄럭이는 단정하고 소박한 주점까지. 음식이 나오기 전에 얼굴의 먼지를 닦으라고 물 한 그릇과 수건을 내오는 가게도 있었다. 예컨대 황실 여성들이 하루에 사용하는 화장품만 해도 10만 전에 달했다고 하는데, 이 엄청난 상업 시설을 유지하기 위해 카이펑 인근에는 체계적인 운하 시스템이 구축되어 있었다. 수많은 물자가 수만 척의 배에 실려 도성으로 들어왔고 그만큼의 쓰레기가 도성 밖에 버려졌다. 당나라까지 이어졌던 전통적인 수도의 모습이 송나라 때 극적으로 변화한 것이다.

춘추전국시대 이래 중국 경제는 오랫동안 지속적으로 변화하였다. 한무제 당시 관중 지역에는 체계적인 관개 시설이 도입되었고 밀 재배에서 극적인 성장을 보였다. 각양의 철제 농기구가 보급되었고 소 두 마리가 끄는 쟁기를 통해 2년 3모작이 중원 지역에 뿌리를 내렸다. 같은 시기 실크로드를 통해 수박, 오이, 샬럿, 마늘, 후추, 참깨, 포도, 알팔파 등 다양한 작물이 소개돼 중국인들의 식생활이 더욱 풍요로워진다.

위진남북조시대에도 농업 경제는 꾸준히 발전하였다. 굽은 쟁기 날과 멍에가 발명되면서 소 한 마리가 쟁기를 끌 수 있게 되었고, 대규모 물레방아와 연자방아가 등장하여 곡식과 기름 생산 수준을 높였다. 당나라 들어서 이런 경향은 한층 강화되었다. 화북 지역에서 주식은 기장이 아닌 밀로 바뀌었으며, 방아는 대토지 소유자들의 주요한 수입원이었다. 관련 분쟁 또한 엄청났다. 원래의 물길을 돌려서 농사를 짓거나 황실 인척의 물레방아를 파괴해서 소란이 벌어지기도 했다. 북중국에서 비단과 삼베 생산이 광범위하게 이루어지면서 실크로드를 통해 더욱 다양한 서역 물품이 소개되기도 하였다.

같은 시기 불교의 성장 또한 경제 발전에 이바지하였다. 위진남북조시대 북중국을 통일했던 북위의 경우 수도 뤄양에 1,000여 개의 사찰을 지을 정도로 불교는 크게 흥기하였다. 사원은 토지와 다양한 재산을 소유했고, 독립적인 재정을 바탕으로 신용 거래에 영향을 미쳤다. 즉 사원이 저당물을 담보로 대출하는 제도를 만들었는데, 인도에서 전해진 '고질전(庫質錢)'이 그것이다.

경제 발전은 대토지 소유, 대상인의 등장 같은 필연적 결과에 도달했다. 한나라부터 당나라까지 중국의 왕조들은 점증하는 고질적인 문제들과 지난한 투쟁을 벌였다. 유능한 황제들은 강력한 법령과 개혁적인 관료들에 의지해서 문제를 해결하고자 하였다. 반복적으로 일어나는 사회 혼란은 대토지 소유, 자본의 집중 같은 문제를 심화하기도 하고 해소하기도 하였다. 위진남북조시대를 통해 황제권이 추락하자 귀족을 중심으로 한 토지 겸병이 심화됐는데, 당나라가 등장하며 귀족 세력이 몰락하자 황제는 광대한 토지를 획득하여 백성들에게 나누어줄 수 있었다.

하지만 당나라 후반에 들어서자 이런 식의 패턴은 종말을 고한다. 안사의 난 이후 황제권이 나날이 쇠퇴하고 사회 혼란에도 불구하고 경제 규모는 커져만 갔다. 새로운 제도가 고안될 수밖에 없었다. 우선 소유한 토지에 따라 여름과 가을에 두 차례 세금을 걷는 양세법을 도입하였다. 당나라 후반에 이르면 국가는 "모든 백성이 균등하게 살아간다"는 정전제, 즉 고대의 이상을 포기하고 만다. 더 이상 토지 분배에 적극적으로 개입할 여지가 없었기 때문이다. 국가는 토지 분배에서 조세 정책으로 전환함으로써 재정수입을 확대하고자 하였고 그렇게 등장한 조세제도가 양세법이었다. 양세법은 또 다른 문제를 일으켰다. 흉작이나 풍작을 고려하지 않은 채 일정한 액수를 과세한 것은 물론이고 시대의 변화, 즉 점증하는 부동산업이나 상업 발전에 대한 과세 정책을 간과했다. 시대의 복합적인 변화상을 제대로 이해하지 못했던 것이다.

상업은 끊임없이 번성하였다. 앞서 이야기했듯 송나라에 들어서면서 상업은 사회 각 분야를 압도하기 시작했다. 성의 경계는 무시됐고 고기·곡물·목재 등 일부 분야에서는 전문 중개상이 등장하였으며, 금·비단·서적 등 전문 시장 또한 번성하였다. 지방에서도 시장은 번성하였다. 열흘에 한두 번은 시골에서도 장터가 열렸고, 사찰의 주요 행사 때는 신도들뿐 아니라 상인들까지 몰려들어 특별한 상거래를 벌이기도 하였다. 성도의 양잠 시장은 당대 최고로 유명한 시장이었다. 어디 이뿐인가. 당나라 때부터 시작된 차 마시는 문화는 송나라 때 폭발적으로 성장하였으며, 이때 숯·쌀·기름·소금·간장·식초 등이 차와 더불어 일상적인 생필품으로 자리 잡았다. 철과 석탄의 생산 또한 채굴 방법의 발전으로 큰 성장을 보였다. 구리의 경우 민간 부문에서 수요가 급격히 올라갔는데 1070년 무려 1만 2,982톤에 이르렀다. 1800년대 초반 서구 세계의 구리 총생산량보다 훨씬 많은 양이다. 이 밖에도 경질자기 기술이 개발되면서 도자기 산업이 극적으로 성장하는 등 송나라의 경제는 끊임없이 약동하고 있었다. 송나라 때의 급격한 경제 성장은 화폐 경제의 발전으로 이어졌다. 송나라에서는 동전 770개를 묶어 1관으로 불렀다. 한 통계에 따르면 북송 기간 중국에서 유통된 동전은 2억 관으로, 약 1,450억 개의 동전이 유통됐다고 한다. 당나라 때와는 비교도 할 수 없는 어마어마한 물량의 화폐가 유통된 것이다. 엄청난 동전 유통의 수고로움을 덜기 위해 민간에서는 '교자'라는 지폐가 만들어졌다. 원래는 교자 1장에 1관을 3년간 보증했는데 얼마 안 가 국가가 보증하는 지폐로 발돋움했으며, 1관에서 10관까지 다양한 형태로 발행됐다. 교자가 수표의 역할을 했다면 '저폐(楮幣)'라고 불린 지폐도 있었다. 닥나무 껍질로 만들었는데 제조·발행·유통을 정부가 담당했으며, 복제를 막기 위해 발행일자·일련번호·관인 등 다양한 장치를 지폐에 새겨넣었다.

실로 광범위한, 유례를 찾아보기 힘든 사회 변화라고 할 수 있다. 문제는 이런 경제 성장이 일반 민중의 삶을 풍요롭게 하는 한편 위협적인 요소가 되기도 했다는 점이다. 대지주와 대상인의 영향력은 날로 강해졌다. 반면에 자영농은 소작농으로 전락하기 일쑤였고, 부의 불평등은 극적으로 확대되고 있었다. 토지가 소수의 귀족에게 집중되거나 거대한 자본을 가진 상인이 등장하는 것 등은 늘 있었던 일이다. 하지만 한나라 때 대지주와 대상인 그리고 송나라 때 대지주와 대상인은 용어만 같을 뿐 성격은 판이하다. 보다 풍성하고 복합적인 경제 환경에서 성공을 거뒀으며, 그만큼 정부의 영향력은 한계가 뚜렷할 수밖에 없었다. 복합적이며 복잡한 경제 환경을 정부 관료들이 쉽사리 통제할 수 없었기 때문이다.

왕안석의 신법:
정부의 직접 개입을 극대화하다

그대는 매우 현명한 사람이지만, 마음이 너무 조급하고 또 자신감이 너무 넘친다는 것에 문제가 있을 따름이라고 생각합니다. (…) 자고로 성현이 나라를 다스렸던 원칙은, 모든 관원들로 하여금 그 직분을 지키면서 나누어 일의 성공을 기하도록 했던 것입니다. 또 백성을 돌보는 원칙은, 조세를 줄이면서 체납분은 심하게 독촉하지 않는 것이었습니다. 하지만 그대는 이런 것들을 모두 고루한 유생들의 한담이라 치부하며 돌아볼 가치가 없다고 여기고 있습니다.

– 사마광, 《여왕개포서》 중

이 기록은 1070년 2월 27일 사마광이 왕안석에게 쓴 편지의 일부분이다. 사마광은 왕안석의 뛰어남을 인정하면서도 조급함과 자신감을 우려했다. 무엇보다 왕안석의 개혁 정책이 종래의 전통과 맞지 않음을 비판하고 있다.

그렇다. 왕안석은 종래에는 찾아보기 힘든 대개혁을 시도하였다. 신종이 그에게 막강한 권력을 준 1069년부터 1073년까지 약 4년간 왕안석은 그간 강력하게 주창했던 '신법'을 시행하였다. 첫째, 정부 관료의 실무 능력을 강화할 것. 둘째, 정부의 수입을 늘리는 동시에 조세 활용의 효율성을 높일 것. 셋째, 농업 기반시설에 직접 투자하여 농민 생활에 향상을 기할 것. 넷째, 국경 방어를 강화하되 군비 지출을 줄일 것.

왕안석은 과거제를 전면적으로 개혁하고자 하였다. 글을 잘 짓는 능력보다는 효과적인 국가 정책을 제안하는 능력에 무게를 실었고, 법률 이해도를 평가 기준에 넣었다. 왕안석은 균전제의 부활이 아닌 청묘법(青苗法)에서 대안을 찾았다. 그는 대지주와 대상인들을 '대고(大賈)'라고 부르면서 비난하기를 주저하지 않았다. 이들의 탐욕스럽고 일방적인 행태가 나라 경제를 망치고 백성의 삶을 어렵게 만든다고 보았다. 하지만 신종이 심각하게 고민한 균전제에 대해서는 부정적이었다. 대관절 토지를 재분배할 힘이 어디에 있단 말인가. 농민들이 겪는 고통의 본질은 빚의 굴레였다. 농사를 짓기 위해 지주들에게 땅을 빌리면서 빚을 지고, 그 결과 생산한 곡식의 상당 부분을 지주에게 빼앗기고, 그러니 또다시 지주에게 높은 이자를 내가며 땅과 곡식을 빌려야만 하는 현실. 청묘법의 핵심은 봄철에 국가가 낮은 이자로 돈을 빌려주는 것을 말한다. 백성들을 고리대의 악순환에서 구해내는 동시에 농민들에게 자력갱생의 길을 마련해주는 방안이었다. 국가는 행정력을 향촌 사회까지 확대하여 농민을 구제하는 정책을 적극적으로 추진하고, 백성들은 국가의 도움을 받으며 자영농으로 성장해가는 선순환 구조를 만들고자 한 것이다. 이자를 낮추되, 다섯에서 열 가구 정도의 농가가 연대 책임을 지는 방식을 취했다. 왕안석은 향촌 사회에 대한 정부의 직접 투자 또한 강화하였다. 1만 건이 넘는 관개 시설, 홍수 통제 시설 공사를 추진하였다.

또한 관료 조직을 크게 늘렸다. 신법이 시행된 10여 년 동안 관료의 숫자는 1만 명 이상 늘어났으며, 관료의 비리를 막기 위해 급여도 대폭 올렸다. 관료에게 소진되는 예산 또한 크게 늘어났다. 유능한 관료의 양성과 적극적인 농민 구제정책의 실시는 왕안석 개혁에서 중요한 두 축이었다. 유능한 관료 조직은 대지주와 대상인의 발호를 통제하며 농민들의 삶에 활력을 불어넣을 것이다. 그로 인하여 자립적인 농촌경제의 성장이 가속화될 것이며, 이는 조세 확장과 군비 축소 효과를 가져올 것이다. 농민들의 생활이 풍요로워지는 만큼 많은 세금을 거두어들일 수 있으며, 징집 대상자를 확대하여 직업군인의 수를 줄일 수 있을 것이다. 왕안석은 관료의 장기근속을 보장했다. 특정한 분야에서 유능함을 보이면 오랫동안 그 자리를 지키고 실력을 충분히 발휘하게 해준 것이다.

그는 유통과 무역을 관할하는 시역무(市易務)의 위상을 크게 높였다. 시역무는 도시에서 벌어지는 도매 거래를 비롯하여 소금 거래 같은 중요한 매매, 원거리로 운송되는 대형 거래 등 경제의 중요한 부분들에 간섭하고 개입하였다. 상인조합인 '행'이 반드시 정부가 지정한 거래소를 통하게 한다든지 소금 거래의 경우 거래 면허를 통제하는 방식들이 도모되었다. 업무의 효율성을 높이기 위해 상인을 고용했고, 대출이나 이자 등 신용 관리만 전문적으로 관리하기 위해 '저당소'라는 별도의 기관을 설치하기도 하였다.

왕안석은 청묘법에 이어 보갑법(保甲法)을 발의하였다. 보갑은 일종의 예비군이자 민병대였다. 농민 중 일부에게 군사 훈련을 시켜 평소에는 지역의 치안을 맡기고 유사시에는 전쟁에 동원하자는 발상이었다. 청묘법을 통해 농민 경제의 안정을 기하고 보갑법으로 농민 중 일부를 병력으로 활용한다면 군사비의 압박에서 벗어날 수 있을 테니 말이다. 정부가 활과 궁노를 비롯한 군수 물자를 지원하고 농민 10호당 1보를 조직하여 농한기에 전술 훈련을 시키면, 장기적으로 군사비의 압박에서 벗어날 수 있음은 물론이고 이를 통해 국가 재정을 보다 효율적으로 활용할 수 있으리라고 본 것이다.

이 밖에도 각종 개혁안을 추진했는데 방향은 뚜렷하였다. 중소 상인과 농민 경제의 발전을 통해 국가 경제의 기초를 튼튼히 하고, 이를 통해 조세 수입을 확충하고 군사비 부담을 해소하고자 한 것이다.

사마광과 왕안석, 대논쟁을 벌이다

왕안석의 원대한 도전은 그가 예상하지 못했던 지점에서 크게 문제가 되었다. 왕안석의 개혁, 즉 신법을 반대하는 관료 집단과의 대립이 심각해진 것이다. 이들을 구법당이라고 불렀는데 사마광이 대표적인 인물이라 할 수 있다. 사마광과 구법당은 다양한 각도에서 왕안석과 신법당을 비판하였다.

재정을 삼사가 관리하지 않고 왕안석이 직접 챙긴다는 점, 선비들을 모아서 재정 증대를 강구한다는 점 등은 유교적 원칙과 맞지 않다. 국가 기관에는 각각의 역할이 있는데 왕안석이 이를 부정하고 있으니 "어지러운 정치의 표본"이다. 이런 식의 자의적인 공권력 행사는 필경 행정 안전성을 해치지 않겠는가. 무엇보다 "군자는 의리에 밝고 소인은 이익에 밝다"라고 공자가 직접 얘기했건만 대관절 사대부들이 모여 돈 얘기나 하고 있으니 이것이 어떻게 정치라고 할 수 있단 말인가. 더구나 왕안석의 청묘법은 새로운 문제를 일으킬 것이다. 국가가 저리로 대출을 한다고는 하지만 때가 되면 원금과 이자를 회수할 수밖에 없으니 국가는 온통 "백성들로부터 돈을 거두어 그것으로 날품팔이를 고용하여 일을 시키려 하고" 있지 않은가. 이런 식으로 일을 진행하다 보면 관리들은 의로움, 즉 공명정대한 통치를 펼치지 않고 이자 수익에 몰입될 수밖에 없으며 장기적으로 봤을 때 백성들은 지주와 관료 사이에 끼어서 고통받을 수밖에 없을 것이다. 차분히 생각해보면 누구나 알 만한 부작용이거늘 왕안석은 "특별한 업적을 이루려 하다 보니 보통 사람이 모두 알고 있는 것을 잃어버리는 것"이다. 더구나 왕안석은 개혁을 표방하면서 다양한 문제를 유발하고 있다. 우선 그는 "황제 앞에서 정사를 의논할 때조차 자기 집에서 친구와 논하듯" 한다. 신하로서 지켜야 할 태도가 있는데 경박함이 심각하다. 무엇보다 왕안석은 "자신의 뜻에 영합하기를 바라서 무조건 따르는 자만 가까이하고 예우해준다." "조금이라도 이견을 보이거나 신법에 대해 약간이라도 비판을 한다면" 왕안석은 불같이 화를 내며 욕설을 퍼붓기까지 한다. 이런 식으로 일하면 그 결과가 어떻겠는가. 개혁 운운하지만 결국 권력을 지향하는 무리가 왕안석 옆에 모여들 테니 파당이 만들어지고 정치적인 갈등만 심각해질 따름 아닌가.

나는 생각이 다릅니다. (…) 원망과 비방이 많다는 사실은 실로 이전부터 그러할 것임을 알았습니다. 사람들이 인습에 길든 것이 하루 이틀이 아

거대한 상업제국, 그리고 불교와 도교

니어서, 사대부들은 대부분 국사를 돌보지 않고 대중에게 영합하며 아첨하는 것을 좋은 것이라 여깁니다. 폐하가 이를 변화시키려 하여, 나는 적의 많고 적음을 헤아리지 않고 모든 힘을 내어 폐하를 도움으로써 이에 맞서려 했습니다. 그런즉 여론이 어찌하여 아니 흉흉하겠습니까?

- 왕안석,《답사마속의서》중

사마광의 점잖지만 준엄한 서신에 대한 왕안석의 입장은 간명하였다. 나라를 살리고 백성을 행복하게 만드는 것이 시대적 과제이며 이것을 이루어냄이 황제를 모시는 관료의 도리 아닌가. 여러 가지 비판점을 나열하지만 대부분의 신료가 정사를 등한시하며 나라를 존망의 위기에 빠뜨리고 있다. 나는 단지 그 길을 부정하며 새로운 개혁을 도모할 뿐이다.

왕안석의 신법은 당대에 대단한 비판을 받았다. 사마광, 구양수, 소식(蘇軾, 1037~1101) 등 북송 대 최고의 지식인들이 그의 개혁안을 크게 비판하였다. 과거의 관행에 집착하는 낡은 구신들의 비판이라고 하기에는 지나치게 거셌다.

실제로 왕안석의 개혁은 곳곳에서 삐걱거렸다. 사마광이 우려했듯 신법을 추진했던 많은 관료가 문제를 일으키기 시작하였다. 한강(韓絳, 1012~1088), 여혜경(呂惠卿, 1032~1112), 증포(曾布, 1036~1107) 등은 왕안석과 뜻을 같이하며 개혁을 추진했던 신법당의 대표적인 인사들이었다. 한강의 경우 훌륭한 인품과 원만한 교유 관계를 통해 구법당 인사들과의 극단적 갈등을 막았으며, 신법당 원로로서 왕안석의 개혁에 든든한 버팀목이 되어주었다. 하지만 다른 이들은 그렇지 못했다. 여혜경과 증포는 왕안석이 신임했던 인물들이었다. 하지만 둘은 심각하게 갈등하였다. 여혜경은 왕안석의 신임을 얻고자 극단적인 아첨을 일삼았으며 둘은 극단적으로 경쟁을 벌였다. 개혁이라는 방향성을 함께 추구했음에도 내적인 반목과 갈등이 지속된 것이다. 문제는 이런 일이 이후에도 지속되었다는 점이다. 신법을 주창하면서 실제로는 황제의 눈에 들어 권력을 쌓거나 백성의 안위는 염두에 두지 않고 실적만 이루고자 하는, 사마광이 초장부터 우려했던 관료들이 꾸준히 등장했기 때문이다. 휘종 때 채경(蔡京, 1047~1126) 같은 인물이 대표적이다.

무엇보다 왕안석 개혁의 핵심인 청묘법이 효과를 발휘하지 못했다. 저리의 대출과 정부의 지원에도 농민들의 형편은 나아지지 않았다. 오히려 저리의 대출 탓에 정부 재정의 부담이 커졌고, 관료들은 백성들에게 대출 상환을 압박하였다. 대출 업무에 유능함을 발휘하는 것이 인사고과에 중요하게 작용했기 때문이다. 결과적으로 청묘법은 관리가 백성을 억압하는 기제로 오용되고 말았다. 이 또한 사마광이 우려했던 결과다.

무엇보다 개혁이 일관되게 추진되지 못했다. 신종과 왕안석은 개혁에 적극적이었지만, 조정의 대다수 관료는 적극 반대하였고 부정적인 측면만 부각했다. 과거제 개혁을 비롯한 광범위한 행정개혁은 쉽사리 효과를 발휘하지 못하였다. 관리들은 무능했으며 각종 규제책과 정부의 개혁안은 현실에서는 대지주와 대상인들의 간특한 농간에 미미한 효과밖에 없었던 것이다.

신종이 죽고 그의 아들 철종(哲宗, 1077~1100)이 어린 나이에 즉위하자 고태후가 수렴청정을 하면서 사마광을 등용, 신법을 폐지했다. 이후 성인이 된 철종은 신법을 부활시켰다. 철종이 죽고 어린 나이에 휘종(徽宗, 1082~1135)이 즉위하자 이번에는 향태후가 섭정을 하면서 구법당에 힘을 실어주었다. 그리고 또다시 휘종이 성인이 되자 이번에는 신법당이 권력을 잡았다. 고태후가 사마광을 후원하면서 신법을 모조리 폐기하자 개혁의 효과는 하루아침에 무너졌으니, 이를 두고 그간 왕안석을 비판했던 저명한 유학자 정호(程顥, 1032~1085) 같은 인물들도 우려했다. 휘종 때 신법당의 지도자 채경은 신법을 외쳤을 뿐 왕안석이 추진하던 개혁의 목표를 향한 담대한 도전은 시도조차 하지 않았다.

오늘날 왕안석은 중국에서뿐 아니라 경제사를 연구하는 전 세계의 수많은

　　　　　　　　거대한 상업제국, 그리고 불교와 도교

학자에게 비상한 관심을 받는 인물이다. 왕안석은 오랫동안 극도의 비판적 평가를 받아왔다. 명나라와 청나라 때 지식인들은 모멸적인 태도로 그의 정책을 비난하였고, 왕안석은 파당을 만들고 황제를 현혹하는 무모한 정책의 대명사처럼 평가되었다.

하지만 이러한 평가는 근대로 들어오면서 급격하게 바뀌었다. 왕안석은 전통 사회에서 민중의 이익을 대변한 진정한 실천가이자 개혁가였다는 것이다. 실천적 지식인, 민중을 위한 개혁가 등의 이미지는 중국 근대의 혁명가들에게 귀감이 되었다. 왕안석은 여전히 경제학자들의 고민거리다. 왕안석 개혁의 본질은 무엇일까? 큰 정부, 정부의 시장 개입, 금융정책을 통한 사회개혁 등은 제2차 세계대전 이후 서구 선진국의 정치 지도자들이 선호하던 정책과 맞닿아 있다. 그런데 그는 왜 실패했을까? 시장을 따라가지 못하는 무능한 관료, 개혁 정책으로 감당할 수 없는 시장의 복잡성, 그로 인한 필연적인 실패 등등. 여전히 왕안석은 논쟁 중이라 할 수 있다. 여하간 광범위한 상업의 발전에 맞서 싸운 개혁가들의 위대한 투쟁이었다는 것만큼은 분명한 사실이다.

안타깝게도 오늘날 송나라의 수도 카이펑은 과거의 영화를 찾아볼 수 없다. 1233년 몽골 군대가 카이펑을 철저하게 파괴했다. 명나라를 세운 주원장(朱元璋, 1328~1398)은 카이펑을 수도로 만들고자 했지만 1370년에 포기하고 돌아갔다. 1642년에는 이자성이 명나라를 상대로 반란을 일으킬 때 그는 황허의 제방을 무너뜨렸다. 그 때문에 카이펑은 물에 잠겼고 100만이 넘는 사람들이 목숨을 잃었다. 이후 카이펑은 과거의 영화를 회복하지 못하며 북송 때의 화려함은 〈청명상하도〉라는 그림을 통해서 회자될 뿐이다.

장택단, 〈청명상하도〉 중 일부로 청명절의 번화한 정경을 묘사함.

불교와 도교 그리고 성리학:
새로운 정신세계가 열리다

"나는 도저히 다시 살아나가기 어렵겠군요. 빨리 가십시오. 머뭇대다가 함께 죽어서는 안 됩니다." 이렇게 혜경이 결국 숨을 거두자, 법현은 그의 몸을 어루만지며 애통해했다.

"우리들이 원래의 계획을 이루지 못했는데, 이런 곳에서 죽다니 어인 일이요!" 하면서 울음을 터트렸다. 다시 혼신의 힘을 내어 앞으로 나아가, 마침내 험준한 산을 넘어 남쪽으로 내려가 라이국에 이르렀다. (…) 이곳 사람들이 중원에서 사문이 오는 것을 보고 크게 불쌍히 여기며 말하였다. "어떻게 중원과 같은 변방의 사람이 능히 출가의 의의를 알아서 불법을 구하고자 이토록 먼 곳까지 왔습니까?" 하면서 필요한 모든 것을 구해주면서 법에 따라 대접해주었다.

– 법현,《불국기》중

법현(法顯)은 위진남북조시대 때 인도를 다녀온 승려다. 시안에서 출발하여 하서회랑을 통과한 후 쿠차(龜玆, 구자라고도 부름)를 비롯한 오아시스 국가를 거쳐 북인도로 들어갔다. 거대한 타클라마칸사막과 파미르고원 그리고 히말라야산맥을 넘어야 도달할 수 있는 엄청난 거리. 시안에서 출발하여 둔황(敦煌, 돈황)을 지나면 북으로는 고비사막, 남으로는 타클라마칸사막이다. 쿠차를 비롯하여 곳곳에 오아시스 국가들이 있다지만 참으로 고역스러운 여정이었다. 타클라마칸사막은 "악귀와 열풍이 심하여 이를 만나면 모두 죽고 한 사람도 살아남지 못한다. 하늘에는 날아다니는 새도 없고, 땅에는 뛰어다니는 짐승도 없다. 아무리 둘러봐도 망망하여 가야 할 길을 찾으려 해도 어디로 갈지를 알 수가 없고 오직 언제 이 길을 가다가 죽었는지는 모르지만, 그 죽은 사람의 해골과 뼈만이 길을 가리켜주는 표지"가 될 뿐이었다.

법현은 여행 중에 여러 사람을 만났고 일부는 동료가 되었다. 법현과 혜경, 도정은 소설산을 넘어 인도로 들어가고자 하였다. 소설산은 사시사철 눈으로 덮인 곳인데, 등반 도중 찬 바람이 거세게 불어왔고 혜경은 흰 거품을 토하며 이곳에서 생을 마감하고 말았다. 동료의 죽음이라는 아픔을 끌어안고 법현은 소설산을 넘어 불교의 본산인 인도로 들어가는 데 성공한다. 법현은 북인도 일대의 주요 지역을 순례하며 불교를 배웠다. 그런 다음에는 벵골만 쪽에서 배를 타고 스리랑카를 거친 후 오늘날 말레이시아와 인도네시아 사이를 통과, 남중국해를 거쳐 산둥반도에 도달했다. 오늘날 중국 서북부 지역과 인도 북부 지역, 벵골만, 동남아시아, 남중국해를 거치는 목숨을 건 위대한 여정이었다.

구법승(求法僧). 법현 같은 이들을 구법승이라고 부르는데 '진리를 구하는 승려들'이라는 뜻이다. 법현의 뒤를 이어 당나라 때는 의정(義淨, 635~713), 현장 같은 이들이 인도를 다녀왔다. 특히 현장은 《대당서역기(大唐西域記)》라는 중요한 기록을 남겼으며 인도의 경전을 대거 가져오면서 중국 불교사의 혁신적인 발전에 이바지했다. 그의 고난에 찬 여정을 당태종은 대안탑이라는 거대한 벽

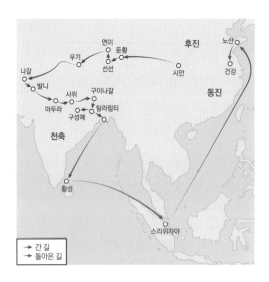

법현의 천축구도여행도(399~413)

대안탑

돌탑으로 기념했다.《서유기(西遊記)》라는 중국 문학사의 엉뚱한 결실 또한 현장의 인도 여행 덕분에 등장한 책이다. 중국에서 인도로, 구법의 열기는 수백 년간 계속되었고 인근 국가들에 영향을 미쳤다.

의상(義湘), 원효(元曉) 같은 신라의 승려들은 중국으로 유학을 가고자 했으며, 엔닌 같은 일본 승려 또한 중국을 찾았다. 중국의 승려들이 한반도와 일본을 찾아 불법을 전하기도 했다. 의상은 중국 화엄종의 2대 지도자 지엄(智儼)에게서 불교를 배웠으며 신라 불교 발전에 큰 영향을 미쳤다. 당나라 유학을 포기한 원효는 깊은 깨달음 가운데《대승기신론소(大乘起信論疏)》등의 저작을 남겼으며, 한반도 민중 불교는 물론이고 일본 불교 발전에도 지대한 영향을 미쳤다.

또 다른 신라 승려 혜초(慧超)는 중국을 거쳐 동남아시아를 들른 후 남인도로 들어가 인도 불교의 본산에 도달하였다. 이후 그는 히말라야를 넘어 실크로

거대한 상업제국, 그리고 불교와 도교

드를 통해 중국을 거쳐 신라로 돌아왔다. 법현과는 정반대의 모험을 감행한 것이다. 이 와중에 남긴 기록이 《왕오천축국전(往五天竺國傳)》이라는 책이다. 천축국, 즉 인도의 다섯 왕국에 관한 기록인데, 둔황의 석굴에 묻혀 있다가 뒤늦게 프랑스 고고학자 폴 펠리오(Paul Pelliot)가 발굴하면서 세상에 알려졌다. 이들은 왜 이렇게까지 목숨을 걸면서 인도를 왕래했던 것일까?

잠 못 드는 사람에게 밤은 길어라. 피곤한 사람에게 길은 멀어라.
바른 법을 모르는 어리석은 사람에게 아아, 생사의 밤길은 길고 멀어라.

나보다 나을 것 없고, 내게 알맞은 길벗 없거든,
차라리 혼자 가서 착함을 지켜라. 어리석은 사람의 길동무 되지 말라.

내 아들이다, 내 재산이다 하여 어리석은 사람은 괴로워 허덕인다.
나의 '나'가 이미 없거니, 누구의 아들이며 누구의 재산인고!

어리석은 사람으로 '어리석다'고 스스로 생각하면 벌써 어진 것이다.
어리석은 사람으로 '어질다' 생각하면 그야말로 어리석음, 어리석은 것이다.

어리석은 사람은 한평생 다하도록 어진 사람을 가까이 섬기어도
참다운 법을 알지 못하나니, 숟가락이 국 맛을 모르는 것처럼.

지혜로운 사람은 잠깐이라도 어진 사람을 가까이 섬기면
곧 참다운 법을 바로 아나니, 혀가 국 맛을 아는 것처럼.

－《법구경》〈우암품〉 중

유교를 포함하여 춘추전국시대 때 자생적으로 등장한 중국의 사상계는 대부분 경세 문제에 집중했다. 난세를 어떻게 해결할 것인가. 이들의 사상적 관심은 주로 예법과 사회 제도 등 현실 문제에 천착했다.《논어》에서 공자가 귀신의 문제에 관심 가질 필요가 없다고 퉁명스럽게 말했듯, 오랫동안 중국인들에게 삶과 죽음을 관통하는 철학적 질문은 관심거리가 아니었다.

이에 반해 인도는 전혀 다른 사상적 발전을 보였다. 화려한 예식과 엄격한 신분제를 고수하는 브라만교에 반대하며 개인의 고행이 강조되었고, 우파니샤드라는 철학 사조가 등장하였다. 중국인들이 세상 문제에 관심을 가질 때 인도인들은 존재의 본질에 대해 고민하였으며, 고도의 개인적 수행을 통해 진리에 도달하고자 하였다. 그리고 그 정점에 석가모니(釋迦牟尼)가 등장한다. 정확한 이름은 고타마 싯다르타. 인도 작은 왕국의 왕자 출신인 그는 본질적인 문제에 천착하였다. 교리적인 형태로 구현된 그의 인생은 극적이었다. 화려하고 아름답고 젊고 싱그러운 것들만 넘쳐나는 왕실. 아버지는 아들에게 세상의 본질을 보여주고 싶지 않았다. 하지만 아들 석가모니는 몰래 여행을 떠나 인간이 처한 처절한 현실을 마주하고 만다. 노인, 병든 자, 시체 그리고 수행자. 모든 인간은 늙고 병들고 죽고 만다는 현실에 맞닥뜨린 것이다. 오랜 번민 끝에 석가모니는 말을 몰아 왕궁에서 최대한 멀리 떨어진 곳까지 도망을 친다. 그리고 그곳에서 수행자가 되었고 극단적인 고행을 하며 진리를 구했다. 그래서 내린 결론. 고행을 통해 진리에 도달할 수는 없다.

석가모니의 가르침은 몇 가지 교리로 표현되었다. 사성제. 사성제는 인간이 처한 네 가지 현실에 대한 상징이다. 첫 번째는 고제(苦諦). 현실은 고통스럽다. 인간이 살아가야 하는 현실은 '괴로움' 자체다. 왜? 생로병사의 숙명 때문이다. 어디 그뿐인가. 사랑하는 사람과 헤어지는 고통, 미워하는 사람과 만나는 고통, 구하는 것을 얻지 못하는 고통, 존재 자체 때문에 생기는 고통 등 인간은 본질적으로 고통에 둘러싸여 있다. 두 번째는 집제(集諦). 고통의 원인이 무엇인가? 집착이다. 왜 집착을 할까? 무명(無明)과 애욕(愛慾) 때문이다. 무명은 무지의 다른 말이다. 무엇에 집착해야 할지 모르면서 부질없는 것에 목을 매기 때문이다. 또한 애욕, 욕망하기 때문이다. 감각적인 쾌락을 추구하는 욕망, 오래 살고 싶어 하는 욕망, 죽은 후에 허무로 돌아가고 싶은 욕망 등등. 인간은 본질적인 것, 가치 있는 것, 의미 있는 것에 무지하며 눈에 보이는 것, 그저 느끼는 것을 욕망하고 집착한다. 세 번째는 멸제(滅諦). 고통스러운 현실에서 벗어날 수 있는 길은 큰 깨달음, 해탈에 도달하는 법 밖에는 없다. 이를 '열반의 상태', 산스크리트어로 '니르바나'라고 하는데 '훅 불어서 *끄다*'라는 의미다. 무명과 애욕을 훅 불어 *끄고* 참된 길로 나아가야 한다. 네 번째는 도제(道諦). 열반으로 나아가기 위한 방법을 말한다. 근본적인 지점에서 불교는 크리스트교와 다른 방향을 선택했다. 신의 용서, 인간의 죄와 회개, 믿음과 구원. 크리스트교가 절대자에 대한 온전한 믿음과 희생적인 삶을 통한 구원을 이야기했다면, 불교는 스스로 깨달으며 부활이나 영생이 아닌 전혀 다른 의미에서의 구원과 불멸을 지향하였다.

삼법인은 무엇인가? 제행무상(諸行無常), 제법무아(諸法無我), 일체개고(一切皆苦)이다. 제행무상. 모든 것은 영원하지 않다. 모든 것은 끊임없이 변화하며 그런 변화 또한 영원하지 않으니 존재하는 모든 것에 집착하거나 욕망할 이유가 없다. 제법무아. 나 자신조차도 영원하지 않다. 우리가 영원하지 않은데 왜 집착하는가. 제행무상과 제법무아는 "고정불변하는 실체에 대한 부정"이다. 그런데 사람들은 끊임없이 눈으로 보는 것, 마음으로 욕망하는 것에 얽매인다. 그러니 삶의 모든 것이 본질적으로 문제가 있으며 열반은커녕 의미 있게 나아가지조차 못하는 것 아닌가. 석가모니의 깨달음, 불교의 교리는 종래 중국에서 도달하지 못한 전혀 새로운 것들이었다. 언제, 어떤 사상가가 이 정도 수준까지 생의 본질을 탐독한 적이 있었던가. 인간이 처한 존재론적 질문, 철학적 사유, 종교적 해법이라는 지점에서 발원한 불교는 중국인들에게 매력적으로 다가섰다.

불교가 중국에 본격적으로 유입된 것은 위진남북조시대 때다. 한나라 때 실크로드가 개척되면서 불교가 알려졌고, 한나라가 멸망하면서 유교의 권위는 추락했고 혼란기를 틈타 불교가 주목받게 된다. 무엇보다 5호16국의 이민족 황제들이 불교를 좋아했다. 5호 중 하나인 흉노족의 석륵(石勒, 274~333)은 후조(後趙)라는 나라를 세웠다. 이때 쿠차 출신의 불도징(佛圖澄, 232~348)이라는 승려가 조빙뇌어 중국 땅을 밟게 된다. 불도징은 오만하고 잔혹한 통치자인 석륵을 온화하고 선정을 베푸는 통치자로 만들면서 불교를 널리 알렸다. 불도징은 한족이 출가하여 승려가 되는 길을 열었다. 위진남북조시대 때는 불타발타라(佛陀跋陀羅, 359~429)라는 인도 승려가 동진(東晉)에 와서 불교의 핵심 경전인 《화엄경》을 번역하여 중국에 소개하였다.

불경의 번역은 불교 역사에서 가장 중요한 부분이다. 탑, 불상 등 시각적인 조형물은 불교 역사에서 본질적인 것이 아니다. 승려가 수행하여 불교적 영성을 계승하는 동시에 불교적 진리를 담은 경전을 깊이 공부하는 것. 승려와 불경이 불교 역사에서 가장 본질적인 부분이다. 그런 의미에서 불타발타라는 불교의 중국화에 중요한 선례를 만들었던 것이다. 그리고 이를 완성한 인물이 쿠차에서 온 또 다른 인물 구마라습과 인도를 직접 다녀온 현장이었다.

중국 불교의 역사는 구마라습과 현장을 기준으로 나뉜다. 정교한 수준으로 불경이 다량 번역됐기 때문이다. 구마라습은 부견(苻堅)과 요흥(姚興) 등 화북 지역 지배자들의 초청으로 시안에 왔다. 그는 인도 대승불교의 정수라고 할 수 있는 《중론(中論)》, 《십이문론(十二門論)》 등을 중국에 최초로 소개한 인물이다. 그리고 시안에 12년간 머물면서 《반야경(般若經)》, 《유마경(維摩經)》, 《법화경(法華經)》 등 중요한 불경을 번역하였으며 계율과 전기류 등 방대한 양의 불교 경전을 한문으로 옮겼다. 구마라습의 번역은 중국 불교가 발전하는 데 탄탄한 기반이 되었다. 천태종, 삼론종, 성실종, 정토종, 선종 등 주요 불교 분파가 구마라습이 번역한 경전에 의지하여 발흥했다. 현장은 중국인으로서 인도에 가서 불경을 직접 구해 왔고 번역까지 했기 때문에 구마라습과는 또 다른 성취를 이루며 중국 불교 발전에 큰 영향력을 행사하였다.

> 친히 동태사에 행차하여 대회를 개설하고 승려와 속인 무리를 모았으며, 곤룡포를 벗어 버리고 승복을 입은 채 청정대사라는 불교 행사를 거행했다. 보시를 법으로 지켜 계율을 지키며 제를 올려 출가하여 자기 몸을 절에 바친 것이다. (…) 신하들은 무제가 미혹되어 자기 몸을 절에 바쳤음을 알고도 어찌할 방법이 없었다. 이에 공동으로 10만 전을 내어 절에 바치고 무제를 대속하여 나오도록 했다.
> (…) 양무제는 종묘와 사직의 중함과 토지와 인민을 위탁받았다는 생각은 전혀 하지 않고 (…) 나라를 기울게 했다. 단지 인과응보의 논란에 미혹된 것일 뿐이다. 뒤에 후경의 난이 일어나 대성에서 굶어 죽고 말았으니 부처가 어디에 있다는 것인가!
>
> – 장거정,《제감도설》중

불교의 유입은 중국 역사의 많은 부분을 바꾸어놓았다. 종교가 순수하게 종교로만 발전하는 예는 찾아보기 힘들다. 크리스트교가 로마제국의 종교가 된 데서도 콘스탄티누스 대제의 신앙과 더불어 정치적 계산을 무시할 수 없으니 말이다. 불교는 주로 5호16국, 화북 지역을 장악한 북방 민족의 지배자들에게 적극적으로 수용되었다. 북방의 오랑캐가 중원의 황제가 되는 시대이니 외국의 신이 중국의 종교가 되는 것이 유리하지 않겠는가. 부처와 보살이 황제의 동의어로 유통되고, 불교가 국교가 되어 통치 이념으로 작동하게 된다는 점에서 중국에서의 불교는 서양에서의 크리스트교와 대동소이한 길을 걸었다.

하지만 불교 고유의 종교적 힘으로 인해 중국 사회는 이전과 다른 변화를 보였으며, 그 결과는 때론 부정적이었고 때론 긍정적이었다. 부정적 파국의 정점은 남조의 왕조 중 하나인 양나라의 무제일 것이다. 양나라 때 중국 남부에는 사찰이 3,000개를 넘었고 승려의 숫자가 8만에 달했다고 한다. 양무제는 불교에 심취했다. 그는 살생을 금지하고 과일과 채소만을 제사상에 올려놓게 함으로써 유학자들의 반대를 불러일으켰다. 그는 도교를 대대적으로 탄압하기도 했다. 혜약(慧約)이라는 승려를 스승으로 모셨고, 술과 고기를 먹지 않는 것은 물론이고 음악도 듣지 않았으며, 콩죽과 현미밥을 먹는 등 계율을 지키고자 노력하였다. 해가 거듭될수록 양무제는 불교에 심취했으며 결국에는 스스로를 절에 바치기까지 했다. 황제를 데려오기 위해 국가에서는 큰돈을 들였고, 이런 일이 수차례 반복되면서 국가 재정이 타격을 받고 국정 운영까지 불가능해지기에 이르렀다. 명나라 때 명신 장거정은 양무제를 평가하면서 '인과응보(因果應報)'라는 불교의 종교적 논리에 미혹되어 국가 운영을 소홀히 했음을 질타했다. 한편으로 따져본다면 그만큼 불교는 중국인들의 삶과 문화에 깊숙이 개입하며 강력한 영향력을 발휘하고 있었던 셈이다.

불교의 영향력이 커질수록 엄청난 규모의 불교 사원들이 지어졌다. 그중 압도적인 것은 단연코 석굴사원이었다. 광대한 석벽에 거대한 불교 석상을 조각하는 방식으로 이루어진 사원들인데, 대표적인 것이 윈강 석굴사원과 룽먼 석굴사원이었다. 윈강에는 53개의 석굴이 있고 약 5만 개의 불상이 조성됐으며, 룽먼에도 그 못지않은 불상들이 만들어졌다. 위진남북조시대부터 당나라까지 중국의 왕조들은 지속적으로 불교를 후원했는데, 오늘날에도 놀라울 만큼 어마어마한 규모다. 도시에도 거대한 사찰이 지어졌다. 대표적인 것이 뤄양의 영녕사다. 사원 내부에 90장 높이의 9층 탑이 있고 100리 밖에서도 절의 꼭대기가 보였다고 하니 상상이 안 될 정도의 엄청난 규모였다고 할 수 있다. 밤이슬을 받기 위해 전각의 끝자락에는 금쟁반 30개가 달렸고, 건물에는 1,000여 개의 방이 있었으며, 화재가 났을 때도 모두 타는 데만 3개월이 걸렸다고 한다.

> 무념(無念)을 들어 종지로 삼고, 무상(無相)으로써 본체로 삼고, 무주(無住)로써 근본으로 삼는다. 무상이란 것은 모습(형체)을 인정하면서도 그 모습에 사로잡히지 않음을 말한다. 무념이란 것은 사물을 생각하면서도 그 생각에 얽매이지 않음을 말한다. 무주란 것은 사람의 본성이기 때문에 세상의 선악이나 미추 또는 원망이나 친밀, 말의 자극성이나 속임수, 이 모두는 가짜 모습으로서 실체가 아니라고 생각하고, 원수를 보복할 생각을 말고, 순간 순간의 의식 속에서 지나간 일을 회상하지 않음을 말한다.
>
> (…) 어떤 것을 좌선이라 하는가. (…) 밖으로 모든 선악의 대상에 대하여 마음에서 생각이 일어나지 않는 것, 이를 일컬어 좌(坐)라 한다. 안으로 자기 본성을 꿰뚫어 봄으로써 마음이 부동한 것, 이를 일컬어 선(禪)이라 한다. (…) 어떤 것을 선이라 하는가. 밖으로 보이는 일체의 모습에 사로잡히지 않음을 선이라 하고, 안으로 마음이 흐트러지지 않음을 정이라 한다.
>
> — 혜능, 《육조단경》 중

양무제, 석굴사원과 영녕사가 중국 불교사에서 유쾌하지 못한 면이었다면 선종 불교의 발전은 불교가 종교 자체로 성숙한 중요한 사례다. 선종은 불교의 한 분파로서 승려의 수행과 깨달음을 강조한다. 달마(達磨, ?~534?)에서 시작되었으며 혜능(慧能, 638~713) 때에 이르러 크게 융성하였다.

선종은 염화미소(拈華微笑)라는 고사를 강조했다. 어느 날 석가모니가 제자들 앞에 연꽃을 들고 나타났다. 모두가 어리둥절하고 있을 때 마하가섭(摩訶迦葉)이 라는 제자가 빙긋이 웃었다. 이를 두고 석가모니가 "오늘 가섭에게 깨달음이 있 다"라고 했다는 이야기다. 연꽃은 화두다. 가섭은 이를 이해했기 때문에 큰 깨 달음에 도달했다. 선종은 불경이 아닌 스승과 제자의 관계를 통해 불교가 발전 할 수 있음을 보여주었다. 또한 불경을 넘어 수행 자체를 통해 해답을 구하는 중국 불교의 독특한 모습이기도 하다. 불립문자(不立文字)·이심전심(以心傳心), 즉 문자로는 진리를 전달할 수 없으며 진리란 마음에서 마음으로 전해지는 법. 스승은 화두를 던지고 제자는 깨달음을 추구해야 한다는 의미다.

독특한 수행 불교의 등장에는 혜능이 있다. 선종의 5대 지도자 홍인(弘忍, 601~674)은 제자들에게 게송(偈頌, 불교의 가르침을 담은 한시)을 지으라고 하였다. 불교의 가르침을 간명한 시로 표현해보라는 것이었다. 당시 제자 중에 신수 라는 자가 유능했는데 그는 "몸은 깨달음의 나무요, 마음은 맑은 거울의 받침 이다. 날마다 부지런히 털어내어 티끌이 일지 않도록 하라"라는 게송을 지었 다. 다음 날 누구도 주목하지 않았던 혜능이 글을 지어 올렸다. "깨달음은 본 래 나무가 없고, 맑은 거울 또한 받침이 없다. 본래 아무것도 없거늘 어디서 티끌이 일어나겠는가"라는 글이었다. 이를 보고 홍인은 자신의 후계자로 혜 능을 지목하였다.

혜능은 돈오(頓悟, 단박에 깨달음)를 강조하였다. 평소에 열심히 수양하며 계율 을 지키는 것에 만족해서는 안 된다. 진리 체험은 평범한 수준에서 이해하고 따라 하는 것에 머무르는 것이 아니다. 일종의 비약, 그러니까 존재의 모든 것 을 뒤집어엎을 만큼의 큰 깨달음이 밀어닥쳐야 참된 진리에 마주할 수 있는 것이다. 몸도 마음도 영원하지 않은데 왜 그것에 의지하여 맑은 상태를 유지하 려고 하는가. 본디 아무것도 없으니 이를 크게 깨달아 알고 진리에 도달해야 한다. 돈오는 단숨에 이루어지는 것이 아니다. 평생 추구해도 얻지 못할 수 있으니 스승은 지혜롭게 제자를 대하며 단지 "손가락을 들어 달을 가리키듯 인도"해야 할 것이다. 제자는 스승의 지도를 받지만 종국에는 '스스로' 진리에 이른다.

선종이 늘 인용했던 '염화미소'라는 고사는 인도 경전에서는 찾아볼 수 없다. 선종의 수행 방식에 정당성을 부여하려는 일종의 지적 사기라고 할 수도 있지만, 수행에 의지하는 독특한 선종 불교의 발전은 황제의 후원을 받지 않는 참된 종교로서의 시발점이었다. 인도 불교가 쇠퇴했음에도 중국 불교는 크게 융성했으며, 한반도와 일본으로까지 전파돼 오늘날까지도 강력한 영향력을 행사하고 있다. 공교롭게도 혜능이 등장한 시점은 당나라 말기, 이후 수백 년간 중국의 어떤 왕조도 이때만큼 불교를 호의적으로 대하지 않았다. 어쩌면 그랬기 때문에 오늘날 불교가 살아남은 것인지도 모른다.

도교라는 또 다른 세계:
삼교가 공존하다

장로는 (…) 곡명산에서 도술을 배우고 도술에 관한 책을 지어 백성을 미혹했다. 그에게 도술을 배우는 사람은 모두 다섯 말의 쌀을 냈기 때문에 당시 사람들은 그를 '미적(米賊)'이라고 불렀다. (…) 장로는 한중을 점령하여 요술로 백성을 그릇 이끌고, 스스로 '사군(師君)'이라고 했다. 도술을 익히는 사람들은 처음에는 '귀졸(鬼卒)'이라고 부르고, 본격적으로 도술을 받아 의심스럽거나 미혹되는 것이 없어진 후에는 '좨주(祭酒)'라고 불렀다. (…) 좨주는 백성에게 성실과 신의를 지키며 다른 사람을 속이지 말라고 가르치고, 병이 있으면 스스로 자기 과실을 자수하도록 했다. 이러한 것은 거의 황건적과 유사하다.

– 진수, 《삼국지》〈장로편〉 중

장로는 한나라 말기의 인물이다. 그는 오두미도(五斗米道)라는 도교 분파의 지도자이자 한중 땅을 차지하고 있던 지역의 맹주이기도 했다. 장로는 제자들에게 도술을 가르쳤고, 도술에 유능한 이들은 신도들을 지도하면서 그들 나름의 공동체를 꾸렸다. 한중 땅을 지배하던 장로는 이후 조조에게 항복한다. 황건적은 장각(張角, ?~184)이 이끌던 집단으로, 장로와 마찬가지로 도교의 한 분파다. 《후한서》에는 장각이 태평도(太平道)라는 도교 분파를 만들었다고 기록돼 있는데, 장각이 이끄는 황건적은 반란을 일으키며 한나라의 몰락을 재촉하였다.

도교는 도가를 계승하였다. 유교는 고대부터 시작된 전통문화와 유학 사상을 유기적으로 통합하며 주류 사상으로 발돋움하였다. 이에 반해, 도교는 다소 엉뚱한 형태의 조합을 시도하였다. 노자와 장자의 철학과 신선 사상은 물론이고 영생을 도모하는 방술을 통합했기 때문이다. 앞서 이야기했듯 노자와 장자는 유교를 비롯한 춘추전국시대의 여러 사상을 비판하며 독특한 사상적 지위를 구가하였다. 노장사상은 간헐적으로 중국 역사를 주도하였다. 한나라가 세워질 무렵 황로학(黃老學)이라는 이름으로 '무위의 정치'를 강조하며 진시황의 폭압적인 통치와는 다른 길을 제시하였다. 이후 위진남북조시대에는 현학(玄學)이라는 이름으로 남쪽으로 쫓겨난 지식인들의 지적인 위로가 되어주기도 했다. 무엇보다 노장사상에서 자주 반복되는 도(道), 무(無) 같은 개념들은 불교가 중국에 정착하는 데 큰 도움을 주었다. 대승불교가 강조한 공(空)이 노장사상의 무와 동일시되었고, 불교는 도교와 비슷한 종파로 이해되었다. 하지만 여기까지였다. 특정한 시기를 제외하고 매번 주류 사상은 유학이었으며, 종교적인 영역에서도 불교는 일찌감치 독자적인 성공을 거두었다.

하지만 민중과 함께한 도교는 달랐다. 노자와 장자는 도교의 사상적 지주였으며, 공자나 부처에 대응할 수 있는 인물이었다. 도교는 과격하게도 노장사상과 신선 사상을 결합하였다. 무위자연, 청정무위, 물아일체 같은 노자와 장자가 강조했던 철학적 개념들은 곧장 신선 사상으로 둔갑하였다. 양생(養生). "편안하게 살면서 좋은 것을 먹고 적절하게 수련을 하면 장수를 한다." 방술(方術). "바람과 이슬을 먹으며 운기를 타고 나는 용을 부리면서 세상 밖에서 노닌다." 양생과 방술을 잘 해내면 신선의 세계에 들어갈 수 있다. 도교에 이르면 노자와 장자의 가르침은 장수와 영생으로 나아가는 가르침으로 재해석되었다.

동시에 도교는 새로운 세계를 만들어냈다. 이전까지 중국인들에게는 삶과 죽음만 있었다. 삶은 현세, 죽음은 내세. 유교는 현세에만 관심을 가졌으며 조상을 위해 제사를 드리는 정도로 내세를 이해하였다. 하늘이란 매번 현세를 살아가는 인간과 관련된 지점에서 도덕적으로 해석될 뿐이었다. 뒤늦게 등장한 불교는 윤회를 이야기했다. 현세와 내세의 반복. 얼마만큼 훌륭한 삶을 살아가느냐에 따라 다음 생에서의 복락이 결정된다. 혹은 보살의 삶을 충만히 살았을 때 윤회의 사슬을 끊고 극락왕생할 수 있다. 이런 식의 생각은 결국 시간과 공간에 대한 개념을 현세와 내세라는 틀에 가두는 것이다.

도교는 달랐다. 그들은 이계(異界), 즉 다른 시공간의 세계를 제시했다. 그곳에는 무병장수하는 신선들이 살고 있으며, 매우 신화적이고 전설과 같은 신비스러운 이야기가 펼쳐지고 있다. 그곳은 죽은 다음에 가는 곳도 아니요, 지하에 있는 곳도 아니며, 그렇다고 현세를 살아가는 모두가 경험할 수 있는 곳도 아니다. 현세의 공간에 일반인들이 알 수 없는 틈이 있고, 그 틈을 열고 들어가면 새로운 세계가 있다. 현세도 내세도 아닌 제3의 세계가 '우리 가운데' 있다는 말이다. 그런 세계가 있다고 누가 말했는가? 도교의 지도자들은 노자와 장자가 그렇게 말했다고 주장했다. 어떻게 그 틈을 열 것인가? 양생과 방술을 하면 누구나 신선이 될 수 있고, 신선이 되면 그런 세계로 들어갈 수 있다.

도교는 직설적이고 직접적으로 민중을 설득하였다. 이곳에는 복잡한 경전이나 깊이 있는 철학적 이해 따위는 없다. 고통받는 민중이 교단에 가입하고 도교 지도자들을 따르면 될 뿐이다. 이미 한나라 중기 때 노자가 신격화됐으며 당나라 때가 되면 도가 계열의 서적들은 《도덕진경(道德眞經)》, 《남화진경(南華眞經)》, 《충허진경(沖虛眞經)》, 《통현진경(涌玄眞經)》이라는 이름으로 경전의 반열에 오르게 된다.

> 장각이 스스로를 '대현량사(大賢良師)'라 칭하면서 (…) 제자를 길렀다. 무릎을 꿇고 머리를 조아리게 하여 부적 태운 물과 주문으로써 병을 치료하니, 병든 사람이 많이 낫게 되자 백성들이 믿고 따랐다. 장각은 제자 여덟 사람을 사방으로 보내어 (…) 세상을 교화하였는데, 나중에는 서로 속여 미혹하는 것으로 바뀌었다. (…) (장각이 난을 일으키면서 주장하기를) "창천(蒼天)은 이미 죽었다. 황천(黃天)이 서야 한다. 해가 갑자년이니 천하가 크게 길하다"라는 유언비어를 퍼뜨리고, 흰 회칠로 경성의 네 문 및 주와 군현의 관부에 모두 '갑자(甲子)'라는 글자를 썼다.
>
> – 범엽, 《후한서》 〈황보숭전〉 중

흥미로운 점은 한나라 말기에 도교가 민중 반란의 선봉에 섰다는 점이다. 황건적의 난을 이끈 장각은 '창천'과 '황천'을 구분하였다. 창천은 하늘을 뜻하는 말이고 민간에서는 천신을 일컬었다. 황천은 장각을 비롯하여 태평도가 숭배하는 새로운 천신, 즉 새로운 하늘을 의미하였다. "창천이 죽고 황천이 서다"라는 말은 종래의 하느님은 죽었고 새로운 하느님이 등장했기 때문에 난을 일으켜야 한다는 주장이었다. 이 지점에서 황건적의 난은 생각보다 의미심장하다.

유학에서 하늘은 이렇게 자유롭지 못하다. 맹자는 하늘의 뜻이 백성의 행복에 있다고 보았으며, 그런 민본정치를 실천해야 하는 인물은 황제였다. 황제의 왕도정치만이 민본을 이루는 실체이고 천명을 받드는 길이었다. 역성혁명을 통해 나라를 무너뜨리고 새로운 나라를 세울 수는 있지만, 왕도정치와 민본통치의 틀은 바뀌지 않는다. 천명을 부여받은 새로운 황제가 백성을 통치할 때 세상은 안정을 되찾을 수 있다는 것이 유학자들의 생각이며 중국 사회의 오랜 보수적 태도라고 할 수 있다.

하지만 도교 교도들의 생각은 달랐다. 하늘 자체가 바뀔 수도 있는 것이다. 기존의 하늘을 무너뜨리고 새로운 하늘을 세우면 그만 아닌가. 유교는 질서를 강조하고 신분적 위계를 중요시하지만, 도교는 백성의 질병을 치료하며 그들의 삶에 직접적으로 개입하지 않는가. 도교 교도들의 믿음은 민중이 경험한 구체적인 구원의 손길이자 도교라는 공동체의 힘이다. 그런 새로운 공동체가 새로운 하늘을 기다리며 때가 됐을 때 기존의 질서를 무너뜨리고자 하는 것은 참으로 당연한 이치가 아닌가.

여기까지. 도교는 유교가 제시한 기존의 사회 질서를 대체할 구체적인 대안을 제시하지 못했다. "창천이 아닌 황천"이란 도대체 무엇인가. 천명사상, 왕도정치, 민본주의 등 유학 사상이 사회 질서에 대한 구체적인 운영 원리를 체계적으로 구현한 데 반해 도교는 난세에 처한 민중의 감정에 부응할 뿐이었다. 그럼에도 불구하고 난세에 분개하고 민중의 감정과 조우하며 기존의 질서를 때려 부수고자 하는 태도 자체는 어떤 종파도 아닌 도교만의 것이었다. 민중 종교 도교는 중국 고대사에 가장 역동적인 역사 변동의 힘이 되었다.

결과는 참담했다. 황보숭(皇甫嵩)·주준(朱儁)·조조 등이 황제를 지킨다는 명목하에 토벌군을 소집하였고, 수차례 전투에서 황건적은 처절한 패배를 맛보았다. 장각은 노식(盧植)의 군대와 싸우다 죽었고, 그의 뒤를 이은 장량(張梁,

?~184)은 황보숭의 군대와 싸우다 죽었다. 황보숭은 장각의 무덤을 열어서 모욕을 주었고, 여러 전투를 통해 황건적의 지도자들은 처참한 최후를 맞이했다.

하지만 한나라 말기 위나라를 세운 조조는 조금 다른 방식으로 문제를 해결하고자 했다. 공손찬(公孫瓚, ?~199)과 싸움을 벌이던 30만 황건적을 항복시키는 데 성공하였으며 이들을 청주병이라고 불렀다. 조조는 이들에게 땅을 주었고, 도교 신앙을 인정해주는 대가로 충성을 요구하였다. 왕조의 질서하에 도교 신자들을 편입한 것이다.

이후 도교의 역사는 크게 두 가지 방향으로 발전한다. 교단의 조직화, 외단법에서 내단법으로의 전환이 그것이다. 도교는 불교와 경쟁하며 민중 종교로서의 영향력을 확대해나갔다. 《태평경(太平經)》, 《포박자(抱朴子)》 등 보다 체계적인 도교 이론도 만들어졌다. 《포박자》를 쓴 갈홍(葛洪, 281년~341)은 도교 신학을 정립하는 데 중요한 역할을 하였고, 구겸지(寇謙之, ?~448)는 도교 교단을 조직화하는 데 유능함을 보였다. 불교가 중국에 소개되자 도교는 곧장 불교의 조직 방식을 모방하였다. 성직자 계급이 만들어지고, 세련된 예법과 사원이 건설되었다.

당나라 때 도교는 특히 번성하였다. 황실의 성이 이씨이고 노자의 성과 같다는 이유로 황실에서 도교를 적극적으로 후원한 것이다. 당나라가 멸망한 이후에도 도교는 번성했으며, 몽골족의 침략 가운데도 구처기(丘處機, 1148~1227)의 '전진도'를 비롯하여 새로운 종파가 등장하며 민중 종교로서의 지위를 잃지 않았다. 애초에 도교는 외단법, 즉 특별한 단약을 제조하고 그것을 복용하여 영생을 얻고자 했다. 하지만 수많은 황제가 이런 단약에 중독되어 생을 마감했기 때문에 외단법을 계속 고집할 수 없었다. 따라서 엄격한 신체 수련을 통한 건강 유지 같은 내단법이 도교의 수행 방식으로 자리를 잡게 된다. 태극권 같은 것이 대표적인 예라고 할 수 있다.

유교와 불교에 비해 도교는 사상적으로나 종교적으로 높은 지위를 인정받지 못하는 것이 현실이다. 또한 중국에서 번성했을 뿐 한반도나 일본에서는 영향력이 매우 미미하다고 할 수 있다. 중국에서는 왜 도교가 오랫동안 번성했을까? 민중뿐 아니라 황제들조차 도교를 후원한 이유는 무엇일까?

도교는 유교와 불교의 빈자리에서 자신들의 가치를 끊임없이 만들어갔다. 유교와 불교에서 만들어진 다양한 사상적·철학적 주제들을 도교화하는 데 주저함이 없었고, 유교보다 적극적으로 민중에게 다가갔으며, 불교보다 훨씬 순박하고 직설적으로 민중을 설득하였다. 그랬기에 도교는 현재까지도 민중 종교로서 강력한 영향력을 확보하고 있으며, 중국 역사의 고비고비에서 비밀결사 또는 민란의 주체로 등장하였다. 한나라 말기의 용장이었던 관우를 신으로 둔갑시킨다든지, 단지 자연신에 불과하던 상제(上帝)에게 인격을 부여하여 옥황상제(玉皇上帝)로 바꾼다든지, 당나라 황실을 신비스럽게 만들면서 종교적인 이권을 챙겼다든지 도교는 참으로 중국 문화의 이채로운 현상이었다.

마치 서양의 중세가 로마 가톨릭으로 대변되는 종교의 시대였던 것처럼, 중국의 중세 역시 불교와 도교가 주도하는 종교의 시대였다는 점에서 역사는 우연처럼 반복되었다. 그리고 춘추전국시대에 사상적 승리를 거두었던 유교 역시 불교와 도교의 거센 도전 앞에 변화를 꾀하게 된다. 남송 대 저명한 유학자 주희(朱熹, 1130~1200)가 주창한 새로운 유학, 성리학이 그것이다. 불교와 도교의 영향을 받아 철학적 이론으로 변신한 성리학은 이후 명나라와 청나라에서 크게 유행하였으며, 특히 한반도에서 고려의 뒤를 이은 조선이라는 나라의 국가 이념으로 큰 성공을 거두게 된다.

7강

실크로드는
중국을 어떻게 변화시켰는가

사막길과 바닷길

CHINA

1. 실크로드

실크로드는 육로와 해로로 나뉘어 있는데 사막길과 바닷길이 그것이다. 사막길은 중앙 아시아 지역을 통과해서 서아시아, 유럽에 이르는 길을 말한다. 바닷길은 중국 남부에서 동남아시아, 인도양 그리고 아프리카와 이슬람 세계를 거쳐 지중해에 이르는 길을 일컫는다. 전통 사회에서는 실크로드를 통해 동서 교류가 이루어졌다.

중국의 종이, 인쇄술, 나침반, 화약은 물론이고 비단, 도자기, 차 같은 물품이 수천 년 동안 세계인의 사랑을 받았다. 거꾸로 인도와 이슬람의 과학기술, 중앙아시아의 각종 산물 그리고 유럽의 발명품이 중국으로 들어오기도 했다. 초기에는 사막길이 중요한 역할을 했지만, 후대로 갈수록 바닷길의 비중이 커졌다.

2. 대운하

중국 역사는 수·당 대에 큰 변화를 겪게 된다. 그중 대표적인 사건이 수양제가 건설한 대운하다. 황허와 양쯔강 등 중국의 수로는 모두 동에서 서로 흐른다. 그런데 수양제가 남북을 가로지르는 거대한 운하를 건설하면서 중국 물자 유통이 혁명적 변화를 겪게 된다. 중국 최남단 광저우부터 당시로서는 최북단이었던 베이징까지 모든 물자가 운하를 통해 유통됐기 때문이다. 만리장성이 그렇듯 대운하 역시 명나라 때 오늘날과 같은 모습으로 개선됐다.

★ POINT

★ 실크로드

- **사막길:** 동서 문화의 교통로로, 한나라 장건(張騫, ?~BC114)이 발견하고 당태종이 점령함. 탈라스 전투 이후 이슬람이 지배했으나 청나라 이후 오늘날까지 '신장웨이우얼'이라는 이름으로 중국의 영토가 됐음.
- **바닷길:** 서아시아와 인도, 인도와 동남아시아가 교류하면서 만든 길. 도자기 등 중국의 물품이 세계적인 인기를 끌면서 발전함. 이후 유럽인들이 이 길을 통해 아시아를 침탈함.

★ 도자기의 역사

- 송나라 때 청자 유행 ▶ 고려에서 상감청자를 개발함.
- 명나라 때 청화백자 발전 ▶ 임진왜란 이후 일본에서도 도자기 산업이 발전함.
- 청나라 때 화려한 도자기 발전 ▶ 유럽에서도 도자기를 생산함.

시작은 한무제,
장건이 발견하고 곽거병이 만들어내다

곽거병은 늘 엄선된 정예병만 이끌고 출정했다. 그 자신도 적진 깊숙이 진격했고, 늘 용감한 기병들과 함께하며 주력군인 본대를 앞질러 나갔다. (…) 표기장군 곽거병은 과묵한 탓에 감정을 잘 드러내지 않았다. 기개가 높아 과감하게 일을 처리했다. 한무제가 일찍이 그에게 《손자병법》과 《오자병법》을 가르치려 했다. 곽거병이 거부했다. "어떤 전략을 쓸 것인가만 생각하면 됩니다. 굳이 옛 병법을 배울 것까지는 없습니다."

- 사마천, 《사기》 〈위장군표기열전〉 중

기원전 121년, 표기장군 곽거병(霍去病, BC140~BC117)은 1만의 기병과 함께 간쑤성 언지산을 거쳐 500킬로미터에 달하는 행군을 감행하였다. 흉노와의 대결. 곽거병은 칼을 비롯한 단병기를 들고 흉노의 왕들과 접전을 펼쳤다. 절난왕을 전장에서 죽였고 노호왕을 잡은 후 참형에 처했다. 혼야왕의 아들과 고관들을 잡았고, 이 밖에도 붙잡거나 참수한 적병만 8,000에서 2만에 달하였다. 더불어 휴도왕이 제사를 지낼 때 쓰던 청동으로 만들어진 금인까지 가져왔다.

갓 스무 살의 청년인 곽거병은 대장군 위청(衛靑, ?~BC106)의 조카였다. 위청은 황실 사람으로 한무제가 사랑했던 위황후의 동생이고, 한무제가 그토록 원했던 흉노 정벌 초창기에 유일하게 승리를 거둔 명장이었다. 위청은 일곱 차례의 전투에서 흉노 5만여 명의 수급을 챙겼다. 위청이 주도한 원정에서 곽거병은 두각을 나타냈고 점차 위청의 자리를 대체하게 된다.

곽거병이 대승을 거두던 그때 허베이성 북부에서 출발했던 또 다른 군대는 괴멸에 가까운 패배를 당하였다. 오직 곽거병의 군대만이 간쑤성 남쪽의 치롄산에 이르러 흉노의 서쪽 방어선을 무너뜨린 것이다. 혼야왕도 곧장 투항하였고 수만에 이르는 흉노 군대가 포로가 되어 한나라의 수도 시안까지 끌려왔다. 한무제의 흉노 정벌 이후 이만한 대승이 있었던가. 혼야왕이 지배하고 있던 우웨이, 주취안, 장예, 둔황에 하서 4군이 설치되었다.

아직 흉노는 무너지지 않았다. 기원전 119년 흉노의 본대가 한나라를 침략했고 위청과 곽거병이 이에 맞섰다. 본대와 맞선 위청은 1만에 달하는 적군을 격멸하였고, 곽거병은 흉노의 왕 3명과 고관 83명을 잡는 등 성과 면에서 위청을 앞섰다. 이 싸움을 통해 비로소 흉노는 고비사막 북쪽으로 도망갔고 흉노와의 격렬한 쟁패에서 한나라는 확실한 승리를 거두었다.

곽거병은 과감한 인물이었고 전투에서 천재성을 발휘했으나 그다지 진중하고 지혜롭지는 못했던 듯하다. 승리를 더할수록 병사들을 제대로 살피지 못했고 전투 중에 식량이 부족해 병사들이 곤란함을 겪을 때가 자주 있었다. 하지만 이 또한 부질없는 평가인 것이 대승을 거둔 지 2년. 그는 스물네 살의 나이로 세상을 등지고 말았다.

곽거병은 란저우(蘭州, 난주)에서 군대를 출발했고 싸움의 승리로 설치된 하서 4군의 끝은 둔황이다. 이 일대를 하서회랑이라고 부르는데 북으로는 마종

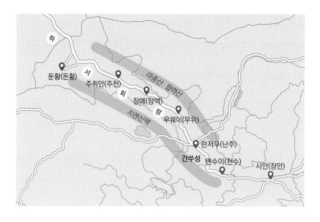

란저우에서 둔황까지 900킬로미터에 달하는 하서회랑

산과 합려산이 길게 이어지고, 아래로는 치렌산맥이 기다랗게 가로막고 있다. 중국에서 보자면 시안에서 출발하여 텐수이(天水, 천수)를 통과하면 만년설이 쌓여 있는 치렌산맥을 만나게 되고, 란저우를 통과하면 남북으로 진출하기 어려운 거대한 협곡이 펼쳐진다. 그리고 그 끝에 둔황이 있다. 둔황을 넘으면 서역, 수많은 오아시스 국가들이 이어지는 전혀 다른 세계를 마주하게 된다. 드디어 실크로드에 다다른 것이다.

> 선우는 아침에 영(營)을 나와 막 떠오르는 해에 경배하고, 저녁에는 달에 경배한다. (…) 장례에 관과 곽을 쓰며 금은과 옷을 부장한다. 봉분을 만들지 않고 나무를 심지 않으며 상복도 입지 않는다. 총애를 받던 신하나 첩이 따라 죽는데 많을 때는 수십 명에서 백 명에 이른다.
>
> 전쟁을 일으킬 때는 언제나 달의 형상을 기준으로 삼아 달이 차면 공격하고 달이 기울면 후퇴한다. (…) 전리품과 노비를 얻을 수 있기 때문에 이길 만한 싸움에는 새가 모이듯이 운집했다가 패주할 때는 무너져 구름처럼 흩어진다. 싸움터에 나갔다가 죽은 자의 시체를 실어 오면 죽은 자의 재산을 모두 얻는다.
>
> ─ 반고, 《한서》 〈흉노전〉 중

한무제가 이곳까지 손을 뻗친 데는 이유가 있다. 한고조 유방에게 치욕을 안긴 유목국가. 중국인들은 이들을 호(胡)라고 불렀다. 동호(東胡), 임호(林胡), 누번(樓煩) 그리고 흉노. 흉노는 기원전 318년 문헌에 처음 등장했고, 진시황이 천하를 통일할 무렵 흉노 또한 북방에서 강력한 세력을 형성하였다. 이들의 지배자는 황제가 아닌 '선우'였다. 진시황은 기원전 215년 장군 몽염에게 10만 이상의 대군을 주어 흉노를 평정케 하였다. 이 싸움에서 진 흉노는 근거지였던 오르도스 지방에서 쫓겨났다. 하지만 묵특선우(冒頓單于) 때에 이르러 흉노는 재기에 성공한다. 동쪽으로 군사를 몰아 동호를 집어삼키고 북쪽으로는 굴사·정령·신려·격곤·혼유 등을 점령하면서 흉노의 활동 반경은 바이칼호에서 알타이산맥을 넘나들었다. 그리고 누번, 백양을 복속시킨 후 오르도스를 되찾는 데 성공하였다. 흉노가 북방의 패자로 거듭나던 시점은 진나라가 망하고 한나라가 들어서는 시기와 일치한다.

기원전 200년, 천하를 통일한 한고조 유방은 30만 대군을 이끌고 직접 흉노 원정을 단행하였다. 결과는 대실패. 유방은 평성의 백등산에서 완벽하게 포위당했고, 뇌물을 써서 간신히 탈출할 수 있었다. '평성의 수치'. 어쩔 수 없이 유방은 화친책으로 돌아섰다. 만리장성을 경계로 서로를 인정하였고, 한나라 공주와 물자를 정기적으로 흉노에게 보냈다. '관시'라는 시장도 만들어서 교역을 정례화했으며 흉노와 한은 형제의 나라가 되었다.

오늘 우리가 상상하는 유목민의 모습과 흉노는 뚜렷한 차이가 있다. 그들은 '게르'라고 하는 이동식 천막을 사용하지 않았다. 조립식 천막은 8세기 돌궐이 활동하던 시기에 고안되었고, 당시에는 소가 끄는 수레에 물자를 싣고 다니다가 거주지가 정해지면 임시로 집을 짓고 생활하였다. 농경민을 비롯하여 다양한 부락을 휘하에 거느렸고, 중국은 물론 중앙아시아의 여러 집단과 교류했다.

기원전 176년 묵특선우는 월지를 공격하였다. 월지는 자신들의 본거지인 하서회랑에서 쫓겨나 일리 계곡을 거쳐 아무다리야 북방 지역으로 이동하였다.

흉노의 공격과 월지의 이동 경로

서역의 실크로드

하서회랑을 통과하면 타림분지가 나온다. 남쪽으로는 거대한 티베트고원이 있고 북쪽으로는 여러 산맥과 하천이 이어진다. 이 거대한 분지의 남북에는 여러 오아시스 도시가 있다. 투르판, 쿠차, 우루무치, 카슈가르 등등. 이곳을 중국인들은 '서역'이라고 불렀다. 중국인들이 가보지 못한 땅, 언제나 신비하고 구하기 어려운 물품이 흘러 들어오는 지역. 중국과는 다른 서쪽 세계의 문화가 이곳을 통해 중국과 인근 동아시아에 전파되었다.

타림분지를 벗어나면 월지가 정착한 아무다리야 북방 지역에 도착한다. 이곳을 '대월지'라고 불렀는데, 근처에 박트리아가 있고 조금 더 서쪽으로 가면 파르티아와 카스피해가 나온다. 더욱 서쪽으로 가면 지중해를 품은 로마제국을 만날 수 있다. 중국 입장에서 보았을 때 하서회랑을 거쳐 타림분지의 오아시스 국가들을 만난다는 것은 새로운 세계, 로마제국, 파르티아, 박트리아가 지배하는 새로운 문명과 마주하는 것을 의미한다. 오늘날 언어로 표현한다면 중앙아시아, 중동 또는 근동이라고 불리는 서아시아, 유럽을 만나는 입구가 서역인 셈이다.

> 흉노에게서 투항해 온 자가 "흉노가 월지왕을 죽이고 왕의 두개골을 음기(飮器, 음식 담는 그릇)로 삼자 월지 부족은 서쪽으로 이동하면서 흉노를 증오하고 있습니다. 그러나 월지와 함께 흉노를 공격할 세력이 없습니다"라고 전했다. 바로 그때 한나라 조정에서는 호(胡, 흉노)를 섬멸할 계획을 세우고 있었다. 그 소식을 듣고 월지와 서로 사신을 파견하여 통하고자, 반드시 흉노 영토를 지나가야 하는 출사 임무를 감당할 자를 모집했다.
>
> – 반고,《한서열전》〈장건·이광리전〉 중

한나라의 일곱 번째 황제이자 이제 갓 스무 살이 된 무제는 투항한 흉노인에게 월지와 관련된 이야기를 직접 들었다. 한무제는 한고조 때 맺어진 흉노와의 굴욕적인 조약을 좌시하지 않았다. 그는 적극적인 정복 군주였고 월지는 흉노를 협공할 수 있는 실마리를 안겨주었다. 누가 월지에 갈 것인가. 태사 장건이 선택되었다. 장건은 100여 명의 수행원을 데리고 시안을 출발했다. 월지가 정확히 어디에 있는지도 몰랐고 하서회랑에서 타림분지로 이어지는 길 또한 당시 중국인들에게는 낯선 곳이었다. 시작부터 난관이었다. 결국 장건은 흉노에게 붙잡혀 10여 년간 억류되었다. 다행히 흉노에서 후계자 문제를 두고 분란이 생겼고, 이를 기회로 탈출하는 데 성공, 장건은 극적으로 월지에 이른다.

하지만 월지는 새로운 정착지에서 안정을 구가할 뿐 흉노와 싸울 의지가 없었다. 장건은 1년여 동안 월지에 머무르면서 기회를 엿봤지만 끝내 성과 없이 돌아올 수밖에 없었다. 더구나 귀국길에 다시 흉노에게 붙잡혀 1년여간 억류

당하였다. 간신히 시종 한 명과 탈출하여 시안으로 돌아왔으니 13년이라는 긴 기간에 비해 참으로 성과 없는 여정이었다.

> 지금 대하에 사신을 보내려면 강(羌)의 땅을 지나야 하는데 지세가 험한
> 데다 강족도 우리가 사신을 보내는 것을 싫어할 것이고, 그보다 약간 북
> 쪽으로 가면 흉노에게 잡힐 것입니다. 촉 땅에서 출발하면 지름길로 가
> 게 되어 있을 뿐만 아니라 적을 만날 일도 없을 것입니다.
>
> — 반고,《한서열전》〈장건 · 이광리전〉 중

한무제는 장건을 따뜻하게 맞이했고 그의 실패를 비난하지 않았다. 누구도 다녀오지 못한 서역 개척로에 관한 지식을 존중했으며 장건의 서역 경험은 한무제의 상상력을 자극하였다. 장건 역시 단념하지 않았다. 그는 강과 흉노 사이에서 촉 땅의 지리적 가치를 발견하였고 오손, 대원, 강거, 대하, 안식, 신독, 우전, 한미 등 인근 여러 나라와의 제휴를 시도하였다. 장건의 노력이 있었기에 곽거병이 군사적으로 성공할 수 있었던 것이다.

흉노를 몰아낸 결과 한나라는 하서회랑 일대를 손에 넣었고 시안에서 둔황에 이르는, 서역으로 나아가는 새로운 길에 다다르게 되었다. 사막길, 서역 교통로이자 육상 실크로드의 문이 비로소 열린 것이다.

변화는 즉각적이었다. 서역의 명마에 대한 소문이 중국을 휩쓸었고, 일대의 여러 나라가 거대한 제국 한나라를 알게 되었다. 한나라는 지속적으로 서역을 경영하려 했지만 뜻대로 되지 않았다. 좁은 교통로, 흉노를 비롯한 다양한 이민족과의 사투, 서역 여러 나라의 복잡다단한 이해관계 등등. 그럼에도 상호교류는 활발히 일어났다. 다양한 물자가 오갔는데 포도와 석류 등이 서역에서 들어와 중국인들의 입맛을 바꾸었고, 중국산 비단이 이 길을 통해 세계적인 인기를 끌게 되었다.

비단이 만들어낸
기적

길이 먼저일까, 물건이 먼저일까? 역사는 정치적인 것으로만 이루어지지 않는다. 군사적인 승리 역시 매번 제한적이다. 동서양의 교류라는 고대사의 놀라운 마술은 '비단'이라는 물품에서 시작되었다. 실크로드가 없었을 때는 시베리아의 부락민들이 비단을 그리스까지 전파했다고 한다. 비단은 중국 선사시대에 발명된 옷감이다. 저장성 허무두 유적지에서는 기원전 5000년경의 비단 제조 기술을 확인할 수 있는 도구와 비단 무늬를 새긴 그릇이 출토되었다. 산시성 후이투링 유적지에서는 기원전 4000년경 유물로 추정되는, 인위적으로 잘려진 누에고치 반 조각이 발견되기도 하였다.

누에고치에서 균일한 굵기의 실을 뽑아내는 것은 여간 까다로운 일이 아니다. 생사를 뽑아내다 보면 실의 굵기가 달라질뿐더러, 새 누에고치를 넣어서 실을 잇는 것 또한 어려운 기술이기 때문이다. 중국의 고대 왕조 상나라 때는 '여잠(女蠶)'이라는 관리를 두어서 이를 국가적으로 관리했으며 잠신(蠶神), 즉 실을 뽑는 신을 섬기는 제사를 성대하게 치르기도 하였다. 제사 때가 되면 양이나 소를 3마리 이상 바치기도 했고 이민족 노예를 제물로 바치기도 하였다.

그때부터 중국의 비단 기술은 꾸준히 발전하였다. 고운 비단 옷감을 만드는 것은 물론이고, 옷감에 다양한 색을 내거나 문양을 넣는 기술 또한 발전하였다. 기원전 5세기 전국시대가 되면 주홍색, 고동색, 상록색, 옅은 오렌지색, 옅은 다황색, 옅은 초록색 등 보통 다섯 가지 색상이 비단의 기준색이 되고 이 바탕 위에 문양을 넣는 방법 또한 체계화된다. 참으로 이른 시기에 이루어낸 성취라고 할 수 있다.

이번에도 결정적인 계기는 한나라였다. 기원전 206년부터 기원후 220년까지 한나라가 번성하던 약 400년 동안 비단 제조 기술은 비약적으로 성장하였다. 제조, 염색, 문양 새김을 비롯하여 옷감을 다루는 방식 등 모든 면에서 새로운 기술이 도모되었으며 그만큼 좋은 질감과 훌륭한 문양을 가진 비단이 다량으로 생산되었다.

> 옛날 평민들은 노인이 된 이후에나 비단옷을 입고 그 나머지는 베옷을 입는 것이 고작이었기에 (…) 지금(한나라)의 부자들은 얇고 가벼운 화려한 무늬의 비단을 입고 중산층 사람들은 희고 얼음과 같이 맑은 비단을 입는다. 일반 평민들이 왕후의 옷을 입고 (…)
>
> - 환관, 《염철론》〈산불족편〉 중

상당한 기술 개선은 물론이고 비단 보급이 대량으로 이루어졌음을 알 수 있는 당대의 기록이다. 여기에 더해 장건과 곽거병 덕분에 실크로드가 열렸고, 그 덕에 비단 수출이 가속화될 수 있었다. 로마의 지배자 카이사르는 중국산 비단옷을 입고 연극을 관람하는 귀족들의 태도를 못마땅해했다. 지나치게 사치스럽다는 것이 이유였다. 로마의 두 번째 황제 티베리우스는 남성이 비단옷 입는 것을 금지했다. 그럼에도 중국산 비단은 로마인들이 가장 아끼는 사치품 중 하나가 되었고 교회에서도 휘장을 비단으로 장식할 정도였다.

한나라가 멸망한 이후에도 비단 생산은 계속되었다. 특히 유비가 세운 촉나라에서는 비단 생산이 중요한 산업이었다. 촉나라의 승상 제갈량이 "지금 백성들은 가난하고 나라는 비어 있다. 그러므로 촉한(촉나라)에서 적들과 싸울 자원은 오직 비단뿐이다"라는 기록을 남길 정도였다. 위나라, 오나라, 촉나라로 나뉘어서 자웅을 겨루던 시기에도 촉나라에서 생산된 비단이 위나라와 오나

실크로드

라에 다량으로 공급되었다. 한나라 때와 마찬가지로 삼국시대에도 실크로드를 통해 로마로 이어지는 수출망은 유지되었고, 동아시아 전역, 한반도와 일본으로도 확대되고 있었다. 삼국은 오래가지 않았다. 북방 민족의 침탈이 본격화됐기 때문인데, 오히려 비단 보급은 늘어났다. 보급보다는 널리 퍼졌다는 것이 정확한 표현일 것이다. 유목민족들 사이에서 비단의 인기가 높아졌기 때문이다. 북방 민족의 지배자들은 비단으로 옷을 만들어 입고 궁궐을 꾸몄으며, 비단을 생산하는 기관을 앞다투어 만들었다. 정치에 흥망이 있을 뿐 비단의 역사는 오히려 고양되었다.

　로마제국을 계승한 비잔틴제국에서 비단은 귀족들의 필수품이 되었다. 중국에서 생산한 원단에 마(麻)를 섞거나 금사로 수를 넣는 등 취향에 맞게 옷을 지어 입었다. 비잔틴제국은 중국과 직접 교역을 시도하였으나 번번이 실패하였다. 중간에 파르티아가 가로막고 있었기 때문인데, 파르티아의 뒤를 이은 페르시아와 비단 무역을 두고 전쟁을 벌일 정도였다. 간절함이 통했던 것일까. 6세기가 되면 네스토리우스파 성직자 2명이 중국에서 누에를 가져오고, 중국식 비단 기술을 비잔틴제국에 전수한다. 이때부터 상당 기간 비잔틴제국은 중국에 견줄 만한 비단 생산 국가로서 막대한 이익을 누린다. 중국에 이어 비단을 생산하는 국가가 등장한 것이다.

> 부자는 베틀을 베풀어서 살아가고 가난한 사람은 베틀을 빌려서 살아간
> 다. 매일 새벽에 일어나면 수백 명의 가난한 사람들은 현묘 입구에 가득
> 모여 대부호가 방직하라고 부르기를 기다린다. 하루 벌이를 얻어 아침
> 밥과 저녁밥을 계산하여 돈을 나눈다. 대부호의 베틀은 하루라도 방직
> 하지 않으면 곧 손이 묶이고, 가난한 사람은 하루라도 남에게 베틀을 빌
> 려 방직하지 못하면 곧 배를 곯는다.
>
> — 장종화,《서태만기》중

비단 제조술의 발전은 중국 역사 내내 이어졌다. 황실과 귀족의 필수품목으로 기능하였고 2,000년간 실크로드를 잇는 핵심적인 물품이었다. 원나라 때에 이르면 면화 보급이 본격화된다. 비단이 아니라 면, 면의 등장! 값싸고 따뜻한 옷감의 등장이었다. 원나라의 뒤를 이어 14세기에 세워진 명나라에서는 비단의 고급화 과정이 일어난다. 면화가 대량으로 보급되면서 의생활에서 혁명적 변화가 일어나자 비단은 보다 확실한 사치품으로 자리매김한 것이다. 명나라에서는 수공업이 발달했는데 장종화가 묘사했듯 대부호는 수많은 베틀에서 각종 옷감을 제조하며 이득을 취하였고, 일반 민중은 대부호의 공장에서 수공업 노동자가 되어 생계를 이어갔다. 비단을 주축으로 옷감 생산을 위한 대규모 생산 시설이 만들어진 것이다. 18세기 말 시작된 산업혁명, 공장에서 방적기가 옷감을 생산하기 이전까지 지구상 어떤 곳에서도 볼 수 없었던 진풍경이었다.

사막길보다 훨씬 많은 물자를 실어 날랐던 해상 실크로드

중국에 이르는 혹은 중국에서 출발하는 길은 육상에만 있지 않았다. 해상 실크로드, 일명 바닷길이다. 육상 실크로드가 그렇듯 해상 실크로드 역시 저마다의 이유로 만들어졌고, 각각의 선이 어느덧 길고 긴 해상 실크로드, 바닷길로 성장하였다. 바닷길의 연원 또한 유구하다. 메소포타미아문명과 인더스문명은 인도양의 기나긴 해안선을 따라 일찍부터 교류하였다. 인더스의 인장이, 메소포타미아의 동전이 서로의 문명권

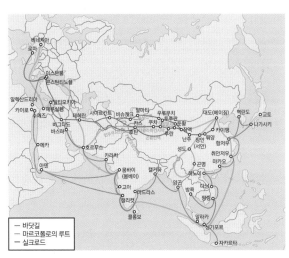

육상 실크로드를 넘어 바닷길로 성장

에서 발견되었다. 두 문명에 이르는 곳곳에는 중요한 항구 도시가 발전하였다.

관련된 기록은 단편적이지만 매우 다양하게 남아 있다. 기원전 8세기 인도 남부에 거주하던 드라비다족은 아대륙의 소비라(sovira)에서 출발하여 아라비아해를 거쳐 페르시아만에 이른다. 이곳에서 이들은 바빌론과 무역을 하였다. 기원전 6세기 고대 근동을 통일한 아케메네스 페르시아의 다리우스 1세는 홍해에서 인더스강으로 이어지는 해로를 탐색하기 위해 스킬락스(Scylax)에게 명을 내렸다. 기원전 325년에는 알렉산드로스 휘하의 장군 네아르코스(Nearchos)가 인더스강 하구부터 유프라테스강 하구까지 항해하였다. 제국의 시대 대왕의 욕망과 그로 인한 무모한 군사적 모험이 흐릿했던 여러 길을 선명하고 뚜렷하게 만들었다. 메소포타미아문명과 인더스문명, 고대 근동의 통일제국과 인도의 여러 왕국이 교류하면서 아라비아해에서 페르시아만으로 이어지는 바닷길이 연결된 것이다. 흐름은 더욱 강력하게 이어졌다. 페르시아제국, 알렉산드로스제국, 로마제국 등 강력한 통치력과 군사력을 가진 거대 집단이 연이어 등장하면서 지중해와 근동의 광대한 지역이 물리적으로 통합된다. 이탈리아반도, 그리스반도, 아나톨리아반도는 물론이고 오늘날 이집트에서 이라크, 이란, 파키스탄에 이르는 광대한 지역의 정보가 공유되는 루트가 확보된 것이다.

한편 인도 동편에서도 중요한 변화가 일어났다. 기원전 3세기 인도의 칼링가 왕조는 미얀마, 말레이반도와의 해상 교역을 도모하였다. 벵골만, 버마해, 믈라카해협으로 이어지는 바닷길이 개척되기 시작한 것이다. 인도인들 중 일부는 아예 동남아 지역으로 이주하기도 했다.

같은 시기 중국에서도 동남아시아 항로를 개척했다는 기록이 있다. 베트남 북부 넛남(日南, 일남)에서 인도 동부 칸치푸람(黃支國, 황지국)까지 이르는 뱃길에 대한 상세한 기록인데 칸치푸람에서 말레이반도까지 8개월, 말레이반도에서 넛남까지 2개월을 항해했다는 내용이다. 당시의 선박술을 고려한다면 연근 해안을 따라가는 조심스러운 항로였을 것이다. 대양의 거친 바람을 견딜 수 있는 배를 만들 수 없었기 때문이다. 인도 남부에서 미얀마까지 벵골만과 버마해의 연근 해안을 따라 돌아왔을 것이고, 다시 말레이반도와 수마트라섬 사이의 믈라카해협을 통과했을 것이다. 그리고 잠시 숨을 돌린 후 북상하여 오늘날 베트남의 연근 해안을 따라 올라와서 우선 하노이에 정박한 후, 최종 목적지인 중국 남부의 광저우에 도착했을 것이다.

2개의 항로, 인도 서부에서 근동 지역에 이르는 길과 인도 동부에서 중국에 이르는 길이 이러한 노력과 모험과 우연으로 이미 기원전에 만들어졌다. 로마의 역사가 플로루스(Florus)는 기원전 30년경에 중국인이 인도 사신과 함께 왔다는 기록을 남기고 있다. 이 중국인이 바닷길을 이용했다면 인도 동서부의 바닷길을 모두 따라왔을 것이다. 그리스의 스트라본(Strabon)은 해마다 로마에서 120척 이상의 선단이 인도로 향했다는 기록을 남겼다. 비단이 최고의 교역품이었고 가축, 후추, 계피, 향료, 염료, 그 밖의 각종 금속이 거래 대상이 되었다. 로마인들은 비단과 더불어 계피에 열광하였다. 화장품, 약재, 향료 등으로 다양하게 쓰였기 때문이다.

제국의 붕괴가 실크로드의 번성을 방해하지는 못했다. 한나라가 무너지고 북방 민족이 중국 북부를 지배하자 해상 실크로드는 오히려 주목받았다. 손권의 오나라는 5,000척의 배를 보유했고, 남조시대 양나라는 2만 척의 배를 운용하였다. 이들은 임읍(林邑, 베트남 중부), 푸난(扶南, 부남, 캄보디아)에 사신과 상인을 파견하였다. 한나라 멸망 후 삼국시대, 남북조시대가 이어지면서 귀족문화가 발전하였고 그만큼 사치품의 수요는 나날이 증가했다. 알 마수디(al-Mas'udi) 같은 아랍인 학자는 6세기경 중국 배들이 유프라테스강 하구로 몰려들었다는 것을 기록으로 남겼다. 같은 시기 로마제국이 붕괴되고 그만큼 서쪽에서 동쪽을 향해 밀려드는 선단은 줄어들었지만, 중국인들이 그런 수요를 대체하고 있었던 것이다.

대운하:
중국을 남북으로 관통하는 고속도로

사막길과 바닷길, 중앙아시아를 관통하는 육로와 인도양을 넘나드는 항로 사이에서 기이한 혁신이 일어났다. 수양제의 대운하 건설이 그것이다. 대운하는 해상 실크로드의 위상을 크게 높였다. 황허와 양쯔강을 비롯하여 중국의 거대한 강들은 대부분 서쪽에서 동쪽으로 흘러간다. 동서 간의 교류와 교역에는 유리하지만 남북 간의 교류에는 이득이 없다. 남북을 잇는 운하를 만든다면? 남북의 교통은 물론이고 물자 이동을 비롯하여 여러 부문에서 이득이 있을 것이다.

위진남북조시대를 거치면서 이에 대한 확신이 더해졌다. 한나라가 멸망한 이후 남쪽의 오나라는 양쯔강을 경계로 오랫동안 번성하였다. 북방 민족이 대거 남하하여 화북 지방을 쑥대밭으로 만들고 있을 때 양쯔강 이남 지역에서는 송나라, 제나라, 양나라, 진나라 등이 흥망을 이어갔다. 정치적으로는 혼란스러웠지만 경제는 역동적으로 성장하고 있었다. 양쯔강 이남 지역의 벼농사가 본격적으로 성과를 거두었기 때문이다. 황허 일대에서는 2모작 혹은 3모작까지 다른 곳에서 흉내조차 낼 수 없는 대단위 농업 발전이 이루어졌다.

중국을 다시 통일한 수나라는 양제 때 대대적으로 수로를 정비한다. 우선 시안에서 뤄양에 이르는 물길을 새롭게 만들었다. 수도 인근의 운하를 대대적으로 정비, 물자 유통의 번거로움을 없앤 것이다. 그리고 605년, 어마어마한 규모의 대운하 건설 사업에 들어간다. 황허에서 화이허에 이르는 통제거(通濟渠), 화이허강에서 양쯔강에 이르는 한거우(邗溝, 한구)를 개통한 것이다. 통제거와 한거우에 이르는 길에는 여러 운하가 있었다. 하지만 체계적으로 관리되지 못했고 종합적으로 운영되지도 못했다. 남북을 잇는 운하의 필요성을 느끼고는 있었지만 강력한 의지와 막대한 재원을 들여 작업을 진행하는 것은 한두 사람의 노력으로 이룰 수 있는 일이 아니었다. 황제의 힘. 수양제의 과감함이 가능성을 현실로 바꾸어놓았다.

수나라와 현재의 운하

　시안에서 양쯔강 근처 양저우까지 배를 이용하여 이동할 수 있는 혁신적인 운하가 만들어졌다. 운하의 폭은 40보, 60미터였고 길이는 1,515킬로미터였다. 당시로서는 수만 척의 배가 동시에 다닐 수 있는 규모였다. 강남하(江南河)를 제외하고는 수양제 때 모두 건설되었는데 뤄양 근처에는 낙구창, 회락창 같은 거대한 창고를 만들어서 물자를 보관했다. 낙구창은 10킬로미터 성벽에 3,000개의 지하 창고를 설치하여 8,000석의 쌀을 저장하였고, 회락창은 5킬로미터의 성벽에 300개의 지하 창고를 건설하였다. 운하를 건설하기 위해 연인원 100만에서 200만 명을 징발하였고 남성만으로는 부족하여 여성까지 동원하여 이루어낸 대역사였다.

　공사는 여기서 멈추지 않았다. 탁군(涿郡), 즉 오늘날 베이징에 이르는 길까지 영제거(永濟渠)라는 거대한 운하를 하나 더 건설하였고 양쯔강 이남 지역의 물자를 끌어오고자 강남하가 추가로 건설되었다. 수도 시안에서 뤄양까지 운하를 만들고 다시 강남하, 한거우, 통제거를 통해 모든 물자가 뤄양과 시안으로 들어오게 하는 어마어마한 뱃길이 완성된 것이다. 더불어 뤄양에서 탁군에 이르는 거대한 물길을 뚫었다. 양쯔강, 황허, 화이허강, 웨이허강(渭河, 웨이수이라고도 부른다) 등 중국의 가장 중요한 물길이 황제가 살고 있는 곳으로 단번에 이동할 수 있게 되었다. 대운하를 통해 남북의 물자가 오롯이 뱃길만으로 이동 가능한 시대가 도래한 것이다. 철도가 없던 시절에는 대부분 물자가 배로 옮겨졌다는 점을 고려하면 수양제의 대운하는 중국 경제사를 넘어 인류사에서도 극히 중요한 사례라고 할 수 있다.

대운하가 만들어지면서 광저우와 양저우는 해상 실크로드와 관련하여 중요한 거점 도시가 되었다. 바닷길을 타고 온 수많은 상선이 일차적으로 도착하는 곳은 중국 최남단의 광저우였다. 당시만 하더라도 광저우는 보잘것없는 도시였다. 인구는 20만 명 정도였는데 대부분 외국인이었다. 초가지붕의 목조 건물이 대부분이었고 야생 짐승이 출몰하고 희귀한 전염병까지 도는, 내륙에서는 상상할 수 없는 위험한 곳이었다. 하지만 광저우는 색다른 활력이 넘쳐나는 도시였다. 외국 상인들만이 구해 올 수 있는 각종 향신료와 희귀한 보화가 유통되었으니 말이다. 외국 상인들은 이곳에서 자신들이 구해 온 물건과 비단, 도자기, 노예 등을 교환하고자 했다.

간혹 갈등도 일어났다. 758년에는 페르시아인과 아랍인들이 무리를 이루어서 관청을 공격하고 창고를 약탈하는 등 폭동이 일어나기도 했다. 수나라가 멸망하고 당나라가 들어서고, 다시 당나라가 멸망하고 송나라가 들어서는 동안 광저우는 부침을 겪었고 푸젠이나 저장의 항구에 외국 상인들을 빼앗기기도 했지만 그럼에도 항구로서의 중요성은 잃지 않았다. 베트남 연근 해안을 통과한 후 가장 먼저 도착하는 도시, 좋은 항구를 가지고 있고 어렵지 않게 운하를 이용할 수 있어 단박에 시안까지 접근할 수 있는 도시였으니 말이다.

광저우에서 시안에 이르는 중간 지점에 양저우가 있다. 양저우는 대운하가 낳은 보석 같은 곳이다. 당나라 때가 되면 더욱 번성하는데 많은 사람이 양저우에서 죽는 것이 복이라고 생각할 정도였다. 외국에서 들어오는 수많은 물품과 중국 남부에서 거두어들이는 물건들이 모두 이곳에 모였다. 당나라 상인은 물론이고 상당수의 외국인 상인들도 이곳에 거주했다. 상인들이 취급하는 모든 품목이 이곳에 집결하여 시안으로 가는 배에 옮겨졌다. 또한 다양한 물자가 양저우로 몰려들었기 때문에 가공 산업으로 번성을 누리기도 하였다. 청동 거울 같은 금속 가공류, 당나라에서 유행하던 중절모, 비단 직물과 자수, 설탕, 각종 고급 옷감과 가구 그리고 조선업이 번성했으니 말이다. 대운하의 건설로 중국에서는 동서가 아닌 남북을 중심으로 한, 해상 실크로드와 맞닿은 도시가 발전하고 있었던 것이다.

실크로드의 신기원, 당나라

> 옛날부터 중화를 귀하게 여기고 이민족을 천시했는데, 짐은 그들을 우리와 같이 사랑하므로 이민족 부락은 부모처럼 짐에게 의지하라.
>
> — 사마광, 《자치통감》 〈당서〉 중

정관 21년(647), 당태종 이세민의 일성이다. 중국이 지니는 중화로서의 위상을 분명히 하면서도 주변의 다양한 이민족 역시 중화 세계의 일원으로 함께 이끌겠다는 의지의 표현이었다. 수나라는 40년 만에 멸망하였고 당나라가 들어섰다. 수나라에 이어 당나라, 중국에는 통일제국이 들어섰지만 그렇다고 이민족의 위세가 약화된 것은 결코 아니었다. 북방에서는 돌궐, 서방에서는 토번이 두각을 나타냈다. 안정된 것은 만리장성 이남뿐 주변 세계는 역동적으로 성장하고 있었다. 바뀔 필요가 있다. 오랑캐라고 무시하고 군사 원정을 통한 윽박지르기가 아닌 새로운 전략이 필요하다. 당나라는 이전의 중화제국과는 다른 방식으로 문제에 대처하였다.

당나라는 한나라를 뛰어넘는 군사적 성공을 거두었다. 북방의 가장 강력한 라이벌 돌궐제국을 무너뜨린다. 당태종은 동돌궐을 무너뜨린 후 서돌궐을 몰아내기 위해 칼끝을 서쪽으로 향했다. 이 와중에 하서회랑을 장악하고자 했던 토욕혼을 무찔렀고, 군사를 몰아 고창·언기·쿠차 등 타림분지의 실크로드 도시를 평정하였다. 당고종은 소정방(蘇定方, 592~667) 등을 파견하여 서돌궐을 격파하면서 톈산북로, 아무다리야강은 물론이고 아랄해에 이르는 권역을 모조리 손에 넣었다. 하서회랑을 거쳐 실크로드 전역을 장악한 것인데 한나라 때는 엄두도 내지 못했던 수준이었다. 흉노와의 혈전 이후 국력이 쇠잔해졌던 한나라가 하서회랑 정도에 영향력을 미쳤다면, 당나라는 이미 당태종 이세민 때 하서회랑을 넘어 실크로드 일대를 정벌하고 경영하였다.

당나라의 지배 정책은 적극적이고 포용적이고 개방적이었다. 당나라는 사막길의 오아시스 도시 일대에는 둔전제도를 실시하였다. 군대를 주둔시키되 평상시에는 농사를 지어 식량 문제를 해결하게 한 것이다. 당나라 군대는 안정적으로 현지를 지배했고, 사신과 상인들은 당나라 군대의 보호 아래 적극적인 활동을 펼칠 수 있었다. 당나라가 실크로드를 점령하고 안정적인 통치를 펼치자 실크로드의 여러 도시국가가 경제적으로 더욱 번영하였다. 특히 쿠차가 크게 번성하였다. 당나라는 실크로드를 통해 동로마제국, 페르시아 등과 긴밀한 교역 관계를 다져나갔다. 인도의 불교가 이 길을 통해 중국은 물론이고 한반도와 일본에까지 퍼져나갔고, 네스토리우스교·조로아스터교·마니교 등 유럽과 서아시아의 종교도 중국에 소개될 수 있었다. 한나라 때와는 비교할 수 없는 변화였다.

당나라는 돌궐, 토욕혼, 회흘, 해, 거란, 토번 등 이민족의 지배층과 당나라 공주들의 혼인을 적극 권장하였다. 이민족의 귀화에도 적극적이었다. 외국인이 귀화하면 10년 동안 세금과 부역을 면제하는 제도를 실시하기도 했다. 태종 때는 동돌궐 10만여 명, 측천무후 때는 서돌궐 7만여 명 등 수십만의 이민족이 꾸준히 중화제국에 자리를 잡았다.

기미정책(羈縻政策). 당나라는 만리장성을 넘어 유목 세계를 정복하는 데 성공하였고 끝없이 이어지는 변방에 무려 857개의 기미주를 만들었다. 중국을 다스리기 위해 만든 주가 328개였으니 기미주가 두 배 이상에 달했는데 이곳 부락의 이민족 우두머리를 도독, 자사 등에 임명하면서 간접 통치를 도모한 것이다. 당나라의 변방에는 6개의 도호부가 설치됐으며, 도호부의 수장이 기미주를 관리하였다. 세금을 걷고 준수해야 하는 규범들을 제시하긴 했지만, 이민족의 토착 권리를 인정했고 문화를 존중하였다.

외국인들을 관리하는 제도도 마련했다. 광저우, 취안저우(泉州, 천주), 양저우 등 실크로드의 종착지에는 수많은 외국인이 거주했는데 이들을 관리하는 '번장사'라는 기구를 만든 것이다. 당나라 전역에 가장 널리, 가장 많이 정착한 신라인들을 제외하더라도 동아프리카에서 중앙아시아, 인도에서 동남아시아에 이르는 나라들에서 온 수많은 사람이 곳곳에 정착하였다. 번장사는 이들의 자치권을 존중하며 원활한 무역 활동을 보장하였다. 유학생들의 경우 빈공과(賓貢科)라는 과거시험도 볼 수 있었고, 유학 기간 동안 정부에서 생활비 지원을 받기도 했다.

개방적이며 관용적이며 포용적인 당나라의 이민족 정책과 안정적인 실크로드 운영은 중국 문화에 크나큰 변화를 불러일으켰다. 당나라 정복 정책의 핵심이 사막길, 즉 육상 실크로드에 맞추어져 있었기 때문에 상대적으로 바닷길, 즉 해상 실크로드를 향한 적극성을 찾아보기는 어려웠다. 그렇다고 해상 실크로드가 중단된 것은 아니었다.

　태종의 아들 이승건(李承乾)은 열렬한 돌궐 문화 애호가였다. 궁궐 정원에 돌궐 양식의 천막을 설치하고 그 위에 늑대 머리를 그린 깃발을 세웠으며 삶은 양고기를 칼로 잘라 먹었다. 의복은 물론이고 심지어 돌궐어까지 사용하고자 했는데, 상당수의 당나라 귀족이 이승건처럼 돌궐 풍속을 따라 하는 데 여념이 없었다고 한다. 당나라 남성들은 표범 가죽의 모자를 썼고 여성들은 꽉 조이는 소매와 주름 잡힌 스커트 그리고 긴 스카프를 두른 페르시아풍의 옷, 헤어 스타일, 화장술을 선호했다. 8세기가 되자 '위구르 가발'이라는 것이 유행하기도 하였다.

　이 시기 서역에서 전파된 과자가 유행하였다. 참깨를 뿌리고 기름으로 튀긴 것인데 역시 실크로드를 통해 당나라에 정착한 외국인들이 팔았다. 귀족들은 향료를 사용한 '천금쇄향병' 같은 비싼 과자를 먹었고 인도식 '난' 같은 밀반죽 빵을 만찬에 내놓았다.

　온갖 물품이 중국에 들어와서 다양하게 활용되었다. 육상 실크로드의 무역이 가능했던 원동력은 쌍봉낙타의 근력에 있었다. 더불어 걸음이 빠른 낙타. 변방의 소식을 빠르게 전할 수 있는 흰 낙타 역시 귀하게 여겼다. 낙타털과 낙타고기도 인기였다. 간쑤성의 회주나 오르도스의 풍주는 낙타털 산지로 유명했기 때문에 이곳에서는 낙타털로 만든 모직물이 만들어졌고, 귀족들은 낙타고기를 즐겼으며 특히 낙타의 혹을 진미로 여겼다.

　실크로드를 통해 몰려든 각양의 가죽과 모피와 깃털은 당나라 황실과 귀족의 품위를 상징하는 척도가 되었다. 상어 가죽은 양쯔강 하구나 남중국 연안에서도 구할 수 있었지만 통킹에서 올라온 것을 최고로 쳤다. 상어 가죽은 칼의 손잡이를 감싸는 데 쓰였다. 가죽 표면의 미세한 요철이 칼을 꽉 쥐는 데 도움을 주었기 때문이다. 몽골고원에서 들여온 야크 꼬리와 서역에서 구할 수 있는 백마 꼬리와 늑대 꼬리 등은 신성한 물건으로 여겨졌고, 베트남산 공작 꼬리 역시 고급품으로 인정받았다. 표범의 꼬리는 황제의 가마를 장식하는 중요한 상징물이었다. 당나라는 도교를 후원했는데 도교 성직자들은 고려산 꾀꼬리의 노란 깃털을 비롯하여 다양한 새들의 깃털로 예식을 치장하여 종교적 신비감을 강조하였다.

다양한 먹거리도 실크로드를 통해 들어왔다. 인도 북부에서는 수박이, 페르시아에서는 대추야자가, 서역에서는 울금향이 수입되었다. 포도씨는 한나라 장건이 귀환하면서 구해 왔다고는 하지만 당나라 때까지도 여전히 비싸고 희귀했으며, 포도주는 귀족들만의 음료였다. 네팔에서는 시금치와 콜라비가 들어왔고, 이 시기 후추와 사탕수수도 들어와서 기존의 향신료 문화를 바꾸어놓았다. 동남아 일대에서는 각종 향료가 수입됐는데, 불교와 도교를 비롯하여 각양의 종교가 번성하던 시기였기에 더욱 주목받았다. 수도자의 종교적 각성을 더함과 동시에 보다 화려하고 신비스러운 예식에 적합했기 때문이다.

하지만 이런 물품보다 훨씬 규모가 큰 품목은 사람과 말이었다. 당나라의 성공적인 대외 원정은 수많은 돌궐인 노예를 양산했고, 무수한 남녀와 어린아이가 강제로 당나라에 끌려와 정착을 해야만 했다. 고구려나 신라 같은 한반도 일대에서는 젊은 여성들이 해적들에게 납치되어 팔려 왔고, 심지어 '곤륜노'라고 해서 인도와 동남아시아에서 붙잡혀 온 노예들도 매매가 되었다.

당나라는 돌궐의 기마 전술에 깊은 인상을 받았으며 말을 중요시했다. 돌궐 왕족과의 정략결혼에는 매번 수천에서 수만 필의 말이 따라붙었고, 당나라는 수도 주변에 대형 국영 목장을 운영하며 준마를 양산하기에 여념이 없었다. 말의 주요 공급지는 돌궐이었는데 이 말들은 대부분 타르판, 몽골산과 아라비아산의 교배종이었다. 당나라 국영 목장에서는 타르판과 또 다른 아라비아산의 교배를 통해 머리가 좋고, 오래 달릴 수 있고, 사냥 능력에 민첩한 소형 말을 기르고자 하였다. 수많은 물산이 실크로드를 통해 당나라로 들어왔으며, 이것들은 적절한 형태로 변용되어 당나라 문화의 일부가 되었다.

세계로 퍼져나간 도자기와 차

다양한 나라의 문화가 당나라의 변화를 추동하고 있을 때 도자기는 비단과 더불어 새로운 수출 상품으로 발돋움하였다. 신석기시대 이래 자기는 세계 곳곳에서 등장했지만 곧장 한계에 직면하였다. 수분을 흡수하지 않고, 열기와 냉기를 견딜 수 있으며 적당한 내구성을 갖춘 그릇. 금속기는 쉽게 뜨거워지기 때문에 여러모로 불편했고 유리는 강도가 약했다. 메소포타미아 일대에서의 도자기 산업은 이른 진보를 보였지만, 800℃ 이상의 높은 온도를 감당할 수 없었기에 그들이 만든 도자기는 미완성에 불과했다.

800℃ 이상의 높은 온도를 감당할 수 있는 흙, 고령토가 필요했다. 그만큼의 열기를 내는 가마 또한 필요했다. 가마 안에서는 뜨거운 열기가 나무 재와 얽혀서 잿물이라는 자연 유약을 만들어내고, 그것이 그릇 표면에 내려앉으면서 우리가 상상하는 단단하고 강인한 도자기가 탄생했다. 여타 지역에서는 도달하지 못한 고도의 기술력. 그리고 청자 혹은 백자같이 영롱한 빛을 내며 그윽한 예술미마저 겸비한 특별한 도자기는 오직 중국에서만 구할 수 있었다.

청자의 경우 한나라 때 모양을 갖췄고 당나라 때 더욱 발전했다. 저장성의 월주요(越州窯)가 생산지로 유명하였는데, 당나라 때에 이르면 1,200℃ 이상의 높은 온도로 만들어진 회청색 도자기가 주를 이루었다. 위진남북조시대 때 백자가 발명됐기에 당나라 때에 이르면 '남청북백', 즉 남쪽은 청자, 북쪽은 백자 생산이 번성하게 된다.

비단의 뒤를 이어 중국산 도자기가 세계인들의 주목을 받기 시작했다. 이집트 카이로의 푸스타트, 이란의 니샤프로, 파키스탄의 키라치 반보르, 이라크 사마라 등에서 대규모의 당나라 자기가 발굴되기도 했다. 특히 장사요(長沙窯)는 중국에서는 그다지 인기가 없었는데 유독 해외에서 사랑을 받았다.

> 차를 우릴 때 쓰는 물은 산에서 흐르는 것이 가장 좋고, 다음으로는 강물이 좋으며, 우물물은 그다음이다. (…) 산에서 흐르는 물은 유천이나 돌이 있는 곳에서 천천히 흐르는 것이 좋다. 용솟음치거나 소용돌이치듯 급하게 흐르는 물은 마시면 안 된다. 그런 물을 오래 마시면 목병이 생긴다. 산속 많은 물줄기 가운데 맑아도 고여 있는 물은 더운 여름부터 서늘한 가을까지 용(龍, 양기)이 잠겨 있어 독이 될 수 있다. 이 물을 마시려면 고인 물을 먼저 흘려보내고 새로 고이는 물을 써야 한다.
>
> – 육우, 《다경》 중

당나라 문인 육우(陸羽)는 차 마시는 법을 논한 최초의 책 《다경(茶經)》을 지었다. 당나라 때 찻집이 등장했고 많은 사람이 이곳에서 휴식과 여가를 누렸다. 사람들은 찻집에서 사회문제를 논하고 예술적인 주제를 두고 토론을 벌였다. 뛰어난 서예가의 글과 회화 작품을 구경하는 곳이 찻집이기도 했다. 정확히 언제부터 중국인들이 차를 마셨는지는 모르지만 매우 일렀음은 분명하다. 중국 신화에 등장하는 신농씨(神農氏)는 인간에게 농업을 가르쳤는데, 특히 물을 끓여 마셔야 한다는 점을 강조했다고 한다. 그런데 어느 날 우연히 바람에 날린 이파리가 주전자 안으로 떨어진 것이다. 이를 보고 신농씨는 찻잎을 우려 마시는 즐거움을 누렸다고 한다. 또 다른 전설도 있다. 중국에서 선불교를 창시한 승려 달마가 수행하는 동안 눈썹을 뽑아 버리니 그것이 차나무가 됐다고 한다. 달마는 집중력을 높이기 위해 차나무잎으로 음료를 만들었다고 한다.

역사적으로는 위진남북조시대를 거치면서 본격적으로 차 문화가 발전하기 시작했고 당나라 때 크게 번성했다. 오늘날에도 세계적인 명성을 누리고 있는 보이차(普洱茶) 역시 당나라 때 만들어진 것이다. 당나라를 드나들던 외국인들 또한 차에 매료되었다. 고리대금업 때문에 원성이 자자했던 위구르인들은 열렬한 차 구매자이기도 했다. 도자기와 차는 비단과 더불어 당나라를 넘어 송나라, 명나라 그리고 청나라까지 중국의 대표적인 수출품으로 자리매김하게 된다. 사막길이 새로운 문물을 받아들이는 창구 역할을 했다면, 바닷길은 중국산 제품이 전 세계에 수출되는 통로였던 셈이다.

당나라 멸망 이후 송나라 때에 이르자 육상 실크로드는 쇠퇴하고 만다. 거란이 세운 요나라, 여진족의 금나라, 티베트에서 발흥한 서하 그리고 몽골제국이 연이어 등장하면서 송나라는 실크로드는커녕 만리장성 이남 지역을 사수하는 것조차 버거워졌다. 더구나 금나라에 화북 지방을 잃게 되면서 송나라는 양쯔강 이남의 반쪽짜리 제국이 되고 만다.

남해무역. 북방을 잃은 송나라는 해외 무역에 의존할 수밖에 없었다. 광저우는 물론이고 밍저우(明州, 명주, 오늘날 닝보), 항저우, 취안저우, 원저우(溫州, 온주) 등 남중국 연안의 도시들에는 시박사(市舶使)라는 대외 무역 전담 부서가 설치되어 외국 상인과의 교역에 박차를 가했다. 해상 실크로드에 의지하는 독특한 구조가 형성된 것이다.

도자기 생산은 송나라 때 절정에 달했다. 여요(汝窯), 관요(官窯), 가요(哥窯),

균요(鈞窯), 정요(定窯) 등 5대 도자기 생산지가 등장했는데 그중에서도 여요의 도자기를 최고로 쳤다. 송나라 황제 휘종은 당대 문화예술의 진정한 후원자였다. 그는 여요의 도자

휘종, 〈서학도〉

기 생산에 어마어마한 돈을 투자하였다. 휘종은 〈서학도〉라는 그림을 남겼는데 은은하고 몽환적인 푸른색을 사용하였고 물감 색깔과 유사한 하늘색 유약의 청자를 만들고자 하였다. 예술적 감수성과 능력이 유난히도 뛰어났던 휘종은 꿈속에서 본 "비 갠 뒤 하늘의 구름이 터진 곳" 같은 색깔로 도자기를 만들라는 명령을 내리기도 하였다. 휘종은 청자의 색채적 변화를 위하여 여주에 있는 마노 광산의 광물까지 투입했다. 여주의 마노석은 '청백색, 분홍색' 같은 독특한 색감을 뿜는 귀한 광물이었다. 이 시기 고려는 송나라의 청자 기술을 배웠고 상감기법을 통해 독자적인 청자를 만들었다.

송나라가 청자의 나라였다면, 원나라와 명나라는 백자 그리고 백자에 청색 문양을 새긴 청화백자의 나라였다. 송나라 때부터 자기 생산의 중심이 된 징더전(景德鎭, 경덕진)은 원·명 대에도 명성을 이어갔다. 그리고 이 시기 더욱 극적인 변화가 일어난다. 이슬람 상인들이 짙은 푸른 빛을 내는, 황금보다 비싸게 취급됐다는 페르시아산 코발트를 중국에 제공하면서 자신들의 취향에 맞는 도자기를 주문 제작하였다.

16세기가 되자 포르투갈인들이 인도의 고아에 정착하고 중국과의 직접 교역을 시도하였다. 당시 명나라의 청화백자는 또 한 번 새로운 예술적 성취를 거두고 있었다. 이전보다 얇고 가벼운, 그러면서도 더욱 단단한 도자기. 코발트로 그린 그림은 지상 어디에서도 볼 수 없는 귀한 작품들이었다. 청화백자 또한 열풍을 일으켰다. 17세기 이후 유럽의 왕실에서는 청화백자를 수집하고 청화백자를 보관하는 화려한 방을 만드는 것이 유행이었다. 작센 공국의 아우구스투스 2세가 600명의 기마병을 내주고 프로이센의 프리드리히 1세가 소장하던 1미터 높이의 청화백자 화병을 얻어갈 정도였으니 그 인기가 어땠는지 짐작이 가능하다. 유럽인들 역시 주문 제작을 시도하였다. 청화백자를 주문하면서 그릇 중앙에 유럽 가문의 문장이나 저명한 인물의 초상화 또는 그리스 신화를 묘사한 그림을 그려 넣게 했는데 이를 일컬어 '크락(kraak) 자기'라고 한다.

시간이 지날수록 정교한 시스템이 갖춰졌다. 유럽 상인들이 광저우 상인들에게 주문을 한다. 그러면 광저우의 상인들이 당대 최고의 도자기 생산지인 징더전에 제작을 의뢰한다. 징더전에서는 백자를 만들어서 광저우로 운반하고, 다시 광저우에 있는 장인들이 백자 위에 채색한 후 한 번 더 굽는다. 그런 다음 유럽 상인들에게 팔았는데 이런 자기를 '광채 자기'라고 부른다. 18세기가 되자 몸체는 중국에서 만들고 네덜란드의 채색 공방 등에서 채색을 하기도 했다.

이 시기 일본은 조선을 침공하는 임진왜란을 일으켰고 수많은 조선의 도공을 잡아가서 도자기 생산에 성공을 거둔다. 명나라가 몰락하고 청나라가 들어서는 혼란기에 일본은 기회를 잡았다. 이마리 자기를 비롯하여 일본만의 독특한 미학을 가진 도자기를 유럽에 수출하였고 유럽은 유럽대로 별도의 자기 제작에 성공을 거뒀으니, 19세기가 되면 비로소 도자기 생산은 중국을 벗어나 세계화의 단계로 나아간다.

차 또한 함께 팔려나갔다. 명나라 이전까지 차는 가루로 곱게 빻아 끓는 물에 섞어서 먹는 방식이었다. 하지만 명나라 때가 되면서 우려먹는 방식이 주가 되었다. 청자 발전에 중요한 역할을 했던 송나라의 황제 휘종은 차 문화에도 큰 영향을 미쳤다. 그가 못한 것은 정치밖에 없었던 듯하다. 휘종은 20편이 넘는 차 논문을 썼고 백차를 최고로 쳤다. 백차는 푸젠의 특산물인데 찻잎을 감싸는 여린 은백색 솜털 때문에 붙여진 이름이다. 황차, 녹차, 우롱차, 홍차 등 중국 각지에서 다양한 차가 생산되었는데 실크로드는 차 또한 세계로 실어 날랐다. 송나라 때까지만 하더라도 차는 대부분 중앙아시아에서 소비되었을 뿐 그 너머로 퍼져나가지는 못했다. 위구르인, 티베트인들은 자신들만의 비법으로 차에 감미를 더해 자신들만의 차 문화를 확산시켰다.

그리고 17세기에 이르러 유럽에도 차 문화가 소개된다. 영국에는 1662년 찰스 2세가 포르투갈 출신 캐서린과 결혼하면서 차 문화가 전해졌다고 한다. 18세기에 영국은 중국을 통해 홍차를 수입했고 상류층 사이에서는 청나라 자기에 차를 마시는 문화가 발달하였다. 중국에서 들여온 차를 뜨겁게 끓여 금속 잔에 따라 마셨는데, 그와 다르게 오랫동안 온기가 유지되면서도 차의 그윽함을 차분히 즐길 수 있는 중국산 도자기야말로 특권층의 권리였던 것이다.

사막길과 바닷길, 실크로드를 바라보는 시각은 제각각이다. 서양인들의 입장에서, 그들이 세계사라는 이름으로 실크로드를 설명할 때 가장 중요한 것은 종이, 화약, 나침반, 인쇄술이다. 모두 중국에서 발명된 것들인데 궁극에는 유럽의 종교개혁, 대항해 시대, 시민혁명과 산업혁명에 기여를 한 것들이다. 중국에서 발명되었지만 실크로드를 통해 전래된 후 유럽에서 혁신적 변화를 일으켰으며, 그러한 결과가 인류 역사를 뒤집어놓았다는 주장이다. 세계가 다극화된 오늘날에도 이런 식의 서술이 여전히 일반적이다. 이러한 관점으로 본다면 중국은 최초라는 타이틀을 제외하곤 서구에 뒤처진 세계에 불과하다.

실제로 중국의 실크로드 진출은 그다지 성공적이지 못했다. 당태종이 이룩한 업적은 오랫동안 이어지지 못했다. 탈라스 전투(751) 이후 이슬람의 아바스 왕조에 서역에 대한 경영권을 내주었으며, 그 결과 오늘날 중앙아시아와 신장 웨이우얼 지역에는 이슬람교가 뿌리를 내리고 있다. 바닷길 역시 마찬가지다. 명나라 영락제(永樂帝, 1360~1424) 때 중국은 유럽인들보다 훨씬 이른 시점에 훨씬 거대하고 막강한 부대를 끌고 해상 실크로드의 대부분 영역을 탐색하였다. 하지만 거기까지. 영락제가 파견한 정화(鄭和, 1371~1433?)의 원정대는 기껏해야 몇몇 국가를 조공국으로 삼았을 뿐 유럽이 이루어낸 동방 항로, 신대륙 발견 같은 역사적 변혁을 이루어내지 못했다. 중국의 전통 왕조에게 바다는 끝까지 부수적일 뿐이었다.

하지만 앞에서 살펴본 것처럼 실크로드는 중국의 많은 부분을 변화시켰으며, 동아시아 문명에도 지속적인 영향을 미쳤다. 중국은 실크로드를 발견하고 정복하면서 자신들의 뛰어난 문화적 성취를 전파할 수 있었고, 그 못지않게 많은 것을 받아들이고 내면화하였다. 대운하는 종래에 찾아볼 수 없었던 경제적 성취를 이루는 바탕이 됐으며, 종국에는 해상 실크로드의 가치를 영구화하는 데 큰 영향을 미쳤다. 그리고 근대에 들어서 서양 열강들은 이 길을 따라 중국을 침략하였고, 현재도 바닷길은 세계 무역의 심장과 같은 곳이자 미국과 중국이 충돌하는 첨단이기도 하다. 그렇다고 결과론에 빠져서 역사를 단순하게 이해할 필요는 없다. 낙타고기부터 꾀꼬리 깃털까지 무수한 것들이 역사의 길목에서 흥미롭고 즐거운 이야기를 만들어내지 않았던가.

유목민족이 만든
세계사

칭기즈칸과 누르하치

중화세계 재건 vs 동아시아 통일!

우리 만주족은
완전히 새로운 역사를 써나갔어~
몽골, 신장웨이우얼, 티베트
그리고 타이완까지!
모두 우리가 영토로 만든 곳이야~!

강희제

몽골군의 뒤를 잇는
최강 기마부대 팔기군

중국 두 배로 커지다!

CHINA

1. 유목민족의 역사

공교롭게도 중국 왕조의 번성과 북방 유목민족의 성장은 맞물려왔다. 흉노 vs 한, 돌궐 vs 당이 대표적이다. 그러다가 중세 들어 유목민족의 전성기가 시작됐다. 거란과 여진은 송나라를 압박해서 양쯔강 이남 지역으로 몰아냈다. 그리고 몽골이 세운 원나라가 비로소 중국 전체를 지배했으며, 만주족의 청나라 역시 중국을 지배했다. 이후 원나라는 한족이 세운 명나라에 쫓겨났으며, 청나라가 명나라를 무너뜨리고 중국을 지배했다. 유목민족과 한족의 투쟁이 이어진 모양새다. 하지만 문화적인 측면에서 본다면 유목 세계가 중화 문명에 동화되는 과정이라고 할 수 있다.

2. 원나라

칭기즈칸이 이끄는 몽골은 인류 역사에 유례가 없는 정복전쟁을 일으켰다. 만주부터 중국, 중앙아시아에서 서아시아, 유럽까지 몽골은 구대륙의 절반 이상을 장악할 정도로 위세를 떨쳤다. 하지만 영토가 커지면서 원나라와 여러 한국으로 분열되고 말았다. 쿠빌라이칸은 중국을 점령한 후 과거제를 폐지하는 등 중국의 전통문화를 외면하고 색목인을 우대하는 등 몽골 중심의 고압적인 통치를 시도했다.

3. 명나라

원나라를 무너뜨리고 등장한 나라가 명나라다. 주원장을 비롯하여 한족이 중심이 돼서 유목민족을 몰아냈다. 이들은 과거제를 부활시키고 성리학을 관학으로 삼는 등 전통 사회를 회복하고자 노력했다. 3대 황제 영락제는 해상 원정대를 꾸려 서아시아와 아프리카까지 횡단했지만 특별한 성과를 이룩하지는 못했다.

4. 청나라

만주족이 세운 청나라는 명나라를 무너뜨리고 중국 전체를 지배했다. 강희제는 타이완을 정복했고 몽골초원을 넘어 신장웨이우얼, 티베트 지역까지 정복했으며 이로써 오랫동안 반목을 거듭해온 유목 세계와 중화 세계가 하나가 됐다. 오늘날 중국의 경계선은 청나라 때의 영토를 기반으로 하고 있다.

★ POINT

- **원나라:** 칭기즈칸이 몽골초원을 통일함. ▶ 금나라를 공격하며 만주와 북중국을 지배함. ▶ 호레즘(Khorezm) 왕국을 멸망시키며 중앙아시아를 점령함. ▶ 정복전쟁이 이어지며 서아시아와 동유럽을 지배함. ▶ 쿠빌라이칸이 남송을 멸망시키며 중국을 지배하고, 고려 또한 속국으로 만듦. ▶ 몽골인 제일주의, 색목인 중심의 통치를 함. 유교와 과거제 등 중국 전통문화를 배격함. 라마교를 숭배함.《서상기》,《비파기》등 중국 문학이 발전함. ▶ 통화 남발과 불완전한 통치, 양쯔강 이남 지역의 백련교도 반란으로 멸망함.

- **명나라:** 주원장이 강남 지방을 근거로 원나라를 몰아냄. ▶ 전통문화를 회복하고 과거제를 부활시킴. 성리학과 양명학이 발전함. 진보적인 사회 분위기가 조성됨. ▶ 3대 황제 영락제가 정복전쟁을 일으킴. 정화의 원정대를 파견하여 해상 실크로드를 탐사함. ▶ 만력제(萬曆帝, 1563~1620)의 무능한 통치로 환관과 동림당의 갈등이 불거짐. ▶ 이자성의 난으로 멸망함.

• **청나라:** 누르하치가 만주를 통합함. ▶ 홍타이지가 몽골을 통합함. ▶ 명나라 유장 오삼계 등과 명나라를 정복함. ▶ 강희제의 정복전쟁. 삼번(三藩)의 난 진압. 타이완 점령. 신장웨이우얼과 티베트 점령. ▶ 옹정제(雍正帝, 1678~1735)와 건륭제(乾隆帝, 1711~1799)의 통치 기간에 크게 번성함. 네르친스크 조약과 캬흐타 조약(1727) 등 러시아와 대립함. ▶ 영국 등 서양 세력의 침탈을 받은 가운데 신해혁명으로 멸망함.

칭기즈칸의 등장:
모든 것을 뒤흔들다

"그대 두 사람은 내가

그림자밖에 다른 친구가 없을 때

그림자 되어

나의 마음을 편안케 했다.

그대들이 마음에 있게 하라!"고 했다.

"꼬리밖에는 다른 채찍이 없을 때

꼬리가 되어

나의 심장이 편안케 했다.

그대들이 내 가슴에 있게 하라!"고 했다.

(…)

"테무친을 칸으로 추대했다"고 케레이트의 토그릴 칸에게 다카이와 수

게게이를 사자로 보냈다. 토그릴 칸은 "나의 아들 테무친을 칸으로 추대

한 것은 참으로 옳다. 몽골 사람들이 칸 없이 어떻게 지내겠는가? 너희들은 이 화합을 깨뜨리지 마라! 너희들의 화합과 단결을 풀지 마라! 제옷깃을 뜯지 마라!" 하고 당부해 보냈다.

- 《몽골비사》 중

칭기즈칸이 이끄는 몽골의 등장은 중국사는 물론이고 세계사에서도 중요한 분기점이다. 선사시대 이동을 일삼던 원주민이 아닌 문명사적 관점에서 유목민의 역사는 농경민에 비해 한결 짧고 단순하다. 스키타이, 흉노 등 유목민족의 국가화는 농경민족에 비해 한참 늦었을 뿐 아니라 지역적 황량함만큼이나 문명의 형식 또한 단순하기 짝이 없었다. 어느 역사학자의 지적처럼 "순수한 유목민족은 가난할 뿐"이었다. 이들은 생존을 위해 끊임없이 이동했고 광대한 지역에서 얻을 수 있는 것은 농경민들에 비해 보잘것없었다. 그렇기 때문에 유목 지역은 농경 지역에 기생하고 의존해야만 했다. 농경민을 대상으로 한 교역과 약탈. 그 경계선은 매번 분명치 않았다.

흥미로운 점은 유독 중국 북부 지역에서 유목민족이 크게 흥기했다는 점이다. 스키타이부터 서돌궐까지 많은 유목민이 중앙아시아를 넘어 아나톨리아반도, 즉 오늘날 터키와 그리스 북부 일대까지 진출했지만 그들은 잠시 위협적이었을 뿐 선비, 돌궐, 유연, 몽골과 그 밖에 거란, 여진이 보여주었던 거대한 성장은 없었다. 왜 그랬을까에 대한 질문은 차치하더라도 몽골초원부터 만주까지 이들은 자신의 근거지에 제국을 건설했으며 중화제국의 시스템을 모방하였다. 그리고 중세가 되자 이들은 농경민들의 자리를 차지하기 위해 장대한 원정에 나선다. 그 정점에는 칭기즈칸과 몽골인들이 있었다.

시작은 몽골초원에서 일어난 그들만의 가혹한 싸움이었다. 1162년 테무친, 장차 칭기즈칸으로 불릴 아이가 이수게이와 후엘룬 사이에서 태어났다. 테무친의 아버지 이수게이는 몽골족의 강력한 지도자 중 한 명이었지만 1170년경 타타르족에게 암살당하고 만다. 당시 유목 세계는 몽골리아 동부의 타타르족과 북중국을 지배하던 금나라의 영향하에 있었다. 분열과 반목을 거듭하던 몽골족은 이수게이의 죽음 이후 더욱 곤경에 처한다. 이 와중에 갓 열다섯 살을 넘긴 테무친이 이복형 벡테르를 살해하는 사건이 일어난다. 당시 유목 세계에서는 친어머니를 제외한 누구와도 결혼할 수 있었다. 만약 이복형 벡테르가 테무친의 어머니 후엘룬과 결혼한다면 테무친에게 미래는 없었다. 하지만 형제 살해가 유목 세계에서는 엄격하게 금지되었다는 점, 테무친 일족은 평소 사이가 좋지 않았던 타이치우트족과의 싸움에 패배하여 수년간 노예처럼 생활해야 했다는 점 등 테무친이 넘어야 할 장벽은 높고 높았다.

테무친은 타이치우트족으로부터 간신히 탈출했고, 아버지 이수게이와 특별한 관계였던 케레이트족의 지도자 '토그릴 옹 칸'의 도움을 받을 수 있었다. 토그릴은 몽골 중부 일대의 세력가였으며 테무친의 성공에 큰 뒷받침이 되었다. 이 시기 테무친은 메르키트족과 일진일퇴를 거듭했는데 '자무카'라는 또 다른 몽골의 지도자와 의형제를 맺기도 했다. 1185년 테무친은 보르지긴족의 칸으로 선출된다. 이때부터 그는 자무카와 반목과 투쟁을 거듭하였다. 한때는 자무카에게서 전쟁 기술을 배울 정도로 가까운 사이였지만, 양자 간 갈등이 고조됐다. 초기에 테무친은 자무카에게 패배하여 금나라로 피신한 적도 있었지만 자무카의 오만한 태도, 예를 들어 이탈자들을 배신자로 규정하여 산 채로 삶아 죽이는 방식이라든지 귀족들만 우선시하는 모습에 종국에는 많은 이들이 테무친에게 몰려들었다.

1200년경을 전후로 테무친은 주요한 싸움에서 승리를 거두면서 몽골의 지도자로 거듭난다. 1197년, 금나라와 합세하여 보르지긴 몽골족과 케레이트족이 타타르족과의 싸움에서 결정적 승리를 거두었다. 그리고 몇 년 후 보르지긴 몽골족과 타이치우트 몽골족 간의 오랜 갈등에서 보르지긴의 지도자 테무친이 승리를 거둔다. 오랫동안 쌓여왔던 부족 간의 갈등이 테무친을 중심으로 해소된 것이다. 자무카는 세력을 잃었고 테무친의 포로가 된 후 카펫에 둘둘 말려 죽임을 당했다. 귀족의 피가 신성하다는 믿음 때문에 숨을 못 쉬게 하고 척추뼈를 부러뜨려 죽인 것이다. 그리고 이 시기 오랫동안 테무친을 후원해온 토그릴과 그의 아들 생굼 등과의 싸움이 벌어지는데 여기에서도 승리. 몽골의 마지막 세력 집단인 나이만족을 차키르마우트 전투에서 무찌르는 데 성공했다.

1206년 테무친은 '대(大) 쿠릴타이'라고 불렸던 몽골족의 회의를 통해 비로소 '칭기즈칸'이라는 칭호를 받게 된다. 그는 종래의 복잡한 부족 관계를 무시하고 '하막 몽골 울루스(Ulus)', 즉 몽골족이라는 단일한 집단을 지배하는 새로운 지도자가 되었다.

구름 낀 밤
천창이 있는 나의 집을
둘러싸고 누워
나를 편히 잠들게 하고
이 자리에 이르게 한
나의 노병 숙위들!
(…)
자작나무 껍질 전통이
살짝만 움직여도
지체 없이 진용을 갖추는
기민한 나의 숙위들!
버드나무 전통이
살짝만 움직일 때도

지체하지 않고 진용을 갖추는

민첩한 동작의 나의 숙위들!

(…)

95개의 천호에서 내 몸 곁으로 사유로 하여 뽑아 온 1만의 친위대를, 내
뒤를 이어 이 자리에 앉은 아들들은 자손 대대로 내 유산처럼 여겨 한을
아니 품도록 잘 돌보아라! 나의 이 1만의 친위대를 위안과 축복이라고
여기며들 지내지 않겠는가?

–《몽골비사》중

'울루스'라는 말은 나라, 국가 정도로 번역이 가능하다. '몽골 울루스', 몽골
족의 나라라는 말은 칭기즈칸이 처음 사용하지 않았다. 하지만 칭기즈칸이 주
도하는 몽골족의 나라는 '천호제'가 만들어짐으로써 크나큰 변화가 일어난다.

우선 그는 95개의 천호를 조직하고 88명의 천호장을 임명하였다. 천호는 백
호, 십호 식으로 나뉘었고 응당 백호장과 십호장을 세워 통솔하게 했다. 천호
장부터 십호장까지 부족의 지도자들은 자신의 아들 1명을 칭기즈칸에게 보내
야만 했다. 어림잡으면 1만 명이 되는데 칭기즈칸은 이들을 '친위대'로 삼았다.
칭기즈칸의 천막에서 그를 호위하는 숙위 1,000명, 낮에 칭기즈칸을 수행하는
산반 8,000명, 활로 무장하고 칭기즈칸을 지키는 전통사 1,000명을 친위대라
고 불렀다.

1만 친위대는 칭기즈칸의 핵심 자원이자 몽골족을 통합하는 수단이기도 했
다. 크고 작은 수많은 부족장의 아들들이 칭기즈칸의 호위를 맡으며 몽골족의
나라를 이끄는 구조. 볼모라고 하지만 이들은 친위대가 됨으로써 권력을 맛볼
수 있었다. 그렇기 때문에 천호제는 효율적인 병력 자원의 배분만으로 이해할
수 없다. 오랜 기간 반목을 거듭해온 여러 부족을 칭기즈칸 아래 효율적으로
배치하여 그들의 자잘한 이해관계를 분쇄하며, 동시에 오직 칭기즈칸에게 충

성하여 정복전쟁을 벌이고 군사 지휘관으로 권력을 누릴 수 있는 혁신적인 조직 개편이었다.

95개의 천호 중 절반에 달하는 병력을 칭기즈칸이 직접 관장하였으며 나머지는 5,000에서 1만 명 정도로 나누어서 자식들이 직접 관할하게 하였다. 첫째 아들 주치가 9,000명, 둘째 아들 차가타이가 8,000명, 이복동생 벨구테이가 1,500명 식으로 분할한 것이다. 95개의 천호는 크게 3개의 만호로 나뉘는데 좌익 만호는 몽골초원과 만주의 경계선인 흥안령 일대에, 우익 만호는 몽골초원과 중앙아시아의 경계인 알타이 방면에, 중군 만호는 몽골초원 중앙에 배치하였다.

칭기즈칸은 몽골을 통일한 지 얼마 안 되어 주변 지역에 대한 정벌전을 시작하였다. 1209년 키르기스·오이라트 같은 북방 삼림 지대의 부족을 통합하였고, 같은 시기 중앙아시아의 위구르인·카를룩인 등이 복속을 청하자 받아들였다. 그리고 서하에 대한 원정을 도모하였다. 칭기즈칸은 서하의 여러 도시를 점령한 후 수도 중흥(中興)을 포위했다. 몽골군은 공성전에서는 맥없는 모습을 드러냈다. 성벽을 무너뜨리기 위해 둑을 만들어 황허의 물길을 바꾸는 데는 성공했지만 몽골 진영도 큰 피해를 보았기 때문이다. 정벌의 어려움에도 불구하고 칭기즈칸의 저돌적인 도전으로 서하는 항복하겠다는 약속과 함께 조공품을 보냈다.

그리고 약 2년 후 칭기즈칸은 금나라를 침공하였다. 몽골군은 갈수록 강력해졌다. 제1차 원정(1211)에서는 금나라의 주요 지역을 파괴하면서 조공을 요구했고, 제2차 원정(1212)에서는 공성 기술자들과 함께 조직적으로 금나라를 공격하였다. 이 시기 몽골군은 금나라의 수도였던 중도(中都, 오늘날 베이징)를 포위하고 금나라의 주요 지역을 초토화하는 데는 성공했지만 수도 함락은 실패했다. 1214년에 금나라는 황실 여성과 금, 비단 등 막대한 조공을 약속하며 칭기즈칸과 화의를 맺었다. 하지만 금나라는 약속을 지킬 생각이 없었다. 중도를 버리고 과거 북송의 수도였던 카이펑으로 근거지를 옮기면서 결전 의지를 다졌기 때문이다.

서하와 금나라는 북송을 압박하여 중세 동아시아 역사를 바꾸어놓은 중요한 나라들이었다. 공교롭게도 칭기즈칸의 몽골이 흥기할 무렵 두 나라는 전성기를 지나 몽골군을 감당할 능력을 잃어가고 있었다. 이는 칭기즈칸이 초반부터 동아시아 국가들을 군사적으로 압도할 수 있었던 배경이기도 했다.

하지만 동아시아에서 완벽한 군사적 승리를 거두지 못한 채 칭기즈칸은 중앙아시아와 서아시아 일대를 지배하는 강력한 국가 호레즘과의 사투에 돌입한다. 칭기즈칸은 과거 몽골초원에서 싸우다 도망쳤던 나이만족, 메르키트족의 후예들을 잊지 않았다. 이들이 중앙아시아에서 세력을 확보하고 다시금 도전해 온다면? 칭기즈칸은 선수를 치기로 결정했다. 그는 제베·수베데이 등을 시켜 원정을 벌였는데, 이 와중에 호레즘 왕국의 술탄 무함마드 2세의 군대와 충돌을 한 것이다.

당시 호레즘 왕국은 아프가니스탄, 페르시아 등 일대의 여러 지역을 복속하며 빠른 속도로 성장하고 있었다. 칭기즈칸의 몽골과 무함마드 2세의 호레즘은 중앙아시아를 가로지르는 시르다리야강의 오트라르라는 도시에서 최악의 상황을 마주하였다. 오트라르 총독이 몽골이 후원하는 상인을 처형했기 때문이다. 오트라르는 호레즘의 영토였고 칭기즈칸은 총독에 대한 처벌을 요구하였다. 하지만 무함마드 2세는 파견된 사절단 중 한 명을 처형했으며 수행원들의 수염을 불태우는 등 모욕적인 태도로 이들을 대했다.

일단 금나라와의 전쟁은 중단한다. 칭기즈칸은 부하 무칼리에게 금나라와의 싸움을 맡긴 후 약 15만의 대군을 동원하여 호레즘과의 싸움을 시작하였다. 1219년 가을이 시작될 무렵 몽골군은 오트라르를 침공하여 무시무시한 대학살을 자행하였다. 문제를 일으켰던 총독의 눈과 귀에는 뜨겁게 녹인 은물을 부어 죽였다. 이 전쟁에는 칭기즈칸의 네 아들은 물론이고 주요 장군들이 모두 참여하였다. 6년간의 사투. 수적으로 우세했던 호레즘의 강력한 군대는 몽골군에 처절하게 패배하고 만다. 아무다리야강, 시르다리야강 사이에는 호레즘이 지배하는 여러 도시가 있었는데 차곡차곡 몽골의 수중으로 넘어갔다. 무함마드 2세는 카스피해의 섬으로 도망쳐야만 했고, 그의 아들 잘랄 앗 딘이 결사적으로 저항했지만 잔혹한 패배를 당하고 말았다. 중앙아시아를 지배했던 호레즘이 단숨에 사라지고 만 것이다.

호레즘 왕국을 무너뜨린 이후 몽골의 주력 부대는 아무다리야강 일대를 국경으로 삼고 물러났다. 감당할 수 있는 범위만큼을 지배하겠다는 발상이었다. 그렇다고 정복전을 멈춘 것은 아니었다. 칭기즈칸 휘하의 장수 제베와 수베데이는 계속 진군하였다. 이들은 캅카스산맥을 넘어 그루지야(오늘날 조지아)를 공격하여 승리를 거두었다. 카자흐스탄 초원에서는 알란족·킵착족 등과 싸워 이겼으며, 1223년에는 칼카강에서 러시아 귀족과 투르크족의 연합 군대를 물

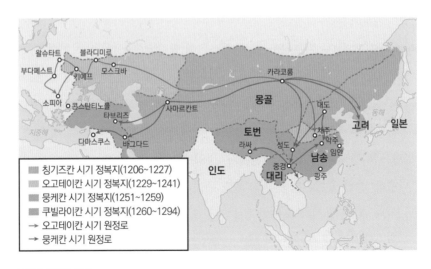

몽골이 정복한 지역

리쳤다. 원정 도중에 제베는 사망했지만 수베데이는 원정을 이어가며 일대 수많은 정치 세력과의 싸움에서 승리를 거두었다. 장장 8,000킬로미터가 넘는 원정이었는데 카스피해 서편, 서아시아와 동유럽 일대에서는 이들의 등장을 이해할 수도 해석할 수도 없었다. 도대체 어디서 온 이들이고, 어떻게 이토록 싸움에 능하며 이토록 가혹할 수 있단 말인가.

동쪽으로는 금나라, 남쪽으로는 서하, 서쪽으로는 호레즘 왕국을 넘어 카스피해 일대까지. 종래 유목민족의 역사에서 상상할 수조차 없었던 광대한 군사적 성공이 칭기즈칸에 의해 이루어졌다.

칭기즈칸은 1227년 8월 18일 서하와 금나라를 병합하는 도중에 발생한 낙상 사고의 후유증으로 죽고 만다. 하지만 정복은 계속됐다. 오고타이가 후계자가 되었으며, 그는 주치·차가타이 등 형제간의 싸움을 조정하며 몽골 지배층의 신뢰를 얻은 현명한 지도자였다. 몽골의 정복전쟁은 오고타이 때 한층 강화되었다. 1230년 금나라에 대한 침략이 재개되었고 4년 만에 금나라를 지도에서 없애버렸다. 같은 시기 초르마간이 이끄는 몽골군은 중앙아시아의 아무다리야강을 넘어 잘랄 앗 딘과의 전투를 다시 시작하였다. 서아시아 침공이 본격화된 것이다. 오늘날 이란, 그러니까 중앙아시아와 서아시아의 경계 격인 페르시아에 대한 정복은 단기간에 이루어졌다.

1236년에는 왕자 바투가 15만 대군을 끌고 킵차크 투르크족과 볼가강의 불가르족을 대상으로 정벌전을 시작하였다. 그리고 수년 만에 몽골군은 흑해 연안을 돌파한 후 남부 러시아의 도시국가를 파괴했으며 폴란드, 독일 그리고 튜턴 기사단의 연합군과 리그니츠에서 싸웠다. 바투와 수베데이 등 몽골의 지도자들은 카르파티아산맥을 넘어서 헝가리를 점령하였다. 문자 그대로 세계 정복이 이루어지고 있었던 것이다.

한계치에 다다른
정복전쟁

세계사에 극히 이례적인 일. 유목민족에 의한 세계 지배, 동아시아에서 서아시아를 넘어 동유럽에 이르는 장대한 원정. 칭기즈칸은 농업 세계를 침략함으로써 몽골의 안전을 지키는 동시에 유목 세계의 풍요로움을 이루고자 했다. 하지만 그의 후예들은 말 그대로 구대륙에 대한 무차별적 정복전을 감행함으로써 세계인들이 경험해본 적이 없는 초유의 일을 만들었다.

하지만 이 광대한 도전은 몽골제국이 하나로 유지되지 못하는 원인이 되었으며, 무엇보다 쿠빌라이칸의 남중국 정복에 원인이 있었다. 오고타이가 사망한 후 잠깐의 과도기를 거쳐 뭉케가 제국을 이끌었다. 이 시기 몽골은 서아시아의 이슬람 왕조인 아바스조를 멸망시켰으며, 티베트·대리·안남(오늘날 베트남) 등 동아시아를 넘어 동남아시아까지 손을 뻗치고 있었다. 하나의 제국이 감당하기에는 이미 한계치를 넘어서는 범위였다. 과감한 정복전쟁을 펼치던 중 뭉케가 중국 쓰촨 지역에서 죽었고, 후계자 경쟁에서 승리한 인물이 쿠빌라이였다.

쿠빌라이는 1276년 남송을 멸망시키며 유목민족 역사상 최초로 중국 전체를 지배하는 위업을 달성한다. 하지만 최고·최대의 성공은 즉각적인 어려움에 봉착했다. 쿠빌라이는 고려 군대를 앞세워 일본 원정을 시도하였으나 실패했다. 안남, 오늘날 베트남을 비롯한 동남아시아 일대의 정복전 또한 대부분 실패하고 말았으니, 몽골제국의 정복전쟁은 분명 둔화되고 있었다. 무엇보다 쿠빌라이가 집권하면서 몽골제국은 분열의 길을 걷는다. 쿠빌라이가 실질적으로 지배하는 영역은 카라코룸부터 광저우까지, 몽골초원에서 만주와 중국을 아우르는 영역이었다. 오고타이의 후예인 카이두가 쿠빌라이의 정통성을 인정하지 않았기 때문에 오랫동안 그와 전쟁을 벌여야만 했다.

또한 이 시기 중앙아시아에는 차가타이한국과 오고타이한국, 서아시아에는 일한국, 동유럽과 서북아시아에는 킵차크한국이 들어서는 등 몽골제국은 지역별로 나뉘고 만다. 그럼에도 불구하고 몽골인들의 구대륙 지배는 상대적으로 안정적인 세계 질서를 낳았고 이 시기 문명의 교류는 비약적으로 확대된다. 카르피니(Carpini, 1180?~1252), 마르코 폴로(Marco Polo, 1254~1324), 이븐 바투타(Ibn Battūtah, 1304~1368?) 등 세계를 여행하는 인물들이 등장하게 된 것 역시 몽골이 세계를 지배한 결과라고 할 수 있다.

쿠빌라이는 수도를 카라코룸에서 대도(오늘날 베이징)로 옮겼으며 국명을 원(元)으로 정하였다. 여진에 이어 몽골까지 오늘날 베이징 일대는 정치적 중심지가 되어가고 있었다. 원나라는 색목인(유럽이나 서아시아, 중부 아시아 등지에서 온 외국인)을 우대하고 한족을 차별했다. 과거제를 폐지하는 등 상당 기간 고강도의 억압적인 정책을 펼쳤지만 시간이 갈수록 중국화의 길을 걸었으며, 쿠빌라이를 비롯하여 후계자들 역시 이를 받아들였다. 또다시 북방 민족의 중국화가 진행된 것이다.

원나라는 쿠빌라이 사후에 뛰어난 황제가 등장하지 못했다. 라마교를 받아들여 국가 예산을 낭비하였으며, 끝도 없는 권력 쟁탈전 탓에 유약한 황제가 반복하여 등장할 뿐이었다. 그러한 지지부진함 때문에 사상 초유의 중국 지배는 100여 년 만에 끝나고 만다. 중국 남부를 기반으로 주원장이 세운 명나라가 이들을 몰아낸 것이다.

이 지점에서 몽골에 대한 역사적 평가는 극히 모호해진다. 칭기즈칸으로부터 시작된 몽골의 세계 지배는 세계사라는 역사상 초유의 현상을 이루어냈다. 아라비아의 과학기술이 원나라에 소개돼 곽수경(郭守敬, 1231~1316)에 의해 새로운 진보를 맛보았으며, 이는 조선 전기 민족문화 발전에까지 영향을 미쳤다.

조선에서 만들어진 〈혼일강리역대국도지도〉에 아프리카와 유럽의 상세한 정보가 담겨 있다든지, 1375년 스페인 아라곤 왕국의 후안 왕자가 만든 〈카탈루냐 지도〉에 중국 동부 해안의 정보가 적혀 있다든지, 이 모두 몽골이 만들어낸 새로운 역사 때문이었다. 이란 중부 하마단 출생의 유대인 라시드 앗 딘은 《집사》라는 책을 썼는데 2부를 보면 이슬람사, 중국사, 프랑크사(유럽사), 인도사 등 인류사가 포괄적으로 서술되어 있다. 세계를 종합적으로 이해하는 새로운 사고방식이 등장한 것이다.

하지만 광범위한 동서 교류는 결과적으로 큰 의의를 지니지 못하였다. 몽골 제국은 쉽게 분열하였고 지역화의 나락으로 빠져들었다. 원나라는 중국화의 길을, 일한국은 이슬람 역사의 일부가 되고 말았다. 더구나 몽골을 계승하는 새로운 유목민족의 세계 지배는 일어나지 않았다. 유목 세계에 의한 역사적 연속성이 실종된 것이다. 현대 몽골은 1910년대 제정 러시아의 지원으로 성립한 나라이기 때문에 세계사는커녕 동아시아에서도 지위가 미미하다.

중국 역사에서 원나라는 어떤 지위를 차지할까? 서구의 많은 학자가 유목민족에 천착하거나 중앙아시아같이 비교적 새로운 지역적 단위를 설정하여 중국사 중심의 관점에서 벗어나고자 한다. 그런다고 무엇이 얼마나 바뀔까? 결국 중국은 중국의 길을 갔으며, 근현대 중앙아시아를 비롯하여 유목민족이 할거하던 지역의 역사는 중국 혹은 러시아 등에 흡수됐을 뿐 아닌가.

무엇보다 원나라는 중국 역사에 어떠한 독보적인 영향력을 미쳤을까? 유목 세계는 오랫동안 중국 역사에 도전해왔다. 흉노나 돌궐은 중화제국의 지배적 지위를 위협할 수 있는 가장 강력한 세력이었으며, 거란의 요나라와 여진의 금나라는 북방 세력이 중국과 비등한 지위에 이를 수 있다는 사실을 몸소 증명하였다. 비로소 몽골은 중국을 점령하였으며 몽골제국의 한 부분으로 흡수했다. 하지만 거기까지. 지배한 시점부터 몽골의 중국화가 시작되었으며 중국 문명은 원나라의 지배를 거치면서 의미심장한 변화를 겪지 않았다. 물론 작은 변화들이 있었다. 과거제가 폐지되고 사대부들의 출셋길이 막히면서 많은 사람이 문학에 전념하였고, 그 덕분에 《서상기》·《비파기》 같은 걸출한 희곡적·문학적 성과가 있었다. 하지만 역시 그 정도. 유목민족의 세계에는 제자백가에 버금가는 경세 이론이 없었을뿐더러 불교와 같은 거대한 종교적 열정 또한 찾아보기 힘들었다. 무엇보다 중국은 이미 당나라, 송나라를 거치면서 완숙한 사회질서를 이루어놓은 상황. 결국 유목 세계 또는 북방 민족의 역사는 농경 사회의 주변에 불과한가. 쉽사리 속단하기에는 이르다. 여진족의 청나라가 새로운 역사를 써 내려갈 것이기 때문이다.

명나라의 등장:
전통적인 중화제국으로의 복귀

나라의 흥망성쇠는 표면적으로는 군사력의 차이로 드러난다. 예를 들어보자. 몽골과 남송의 싸움은 기병을 얼마만큼 보유했는가로 설명할 수 있다. 북송 시절만 하더라도 군마를 구입하는 데 어려움이 없었다. 거란과 여진의 공세가 있더라도 실크로드를 비롯하여 다른 루트를 통해 여러 유목민족과 접촉할 수 있었고 그만큼 충분한 수량의 말을 확보할 수 있었다. 하지만 남송 시절이 되자 상황이 급격하게 나빠졌다. 강남에서 기른 말들은 전투용 기마로 부적절했고, 13세기에는 몽골이 일대의 유목민족을 통제했기 때문에 남송은 한 해에 간신히 1만 마리의 말만 구입할 수 있었다. 이 시기 몽골 병사들이 혼자 말 5필을 운용할 때 송나라의 기병들은 2인이 1필의 말을 사용하는 수준이었다. 중세시대 기병의 위상을 생각한다면 전쟁의 결과는 정해진 셈이었다.

하지만 나라의 멸망은 결국 정치와 경제를 통틀어 총체적으로 진행된다. 1294년 쿠빌라이가 죽은 후 원나라는 정치 기강이 크게 흔들린다. 쿠빌라이의 손자 테무르만이 13년간 제위를 유지했을 뿐 그가 죽은 후 26년간 무려 8명의 황제가 권력을 두고 생사를 달리했다. 몽골인과 색목인을 우대하며 한족과 구별하려는 정책은 끝까지 유지되었고, 1314년에는 한족을 회유하기 위해 과거제를 실시했지만 그렇게 뽑힌 관료들이 고위직에 도달하기란 불가능하였다. 융통성 있는 정책을 통해 한족의 마음을 사는 데 끝내 실패했다는 말이다.

더구나 원나라는 무책임한 수준으로 지폐를 찍어냈다. 지폐의 남발은 극심한 인플레이션을 불러일으켰는데 이를 막기 위한 극적인 개혁 정책을 찾아보기 힘들었다. 라마교 숭배, 거대한 사찰의 건립과 라마승의 종교적 횡포는 말기적 상황을 부채질하였다. 그리고 전염병. 1331년 후베이성에 퍼진 전염병은 90%가 넘는 백성의 목숨을 앗아갔다. 2년 후 전염병은 양쯔강 유역과 화이허 유역으로 확산돼 40만 명 이상의 사망자를 낳았다. 히말라야 저지대에서 발생한 흑사병은 쥐벼룩을 통해 전파되었는데, 몽골인의 말 안장에 달려 있던 부대자루를 통해 중국으로 들어왔다. 1350년대 흑사병은 중국에서 끔찍한 죽음의 행렬을 일으켰다.

국가가 발행한 지폐가 무용해진 상황에서 인플레이션은 만성화되었으며 이를 만회하기 위한 정부의 노력 또한 없는 상태. 여기에 전염병마저 더해지며 인구가 감소하자 정부의 세수는 갈수록 쪼그라들었다. 1344년 황허가 범람했는데 정부는 이를 수습하지 못했고, 무려 7년이 지난 후 운하를 팠지만 민심은 이미 떠난 상황이었다.

"미륵불의 시대가 도래할 것이다!"

1351년 중국 남부의 한족들 사이에서 강력한 반란이 일어났다. 주원장이 이끄는 백련교도의 반란, 속칭 홍건적의 난이 일어난 것이다. 주원장과 반란 세력은 양쯔강을 병풍 삼아 몽골족을 몰아내기 시작하였다. 시작은 민중 종교였지만 주원장은 곧장 강남 일대의 사대부들과 손을 잡았다. 한족의 정통성이 유교에 기반한다는 사실에 대한 기민한 반응이었다. 반란 세력은 과감한 군사 원정을 통해 몽골인들을 만리장성 밖으로 밀어내는 데 성공하였다. 주원장은 스스로 홍무제(洪武帝)가 되어 명나라를 세웠다.

홍무제는 내향적이며 전통적인 원칙을 지향하였다. 과거제를 부활시켰으며 관료제에 기반한 황제 지배체제를 복원하였다. 또한 체계적인 토지 조사 사업을 통해 합리적인 조세 부과 기준을 마련했는데, 그렇게 만들어진 토지 대장에서 지형의 구분이 물고기의 비늘과 비슷하디고 해서 《어린도책(魚鱗圖冊)》이라고 불렀다. 외세를 몰아내고, 전통적인 가치를 지향하는 황제 지배체제를 복원하였으며, 보다 섬세하고 합리적인 제도 운용을 통해 백성을 보호하고 농업 경제를 안정적으로 유지하려 한 것이다.

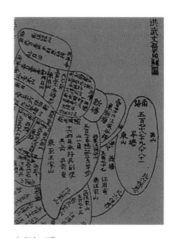

《어린도책》

그리고 홍무제는 명나라를 건국하는 과정에서 성리학을 국가의 공식 학문으로 지정하였다.

진실한 마음과 믿음은 덕에 나아가는 방법이므로 온종일 힘써 노력한다. 군자는 마땅히 하늘의 이치와 짝이 되도록 노력해야 한다.

(…) 하늘이 사람에게 명령한 것을 본성이라고 한다. 본성을 따르는 것을 도리라고 하고, 도리를 닦아 행하는 것을 가르침이라고 한다.

(…) 자신이 공정하면 천지 만물과 같이 한 몸이 되고, 자신이 사사로우

면 천지 만물과 더불어 제각기 다르게 된다. 사람들의 마음이 각자의 얼굴처럼 같지 않은 것은 단지 사사로운 마음이기 때문이다.

— 주희 · 여조겸, 《근사록》중

성리학은 송나라 때 등장한 새로운 유학이다. 북송 때 주돈이(周敦頤, 1017~1073) 등을 중심으로 새로운 사상적 조류가 흥기했으며, 남송 때 주희에 의해 집대성된 사상이다. 성리학은 불교에 영향을 받았으며 동시에 불교를 극복하고자 했다. 종래의 유학이 경세 지향적인 학문이었다면 성리학은 보다 철학적이었다.

하늘에는 무릇 이치가 있다. 하늘을 보편성이라고 정의한다면 보편적인 것에는 이(理)라는 공통의 속성이 내재한다는 주장이다. '이치'란 무엇인가. 그것은 곧 도덕이다. 인간이 살아가는 보편적인 세계에는 보편적인 도덕 원리가 존재한다.

하늘은 사람에게 본성을 부여했다. 사람도 도덕적인 존재라는 말이다. 그런데 진정으로 도덕적인 인간이 되는 길은 무엇일까? 성리학자들은 '본성을 따르는 것'이라고 말한다. 본성을 따르는 것이 인간의 도리이고 그 결과로 진정한 도덕적 인간이 된다. 이러한 관점에서 도덕적인 인간이 되는 것은 성리학의 관점에서 인간에게 부여된 본질적인 의무이자 최상의 가치인 셈이다. 그렇다면 그런 도리를 어떻게 닦고 실천할 것인가? 도리를 이루기 위한 가르침을 따르면 된다. 가르침이 무엇인가? 유교 경전이다.

주희는 사서오경(四書五經)을 강조했다. 공자의 《논어》, 맹자의 《맹자》 그리고 《예기(禮記)》의 부분이었던 《대학(大學)》과 《중용(中庸)》을 별도의 책으로 선별하여 4대 경전으로 만들었다. 주희를 비롯한 성리학자들은 체계적인 교육과정을 강조하였다. 어릴 적에는 《소학(小學)》을 중심으로 공부하여 수준에 맞는 유교적 인성을 길러야 하며, 바탕이 마련되면 사서를 중심으로 공부해야 한다.

성리학자들은 '순자'를 이단시했으며 '맹자 정통론'을 확립했다. 이들은 공자에 대한 맹자의 해석 그리고 맹자에 대한 성리학자들의 해석만이 옳다고 보았다. 독창적인 동시에 배타적인 성격이 강하였다.

이들은 논리적으로 세계와 인간의 본질에 관해 설명하고자 하였다. 그러한 생각의 결정체를 통상 이기론(理氣論)이라고 부른다. 만물의 본질은 도덕성, 즉 이(理)다. 그리고 만물 자체는 기(氣)다. 성리학자들은 이와 기를 통해 삼라만상의 이치를 설명하려 했다. 세상에 존재하는 모든 것은 '기'다. 사람이건 동물이건, 모든 존재는 '기' 덩어리이며 음양오행의 이치에 따라 기의 순환 가운데 존재한다. 생로병사와 삼라만상이 기의 순환, 즉 어떤 원칙과 질서를 가진 변화라는 것이다. 그리고 모든 '기' 덩어리에는 당연히 이치가 내재하고 있으니 우리가 살아가는 우주는 도덕적 질서가 가득한 세계일 것이다. 성리학자들의 이와 기에 관한 설명은 다분히 사변적이다. 새로운 과학적 지식이나 논리학적인 성취라기보다는 도교나 불교에서 이야기했던 관념적인 주장에 대한 유교적 재해석이라고 봐도 무방할 것이다.

이기론은 심성론(心性論)과 수양론(修養論)으로 발전하였다. 심성론은 쉽게 말해 인간론이다. 이기론이 우주의 본질을 설명하는 존재론적 성격이 짙다면, 심성론은 인간의 마음과 본성에 대한 성리학자들의 철학직 질문들이다. 사실 이 지점을 두고는 학자마다 다양한 입장을 지닐 수밖에 없다. 어디까지가 본성이며, 어디까지가 마음인가? 본성이 내재하는 것인가, 개발해야 하는 것인가? 마음은 의지인가, 욕망인가?

성리학은 송나라에서 만개했지만 명나라 때 비로소 지배적인 학문이 될 수 있었다. 공교롭게도 같은 시기 조선에서도 크게 각광을 받았다. 특히 심성론 분야에서 조선의 성리학자들은 중국에서의 논의를 벗어나 독자적인 모습을 보이기도 했다. 사단(四端)과 칠정(七情). 마음에서 일어나는 네 가지 도덕적인 태도와 격정에 휩싸이고 마는 일곱 가지 감정을 둘러싼 철학적 논의가 이황(李

滉, 1501~1570)을 중심으로 전개됐다.

> 무릇 사람은 비록 태어나면서부터 지혜로운 자질을 타고났더라도, 또한
> 반드시 힘들게 배우고 열심히 실천하는 공부를 해야 비로소 옳다. 생각
> 건대 도리는 매우 촘촘하고 세밀한데, 어디에서 붙잡을 것인가! 만약 공
> 부하지 않는다면, 어떻게 이해할 수 있겠는가?
> (…) 대개 학문할 때는 비록 총명한 자질이 있더라도 반드시 노둔하게 공
> 부해야 비로소 얻을 수 있다. 이미 노둔한 자질을 가지고 있는데, 도리어
> 총명한 듯하게 공부한다면 어떻게 얻을 수 있겠는가!
>
> － 주희·여조겸,《근사록》중

성리학자들은 맹자를 계승하는 도덕적 실천론자들이기 때문에 수양론을 강조하였다. "반드시 힘들게 배우고 열심히 실천하는 공부"를 해야만 한다. "총명한 자질이 있더라도", "만약 공부하지 않는다면" 어떻게 훌륭한 인물이 될수 있겠는가. 주희는 격물치지(格物致知)를 강조하였다. 우선은 배워야 한다. 어떤 주제를 선택하건, 만물에는 이치가 깃들어 있기 때문에 누구나 진리에 도달할 수 있다. 깊이 배우고 치열하게 실천하면 누구나 반드시 총명한 지경에 이르러 성인군자가 될 수 있다.

성리학자들이 이야기하는 공부와 학문은 출세를 위한 과거시험이 아니었다. 오히려 이들은 과거제 때문에 참된 학문적 가치가 무너지는 현실을 개탄했다. 출세와 시험을 위한 공부가 아닌 공자와 맹자가 꿈꾸었던 최초의 이상, 자신을 찾아 군자가 되기를 주저하지 않고 기회가 주어진다면 세상에 나가 사회를 바르게 세우는 참된 공부를 실천하여 궁극의 경지에 이르고자 하였다.

성리학과 양명학, 그리고 유럽의 르네상스

지(知)는 마음의 본체이며, 마음으로 자연스럽게 아는 것이다. 아버지를 보면 자연히 효도를 알게 되고, 형을 보면 자연히 제(悌)를 알게 되고, 어린아이가 우물에 빠지는 것을 보면 자연히 측은한 마음이 생겨난다. 이것이 바로 '양지(良知)'이며, 배워서 아는 것이 아니다. (…) 너의 양지가 바로 너 자신의 준칙(準則)이다. 너의 생각이 나타나는 곳에서 '양지'가 옳으면 옳다고 알고, 그르면 그르다고 알아야지 그것을 조금이라도 속여서는 안 된다. 네가 그것을 속이려 하지 않고 착실하게 그것에 따라 '행'한다면, 선은 보존되고 악은 제거될 것이니, 그것은 얼마나 편안하고 즐거운 일인가! 이것이 바로 '격물'의 참된 비결이고 '지'를 이루는 실제 공부이다.

– 왕양명, 《전습록》 중

성리학이 관학이 된 명나라에서 새롭게 양명학이 등장했다. 왕양명(王陽明, 1472~1528)이 주창한 사상인데, 성리학자들의 모진 비판에도 큰 영향력을 행사했다. 왕양명은 성리학의 번잡한 담론을 담백하게 단순화하였다. 마음 안에 이미 도덕 법칙이 있으니 이를 따르기만 하면 된다! 그는 마음의 법칙을 '지(知)' 또는 '양지(良知)'라고 불렀다. "어린아이가 우물에 빠지는 것을 보면 자연히 측은한 마음"이 생기지 않는가. "마음으로 자연스럽게 아는 것", "그것을 속이려 하지 않고 착실하게" 실천한다면 성인군자가 되는 것이 어찌 어렵단 말인가. 왕양명의 지행합일(知行合一) 사상은 당시 대단한 논쟁을 불러일으켰다. 선지후행(先知後行), 먼저 배운 후 실천에 힘써야 한다는 주희의 수양론과 정면으로 배치되었기 때문이다.

왕양명은 성리학의 많은 부분을 비판했지만, 그렇다고 해서 성리학이 이룬 사상적 체계를 전면적으로 부정하지는 않았다. 오히려 자신의 주장이 주희의 생각과 상통한다고 주장하였다. 오늘날 성리학이 지배하는 명나라를 보라. 대관절 성리학의 이상이 어디서 관철되고 있단 말인가. 선비는 군자의 길을 포기하였고, 관료는 무능하며, 백성은 어리석은 가운데 고통받고 있지 않은가. 마음의 명령을 따르는 간명한 실천적 윤리관만이 당대의 혼란을 종식할 수 있으며, 이것이야말로 남송 때의 혼란을 극복하고자 했던 주희와 같은 마음이리라. 양명학은 성리학을 보완하며 성리학과 더불어 회복된 중화 세계의 질서를 바로잡고자 노력하였다.

성리학과 양명학, 이른바 신유학의 등장은 유학 사상에 대한 질적 심화라는 의의를 지니지만 문명사적인 관점에서는 미욱함을 감출 수 없다. 비슷한 시기 유럽에서는 르네상스, 종교개혁, 과학혁명이 연이어 일어난다. 고대 그리스-로마의 가치를 통해 중세의 문화를 초극하고 싶었던 르네상스적 경향이 문화적 대변혁을 이루어냈다. 한나라부터 당나라까지의 사상적 경향을 부정하며 제자백가시대의 사상으로 회귀한다는 점에서 신유학은 르네상스적인 지적 흐름과 유사하다. 하지만 이들은 르네상스인들이 보여준 중세에 대한 적대적 태도와 대안적 결과물에 이르지는 못했다. 오히려 한나라 이래 강화되어온 황제 지배 체제와 신분 질서를 더욱 공고히 하려고 했다. 조선의 경우 고려 왕조를 타도하는 수단, 매우 혁명적이며 진보적인 도구로 성리학을 활용했지만 이는 동아시아 역사상 극히 예외적인 일이었으며 그렇게 건국된 조선에서의 성리학은 중국보다 훨씬 더 보수적인 사상으로 전락하고 말았다.

종교개혁과 비교해봐도 사정은 비슷하다. 서양의 중세는 가톨릭교회가 이루어낸 전통에 의지하며 발전하였다. 독일의 개혁가 마르틴 루터(Martin Luther)는 성서를 통해 교회의 전통을 부정하였고, 프랑스의 개혁가 장 칼뱅(Jean Calvin)은 기독교 신앙 안에 있는 가톨릭의 문화적 요소를 모조리 제거하고자 했다. 그러한 급진적 개혁성은 종교전쟁을 일으키며 유럽의 정치 현실을 뒤흔들었다. 의도하진 않았지만 자유주의와 민주주의로 나아가는 근대 역사의 서막을 열었다. 과연 신유학이 그런 역할을 했던가?

신유학은 이후에도 지속적으로 발전하였다. 명나라의 뒤를 이어 청나라 때가 되면 고증학과 기철학이 발전한다. 실증적 근거를 바탕으로 추상적이고 사변적인 이기론을 비판하며 보다 실용적이며 현실적인 학문적 전환을 도모한 것이다. 결과는 어땠을까? 고증학과 기철학은 차라리 성리학보다 못한 결론에 도달하고 말았다. 적어도 성리학은 유학 사상에 높은 철학성을 부여했으며, 양명학은 명나라의 급진적 사회 기풍에 영향을 미쳤다. 우리 모두에게 마음이 있고, 그 마음에 양지라는 진리가 있다면 결국 신분과 상관없이 누구나 성인군자가 될 수 있는 것 아닌가.

명나라 때는 중국 역사의 어느 시점보다 진보적이며 급진적인 문화가 융성하였다. 유학자들은 민중을 상대로 강론을 하였으며 거리에서 진리를 설파하는 실천적 양명학자를 구경할 수도 있었으니 말이다. 상인, 수공업자는 물론이고 노비들까지도 신분 해방을 운운하는 지경에 이르렀던 것 또한 이때였다. 하지만 성리학과 양명학을 비판하며 등장한 후대의 학문은 관념적인 측면에서 약간의 급진성을 보였을지언정 현실에서는 전혀 그렇지 못하였다. 더구나 유럽의 과학혁명은 근대 사회로 나아가는 모든 기술적·사회적·문화적 변화에 항구적인 이정표 노릇을 하였다. 하지만 전통 시대 동서양 어느 문명보다 높은 과학기술을 자랑했던, 더구나 송나라 때 화약·나침반·인쇄술 등 인류 역사를 좌지우지하는 발명품을 만들어냈던 중화 문명은 앞서 성장했음에도 서구에서 벌어진 지적 혁명과는 한참 거리가 있는 지점에서 주저앉고 말았다.

정화의 원정대는 유럽의 원정대와 무엇이 달랐나

비단 정신적이고 사상적인 측면만 그러했던 것이 아니었다. 명나라의 3대 황제 영락제는 홍무제와는 전혀 다른 인물이었다. 그는 호전적인 정복전쟁을 펼쳤으며, 무엇보다 정화의 원정이라는 중국 역사에서 유일무이한 해상 원정을 도모한 인물이었다. 콜럼버스(Christopher Columbus, 1451~1506)가 4척의 배로 항해하며 바닷물에 젖은 빵을 햇볕에 말려 허기를 달랬다면, 정화의 원정대는 총 317대의 배를 끌고 출항하였다. 가장 큰 배는 길이가 120미터에 2,200톤 규모였으며 원정대에 참가한 해군의 규모는 3만에 달했다. 게다가 통역은 물론이고 천문학자, 재판관, 의사와 약사 같은 수많은 전문인이 대동했다. 신대륙을 발견한 콜럼버스건 대서양을 통과하여 인도까지 찾아온 바스쿠 다가마(Vasco da Gama, 1469?~1524)건, 서양의 원정대는 정화의 원정대에 10분의 1도 못 미치는 수준이었다. 정화의 원정대는 서양의 탐험대보다 수십 년이나 앞서 대항해 시

정화의 원정대를 묘사한 17세기 중국의 목판화

대를 열었으니, 이들이 성과를 냈다면 인류 역사가 전혀 다른 방향으로 나아갔을지도 모를 노릇이다.

하지만 이들에겐 중대한 결함이 있었다. 유럽인들은 알지 못했던 길을 찾아 나섰지만, 정화의 원정대는 이미 알려진 길을 따라갔다. 정화는 동남아시아를 거쳐 인도로 갔고, 다시 인도양을 통해 메카와 케냐에 이르렀다. 이 길은 인류 문명이 오랜 기간 발전시켜온 루트, 해상 실크로드를 따르는 여정이었다. 정화의 원정대는 이미 오래전에 만들어진 길을 따르면서 그곳에서 황제의 위상을 드높이며 새로운 조공국을 찾아 나섰다. 태국의 침략을 막아주는 조건으로 믈라카의 이슬람 왕국을 후원해주는 등 원정대의 목표는 너무나 명확했고, 케냐에서 들어온 코끼리·코뿔소·기린 등은 황제의 연회에 기분 좋은 장식품에 불과했으니 말이다.

유럽인들은 달랐다. 이들은 대서양이라는 전혀 새로운 항로를 개척하였고, 인도양에서는 이슬람과 힌두교도들이 만들어놓은 교역의 원칙을 파괴하며 새로운 무역의 규칙을 만드는 지극히 창조적이며 파괴적인 실천을 이루었다. 그러니 결과가 전혀 다를 수밖에 없었다. 정화의 원정대는 명나라에 엄청난 재정적 부담을 안겼으며, 중국을 포함한 아시아 전반에 그다지 의미 있는 변화를 일으키지 못하였다. 오랜 기간 중화제국은 영토 확장에 골몰했으며 중국인들에게 황제의 영광을 드높이는 것은 결국 광대한 영토, 새로운 이민족의 복종이었다. 바다를 지배한다는 것이 대관절 이런 것들과 무슨 관련이 있을까. 영락제 사후 정화의 원정대는 단 한 번의 출정만 있었으며, 관료들은 거대한 선단을 불태워버리는 데 주저함이 없었다.

경제적인 분야 또한 비슷했다. 송나라 때 중국의 농업 생산력은 여타 지역과는 비교할 수 없는 수준으로 성장하였다. 대외 무역이 차지하는 비중은 국가 경제에서 2% 미만에 불과했지만 해외 교역 또한 활발하기 그지없었다. 이러한 경향은 이후에도 계속되었다. 명나라 때가 되면 해안가를 중심으로 상업과 수공업의 두드러진 비약이 일어난다. 1만 5,000개가 넘는 비단 생산 공장이 나라의 상공업을 지탱했으며 19세기 초에는 8만 개로 늘어났다.

특정 지역에서 특정한 상품을 생산하는 집적 현상도 가속화됐는데 대표적인 곳이 오늘날 상하이 인근의 송강부였다. 이곳은 직조 생산의 중심지가 되었다. 주변부에서는 목화 재배, 씨앗 추출, 실잣기, 면직물 직조가 이루어졌고 중심부에서는 염색과 표면 처리 같은 보다 전문적인 작업이 진행되었다. 수공업의 발전은 가족 기업의 성장을 이끌어냈다. 다양한 규모의 독립된 공장이 만들어졌으며 대부분 가족 또는 동향 사람들로 채워져 운영되었다. 주로 해안가에 번성한 상업 도시에 회사와 공장이 세워졌는데, 고향 친지나 친구들을 통해 일꾼들을 소개받았기 때문에 일어난 현상이었다. 대규모 거래를 통해 황제에 버금가는 부를 누리는 거상들도 등장했는데 휘저우(徽州, 휘주) 상인과 산시(山西, 산서) 상인이 대표적이었다. 이들은 중국 내륙과 인근 무역항을 가로지르는 광범위한 상업 활동을 통해 어마어마한 부를 손에 넣었다. 14세기에서 17세기에 이르는 동안 이 정도로 광범위하게 상업과 수공업을 발전시킨 나라가 지구상 또 어디에 있을까?

커다란 사회경제적 변화는 신분 질서에 대한 불만을 낳았다. 16세기 명나라는 일반 백성도 조상의 사당을 세울 수 있게 했다. 능력이 된다면 신분과 상관없이 조상을 모시는 사당을 지을 수 있고, 지배층이나 지내던 제사 의식을 거창하게 치를 수 있게 된 것이다. 상공업의 성장이 불러일으킨 사회적 변화라고 할 수 있다. 하지만 역시 이 정도. 조만간 일어날 유럽에서의 근본적인 변화, 시민혁명과 산업혁명이라는 문명사적인 변혁이 중국에서는 일어나지 않았다.

문명의 우열을 쉽사리 판별할 필요도, 그럴 이유도 없다. 시민혁명이나 산업혁명이 작위적으로 촉진된 것만도 아닐뿐더러 반드시 일어나야만 한다는 당위성 또한 없다. 유럽이 이루어낸 '모더니즘'이라는 변화를 절대화해서 여타 문명권을 하위로 취급하는 것은 철 지난 사회진화론적 인식, 서구 중심주의에 불과하다.

그럼에도 명나라로 상징되는 중국 전통 사회의 황혼기는 여러 면에서 아쉽기만 하다. 중세 역사의 극치라고나 할까. 혹은 전통 사회가 이루어낼 수 있는 마지막 가능성이라고나 할까. 조숙한 어린아이가 어른이 되지 못하는 모습이라고나 할까. 수많은 이유로 수많은 성장을 이루었지만 끝내 고전적 한계를 벗어던지지 못한, 그래서 역사의 새로운 단계로 진입하지 못한 모습이라고나 할까. 동아시아 문명의 고혹하고도 화려한 마지막이 유럽의 극적인 돌출적 성장과 대비되는 것만큼은 분명하다. "왜 중국은 먼저 출발했으나 목적지에 이르지 못했는가."

하지만 역사는 멈추지 않는 법. 송나라의 마지막에 몽골이 세운 원나라가 들어섰듯, 중국은 다른 방식으로 그들만의 역사적 행보를 이어간다. 만주족이 세운 청나라의 등장이 그것이다.

명나라의 몰락, 만주족의 성장

황태자에게 이르노라. 짐이 영하에 도착한 지 열흘에 가깝다. 매일같이 병마, 식량, 경비 등을 서로 의논하고 준비하느라 조금도 틈이 없다. 길에서 아침에는 안개와 이슬을 만났고, 낮에는 모래와 먼지에 둘러싸이며, 입은 지휘와 명령에 지치고, 손은 말고삐와 채찍 때문에 못이 박히면서 수천 리 밖으로 나온 것은 단지 이 한 사람 '갈단' 때문이다.

내가 지금 북경에 있으면 아침에는 여러 가지 꽃을 보고, 낮에는 나무 그늘에서 새소리를 듣고, 더우면 휴식하고 시원하면 일하면서, 편안함을 으뜸으로 하는 것을 몰라서가 아니다. 단지 이 의지, 이 사나이의 의지를 관철하고 싶은 것이다. (…) 내 일은 걱정하지 말거라. 다만 밤낮없이 국가의 일을 마음에 다하고 틈이 나면 경전과 사서에서 천하의 득실을 읽고 마음을 달래거라.

- 《강희제의 편지》, 〈만주주접문서〉 중

강희제는 청나라의 네 번째 황제다. 그는 '삼번의 난'을 진압하면서 만주족의 중국 지배를 완성했으며 남으로는 타이완, 북으로는 신장웨이우얼과 티베트까지 중국의 영토를 극적으로 넓힌 인물이다. 위의 글은 강희제가 준가르부의 지도자 갈단과의 결전을 앞두고 아들에게 보낸 편지다. 만주와 여진족. 명나라가 몰락하는 과정에서 중국의 역사는 또 한 번 엉뚱한 비약을 한다. 만주와 몽골을 지배하는 청나라가 중국을 정벌했기 때문이다.

명나라의 후반기는 혼란스럽기 짝이 없다. 환관과 사대부. 황제 지배체제의 고전적인 싸움은 이 시기 극단에 달했다. 황제의 권위를 높이는 행위는 그만큼 환관이 간섭할 여지를 키웠다. 한나라 때는 황제와 신하가 서로 마주하며 대화를 나누었다. 수·당 때는 황제와 신하의 거리는 멀어지고, 신하는 무릎을 꿇고 황제의 이야기를 경청해야 했다. 그리고 명·청 때에 이르러서는 중간에 환관의 전달이 없으면 황제와 신하의 대화가 불가능했고, 신하는 더욱 먼 거리에서 눕다시피 몸을 숙여 황제를 대해야 했다. 예법이 어떤 식으로 바뀌는지는 중요한 문제가 아닐 수 있다. 문제는 황제의 무능이 이어졌으며, 그만큼 환관의 발호가 심각해졌다는 점이다.

만력제가 대표적인 인물이다. 그는 48년간 통치했는데 명나라 황제 중에 가장 오랫동안 제위에 있었다. 그러한 그의 시대를 통상 '태정(怠政)'이라 부른다.

지극히 게으르고 무책임한 통치를 했기 때문이다. 집권 초기 10여 년간은 괜찮았다. 그가 통치를 잘했다기보다는 장거정이라는 재상이 권력을 독점하고 과감하게 개혁 정책을 추진하면서 나라가 부흥했기 때문이다. 장거정은 '고성법'을 실시해서 행정 시스템의 효율성을 극대화했으며, '일조편법'을 통해 경제 변화의 흐름을 수용하고 명나라가 다시금 성장할 수 있는 기틀을 마련하였다. 농업 경제는 물론이고 상업과 해외 무역으로 이어지는 명나라 경제는 기존의 동전과 지폐 체제로 감당할 수 없을 만큼 도약했다. 은(銀)경제. 동아시아 국제 무역에서 은이 화폐의 역할을 대신하였고 민간에서도 은을 지폐처럼 사용하였다. 장거정은 변화를 인정하고, 은을 기준으로 일조편법이라는 시대 상황에 맞는 합리적인 조세제도를 구축하였다. 또한 군사력을 확충하고 유능한 장수들을 기용하여 타타르·오이라트 같은 몽골초원에서의 위협, 왜구 같은 해안 지역에서의 위험에 대처하였다.

하지만 장거정의 죽음은 모든 것을 바꾸어놓았다. 장거정이 죽은 후에도 만력제는 게으른 정치를 지속하였다. 그 와중에 내외의 혼란이 가중되었고 정부 지출이 급격하게 증가했다. '영하의 난', '양응룡의 난'에 이어 임진왜란까지 발발한 것이다. 난을 진압하고 조공국인 조선을 지원하느라 재정 압박이 심각해졌다. 그런데도 만력제의 태도는 바뀌지 않았으니, 이 때문에 환관과 관료의 대립이 극단으로 치닫게 된다. 애초에 장거정의 독재정치는 유학자들과 관료들에게 거센 비판을 받았다. 황제의 총애를 입어 홀로 권력을 독점하고, 본인이 원하는 대로 추진하는 그런 정치를 어찌 옳다고 할 수 있겠는가. 장거정은 또 다른 왕안석에 불과하다. 정치가 지향하는 원칙을 무너뜨렸으니 장거정이 이룬 성과를 어떻게 인정할 수 있겠는가. 장거정이 죽은 후 유학자들과 관료들은 장거정의 모든 것을 비판했다. 그러니 장거정이 추진했던 정책들이 지속될 리 만무했다.

더불어 환관과 관료의 극단적인 정쟁이 가속화되었다. 장거정에서 환관으로.

고헌성(顧憲成)을 비롯한 많은 유학자와 관료들이 동림서원에 모여 정치개혁 운동을 전개하였는데 이들을 '동림당(東林黨)'이라고 불렀다. 명나라의 정치는 몰락하고 있다. 사회는 위태로우며 백성은 존망의 위기에 몰리고 있다. 환관들 때문이다. 이들이 황제의 눈과 귀를 가리며 명나라를 멸망의 구렁텅이로 몰아가고 있다. 동림당은 치열한 정치 투쟁을 전개하며 개혁을 외쳤다. 하지만 환관 세력도 만만치 않았다. 위충현(魏忠賢)을 비롯한 환관 세력은 황제와 동림당을 이간질하는 데 성공했으며, 이에 정치개혁 운동은 대대적인 탄압을 받게 된다. 동림서원은 폐쇄되었고 수많은 유학자가 큰 고통을 당했다.

그런데 과연 개혁을 외쳤던 동림당은 어떤 사람들이었을까? 이들은 장거정의 성과를 부정했지만 장거정만큼의 역량을 보여주지 못했다. 꼬장꼬장하게 원칙을 고집하는 데 주저함이 없었고, 환관과의 싸움에서도 충절을 앞세워 목숨을 바쳤다. 하지만 위기를 타개하고 대안을 현실화하는 데서는 무력하기 짝이 없었다. 송나라 때 왕안석의 개혁을 두고 정치적 갈등이 반복됐던 것처럼, 명나라는 지독한 당쟁에서 벗어나지 못했다.

명나라가 무너지던 시절 만주족은 비약적인 성장을 거듭하고 있었다. 만주는 어디를 말하고 만주족은 어떤 사람들일까? 통상 만주는 중국의 동북 지역을 의미한다. 랴오닝성(遼寧省, 요녕성), 지린성(吉林省, 길림성), 헤이룽장성(黑龙江省, 흑룡강성)을 합친 곳인데 과거에는 러시아의 연해주(沿海州)를 포함했다. 대흥안령산맥을 기준으로 서쪽을 몽골초원, 동쪽을 만주로 봐도 무방하다. 하지만 이런 경계는 명확하지 않다. 만주는 특정한 지배 세력이 독점하며 민족과 나라를 번성시킨 곳이 아니기 때문이다. 말갈·숙신·여진 등 다양한 집단의 활동 지역이기도 했고, 고구려와 발해의 영역이기도 했다. 랴오둥은 중국의 영향력이 우세했으며 때에 따라 남만주까지 힘이 미치기도 했다. 시베리아를 개척한 러시아 입장에서 보면 만주 역시 극동 시베리아에 불과하다. 그럼에도 불구하고 만주를 만주라고 부르는 이유는 청나라 때문이다. 청나라가 일대를 지배하였고 러시아와 조약을 맺으면서 국경선을 확정하였고, 이를 현대 중국이 대부분 계승했기 때문에 만주라는 표현을 사용하는 것이다.

민족 또한 마찬가지다. 중국이나 한국 그리고 일본은 오랜 기간 굵직한 방향성을 가지고 비교적 단일한 역사와 문화를 이루어냈다. 하지만 만주는 전혀 그렇지 못했다. 흉노·돌궐·몽골 같은 초원의 유목민족이 한·중·일과 같은 민족사를 쓰지 않았듯, 만주 일대 역시 마찬가지였다. 일각에서는 말갈과 숙신을 여진이 계승했으며 여진족 중 일부가 만주족이 되었다는 계보학적인 주장을 펼치기도 하지만, 설득력은 극히 떨어진다. 말갈과 숙신, 여진 등은 동류 의식을 보이기는커녕 장기적인 역사적 경험을 공유하지도 않았다. 수렵 계통의 부족사회에서는 같은 여진족이더라도 부족 간의 독자성이 강고하기 때문이다. 더구나 농경민이 아닌 이들에게 어떻게 한·중·일과 같은 영토 의식을 기대하겠는가.

흥미로운 것은 한·중·일의 역사가들이 만주를 멋대로 끌어들여 자국의 역사를 확장하고자 한다는 점이다. 오늘날 만주가 중국 땅이기 때문에 만주 일대의 모든 역사는 중국사라는 주장. 고구려-발해와 말갈이 같은 민족이고 신라의 후예가 금나라를 세운 아골타의 시조이기 때문에 금나라를 계승한 청나라의 역사도 한민족의 역사라는 주장. 그리고 기마민족설을 주장하며 몽골과 만주, 한반도와 일본이 하나의 원류에서 나왔다는 과거 일본 군국주의자들의 주장 등. 만주 지역에서의 '다른 역사'는 여전히 새로운 형태로 악용되고 있다.

만주의 역사, 만주족의 역사는 청나라가 발전하는 가운데 완성되었다. 청나라보다 수백 년 전, 송나라 시절인 12세기에 아골타는 만주를 기반으로 금나라를 세웠다. 금나라가 멸망한 이후 수백 년간 만주 지역의 여진족은 부족사회를 전전했다.

청나라의 등장:
누르하치로부터 시작된 만주족의 중국 지배

청나라의 시작은 누르하치부터다. 누르하치는 건주여진 출신이다. 건주여진은 명나라에 조공을 하며 그 대가로 남만주 일대에서 생계를 유지하던 여진족의 일파를 의미한다. 숙수후·저천·후너허·동고·왕기야 등 크게 다섯 집단으로 나뉘었는데, 이들을 묶어 '만주 구룬'이라고도 한다. 이들뿐 아니라 백두산 일대에 근거를 둔 너연, 주셔리, 얄루 기양 등을 건주여진에 포함하기도 한다.

누르하치는 인삼과 모피 거래를 통해 부를 쌓았으며 건주여진 내부의 경쟁에서는 물론이고 인근의 해서여진, 야인여진 등을 통합하며 힘을 쌓아갔다. 1592년 조선에서 임진왜란이 일어나자 원병을 지원하겠다는 제안을 하기도 했다. 누르하치는 해서여진과 만주 서북부의 몽골계 호르친 부(部) 등 일대 연합 세력과의 싸움에서 승리를 거두며 일대에서 가장 강력한 세력으로 부상했다.

1616년 2월 16일, 누르하치는 과거 여진족이 세웠던 금나라를 계승한다는 의미로 후금을 창건하였다. 그렇다고 누르하치가 스스

16세기 말 만주

로 금나라의 후손이라고 주장한 것은 아니었다. 여하간 누르하치로 인해 만주어로는 '아이신 구룬'이라고 부르는 새로운 여진족의 나라가 등장하였다. 누르하치는 명나라의 집요한 방해와 견제를 극복하며 랴오둥 일대를 점령하였고 랴오양(遼陽, 요양)을 수도로 정하였다.

명나라와의 결전이 불가피한 상황. 명나라는 조선에 수만의 원군을 요청하며 수십만에 달하는 대규모 부대를 편성한 후 누르하치의 본거지를 쳐들어갔다. 선양(瀋陽, 심양)을 거쳐 푸순(撫順, 무순)을 지나면 사르후(薩爾許)라는 곳이 나오는데, 1619년 여름 누르하치가 이곳에서 명나라 군대를 궤멸시킴으로써 명나라의 정벌 계획을 산산조각 냈다. 그리고 같은 해 9월에는 동쪽의 여허(如許)를 무너뜨리며 만주에 대한 지배를 공고히 하였다. 2년 후 누르하치는 남만주의 중심지인 선양을 점령하는 데 성공하였다. 랴오둥을 포함한 남만주가 명나라의 영향에서 벗어나 후금의 중심지가 된 것이다.

누르하치는 '팔기제'를 통해 여진족을 보다 조직적으로 통합하였다. 칭기즈칸이 천호제를 통해 유목 사회를 통합했듯, 누르하치는 팔기제를 통해 흩어져 있던 여진족과 만주 일대의 여러 부족을 하나의 체계로 만들고 강력한 군사로 재편할 수 있었다. 왼손으로 말고삐를 잡은 상태에서 동시에 활을 쏠 수 있었던 강력한 여진 기병의 등장은 흡사 몽골의 그것과 유사했다.

하지만 누르하치의 성공은 이어지지 않았다. 동림당 계열의 학자이자 장수였던 원숭환(袁崇煥, 1584~1630)이 산해관의 영원성에서 누르하치를 물리쳤다. 원숭환은 홍이포, 서양인들이 만든 최신식 대포를 활용하여 성을 지켰고 누르하치의 기병대는 이를 뚫는 데 실패하였다.

누르하치의 뒤를 이은 인물은 그의 여덟 번째 아들 홍타이지다. 잔혹한 황위 계승 전쟁에서 승리한 홍타이지는 진정한 의미에서 만주족의 창시자가 되었다. 우선 그는 방향을 바꿔 몽골부터 정벌하였다. 칭기즈칸의 위업은 원나라가 멸망한 이후 신화처럼 북방 일대를 떠돌았다. 칭기즈칸의 후예 중에 릭단이라는 칸이 있었다. 릭단칸은 차하르 몽골의 지배자로, 이들은 명나라에 밀려 몽골로 돌아온 일명 북원(北元)의 후예였다. 이들은 여전히 라마교를 숭배하고 있었다. 이들은 마하칼리라는 티베트 불교의 여덟 신 중 하나를 섬겼다. 릭단칸은 몽골의 부활을 꿈꾸었다. 그는 쇠락한 차하르 몽골의 위세를 높이고자 했으며 저돌적인 군사 원정을 감행하였다.

릭단칸의 활발한 활동은 몽골초원의 다양한 유목민이 홍타이지에게 도움을 구하는 상황을 연출하였고 홍타이지는 기회를 놓치지 않았다. 릭단칸이 티베트 정벌을 펼치던 때에 후흐호트를 점령하여 내몽골 일대를 장악하였다. 1635년 릭단칸이 천연두에 걸려 허망하게 죽자 홍타이지는 그의 아들을 사위로 삼았다. 팔기 몽골. 만주 일대를 통합하면서 누르하치가 팔기군을 조직한 것처럼, 홍타이지는 몽골 일대를 점령한 후 몽골인으로 구성된 또 하나의 팔기군을 조직했다. 투항한 몽골 왕족은 과거 원제국을 상징하는 금도장을 바쳤고 비로소 홍타이지는 만주와 몽골을 아우르는, 칭기즈칸을 계승하는 새로운 대칸이 되었다.

이때부터 홍타이지는 종래 북방 민족과 중국인들이 이루어놓은 각종 전통을 자유롭게 재조직하였다. 그는 '여진(女眞)'이 아닌 '만주(滿洲)'라는 호

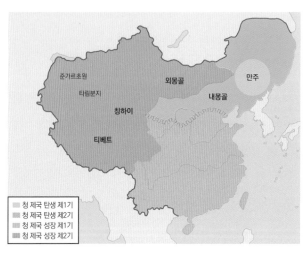

청나라 영토

칭을 사용했으며 종래의 팔기군 또한 '팔기 만주'라고 불렸다. 또한 한족으로 구성된 '팔기 한군'을 조직하였으며 1636년 국호를 후금에서 청으로 바꾸었다. 그리고 칸이 아닌 황제의 자리에 오른다. 만주와 몽골 그리고 중국인을 지배하는 새로운 황제가 등장한 것이다.

팔기 한군은 남만주 일대에 살던 한족들을 말한다. 이들은 화약 무기를 다루는 데 일가견이 있었다. 청나라가 흥기하자 랴오둥 일대의 공유덕(孔有德), 경중명(耿仲明), 상가희(尙可喜) 같은 명나라 무장과 군인들이 대거 투항을 하였고 이들은 청나라의 군사력을 다채롭게 하는 데 일조를 하였다.

홍타이지 역시 대단한 군사적 업적을 이루었다. 그는 조선을 침공하여 병자호란을 일으켰으며, 조선을 강제로 청나라의 동맹국으로 삼았다. 또한 세 차례에 걸쳐 만리장성을 넘었으며, 한때는 산둥성까지 진격하였고, 요서 일대에서 명나라 13만 대군과 싸워서 이기기도 했다. 당시 명나라의 장군이 홍승주(洪承疇)였는데 그는 투항하여 이후 청나라가 중국을 정복하는 데 큰 공을 세운다.

홍타이지가 청나라를 세우던 시점에 명나라는 멸망의 길로 들어서고 있었다. 영원성을 지키던 원숭환은 환관들의 고변으로 능지처사를 당한 지 오래였고, 1630년에는 이자성이 산시성에서 난을 일으켰으며, 장헌충이 반란의 불길을 쓰촨성까지 이었다. 그리고 1644년 4월 25일, 명나라의 마지막 황제는 자금성의 뒤편 경산에서 목을 매고 말았다. 이자성의 군대가 베이징에 진입했기 때문이다.

지킬 주인이 없는 나라. 당시 산해관을 지키던 장수는 오삼계. 그는 이자성이 아니라 청나라를 선택하였다. 청·명 연합군의 중국 정복전이 시작되었고, 그 결과 만주족의 청나라는 원나라에 이어 두 번째로 중국 전체를 지배하게 되었다.

갈단이 독을 마시고 자살했다는 것은 확실하다. 또는 여러 사람이 함께 독을 탔는가? 스스로가 독을 마셨는가? (…) 짐의 큰일이 끝나서 기분은 아주 평온하다. (…) 갈단의 시신은 태워버렸다. 설령 본래의 모습이었어도 마른 머리뿐이다. 이전에 오삼계도 태워버렸으나 그 유골은 가져와서 형장에서 갈아 부수고 흩뿌렸다.

- 《강희제의 편지》, 〈만주주접문서〉 중

오삼계 등 청나라의 중국 정벌에 큰 공을 세웠던 명나라 유장들은 그 대가로 번왕(藩王)이 되었다. 중국 남부의 거대한 영토를 관할하는 제후가 된 것이다. 오삼계, 경정충(耿精忠), 상가희가 그들인데 오삼계는 윈난 일대를, 경정충은 푸젠 일대를, 상가희는 광저우 일대를 관할하였다. 경정충의 집안은 할아버지 경중명이 홍타이지를 따른 이래 아버지 경계무 때 제후가 되었다. 이들 중 가장 큰 힘을 자랑한 인물은 오삼계였다. 만리장성을 지키던 그의 결단이 없었으면 청나라는 훨씬 험난한 과정을 거쳤을 것이다. 1661년, 오삼계는 윈난과 버마(미얀마) 일대의 저항군을 섬멸하면서 명나라의 마지막 희망을 무너뜨렸고 그 결과 일대의 무역을 독점하였다.

강희제는 오삼계 등이 지배하는 삼번을 무너뜨림으로써 청나라의 지배권을 강화하였다. 상가희의 아들 상지신(尙之信)이 아버지의 권한을 계승하려 하자 이를 무력화한 것이 신호탄이었다. 1673년, 오삼계는 주나라를 선포하고 구이저우(貴州, 귀주)와 후난(湖南, 호남) 일대를 선제공격했다. 하지만 그는 나이가 너무 들어 주나라를 선포한 직후 죽었고, 그의 손자 오세번이 반란을 이었다. 삼번의 상황은 비슷했다. 청나라가 들어서는 데 혁혁한 공을 세웠던 삼번의 수장들은 이미 연로했던 데 반해 청나라의 네 번째 황제 강희제는 아직 스무 살도 안 된 의지 넘치는 지도자였다. 느슨한 반란은 10년도 안 되어 팔기군의 공격으로 하나하나 무너지고 말았다. 이로써 청나라 황제에 의한 완전한 중국 지배가 이루어진 것이다.

타이완 정벌 역시 명나라 잔당들과의 싸움 때문이었다. 타이완은 오랜 기간 중국 역사와는 무관한 외떨어진 섬에 불과하였다. 중국의 어떤 왕조도 타이완을 점령하지 않았고, 타이완에서는 원주민 왕조의 등장 같은 것이 이루어지지 않았다. 타이완에 관심을 보인 이들은 서양 상인들 혹은 일본 해적, 그것도 아니면 불법 무역을 통해 이득을 보고자 했던 해안가의 중국 상인들이었다. 타이완은 우연히 지나던 포르투갈 선원이 '일랴 포르모사(아름다운 섬)'라고 외쳤다는 일화로 유명하다.

17세기 타이완에 도시를 세우고 통치를 시도했던 이들은 네덜란드 상인들이었다. 네덜란드 상인들은 평후(澎湖)제도를 근거지로 삼으려 했으나, 명나라 수군 때문에 뜻을 이루지 못했다. 평후제도를 포기한 네덜란드인들은 타이완의 안핑(安平, 안평)에 성을 쌓았고, 수년간 개축하면서 제일란디아성을 구축하여 타이완을 통치하고 동아시아 무역에서 이득을 봤다. 하지만 타이완에 거주하던 네덜란드인은 수백에 불과했고 상인과 군대가 총집결해도 수천 정도였다. 당시 타이완 원주민은 10만이 넘었고 타이완을 이용해서 경제적 이득을 보고자 섬을 오가던 한족들 또한 3만이 넘었다. 그럼에도 네덜란드인들은 유능함을 발휘하며 일대를 통치하였다. 이들은 타이완에서 사슴 가죽을 구해 일본으로 가서 은과 바꾸었으며, 그렇게 모은 은으로 명나라의 도자기·비단·생사·설탕 등을 사들였다. 그리고 다시 인도네시아의 자카르타 등 동남아시아의 무역기지를 이용해 향신료 등을 구입하여 동남아시아와 인도 그리고 유럽에 이르는 광대한 권역에서 다양한 경제적 이득을 취하였다.

그러나 정착한 지 약 40년 만에 네덜란드인들은 타이완에서 쫓겨나고 만다. 1662년 2만 대군을 이끌고 온 정성공 세력 때문이었다. 정성공은 명나라의 회복을 외치며 강희제의 통치를 끝까지 반대하였다. 그는 20여 년간 타이완을 근거지로 삼고 청나라와 싸우며 만주족의 한족 지배에 치열하게 저항하였다. 하지만 1683년 펑후 해전에서 패하며 몰락하고 말았다.

정성공이 사라진 타이완을 어떻게 할 것인가. 청나라 관료들은 입장이 나뉘었다. 만주족 관료들은 타이완을 포기해야 한다고 주장했으며, 한족 관료들은 청나라 영토에 편입해야 한다고 주장했다. 강희제는 후자를 선택하였다. 타이완을 청나라의 영토로 만들어서 반역 세력이 설 자리를 근본적으로 없애자는 것이었다. 이때부터 1894년 청일전쟁에서 일본에 패배하여 타이완을 빼앗길 때까지 200여 년간 타이완은 청나라의 영토가 된다. 타이완은 푸젠성과 광둥성에 인접해 있었기에 이곳에서 수많은 이주민이 건너왔고 빠른 속도로 중국화가 되었다.

타이완에서는 다양한 작물이 생산되었다. 차·설탕·장뇌 등이 대표적인데, 장뇌의 경우 화약과 셀룰로이드의 주원료였다. 타이완에서 생산한 차 역시 인기가 높았고, 설탕의 원료가 되는 사탕수수는 덥고 습한 지역의 특성상 잘 자랐기에 농장들이 번성하였다.

타이완이 청나라에 편입될 무렵 강희제는 서역 정벌을 준비하고 있었다. 삼번의 난 진압, 정성공의 난 진압, 타이완 점령은 명나라의 유산을 무너뜨리고 완전하게 중국 지배를 이루는 과정이었다. 하지만 서역 정벌의 목표는 달랐다. 과거 홍타이지는 몽골 일대를 통합하는 과정에서 그들이 신봉하던 티베트 불교와 밀착하였다. 홍타이지는 아들 갈단을 티베트로 보내 라마승이 되게 했다. 티베트 불교를 신봉하는 몽골을 통합하기 위한 일환이었다. 하지만 갈단은 야심만만한 인물이었다. 그는 1670년대 말부터 몽골 일대의 세력을 규합하며 새로운 지도자로 부상하였다. 갈단은 투르키스탄에 기반을 둔 세력과도 싸움을 벌이며 오늘날 신장웨이우얼 일대에서 강력한 영향력을 행사하였다. 이곳은 한때 당태종의 수중에 들어갔던 실크로드의 주요 지역이며 이슬람교의 영향을 받은 곳이기도 하다.

상황은 간단치 않았다. 제정 러시아가 일대에서 영향력을 행사하고 있었기 때문이다. 투르키스탄의 경우 톈산산맥과 파미르고원을 기준으로 동서로 나뉜다. 오늘날에도 서투르키스탄은 러시아령이고, 동투르키스탄은 신장웨이우얼 자치구다. 국경선이 확립되지 않은 당시로서는 청나라와 제정 러시아 모두에게 민감한 지역일 수밖에 없었다. 최악의 시나리오는 갈단이 러시아의 후원을 받아 청나라를 공격하는 것이었다. 갈단의 힘이 커지자 몽골초원 일대 수만 명이 청나라 영토로 밀려오는 등 여파가 만만치 않았다. 다행히 러시아는 청나라와 외교적 합의를 도모했고 갈단 역시 조카와 분쟁을 겪는 등 상황은 청나라에 유리해졌다.

1694년, 강희제는 갈단과의 숙명적인 싸움에 돌입했다. 8만이 넘는 부대를 직접 지휘하며 몽골과 투르키스탄 일대까지 원정전을 펼쳤다. 이번에도 승자는 강희제였다. 궁지에 몰린 갈단은 자살하였고, 그의 조카 단지라가 유해를 들고 항복, 청나라의 지배를 받아들였다.

강희제는 멈추지 않았다. 그는 티베트마저 수중에 넣으려 했다. 몽골인들에 대한 정신적 지주는 여전히 티베트 불교였고 라싸에 거주하는 달라이 라마였기 때문이다. 구실은 갈단의 또 다른 조카가 마련했다. 한때 갈단을 몽골초원에서 몰아냈지만 이제는 갈단을 계승한다며 저항을 하는 체왕 아랍탄. 강희제는 그를 공격한다는 명분으로 1718년 라싸를 점령하였다. 그리고 강희제는 자신이 원하는 인물을 7대 달라이 라마로 세우고 돌아왔다.

이로써 만주족이 이룩한 거대한 원정의 윤곽이 드러났다. 이들은 우선 만주와 내몽골 일대를 통합했으며 다음으로 중국을 점령하였다. 강희제는 이 기세를 이어가며 중국 내의 저항 세력을 소멸시켰고, 덤으로 타이완까지 얻으면서 남중국해에서 더욱 강력한 힘을 구가하였다. 이미 명나라 때부터 천주교 선교사들이 몰려들었고 해안가에서의 무역이 활발했지만 청나라의 위상은 조금도 위협받지 않았다. 한편 갈단과의 결전을 통해 외몽골과 동투르키스탄 그리고 티베트까지의 원정에서 승리를 하면서 만주-몽골-신장웨이우얼-티베트까지 이어지는 거대한 영역에 대한 지배권을 확보하였다. 과거 쿠빌라이의 원나라에 버금가는 영토였다.

만주에서 티베트까지 청나라는 간접 지배 방식을 통해 사실상 영구적으로 이들을 지배하는 데 성공했다. 과거 흉노부터 돌궐까지 다양한 유목민족이 거처하는 세계. 쿠차국·고창국 등 실크로드 도시국가들이 지배했던 세계. 그리고 당나라가 아바스 왕조에게 패배한 이후 이슬람교도들이 지배하는 세계가 만주족에 의해 효과적으로 청나라의 일부가 된 것이다.

대부분의 중국 왕조는 만리장성 이남 지역을 지배하였고 동쪽으로는 랴오둥 일부, 서쪽으로는 실크로드 입구 언저리까지 진출하였다. 역사상 가장 유능한 황제로 평가받는 당태종의 경우 내몽골 일대부터 실크로드의 도시국가를 점령하는 데 성공했지만, 이는 강희제가 개척한 지역의 일부에 불과했다. 만주와 한반도에 대한 원정 역시 청나라의 만주 지배에 비할 것이 아니었다. 청나라는 원나라하고도 달랐다. 몽골의 경우 끊임없는 영토 확장으로 종국에 분열의 길을 걸었으며, 중국의 전통을 부정하는 지배 방식 탓에 쉽게 멸망하고 말았다. 하지만 청나라는 300년이 넘도록 번성하며 중국인들의 마음을 사는 데 성공하였다.

덕이 천하를 아우르는 군주 되기에 족하다면, 하늘께서 그에게 은혜를 내리고 보우하사 천하의 군주로 삼으시니, 덕으로 감동시키고 믿음을 얻지 못하는데도, 단지 그가 어떤 땅에서 태어난 사람인지를 골라서 보우했다는 이치는 들어본 적이 없다. 또한 "나를 어루만지는 이는 군주요, 나를 학대하는 이는 원수다"라고 하였다. 이것이 민심 향배의 지극한 실정이니, 억조의 인민이 마음을 귀의하는데, 덕을 따지지 않고 출신 지역을 선택할 뿐이라는 이치는 들어본 적이 없다.

(…) 우리 국가는 동토(東土)에서 창건하였고 (…) 모든 중외(中外)의 인민으로부터 존경과 친애를 받은 지 백 년 이상 되었다. (…) 어찌 화(華)·이(夷)를 가지고 다시 차별하겠는가?

- 옹정제,《대의각미록》중

강희제는 단순한 정복 군주가 아니었다. 그는 광대한 제국을 다스리는 데 극히 영명한 황제였다. 관료들을 체계적으로 진두지휘했으며 청나라를 안정적으로 통치하였다. 또한 주접제도 등을 활용하여 관료들이 공적으로 보고한 사업이 실질적으로 이루어졌는지를 면밀하게 검토하는 등 행정적 효율성을 높였다. 강희제의 치밀한 행정가적 성격은 그의 뒤를 이은 옹정제 대에 크게 발현되었고, 정복 군주로서의 모습은 그의 손자 건륭제를 통해 다시 한번 확인되었다.

강희제가 이룩한 또 하나의 업적은 네르친스크 조약을 통해 러시아와 국경선을 확정 지은 일이다. 옹정제는 이를 계승하여 캬흐타 조약을 맺으며 국경을 안정적으로 방비했다. 옹정제는 아버지처럼 정력적인 정복 사업을 추구하지 않았다. 그는 국가를 통치하는 데 온 시간을 할애하였다. 무엇보다 그는 만주족의 중국 지배에 대한 합리적 명분을 만들고자 노력하였다. 황제가 황제인 이유는 '덕스러움'이지 출생지가 아니다. 한족이나 만주족이냐는 중요한 문제가 아니다. 더구나 작금의 청나라는 중국은 물론이고 만주부터 티베트까지 모든 곳을 지배하며 백성에게 존경받고 있으니 어찌 중화가 있고 오랑캐가 있단 말인가.

청나라는 원나라와 달랐다. 원나라가 한족을 박해하며 색목인을 앞세워 몽골인들만의 제국을 운영했다면, 청나라는 '만한병용제'를 실시하여 만주족과 동일한 수의 한족 관료를 세워서 공동으로 통치하였다. 유교와 과거제를 비롯하여 중국의 전통문화를 존중하고, 그에 의지하여 중국을 통치하였다. 하지만 매섭게 대하는 데도 주저함이 없었다. 청나라는 만주족의 풍습을 한족에게 강요하였다. 이마를 밀고 머리를 길게 땋는 '변발'이 대표적이었다. 또한 명나라를 기리는 등 반역적인 행위는 엄단하였다. 옹정제 당시 '문자의 옥'이 대표적인 사건이었다.

청나라는 매번 이런 식이었다. 학자들의 거대한 학문적 연구 활동에 대해서는 막대한 예산을 지원하면서도 그들이 정치에 관심을 갖거나 문제의식을 키우는 것은 용납하지 않았다. 《강희자전》, 《고금도서집성》, 《사고전서》 등 청나라의 황제들은 엄청난 예산을 들여 어마어마한 규모의 학술 연구 사업을 후원하였다. 이러한 연구는 중국의 학술 수준을 크게 높였으며 당시 유행하던 고증학적인 학풍, 실증적이며 엄밀한 학문적 접근 방식과 결합하여 큰 성과를 낳았다. 하지만 명나라에 비해 사회는 한층 보수적인 기풍을 띠었다. 거리에 나가 누구나 가르치고 누구나 성인이 될 수 있다고 믿었던 시대, 성리학은 물론이고 황제 지배체제에 대해 의심하고 비평하던 명나라 때의 진보적 분위기를 청나라에서는 기대할 수 없었다.

강희제의 손자 건륭제는 할아버지를 뛰어넘는 치적을 이루고 싶어 했다. 그는 아버지 옹정제와는 다르게 참으로 긴 시간을 영토 확장에 할애했으며, 그 결과 청나라의 광대한 영역은 더 확고하게 중국화의 길을 걷게 됐다. 청나라의 통치를 통해 중국이라고 불리는 영토가 극히 광대해진 것이다.

하지만 건륭제의 국고를 쏟아붓는 무모한 원정전과 국내 정치에 대한 무관심 때문에 청나라는 쇠락의 길을 걷게 된다. 그리고 이제 중국을 포함한 동아시아는 이전에 한 번도 경험해보지 못한 새로운 역사로 나아간다. 근대화된 서양 열강의 침탈이 시작되었기 때문이다. 바야흐로 전통 사회가 끝나고 근현대사가 시작된 것이다.

9강

홍수전과 쑨원, 새로운 중국을 만들다

근대 중국

중국을 구하라!
태평천국 VS 신해혁명
양무운동? 변법자강운동?
웃기시네! 혁명만이 길이다!
쑨원
삼민주의
황제 지배체제를
끝장내자!
삼민주의!
민족, 민권, 민생~!
민주주의 도입하고!
자본주의의 약점도 해결하고!

CHINA

1. 중국 근현대사

중국의 근현대사는 크게 3단계로 나뉜다. 태평천국운동과 아편전쟁으로 인한 청나라의 말기적 상황, 민족주의자 쑨원이 주도한 신해혁명(1911), 그리고 공산주의자 마오쩌둥(毛澤東, 1893~1976)이 이룩한 중화인민공화국 수립(1949)이다. 청나라 말기의 혼란은 이중적이었다. 태평천국운동 같은 민란이 들끓는 동시에 영국, 프랑스 등 서양 열강의 침탈이 가속화됐기 때문이다.

이를 극복하고자 양무운동(洋務運動)이 일어났다. 양무운동의 지도자들은 태평천국운동을 진압했고, 군사력을 강화하여 서양 열강의 침략을 막아내려 했다. 하지만 청일전쟁(1894)에서 패배했고, 신해혁명을 통해 2,000년 동안 유지되던 황제 지배체제의 시대가 막을 내렸다.

2. 홍수전(洪秀全, 1814~1864)

청나라 말기 태평천국운동을 이끌었던 지도자다. 왕조 말기에는 사회가 혼란해지면서 민란이 일어나기 마련이다. 홍수전 역시 민란의 지도자였다. 하지만 독특한 점은 그가 크리스트교를 받아들여 새로운 주장을 했다는 점이다. 홍수전은 하층민들을 규합했으며, 토지개혁을 통해 민중의 삶을 개선할 것을 주장했고, 여성의 권리를 옹호하며 남녀평등을 외쳤다.

3. 쑨원

중국 근현대사에서 가장 중요한 인물이다. 그의 사상을 삼민주의(三民主義)라고 하는데 민족주의(民族主義), 민권주의(民權主義), 민생주의(民生主義)를 뜻한다. 민족주의는 만주족을 몰아내고 한족 중심의 민족국가를 설립하자는 주장이고, 민권주의는 서구식 민주주의 제도를 받아들이자는 주장이다. 그리고 민생주의는 자본주의의 폐해를 극복할 방안을 마련하자는 주장이다.

쑨원의 생각은 이후 중국 역사에 큰 영향을 미쳤다. 혁명을 통해 사회 모순을 극복하고, 서양 열강이나 세계적인 자본주의와는 차별적인 사회 제도를 구축하자는 측면에서 오늘날 중화인민공화국에도 막대한 영향을 미쳤다.

더구나 쑨원의 아내이자 여성 혁명가 쑹칭링(宋慶齡, 1892~1981)은 쑨원 사망 이후 마오쩌둥을 비롯한 중국공산당을 지지하면서 대륙에 남아 부주석의 자리에 올랐다. 그래서 오늘날 중국과 타이완 모두에서 쑨원은 국부로 존경받고 있다.

★ POINT

★ 중국 근대사

아편전쟁	편무역 → 삼각무역	난징 조약: 공행 폐지, 상하이 등 5개 항 개항, 홍콩 할양
▼		
태평천국운동	멸만흥한	상제회(上帝會) → 난징 점령 → 향용(鄕勇) 진압 크리스트교 영향[천조전무제도(天朝田畝制度)] – 토지 개혁, 남녀평등, 전족 – 축첩 비판
▼		

제2차 아편전쟁 (에로호 사건)	베이징 조약	영·프 연합군(나폴레옹 3세) → 외국 공사 베이징 거주, 러시아 연해주 할양

▼

양무운동	중체서용	이홍장(李鴻章, 1823~1901), 증국번(曾國藩, 1811~1872) 주도 → 군수공장, 조선소 설립 → 청프, 청일전쟁 패배

▼

변법자강운동	청일전쟁 패배	캉유웨이(康有爲, 1858~1927), 량치차오(梁啓超, 1873~1929) 주도 → 메이지유신 모델, 입헌군주제 수용 → 보수파 쿠데타로 실패

▼

의화단운동	부청멸양	반크리스트교 폭동(산둥) → 베이징 진입 → 보수파 후원 → 8개국 연합군 → 베이징 의정서(신축조약): 외국군 베이징 주둔

★ 신해혁명

쑨원 – 삼민주의 → 중국혁명동맹회(도쿄에서 결성)

▼

철도 국유화 명령

▼

쓰촨성에서 '보로운동(保路運動)' 전개

▼

우창의 신군 봉기

▼

청조 무력화 – 신해혁명(동아시아 최초 민주공화국 수립)

▼

쑨원 임시 대총통, 수도: 난징

▼

위안스카이(袁世凱, 1859~1916) 대총통, 수도: 베이징

▼

위안스카이 국민당 탄압 → 황제 복위 시도 → 사망

▼

군벌정권

홍수전,
신의 아들임을 깨닫고 만주족과 싸우다

요괴들이 무수한 계략을 꾸미도록 내버려 두어라.

어떻게 그들이 천부의 확실한 손길을 피할 수 있겠는가?

누가 6일 만에 모든 강산을 창조했는가?

혼령의 아버지를 믿는 너희들은 용감한 전사가 될 것이다.

높은 하늘은 너를 보내 요괴를 죽이게 했다.

천부와 천형께서는 끊임없이 너를 지켜보고 있다.

남자와 여자 장수 모두 칼을 쥐어라.

네가 현재 무슨 옷을 입고 있든 갈아입는 것에 신경 쓰지 말라.

한마음으로 용기를 발휘하여 함께 요괴를 죽여라.

-《인서》〈천명소지서〉 중

홍수전과 상제회 교도들은 청나라 군대의 포위를 벗어나고자 중국 남부 광시성의 영안을 탈출하였다. 이들은 고난과 희망에 찬 행군을 계속하였다. 이들에게 청나라 군대는 반드시 무찔러야 하는 요괴들이었다. 남자뿐 아니라 '여자들' 또한 칼을 손에 쥐었으며 "하늘의 아버지를 믿는" 용감한 전사가 되

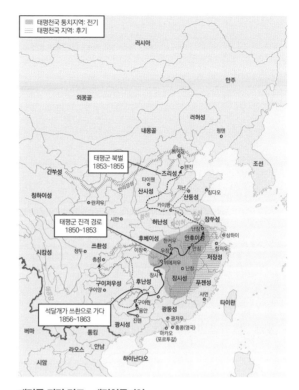

태평군 진격 경로 · 태평천국지역

어 이들을 물리쳐야만 했다. 광시성을 넘어 후난성의 중심지인 창사와 둥팅호를 거쳐 다시 후베이성으로. 후베이성의 한커우와 우창 일대를 지나 또다시 한후이로 이어지는 장대한 원정이었다. 그리고 양쯔강을 따라 중국 남부 최대 도시인 난징을 점령하는 데 기어코 성공한다. 전통 시대 최후의 민란으로 일컫는 태평천국운동의 성공을 알리는 장면이었다.

중국 역사는 오랫동안 일정한 패턴을 보여왔다. 왕조의 순환. 당송변혁기가 말해주듯 중국의 역사는 끊임없이 변화하고 발전했음에도 기본적으로는 동일한 구조를 답습하였다. 뛰어난 황제가 지배하던 시기가 끝나면 제국은 쇠퇴하였다. 관료의 부정과 부패, 백성의 가렴주구. 왕조의 위기를 알리는 징후 끝에는 민란

이 일어났다. 황건적, 홍건적, 태평도, 백련교 등 민중 도교나 불교로 무장한 세력들이 왕조의 시스템을 근본부터 뒤흔들었다. 하지만 결말은 언제나 민중을 배반했다. 새로운 황제 지배체제의 등장, 유교 질서의 복원으로 이어졌으니 말이다.

대안의 부재. 차라리 정치적인 구조에서는 변화가 있었다. 북방 민족의 등장, 몽골이 주도하는 세계사적 흐름, 만주족이 만들어간 새로운 동아시아 지배. 문제는 정신적이고 이념적인 부분이었다. 청나라 때 중국 남부에서 결성된 삼합회·천지회 같은 민중 단체들, 형제애를 강조하며 신비스러운 의식을 치르고 피의 맹세를 하는 집단들 역시 마찬가지였다. 강력한 연대 의식에 비해 그들의 비전이란 보잘것없었다. 근본적으로 유교적인 세계관, 그 복잡다단하며 체계적인 모양새를 대체할 수 있는 무엇인가가 좀처럼 등장하지 않았다. 과연 홍수전과 상제회는 다를 수 있을까?

홍수전은 크리스트교를 끌어들여 상제회라는 새로운 종파를 만들었다. 상제회의 등장은 홍수전의 기묘하면서도 담대한 도전이자 청나라 말기 국제 환경의 근본적인 변화 때문이다. 마카오와 홍콩에서 상하이까지, 광둥성과 푸젠성 그리고 타이완까지. 중국 남부 일대에서는 크리스트교 선교사들이 활발히 활동했다. 1815년 스코틀랜드 출신의 선교사 윌리엄 밀른(William Milne, 1785~1822)은 광저우에서 중국인들을 대상으로 설교를 했다. 개신교 선교사였던 밀른은 불교를 비판하면서 크리스트교의 구원론이 옳다고 주장했는데 양발(梁發, 1789~1855)이라는 인물이 이를 받아들인다. 양발이 신앙을 갖게 된

홍수전

이유는 또 다른 선교사 로버트 모리슨(Robert Morrison 1782~1834)의 노력도 있었다. 그는 말레이반도 플라카에 '영화서원'이라는 출판사를 세워 성서를 중국어로 번역하였다.

밀른에게 세례를 받은 양발은 이후 10여 년간 광저우 일대에서 갖은 수모와 고초를 겪으면서 크리스트교를 전파하였다. 투옥과 고문은 물론이고 집까지 몰수당했지만, 우선 아내에게 전도했고 1832년에는《권세양언(勸世良言)》이라는 책을 집필하여 책자를 보급하는 방식으로 전도를 이어갔다. '권세양언'은 '세상에 권하는 좋은 말'이란 뜻인데 성서의 주요 내용과 크리스트교 교리의 요체를 설명한 책이었다. 양발은 정력적이었다. 그는 청나라 관리들이 과거시험을 주관하기 위해 순행하는 길을 이용했다. 한 번 여행할 때마다 7,000권이 넘는 책을 들고 기독교를 전파한 것이다.

한편 광저우 인근 화현 출신의 홍수전은 평범한 인물이었다. 으레 그렇듯 홍수전 역시 과거시험을 준비했으나 번번이 고배를 마셨다. 그러던 와중에 양발의《권세양언》을 구하게 된다. 그저 우연이었다. 양발의 정력적인 활동으로 광저우 거리에서 책을 얻을 수 있었고 이 책은 오랫동안 홍수전의 방 한구석에 처박혀 있었다. 1837년 이번에도 과거 합격에 실패한 홍수전은 크게 낙심한 가운데 중병에 걸려 무려 3개월 동안 생사를 넘나드는 고통을 겪었다. 많은 사람은 홍수전이 죽을 줄 알았고 그나마 의식이 있는 날에는 가족들과 석별의 정을 나눌 정도였다.

하지만 그는 죽지 않았다. 그 대신 오랫동안 병마와 싸우면서 환상을 보았고, 인생을 뒤바꿀 신비한 경험을 했다. 수많은 악귀와 싸우는 꿈. 환상 가운데 어떤 노인이 나타났다. "이 검을 받아 싸워라!" 노인이 금으로 만든 인장과 '운중설'이라고 불리는 큰 칼을 주었고, 그는 노인을 대신하여 악귀들과 치열한 싸움을 벌였다. 환상 가운데 어떤 중년 남성이 나타나 그를 도왔다. 모든 싸움이 끝났을 때 그는 중병을 극복하고 침상에서 일어날 수 있었다. 평범한 꿈이라고 하기엔 너무나 신비했다. 그렇다고 홍수전의 삶이 바뀐 것도 아니었다.

다시 7년이라는 세월이 흐른 후 홍수전은 뒤늦게 환상의 의미를 깨달을 수 있었다. 먼 친척인 이경방이라는 친구가 홍수전의 집을 찾아와 우연히 《권세양언》이라는 책을 보고 흥미를 느낀 것이다. 그는 책을 빌려 읽은 후 홍수전에게 돌려주며 꼭 읽어보라고 권하였다. 홍수전은 친구의 권유에 응하였다. 그리고 비로소 홍수전은 자신의 소명을 발견할 수 있었다. 노인은 크리스트교가 말하는 상제, 즉 하느님이었다. 중년 남성은 예수이고, 홍수전 자신은 상제의 소명을 받아 악귀에 물든 중국을 구원할 예수의 동생이었던 것이다. 운중설이라는 성스러운 검이 말해주지 않는가. 검을 들어라. 들고 일어나서 악귀를 물리쳐라. 악귀를 물리쳐서 민중을 구원하고 세상을 해방하라!

홍수전은 곧장 포교를 시작하였고 이른 시점에 풍운산(馮雲山, 1815~1852)이라는 중요한 인물을 전도하는 데 성공하였다. 풍운산은 상제회를 실질적으로 조직한 인물이다. 홍수전의 포교 활동이 수포로 돌아가는 상황에서도 풍운산은 끈질기게 그를 섬겼고, 여러 지역을 돌아다니며 상제회 신도들을 늘려갔다. 초기 상제회는 크리스트교와 비슷한 모습을 띠었다. 개종자들은 세례를 받아야 했는데, 우선 자신의 죄를 고백하는 회개의 글을 작성하고 큰 소리로 읽어야 했다. 글을 모르면 말로 했다. 그렇게 고백된 죄의 기록을 재단에서 불태우는 가운데 신도들은 '하늘의 계명'을 지킬 것을 서약하였다. 홍수전은 신도들의 머리에 물을 붓고 새로운 탄생을 선언했다. 세례를 받은 이들은 강물에서 몸을 씻은 후 제단에 놓인 차를 마시며 의식을 마쳤다. 신도들은 식사 때마다 주기도문과 비슷한 기도를 하면서 종래의 중국인들과는 다른 생활을 해나갔다. 흥미로운 점은 이 시기에 홍수전과 비슷한 신비 체험을 했다는 인물들이 여럿 등장했다는 사실이다. 양수청(楊秀淸, 1821~1856), 소조귀(蕭朝貴, ?~1856), 석달개(石達開, 1831~1863) 같은 인물이 대표적이다. 이들은 종교적 열기가 고양되면 상제나 예수가 현현하였다. 극도의 황홀경 가운데 예언을 하는 등 신비로운 모습을 보이면서 일대에서 추종자들을 모았다. 이들 또한 상제회에 합세하여 교세를 불려나갔다.

홍수전을 비롯한 이들의 활동으로 중국 남부 지역에서 소외된 허다한 이들이 상제회로 몰려들었다. 홍수전 본인이 객가(客家) 출신. 객가라 불리는 사람들은 중국 북부 지역에서 살다가 밀리고 밀려 남부까지 내려온 사람들이다. 명·청 대의 가파른 경제 성장과 인구 증가 때문에 토지를 잃고 여러 지역을 부유하며 생존을 도모하는 이들이었다. 객가는 독특한 방언과 그들만의 생활 방식을 유지하였고, 지역에 따라서는 일반 농민들과 전혀 다른 주거 공간에서 생활하였다. 광저우 일대에서 수백 년을 살았는데도 광둥어를 사용하지 않았고, 그 때문에 일반 농민들에게 무시당하기 일쑤였다. 객가의 여성들은 종종 '큰 발'로 놀림을 받았다고 한다. 당시 여성은 전족이라는 악습에 시달리고 있었다. 어릴 때부터 두꺼운 천으로 발을 칭칭 동여매 성장을 막았다. 발등이 굽고 때로는 발가락이 떨어져 나가도 사람들은 이를 작고 예쁜 발이라고 생각했다. 중국의 여성들은 지팡이에 의존하여 종종걸음으로 다녔고 대부분 집 안에서 생활했다. 하지만 객가의 여성들은 큰 발로 돌아다니며 노동을 하는 데도 주저함이 없었기 때문에 비난의 대상이 되었다.

중국 남부에는 소수민족이 많았다. 좡족이 대표적이었는데 이들 중 상당수가 상제회에 가입했다. 직업도 다양했다. 탄광의 광부, 떠돌이 이발사, 방앗간 노동자, 두부장수, 뱃사람, 숯쟁이, 아편장수, 소금장수, 약장수 등 하루하루를 연명하는 날품팔이들이 꾸역꾸역 상제회로 몰려들었다. "우리 가족은 가난해서 단 하루도 배불리 먹어본 적이 없었다. 남의 땅을 빌려 농사짓고, 산비탈을 개간하며 살아갔고, 고용살이도 했다." 상제회 신도들은 학교에 다니지 못했고 교육을 받을 나이에 냉혹한 세상의 이치를 깨닫는 사람들이었다.

만주 타타르의 기원을 자세히 조사한 결과 그들의 시조가 흰 여우 한 마리와 붉은 개 한 마리가 교접해서 만든 정액이며, 이 정액을 통해 이와 같은 요괴가 만들어졌음을 알게 되었다. 그들은 종족의 수가 늘어나면서 서로 짝짓기를 했으나, 결코 인간관계나 문명 같은 것이 없었다. 그들은 중국에 사람들이 적은 것을 틈타 국가를 차지했고, 자신들의 사악한 제위를 세워놓고 야생 여우를 그 자리에 앉혔다. 그들의 궁정에는 목욕한 원숭이가 옷을 입고 들어앉아 있다. (…) 우리는 그들의 간교한 음모에 빠졌고, 능욕을 당했으며, 명령을 받았다.

-《인서》〈분행조서〉 중

새로운 이단의 등장은 청나라 관료들에게 민감한 반응을 불러일으켰다. 가뜩이나 비밀결사가 많고 불만이 들끓는 곳이 중국 남부 아닌가. 상제회를 탄압하라! 청나라의 탄압은 만주족에 대한 적대성, 반만(反滿) 의식을 강화하였다.

청나라는 한족이 세운 나라가 아니다. 따라서 그들은 "홍수와 가뭄이 발생할 때마다 일말의 동정심도 보이지 않는다. 굶어 죽은 자가 사방에 널려 있고, 하얀 해골이 들판의 잡초처럼 많아지고 있는데도 저들은 보고만 있다." 왜 그럴까? 한족의 숫자가 줄어들기를 원하기 때문이다. 중국인들이 가난해지기를 바라기 때문이다. 이들의 근원은 지극히 추악하며 야만적이다. 그럼에도 저 "여우 떼와 개 떼가 모여 있는 곳에서 절을 하고 무릎을 꿇었다." "중국인은 중국인처럼 보여야 한다. 그러나 지금 만주족은 우리에게 정수리 주변을 삭발하고 긴 꼬랑지를 뒤로 늘어뜨리라고 하니" 이는 중국인을 금수만도 못하게 만들려는 획책이다. 우리는 우리의 의복과 우리의 모자와 우리의 문화를 가지고 있다! 상제회는 반정치 세력으로 변해가고 있었다.

상제회는 중국 역사 내내 이어온 민중 종교의 길로 내달았다. 홍수전은 예언을 하였다. "10년이 삼칠의 21번을 반복된 기간"인 210년이 지나면 "삼칠의 요괴들"인 청나라가 멸망할 것이다. 1644년에 세워진 청나라는 앞으로 3년 후에 무너지고 말 것이다.

1850년 11월, 상제회와 청나라 군대가 충돌하였다. 청나라 군대가 상제회 신도 일부에게 세금을 불법적으로 강요한 것이 계기였다. 상제회 신도들은 이미 5개월 전부터 재산을 모두 팔아 광시성 진티엔에 집결하고 있었다. 1851년 1월 11일, 상제회는 홍수전을 '천왕(天王)'으로 모시며 '태평천국'이라는 이름으로 새 역사를 선포하였다. 당시 상제회는 2만에서 4만 사이를 오가는 수준이었다. 이들은 본격적으로 청나라 군사들과 싸워나갔고, 작은 전투에서 승리하며 청나라 군대의 무기를 빼앗았다. 신도 중 많은 이들이 광부였기에 화약을 다루는 데 능숙했다.

같은 해 9월, 이들은 인근의 주요 도시인 융안을 점령하는 데 성공한다. 이때 양수청은 동왕, 풍운산은 남왕, 소조귀는 서왕, 위창휘는 북왕 그리고 석달개는 익왕이 되었다. 상제회에서 태평천국으로, 조직은 체계를 잡아나가고 있었다. 청나라 군대는 융안에 집결한 태평천국군을 포위하였다. 하지만 해를 넘긴 1852년 4월 3일, 태평천국군은 포위를 뚫고 도리어 후난성의 중심지인 창사(長沙, 장사)를 점령하고자 했다. 이때 풍운산과 소조귀가 죽었다.

이후 벌어질 끔찍한 권력 다툼과 그악스러운 배신을 생각할 때, 사심이 없었던 훌륭한 지도자 풍운산의 죽음은 크나큰 손실이었다. 그해 겨울 태평천국군은 웨저우(岳州, 악주)를 점령하였고, 150년 전 청나라를 세울 때 활약했던 오삼계의 비밀 무기고를 발견한다. 상제가 예비해주신 무기 아닌가. 태평천국군은 갈수록 강해졌다. 이 시기 선박을 5,000척이나 징발할 수 있었고 그 덕에 중국 남부의 요충지인 우창·한커우·한양, 즉 우한 3진을 공략할 수 있게 되었다.

민란은 주요 도시를 점령하며 물자를 확보하고 행정적인 지배력을 높이는 데 성패가 달렸는바, 태평천국군은 짧은 기간에 이를 이루어냈다. 특히 우한 3진을 점령한 일은 태평천국군의 기세를 극적으로 고조시켰다. 1만 척이 넘는 선박, 100만의 은량, 대량의 양식과 충분한 탄약까지 확보한 것이다. 그리고 태평천국을 선포한 지 3년째 되는 해인 1853년 3월 19일, 난징 탈환에 성공했다.

부분적이지만 홍수전의 예언이 맞았다! 난징은 과거 건업 등으로 불렸던 곳이다. 북방 민족이 쳐내려올 때 수많은 한족 왕조가 이곳에서 나라를 세웠고, 특히 명나라를 세운 주원장이 난징에 의지하여 몽골을 북방으로 몰아내지 않았던가. 과거 한족의 지도자 주원장이 이민족을 몰아냈듯, 이제 난징은 태평천국운동의 중심지가 된 것이다. 홍수전은 난징을 '티엔징(天京, 천경)'으로 바꿔 불렀다.

천조전무제도:
태평천국을 꿈꾼 세상 처연히 무너지다

홍수전은 '천조전무제도'를 발표하였다. 이제 남부 지역에 대한 광대한 지배권을 확보했으니 새로운 사회를 건설해야 하지 않겠는가. 여전히 악귀, 즉 청나라가 중국 대부분을 지배하고 있기 때문에 홍수전은 민군일치의 조직을 만들고자 하였다. 5명 중 1명이 군사 지도자가 되고, 그런 지도자를 중심으로 5개의 가족이 꾸려지는 형태다. 대강 25명 정도가 군사 지도자의 보호를 받으며 함께 생활하는 방식을 지향하였다.

이 공동체에는 공동 곡물창고, 공동 예배당이 있어야 한다. 토지는 비옥도를 고려하여 16세 이상의 남자와 여자 모두에게 공평하게 나누어져야 한다. 모든 가정은 닭 5마리, 암퇘지 2마리를 기르고 뽕나무와 비단을 짜야 한다. 가정을 유지하기 위해 소모되는 비용을 제외하고는 공동 창고에서 수확물을 함께 관리해야 하며 함께 생산한 만큼 모든 것은 공동 소유해야 한다. 누구나 땅과 자원을 균등하게 배분받으며 누구나 배불리 먹을 수 있는 태평한 사회. 가족 중에 경조사가 있을 때는 공동 창고의 자원을 사용하되 개인이 영향력과 상관없이 공정하게 혜택을 누려야 한다. 아직은 전쟁이 끝나지 않았기 때문에 당분간은 남녀분리 정책을 유지해야 한다. 부부도 몰래 만나서 사적인 정을 누릴 수 없다. 여성을 폭행한 남자들은 군공이 있더라도 사형에 처해야 하고, 성매매 여성이든 그런 여성을 찾는 남자든 적발 시 본인과 가족 모두를 처벌할 것이다. 아편, 춤, 음주는 물론이고 동성애 또한 처벌받을 것이다.

태평천국은 매우 금욕적이며, 집요하게 남녀평등을 추구하였다. 여성도 군사 지휘관이 될 수 있으며 남성과 동등하게 토지를 받을 수 있었다. 여성들만을 위한 시험제도를 통해 관직에도 오를 수 있었다. 태평천국은 매우 전통적이며 놀라울 정도로 근대적이었다. 청나라 황제를 몰아내고 천왕과 여러 왕이 지배한다는 점에서, 균등한 토지 분배와 평등한 자원 분배 그리고 공동생활을 추구한다는 점에서 오랫동안 내려오던 대동사회 같은 이상적 사고 혹은 도교 계통의 민중적 소망이 고스란히 담겨 있다. 하지만 기존 질서와는 확연히 다른 사회상을 구체적으로 설계하고자 했다는 점, 금욕적이며 특히 여성의 권리를 보존하기 위한 과감한 조치 같은 점들은 종래에는 찾아볼 수 없었던 것들이다. 무엇보다 전통과 근대, 민중 종교와 크리스트교의 결합이라는 독특한 변용은 태평천국운동 이전에는 찾아볼 수 없었던 유일무이한 모델이다.

> 세상에나! 그런 끔찍한 장면이 있을 줄이야! 어떤 곳에는 시체가 5~6겹으로 쌓여 있었고, 어떤 사람은 스스로 목을 매고 죽어 있었으며, 또 어떤 사람은 병사들이 투척한 화약 주머니의 폭발로 만신창이가 되어 죽어 있었다. 시체들은 들판으로 옮겨져 땅바닥에 그대로 버려졌다. (…) 이인자(동왕 양수청)의 추종자들은 다섯 명, 열 명, 백 명, 천 명 단위로 형장

에 끌려 나와 모두 처형되었다. 이인자가 주는 밥을 얻어먹은 사람은 여
자와 아이들까지도 모두 고통을 당했다.

- 클라크(Clarke)와 그레고리(Gregory), 〈중국 대륙의 친구(Overland Friend of China)〉 중

1853년 난징을 점령한 후 선포된 태평천국은 10여 년 만에 무너지고 말았
다. 태평천국의 이상을 죽을 때까지 간직했던 인물은 남왕 풍운산, 익왕 석달
개뿐이었다. 풍운산은 이른 시점에 생을 마감했으니, 끝까지 전쟁터에서 악귀
와 싸우며 상제회의 이상을 실천한 인물은 석달개뿐이었다. 난징에 들어선 후
홍수전을 비롯한 상제회의 지도자들은 급속도로 타락해갔으며 그만큼 분열되
었다. 동왕 양수청이 큰 문제였다. 그는 홍수전의 정무에 끊임없이 간섭했으
며, 갖가지 구실을 들어 태평천국의 지도자들을 못살게 굴었다. 양수청을 모셨
던 관료들 또한 위세가 극에 달했다. 권위 있는 장수들이 양수청 계열의 관료
들 앞에서 머리를 조아려야만 했고 그러지 않을 때는 매질을 당하기 일쑤였다.
그렇다고 양수청이 불필요한 인물은 아니었다. 그는 청나라와의 전쟁에서 가
장 중요한 군사 전략가였으며 비상한 지도력을 발휘하며 청나라 군대와의 싸
움에서 승리를 거두기도 했으니 말이다. 그럼에도 갈등은 심각해졌다.

양수청에게서 끊임없이 비판을 받던 북왕 위창휘는 태평천국군의 지도자들
과 모의하여 그를 제거하는 데 성공한다. 홍수전은 사전에 위창휘의 음모에 동
의하였고 여러 장군은 오직 양수청만을 제거하자고 합의를 보았다. 하지만 위
창휘는 양수청을 따르던 수많은 이들을 몰살하고자 했다. 앞의 글은 난징성을
수비하던 아일랜드인 용병의 기록이다. 3개월간의 학살. 동왕 양수청을 모셨
던 궁녀와 시녀 500여 명을 포함해서 수천 명이 목숨을 잃었다. 청나라 군대도
아닌 같은 상제회의 신도들에게 말이다.

전선에서 싸우고 있던 익왕 석달개는 뒤늦게 이 사실을 알고 크게 분노한다.
그는 난징으로 돌아와 면전에서 위창휘를 비판하였다. 북왕 위창휘가 석달개

마저 죽이려 했지만, 음모를 눈치챈 석달개는 급히 피신한 후 전선에 있는 병력을 끌고 난징으로 돌아왔다. 그리고 이 시점에 홍수전이 나선다. 그는 친위부대를 동해 위창휘를 비롯하여 학살을 주도했던 인물들을 처형하여 석달개를 달랬다.

내분이 극단으로 치달을 때까지 대체 홍수전은 무엇을 하고 있었던 것일까? 남의 손을 빌려 자신의 권력을 강화하고자 했던 것일까? 아니다. 그는 난징에 입성한 후 수많은 후궁과 궁녀들에 둘러싸여 정신적 피안의 세계에서 신을 찾았다. 매일매일 성서와 자신이 쓴 글을 읽으며 궁궐의 여성들과 현란한 예식을 진행하면서 아무도 이해하지 못하는 자신만의 종교적 세계로 빠져들었다.

심각한 내분은 국력의 약화를 초래했고, 그만큼 악귀와의 싸움은 위세를 잃어갔다. 베이징 원정은 실패했고 이후에도 몇 차례의 호기를 놓치고 말았다. 그리고 증국번, 이홍장, 좌종당(左宗棠, 1812~1885)이 등장했다. 태평천국운동을 통해서 청나라 조정의 무능함은 만천하에 드러났다. 오늘날 우리가 서태후와 황실의 복잡다단하고 잔혹한 가정사에 온갖 풍설을 엮어가며 재미를 누리는 데는 그만한 이유가 있다. 하지만 청나라는 중국의 정통 왕조로 자리를 잡은 지 오래이며, 무엇보다 전통 질서로 무장한 한족 지배층에게 태평천국운동은 중대한 위협일 수밖에 없었다.

증국번, 이홍장, 좌종당 등은 향용을 조직했다. 향용은 말 그대로 향촌에서 모집한 의용군들이다. 한족 지배층이 직접 군대를 조직하여 태평천국군과 맞서 싸우기 시작한 것이다. 한족의 자발적 무장이 청나라 조정에 위협이 될 수도 있으나 마땅한 대안이 없는바, 더구나 이들은 청나라에 대한 확고한 충성심을 보였다. 상군(湘軍)을 조직한 증국번을 청나라는 양강총독으로 공식 임명하였다. 증국번은 토벌을 주도했으며 이홍장 역시 회군(淮軍)을 조직하여 난징을 공략하였다. 증국번의 상군을 도왔던 좌종당은 저장성의 순무로 발탁되어 영국, 프랑스로부터 도움을 받으며 일대를 평정하였다.

문제는 외부에만 있지 않았다. 천조전무제도라는 이상이 제대로 실천되지 않았기 때문이다. 객가, 소수민족 그리고 하층민 등이 결집된 태평천국운동은 단지 중국 남부를 점유할 뿐이었다. 그들의 특이한 억양, 발이 큰 여자들, 새로운 제도의 반포 등은 대다수 농민의 평범한 삶과는 괴리가 큰 것들이었다. 더구나 적극적인 토지개혁은 끝내 실시되지 않았다. 이상은 이상으로 선포됐을 뿐 태평천국운동은 종래의 민란과 유사한 수준에서 관념적으로 되풀이될 뿐이었다.

결과는 비참했다. 향용이 끊임없이 난징을 공격했고, 한때 관심을 보이던 영국과 프랑스 등 서양인들도 태평천국군에 등을 돌렸다. 대세가 바뀌지 않았는가. 더구나 그들은 사이비 이단. 지원할 이유가 없었다. 태평천국군의 마지막 지도자 이수성(李秀成, ?~1864)은 끝까지 분투했다. 상하이 일대에서 영국·프랑스군과 용감히 싸웠고, 서양인 용병집단인 상승군과의 투쟁에서도 빛을 발하였다. 하지만 대세는 빠르게 기울고 있었다. 양수청의 죽음 이후 익왕 석달개는 군대를 끌고 쓰촨 일대에서 독자적인 생존지를 모색하였다. 15개 성 9,600킬로미터가 넘는 지역을 행군하며 지난한 전투를 감내했지만 끝내 새로운 왕국이 될 만한 지역을 발견할 수 없었다. 그는 1863년 6월 13일 청나라 군대에 투항하였다. 이미 5명의 아내와 어린 자녀들을 자결케 한 이후였다. 동고동락한 2,000여 명의 군대에 대한 선처를 부탁했지만, 석달개는 능지처참을 당했고 동료들 모두 학살을 피하지 못했다.

끝까지 난징에 머물렀던 홍수전은 1864년 6월 생을 마감한다. 병이 재발해 죽었다는 기록과 자결했다는 기록이 혼란스럽게 남아 있을 뿐이다. 그리고 얼마 후인 7월 19일, 드디어 난징의 성벽이 폭약으로 뚫렸다. "난징에 있던 10만 명의 반란자들 가운데 단 한 명도 성이 함락되었을 때 항복하지 않았고, 대부분 한데 모여 스스로 몸에 불을 붙이고 후회 없이 죽어갔습니다. 그토록 무서운 반란군은 고금을 통해 일찍이 본 적이 없습니다." 태평천국운동을 진압한 증국번의 보고서에 기록된 내용이다. 최후까지 남아 있던 그들은 끝내 투항하지 않았다.

태평천국운동은 청나라 말기의 고단함을 극명하게 드러낸 사건이었다. 운동이 진압된 이후에도 민란의 불씨는 꺼지지 않았다. 태평천국운동이 일어난 다음 해인 1851년부터 1868년까지는 염군의 반란이 일어났고, 비슷한 시기 윈난성에서는 이슬람교도의 반란이 있었다(1855~1873). 반란의 원인은 구조적이었다. 앞서 이야기한 대로 인구는 빠르게 증가했고 토지 분배는 공정하거나 균등하게 이루어지지 못했다. 한 통계에 따르면 1741년 1억 4,000만이었던 인구가 1850년에는 4억 3,000만으로 늘어났다고 하니 증가 속도는 가히 폭발적이었다. 하지만 경작지는 1661년 5억 5,000만 묘에서 7억 4,000만 묘로 증가했을 따름으로 인구 증가 폭의 4분의 1에도 못 미쳤다. 무엇보다 인구의 60~90%는 경작지를 소유하지 못해 산출량의 절반을 소작료로 내야 했고 각종 고리대에 시달릴 수밖에 없었다.

아편전쟁:
100년간의 굴욕이 시작되다

태평천국운동만이 문제가 아니었다. 아편전쟁(1840) 또한 청나라 경제에 파괴적인 결과를 불러일으켰다. 영국은 무역적자를 해소하고자 중국에 아편을 팔아 막대한 이득을 얻었다. 황제의 명을 받은 임칙서(林則徐, 1785~1850)는 전통적인 방식으로 문제를 해결하고자 하였다. 그는 영국에 정식으로 국서를 보내 아편 무역의 부당함을 지적하였다. 문명국가로서 해서는 안 될 행동을 했다며 국가의 도덕적 책임을 지적하였다. 임칙서는 영국 상인과 거래하는 청나라인 들을 단속하였다. 불법적으로 거래되던 아편은 몰수한 후 석회나 물에 섞어 희석해서 바다에 버렸다.

하지만 영국의 입장, 아니 세계는 본질적으로 변화하고 있었다. 영국은 단지 포르투갈과 네덜란드의 계승자가 아니었고, 중국 남쪽의 바다는 과거와 같이 후추와 향신료 무역 정도로 만족할 수 없었다. 시민혁명과 산업혁명 이후 영국은 새로운 형태의 근대 국가로 발돋움하고 있었으며, 복합적인 형태의 경제 시스템이 근대 국가의 운영 원리로 빠르게 자리 잡고 있었다. 농업에서 상업과 무역으로, 경작지에서의 생산을 넘어 유통과 자본 중심으로, 금융과 주식, 시장과 기업에 근거한 경제정책까지 영국을 비롯한 서구의 국가들은 이른바 '자본'에 근거하여 급격한 근대화의 길로 나아가고 있었다. 내부적으로는 자본주의의 고도화, 외부적으로는 침탈과 식민지, 즉 제국주의가 도래하고 있었던 셈이다.

아편전쟁의 표면적인 이유는 동인도회사의 만성적인 무역적자였다. 영국산 공산품 또는 인도에서 생산하는 여러 물품이 중국에는 필요가 없었다. 이에 반해 영국은 홍차를 비롯하여 중국산 물품에 대한 수요가 높았다. 동인도회사의 상인들은 무역적자를 해결하기 위해 아편이라는 도덕적으로 옳지 못한, 하지만 수익성이 매우 높은 상품에 손을 댔다.

아편 무역은 표면에 불과했다. 보다 본질적인 변화가 되돌릴 수 없는 수준으로, 그것도 동시다발적으로 진행되고 있었다. 15세기 대항해 시대 때는 모든 것이 명확했다. 지중해 동부부터 서아시아 그리고 인도 북부까지는 이슬람 세력이 막강했기 때문에 유럽은 대서양과 인도양을 거쳐 인도에 진출할 수밖에 없었다. 이들의 무역 목적은 후추를 비롯한 향신료 등 모험적인 항해의 대가로 얻게 되는 막대한 경제적 이득이었다. 하지만 영국이 인도에 진출하던 시점에 유럽 국가의 경제적 목표는 명백히 달라지고 있었다. 인도, 동남아시아, 중국을 잇는 다양한 품목에 대한 경제적 이득은 물론이거니와 이들 지역에 대한 시장 지배로 이뤄낼 수 있는 기대 가치가 너무 컸기 때문이다. 산업혁명을 통해 기계가 생산해내는 값싼 영국산 공산품을 아시아인들이 소비한다면? 인도를 식민지로 만들어 인도인들의 값싼 노동력을 활용해서 아시아 시장에 적합한 제품을 생산하여 인근 국가들에 판다면? 이런 국제적 단위의 무역에서 성공할 때 벌어들일 수 있는 자본의 규모를 고려한다면?

영국은 프랑스와의 경쟁에서 승리를 거두며 인도를 식민화했고, 인도라는 광대한 식민지를 대상으로 각양의 정치적·경제적 성과를 거두고 있었다. 이렇듯 아편을 둘러싼 갈등은 전혀 다른 입장에 놓인 두 나라의 충돌이었다. 결과 또한 마찬가지였다. 광저우·상하이를 비롯한 5개 항구의 개항, 홍콩 지역에 대한 할양 등 난징 조약의 본질을 이해하는 청나라 관리들은 거의 없었다. 중국 역사에서 외적의 침략이라는 사건은 수천, 수만을 헤아리지 않는가. 고작 작은 영토를 떼어주는 것, 수도에서 멀리 떨어져 있는 해안가의 항구 몇 개를 열어주는 것이 중화제국의 역사에 무슨 영향을 주겠는가.

그러나 난징 조약이라는 작은 결과는 중국의 역사를 돌이킬 수 없는 방향으로 나아가게 했다. 할양된 영토와 개항장에서는 이제 서양인들이 주도하는 새로운 형태의 상거래가 진행될 것이다. 공장이 세워지고 새로운 형태의 무역이 이루어질 것이며, 전통적인 조공 무역이 아닌 국가 간의 대등한 거래가 주를 이룰 것이다. 서양인들이 수백 년간 만들어온 자본주의 시스템이 중국의 시장을 강제화하기 시작한 것이다. 더구나 포함외교(砲艦外交), 그러니까 해군을 끌고 와서 무기력한 중국군을 무너뜨리는 방식은 조만간 프랑스·러시아·일본 같은 나라들이 반복적으로 활용할 것이다. 그 결과는 또 다른 시장의 개방은 물론이고 더욱 커다란 영토의 할양까지 이어질 것이다.

영국과 프랑스는 제2차 아편전쟁(1856)을 통해 10여 개 항구의 추가 개방을 얻어냈고, 외국인들이 중국 내륙을 여행할 수 있는 권리도 확보하였다. 서양인들이 직접 거래할 수 있는 상업적 영역이 내지로 확대된 것이다. 중재자로 나섰던 러시아는 연해주를 할양받으면서 동해와 한반도에 이르는 중요한 길목을 확보한다. 조만간 러시아는 하얼빈을 개척하여 남만주와 중국 북부에 대한 영향력을 강화할 것이다.

매번 이런 식이었다. 작다고 여겼던 무역 분쟁이 전쟁으로 이어졌고, 전쟁의 결과는 청나라 군대의 무력함, 서양 세력의 막강함을 확인하는 시간이었으며 그 결과는 막대한 배상금, 주요 경제 지역에 대한 서양 세력의 영향력 강화 그리고 불평등 조약과 영토 할양으로 결론지어져 갔다.

아편전쟁 이후의 현실은 민중에게도 좋지 못한 영향을 미쳤다. 아편 거래의 합법화는 국민 건강에 위기를 불러왔다. 또한 아편 무역은 은의 해외 유출을, 그로 인한 은 가격의 앙등을 초래했다. 중국은 명나라 이래 은이 사실상 화폐의 역할을 감당해왔다. 동전과 지폐를 발행했지만 실물 경제에서는 사실상 은이 화폐 역할을 했다. 중국을 점령한 청나라는 이러한 흐름을 받아들이면서 경제를 발전시켰다.

청나라는 번성하던 제국이었고, 당시만 하더라도 비단·도자기·차 등 수많은 제품이 해외로 팔려나가던 시절이었기 때문에 별문제가 없었다. 하지만 상황은 급격히 바뀌었다. 은이 엄청난 속도로 해외로 유출되면서 은과 동전 사이의 균형이 무너졌고, 그 결과 은의 가치는 높아지는 반면 동전의 가치는 급격히 떨어졌다. 대다수 민중은 쌀을 사거나 세금과 소작료를 낼 때 동전을 사용했는데 은의 유출로 동전의 가치가 떨어지면서 실질 소득이 줄어들게 된 것이다. 한 연구에 따르면 18세기에는 1냥의 은자가 1,000문 동전으로 태환이 됐는데 1845년에는 시가가 2,000문을 넘어섰다고 한다. 그리고 3,000문에 팔리던 쌀 1섬은 기존의 기준대로라면 3냥이었는데 1851년에는 1.5냥으로 떨어지게 되었다. 소작료를 비롯하여 민중이 감당해야 할 부담이 급격히 커지고 있었다.

개항장에서의 파괴적 결과 또한 심각하였다. 중국은 이미 명나라 단계에서 공장제 수공업이 발전하였다. 활발한 경제 성장으로 특정 품목을 생산하는 수공업 공장이 대거 들어선 것이다. 하지만 기계공업에 근거한 서양인들의 공산품은 전통적인 수공업의 몰락을 가속화했으며, 이는 전통적인 농업 경제에도 해를 끼쳤다. 사회가 붕괴하고 있었다. 곳곳에서 민란이 일어났고 외세의 위협 또한 가중되고 있었다. 말기적 현상, 이 위기를 어떻게 극복할 것인가.

청일전쟁 패배와
동시에 양무운동도 끝나다

서양 속담에서는 "하늘이 사람들에게 '모든 것을 너에게 주겠다. 다만 너는 그 대가를 치러야 한다'라고 말했다"고 한다. 지당한 말이라 하겠다. 내가 이에 자책하며 말했다. "혁신이란 세상의 위대한 사업이다. 네가 이 위대한 사업을 하고자 하면서 대가를 치르지 않고 해낼 수 있겠는가? 곡식 한 말을 사는 데도 약간의 대가를 치러야 하고, 한 마리 물고기를 잡는 데도 약간의 노고를 치러야 한다. 너는 국가 혁신이라는 큰일의 가치가 곡식 한 말이나 물고기 한 마리보다 못하다고 보는가? 아!"

– 량치차오, 《음빙실자유서》 중

입헌파의 지도자이자 당대 동아시아를 대표하는 지식인 량치차오의 글이다. 눈에 띄는 부분은 '서양 속담'을 인용했다는 점이다. 중국의 전통적인 지식인들은 매번 《춘추》나 《논어》 등 고전을 인용하면서 자신의 주장을 펼쳤다. 하지만 량치차오는 보잘것없는 서양인들의 '속담'을 인용하며 국가 혁신을 부르짖었다. 종래에는 찾아보기 어려운 대단한 변화가 중국을 덮치고 있다는 사실, 영국을 비롯한 서양 열강들의 도전이 새로운 국면을 연출하고 있다는 급박한 위기의식 때문이리라.

이홍장

이홍장을 비롯한 한인 신사층은 비상한 위기의식에 휩싸였다. 태평천국운동을 진압했지만 또 다른 반란이 이어졌고 무엇보다 서양 세력의 침탈이 심각했다. 증국번, 이홍장, 좌종당 등 태평천국운동을 진압했던 영웅들은 이제 '양무운동'이라는 구국운동의 구심점이 된다. 증국번은 성실한 유학자였고 그렇지 못한 청나라의 현실이 붕괴의 주요한 원인이라고 보았다. 그는 보다 확고한 유교적 개혁을 선호하였다. 태평천국운동을 비롯한 민란의 원인은 건전하지 못한 생각 때문인데 이를 방조한 교육제도에 문제가 있다고 보았다. 매관매직을 없애고, 공정한 방식으로 관료를 선발하며, 무엇보다 태평천국군과 맞서 싸웠던 이들의 업적을 기리고자 하였다. 농업을 안정시키는 것 또한 중요한 과제였다. 태평천국군에게 쫓겨났던 지주들에게 토지를 돌려주었고, 동시에 소작인 착취 같은 잘못된 관행을 시정하고자 노력하였다. 또한 객가 같은 난민들을 정착시켜 민란 같은 사회 혼란이 발생하는 일을 막고자 했다.

증국번은 근대적 개혁에도 착수하였다. 1865년 상하이에 강남제조국을 건립하였다. 이곳에서는 무기와 선박을 제조하였으며, 번역관을 두어서 서양인들이 쓴 서적을 본격적으로 소개하였다. 강남제조국이 세워지고 3년 후 길이 185피트, 너비 27.2피트, 400마력의 선박이 건조되는데 이를 시작으로 총 5척의 배가 만들어졌다. 또한 강남제조국은 10여 년 동안 98종의 서양 서적을 번역하였는데, 그중 절반은 자연과학 서적이고 나머지는 군사 기술서였다. 그런데 안타깝게도 강남제조국이 활발히 돌아가던 1872년, 증국번은 세상을 떠나고 말았다.

그의 뒤를 이어 양무운동의 굵직한 성과를 이루어낸 인물이 이홍장이었다. '양무(洋務)'란 함선, 총포, 철로 등 서양식 기물을 만들어내는 기업을 통칭한다. 즉, 양무운동이란 중국인들 역시 서양인들처럼 근대적인 공장을 세워서 서양식 무기와 시스템을 갖추자는 발상이었다. 서양인들의 과학기술을 따라잡아야 한다. 그래야만 청나라가 생존할 수 있다. 이홍장은 저돌적이었다. 금릉기기제조국·윤선초상국·수군학당·무비학당 등 굵직굵직한 국가 기관이 세워졌으며, 1888년에는 그가 평생 공을 들인 북양 수군이 창건되었다. 이홍장은 상하이에 '광방언관'이라는 외국어 학당을 설립하였고, 수백 명의 청소년을 미국·독일 등에 유학 보냈다. 또한 양포국을 설립한 후 영국군 장교와 독일군 장교를 초빙하여 총기 사용법도 습득했다.

양무운동은 약 30년간 지속되었는데 기간이 길어지면서 질적인 변화가 나타나기 시작하였다. 양무운동 초기 이홍장은 당대의 위기를 "3,000여 년 만에 처음으로 비상시국에 직면해 있다"라고 봤는데, 몇 년 후에는 "중국의 오랜 쇠퇴와 부진은 모두 빈곤하기 때문이다"라고 진단했다. 위기의식에서 구조적인 문제의식으로 변화하기 시작한 것이다. 그는 점차 관독상판(管督商瓣), 즉 관이 감독하고 상인들이 이윤을 내는 새로운 형태의 공기업을 만드는 데 집중했다. 윤선초상국, 광무국, 기기직포국, 전보총국 등이 그것이다. 자본주의의 본질이 이윤 추구이고, 서양 기업들의 자율적이며 모험적인 시장 개척은 구국의 정신으로 무장한 관료 집단이 아닌 사업적 성공을 갈망하는 기업의 등장에 있다는 것을 인식한 조치였다. 그는 외국인을 초빙하여 관영 기업에 주요 인물로 세우는 데 주저함이 없었다. 동시에 더 많은 이들을 프랑스·독일 등에 파견했으며 철도 부설, 전신선 개통 등 과감한 시설 투자를 시도하였다. 또한 섬유, 면방적업 같은 경공업의 발전을 도모하였다.

사실 이런 노력의 목표에는 서양 세력에 맞설 강력한 군사력 구비가 있었다. 세계열강의 흥성은 해군력에 달려 있다. 영국이 강한 이유, 프랑스를 비롯한 여러 열강이 중국에 간섭할 수 있는 힘의 근원은 해군이다. 중국은 열강의 침탈을 막아낼 수 있는 강력한 해군력을 갖추어야 한다. 이홍장은 북양함대를 비롯하여 해군 건설에 혼신을 다했다.

좌종당의 경우는 푸저우에 선정국이라는 선박 제조 기관을 만들었으며 프로스페르 지켈, 폴 데그벨 등 프랑스인을 초청하여 40여 척의 배를 건조하는 데 성공했다. 사실 좌종당은 전혀 다른 곳에서 큰 업적을 세웠다. 그는 신장 일대 이슬람교도의 반란을 진압하는 데 많은 시간을 보냈다. 그의 탁월한 군사적 업적이 신장웨이우얼 지역을 현재까지도 중국의 영토로 보존한 것이다.

그렇지만 결국 실패. 청나라 말기 30년 이상을 투자한 양무운동은 참혹한 한계를 드러냈다. 1884년 베트남에 대한 지배권을 둘러싸고 불거진 프랑스와의 갈등에서 이홍장은 남양함대를 잃었고 다시 10년 후인 1894년 청일전쟁에서는 양무운동의 상징이라고 할 수 있는 북양함대를 잃었다. 두 차례 전쟁에서 청나라의 군사적 노력이 얼마만큼 부족하고 부실했는가가 판명 나버리고 말았다. 프랑스와 일본에 베트남과 타이완을 빼앗겼고, 이 시기 조선에 대한 영향력마저 잃어버렸다.

양무운동은 여러 문제가 있었다. 관리가 감독하는 기업이 성공할 수 있을까? 상당수의 기업에서 관료와 상인 간의 알력 다툼이 거셌는데 매번 관료의 승리였다. 무기와 선박의 제조 수준은 한때 세계 4위까지 올랐으나 그것을 운용할 수 있는 근대적 군사 체계를 마련하지 못했다. 그 때문에 잇따른 전쟁에서 패배할 수밖에 없었다. 프랑스와의 전쟁에서는 전투 시작 후 7분 만에 대부분의 중국 배가 폭격을 당했으며, 프랑스 병사가 5명 사망하는 동안 521명의 사망자와 51명의 실종자를 내고 말았다. 청일전쟁은 재앙과 같았다. 북양함대는 전함 2척, 순양함 10척, 수뢰정 2척으로 구성되어 있었다. 압록강 전투에서 큰 타격을 입은 북양함대가 산둥반도 웨이하이(威海, 위해)항으로 퇴각한 반면 일본군은 항구 일대의 지역을 점령하고 전함 1척, 순양함 4척을 파괴하는 전과를 올린다. 평양 일대에서 벌어진 육군의 충돌에서도 청나라는 무력하기 짝이 없었다.

더구나 청일전쟁은 일본과의 싸움 아닌가. 동아시아 역사에서 안중에도 없던 나라. 하지만 1868년 메이지유신을 통해 근대화를 도모한 일본과의 싸움에서 청나라는 처절한 굴욕을 맛보았다. 당시 조선의 지도자였던 흥선대원군, 고종과 명성황후 등은 심각한 내분이 발생했음에도 청나라에 의존하며 일본을 배척했다는 점에서는 일치했다. 더구나 동학교도와 농민이 중심이 된 민란에서도 청나라보다는 일본에 대한 배외사상이 훨씬 크지 않았는가. 그런데도 일본군은 청나라를 물리쳤으며, 조선의 조정을 집어삼키고 민란을 진압하였다. 청일전쟁의 승리를 통해 조선을 식민화하는 데는 실패했지만, 얼마 안 가 러시아와의 싸움에서 승리한 일본은 조선의 식민화는 물론이고 남만주에도 영향력 있는 교두보를 확보한다. 바야흐로 동아시아 역사의 끝자락에서 청나라는 엄두도 내지 못한 성취를 일본이 이룩하고 있었던 것이다. 왜 이런 일이 벌어질까?

청일전쟁에서의 패배는 양무운동의 종언을 고하는 사건이었다. 이에 대한 즉각적인 반발은 탄스퉁(譚嗣同, 1865~1898), 캉유웨이, 량치차오 등이 주도하는 입헌 운동으로 번졌다. 일본과 같은 대대적인 개혁이 필요하다! 일본은 메이지유신을 통해 영국과 같은 입헌군주제 국가로 변화했다. 중국 역시 마찬가지여야 한다. 양무운동의 정신은 '중체서용(中體西用)', 중화의 본질은 유지하되 서양의 기물을 활용하겠다는 발상 아닌가. 과학기술만 편취하겠다는 발상 아닌가. 아니다. 서양은 그렇게 성장하지 않았다. 종교개혁, 계몽주의, 급진주의 등 온갖 깊이 있는 정신적 발전이 있지 않았던가. 정신과 제도가 바뀌어야 서양의 무기와 기술 또한 제대로 활용할 수 있다. 일본과 유사한 형태의 급진적 정치개혁, 영국이 오랜 기간 실천해온 입헌군주제를 실천하는 것이 청나라를 보존하는 길이며 중국이 다시 한번 도약할 수 있는 요체다.

100일 천하. 캉유웨이 등이 주도한 입헌 운동을 통상 변법자강운동(變法自彊運動)이라 부른다. 이홍장 등과 양무운동을 추진하며 중요한 성과를 이루었던 탁월한 지방개혁가 장지동(張之洞, 1837~1909)은 캉유웨이를 비롯한 젊은 개혁가들에게 관심을 기울였다. 하지만 양무운동의 주체가 한인 신사층이었듯, 광서제·서태후 등 노회한 황실은 이들의 심각함을 가벼이 여길 뿐이었다. 잠깐의 개혁은 정확히 103일 만에 실패로 돌아갔다. 서태후와 보수적인 신료들은 황제 광서제를 유폐하였고 탄스퉁을 처형, 캉유웨이와 량치차오는 망명길에 오르게 된다.

자, 풍전등화 같은 운명 앞에서 이제 무엇을 어떻게 할 것인가? 청나라가 존재하는 한 근본적인 개혁은 불가능하지 않겠는가. 공교롭게도 변법자강운동은 청나라의 운명에 다른 확신을 주고 말았다.

쑨원과 혁명파의 등장:
만주족을 몰아내고, 황제 지배체제를 끝장내자

태평천국의 경험은 황제 사상에 관해 우리에게 교훈을 주고 있습니다.
(…) (홍수전이 실패한) 최대의 원인은 무엇보다도 그가 난징에 들어서면서
부터 황제 자리를 놓고 싸움을 벌여 살상을 벌인 데 있다고 하겠습니다.
(…) 중국에서는 수천 년 이래 모두 황제 자리라는 하나의 목적 때문에
다투었습니다. 우리 혁명당은 앞으로의 전쟁을 피하기 위해 혁명 당초
부터 공화를 주장하였고, 황제가 필요 없다고 주장했습니다.

- 쑨원, 1924년 3월 16일 민권주의 강의 중

쑨원의 등장은 중국 근현대사에서 가장 중요한 사건이다. 혁명파의 거두, 청
나라를 끝장낸 신해혁명의 지도자, 중국 문명의 시작 이래 언제나 유지되던 황
제 지배체제의 종말을 이끈 인물. 그는 청나라의 타도, 즉 혁명을 이야기하며
단숨에 논의의 수준을 다른 차원으로 끌어올렸다. 중국이 당면한 문제의 본질
은 무엇인가? 황제 지배체제 자체인 것이다.

태평천국운동은 수많은 의의가 있음에도 난징 점령 후 자발적으로 소멸하
였다. 왜? 결국 그들은 '황제 자리를 놓고 싸움을' 벌이면서 제 살을 깎아 먹었
으니 말이다. 따져보자. 오랜 기간 중국 역사는 '황제 자리라는 하나의 목적'을
두고 끝도 없는 살상의 투쟁을 벌여오지 않았는가. 당면한 현실을 극복하는 가
장 본질적인 지점은 공화주의로 전환. 즉 민국(民國)이 되는 길밖에 없다.

사실 장대한 변화에 대한 열망은 쑨원의 등장 이전부터 강렬한 방식으로 예
고되고 있었다. 태평천국운동은 매우 뚜렷하게 반만 의식을 드러냈다. 악귀를

몰아내는 길, 여진족 황제를 몰아내는 길이 태평천국에 이르는 길이라는 것을 십수 년 동안 중국 전토에 알렸다. 양무운동과 변법자강운동은 왜 실패했을까? 무능한 청나라 때문 아닌가? 서태후와 구중궁궐에서의 끝도 없는 알력 싸움이 중국을 병들게 하고 외세의 침략 가운데 중국을 무력하게 만들었으며 이제는 일본이 보기에도 하찮은 존재가 된 것 아닌가?

> 혁명은 숭고하다. 그리고 장엄하다. 혁명을 위해서라면 나는 만리장성 끝까지, 곤륜산 꼭대기까지, 장강 끝까지, 황하의 발원지까지 쫓아갈 것이다. 혁명을 위해 나는 독립의 깃발을 꽂고 자유의 종을 울린다. 동포들을 향해 울부짖으매, 내 목소리는 하늘과 땅에 메아리치고 내 가슴은 갈가리 찢어진다. 들어라, 오늘날 우리 중국은 혁명을 하지 않으면 안 된다. 만주 왕조의 굴레를 벗어던지려면 우리는 혁명을 해야만 한다. 중국이 독립하려면, 중국이 지구상의 강대국이 되려면, 중국이 20세기의 새로운 세계에서 오랫동안 살아남으려면, 중국이 대국이 되고 지도적 역할을 하려면, 오늘날 우리 중국은 혁명을 해야 한다. 아! 혁명, 혁명이여! 동포여, 남녀노소 불문하고 그 누구 없는가? 혁명을 소리 높여 외치고 혁명의 열매를 맺게 할 자가. 동포여, 혁명 속에서 서로 돕고 서로를 위하여 살아가자.
>
> – 쩌우룽,《혁명군》중

1903년 일본에서 유학한 급진적인 학생 쩌우룽(鄒容, 1885~1905)은 상하이 조계지(租界地)에서 '혁명군'이라는 글을 발표하며 논쟁을 부추겼다. 쩌우룽의 주장은 〈소보〉라는 잡지를 통해 상세하게 소개되었는데 이 잡지는 장스차오, 차이위안페이, 장빙린 등 당대의 저명한 인사들이 편집을 하던 급진적인 출판물이었다. 〈소보〉역시 상하이 조계지에서 발행되었다.

오늘날 중국 남부의 대표 도시이자 중국 경제를 상징하는 상하이는 중국 역사에서는 전혀 쓸모없는 지역이었다. 해안가에 위치했으며 주변에 높은 산이 없기에 외적을 방비하기에 어려웠고, 그렇다고 광저우나 취안저우 같은 해상 실크로드의 거점도 아니었다. 하지만 아편전쟁 이후 개항장이 되었고, 영국 상인들이 자리를 잡으면서 세계 각지의 기업가와 정치인들이 방문하는 문명의 교차로와 같은 곳이 되었다. 서양 문물을 접하기에 유리했고 조계지, 즉 청나라의 영향력이 미치지 못하는 곳이었기 때문에 자유롭게 마음껏 사고하고 행동할 수 있는 공간이기도 했다. 쩌우룽은 과격하기 그지없는 주장을 쏟아냈다. 중국인은 "사료를 얌전하게 받아먹으며 사육당하는 소와 같다. 만주 왕조에 충성한 고관들, 특히 19세기 중엽의 반란을 진압했던 증국번, 이홍장을 비롯한 무리는 인간 백정이다. 변발과 공작 깃털 장식, 만주식 의복을 받아들이더니 급기야 중국인은 세계의 조롱거리가 되기를 서슴지 않았다."

쩌우룽은 청나라를 이민족이 지배하는 체제라고 규정했으며, 양무운동의 지도자들을 마땅히 일어나야 하는 반란을 진압한 이들이라고 보았다. 만주인들이 만든 모든 것은 잘못되었고 만주족 때문에 중국이 이 모양 이 꼴이 되었다는 것이다. 따라서 혁명, 만주족을 타도하고 청나라를 무너뜨리는 혁명이 필요하다는 것이다. 반역을 서슴없이 언급한 쩌우룽은 체포되었고 스무 살의 젊은 나이에 복역 도중 죽고 만다.

하지만 혁명의 열기는 시작일 뿐이었고 그중에는 저명한 여류 혁명가 추진(秋瑾, 1879~1907)도 있었다. 일단의 여성들은 문자 그대로 '스스로 일어나기 위해' 전족을 풀었다. 수개월간의 고통을 감내하고 나면 비로소 여성들은 '큰 발'을 가질 수 있었고 자신의 의지에 따라 걷고 뛸 수가 있었다. 중국의 근대 여성사는 전족 때문에 어떤 지역보다 인상적으로 시작되었다. 추진은 부모의 뜻에 따라 원치 않는 결혼을 하였다. 하지만 그녀는 운명에 굴복하지 않고 1904년 일본으로 유학을 떠났으며, 그곳에서 신문물을 배우고 청나라 타도라는 원대한 목표를 세운다. 때로는 남장을 하였고 폭발물도 다룰 줄 알았다. 2년 후 중국으로 돌아온 그녀는 교사 생활을 하면서 말을 타고 군사 훈련을 하였다. 추진과 일단의 무리가 주도한 반란은 어처구니없을 정도로 쉽게 진압되었지만, 불꽃 같은 인생을 살았던 추진의 도전은 중국의 혁명가들에게 강렬한 영향을 미친다.

> 우리는 오늘날 잃어버린 중국의 민족주의를 되찾아 4억의 힘으로 세계 인류를 위해 불평등을 타파하여야 하며, 이것이 바로 우리 4억인의 천직이라고 할 수 있습니다. 열강은 우리가 이러한 사상을 갖는 것을 두려워하기 때문에 허황된 주의를 만들어 세계주의 같은 것을 주장함으로써 우리를 선동하고 있습니다. 즉 세계 문명이 진보해야만 한다든가 인류의 시야가 원대해야 한다든가, 또는 민족주의는 너무 편협하여 적절치 않으므로 세계주의를 주창해야만 한다고 말하고 있습니다. (…) 우리 피억압 민족은 우선 우리 민족의 자유롭고 평등한 지위를 회복한 후에야 비로소 세계주의를 논할 수 있는 것입니다. (…) 세계주의를 발전시키려면 우선 민족주의를 견고히 해야 하며, 만약 민족주의가 견고하지 않으면 세계주의도 발전할 수 없는 것입니다.
>
> — 쑨원, 1924년 2월 10일 강연 중

청나라를 타도하고 한족이 중심이 된 근대 국가를 건설하자. 쑨원은 당대의 다양한 사조를 부정하지 않았다. 하지만 민족주의라는 중심성을 강조하였으며 세계주의, 인류의 번영 같은 보편적이고 아름다운 이상을 사치스러운 것으로 치부하였다. "우선 우리 민족이 자유롭고 평등한 지위를 회복한 후에야" 세계주의건 인류의 번영이건 이야기할 수 있는 것이다. 인류가 처한 본질적인 문제는 제국주의로 촉발된 민족 간의 불평등한 현실이며, 중국이 민족주의를 기반으로 다시 일어서는 것은 "세계 인류를 위해 불평등을 타파"하는 길이다.

홍수전이 그랬듯 쑨원 또한 광둥성 출신이었다. 그의 집안사람 중 일부는 캘리포니아와 하와이로 이주했고 쑨원 역시 어린 시절 하와이에서 근대 교육을 받았다. 1886년 홍콩 서의서원에서 의학을 공부한 후 외과 전문의가 됐을 때, 그는 동서양의 고전을 깊이 이해하는 지식인이자 서양인과 충분히 소통가능한 탁월한 영어 실력을 갖춘 기독교인이 되어 있었다. 그는 하와이 화교들의 지원을 받으며 흥중회(興中會)를 조직했고 홍콩에 비밀결사를 만드는 데 성공했다.

시작부터 쑨원은 모험적이었다. 거사일은 1895년 10월 26일, 홍콩에서 3,000명이 넘는 결사대원이 광저우로 건너와 광저우의 비밀결사대와 합세하여 봉기를 일으킨다는 계획이었다. 황당하게도 홍콩에서 건너오기로 한 결사대원들이 무기를 가지고 다투다가 배를 놓치고 말았다. 광저우의 인원만으로는 한계가 있다고 파악한 쑨원은 거사 연기를 지시했다. 하지만 홍콩의 결사대원들

쑨원

은 다른 배편을 구해 광저우로 건너왔고, 청나라에서는 이를 간파하여 대규모 군대를 동원해 광저우 항구 일대를 포위하였다. 참으로 손발이 안 맞는 가운데 흥중회 회원 50여 명이 체포되었고 쑨원은 가까스로 탈출할 수 있었다.

이때부터 그는 평생에 걸쳐 불안한 삶을 이어가야만 했다. 무모한 반란은 그를 유명 인사로 만들었다. 약 1년 후 쑨원은 서양식 신사복을 입고 영국에 나타난다. 홍콩에서 수학하던 시절 스승이었던 제임스 캔틀리(James Cantlie, 1851~1926) 박사를 만나러 온 것이다. 하지만 청나라 공사관 직원들이 그를 알아보고 강제 구금했다. 뒤늦게 이를 알게 된 캔틀리 박사와 동료 패트릭 맥슨

박사는 동분서주했고, 자유주의 신문 〈글로브〉가 쑨원의 강제 구금을 크게 보도하면서 12일 만에 간신히 풀려날 수 있었다. 이 사건이 결정적이었다. 쑨원은 단숨에 세계인들이 기억하는 유명 인사가 되었으며 얼마 후 당시의 상황을 자세히 쓴 《런던피랍기》라는 글을 통해 저명한 혁명가로서의 지위를 확보하게 된다.

하지만 상황은 쑨원의 의지와는 무관하게 흘러갔다. 입헌주의를 표방했던 캉유웨이, 량치차오 등이 보황파를 조직하여 쑨원의 혁명파와 경쟁하였다. 왜 청나라를 타도하려 하는가? 황제는 나라의 구심점이다. 구심점을 인정하면서 개혁을 해야 한다. 혁명파는 무리한 주장을 하고 있다. 보황파는 혁명파를 공박하였고 해외에 있는 화교 세력을 규합하였다. 쑨원이 주도한 몇 차례의 무력 봉기는 처음과 비슷한 수준에서 번번이 실패만 거듭하였다.

하지만 혁명파는 성장하고 있었다. 1905년 쑨원은 쑹자오런(宋敎仁, 1882~1913)·황싱(黃興, 1874~1916) 같은 저명한 혁명가들과 일본에서 중국혁명동맹회를 결성하는 데 성공한다. 수많은 비판과 감시를 비집고 혁명을 외치며 많은 인재를 끌어들이고 있었다. 중국혁명동맹회는 혁명파 전체를 규합한 중요한 시작점이었다. 이 시점에 보황파는 밀리고 있었다. 청나라의 여러 개혁은 지지부진한 결과만 냈고, 1908년에는 광서제와 서태후 등 청나라의 지도자들이 연이어 사망하고 만다. 구심점이 사라진 것이다. 미주 지역의 젊은 화교들은 본격적으로 혁명을 지지하기 시작했다. 이들은 추진의 열정적 삶을 예찬하며 그녀를 위한 희곡은 물론이고 각종 선전물을 제작하며 혁명을 선동했다.

혁명파는 이즈음 청나라 군대 내에서 암약하던 혁명 세력에 기대를 걸었다. 신건육군(新建陸軍), 일명 신군에 있던 혁명파가 모반을 도모하게 된다. 비록 실패했지만 1910년 4월에 일어난 황허강 봉기의 여파는 컸다. 동맹회의 지도자, 광저우 신군 그리고 혁명을 바라는 민중까지 뛰어들어 수천의 사람들이 청나라에 반기를 들었기 때문이다. 하지만 이번에도 혁명은 주도면밀하지 못했다. 자금 조달 지연, 무기 수송 지연, 지도부 간의 엇박자 등이 엉키면서 수십 명의 사망자만 낸 채 실패하고 말았다.

그런데 이즈음에 발표된 청나라의 철도 국유화 계획이 광범위한 민심 이반을 불러일으켰다. 청나라는 재정적자를 만회하기 위해 철도를 국유화하고 이를 담보로 외채를 확보하려고 했다. 이런 어리석은 계획이 어디에 있단 말인가! 중국 각지에서 만들어진 철도는 중국 근대화의 상징이었다. 양무운동의 노력, 지방 행정가의 개혁 그리고 뜻있는 지사와 이에 합세한 민중의 노력으로 이루어진 철도인데 이를 국가가 낚아채 외국 빚을 들인다? 철도 국유화 정책은 쓰촨성을 중심으로 격렬한 반발을 불러일으켰다. 보로운동, 청나라로부터 철도를 지키겠다는 민중의 광범위한 저항은 혁명파의 도전과 결합하며 1911년 신해혁명으로 이어지고 만다.

청나라는 쓰촨에서의 보로운동을 진압하기 위해 후베이성의 신군을 동원하였다. 후베이성에는 우한이라는 도시가 있는데 무창, 한양, 한커우 등으로 이루어져 있다. 과거 태평천국군이 장악하며 반란의 기세를 높였던 곳이기도 하다. 후베이 신군이 이 지역에 주둔하고 있었는데 상당수는 혁명파였고 이들은 기회를 엿보고 있었다. 1911년 10월 9일, 후베이 신군에서 암약하던 혁명파의 주요 인물인 쑨우(孫武)가 한커우에서 폭탄을 제조하다가 폭발이 일어난다. 이 일로 30여 명의 혁명파가 체포되었으며, 깃발과 선언문은 물론이고 혁명파 명단까지 빼앗기게 된다. 강 건너 무창에 있던 또 다른 혁명파 장이우(蔣翊武)는 체포령을 듣고 즉각 거사를 결정하였다. 하지만 시내는 혁명파를 색출하려는 군경으로 가득 찼고 장이우의 결행은 혁명파에 전달되지 않았다. 또 다른 혁명파 슝빙쿤(熊秉坤) 또한 거사를 결의했지만 실패하였다.

그런데 오후 7시, 소대장 타오치성이 부하들을 이끌고 혁명파 진짜우룽을 체포하는 과정에서 사달이 났다. 진짜우룽의 친구 청딩궈가 격분하여 타오치성을 소총의 개머리판으로 가격하고 총을 쏜 것이다. 마침 슝빙쿤이 달려와 타오치성에게 총을 쏘면서 군인들 간에 사격전이 벌어졌다. 총성이 들리자 무창 일대의 혁명파가 들고일어났다. 리펑선이 건초더미를 모아 불을 질렀고, 100여 명의 혁명파가 무장을 한 후 슝빙쿤 등과 합세한 것이다. 이들은 새벽까지 전투를 벌이며 무창 일대를 점령하였고 숨어 있던 신군의 여단장 리위안훙(黎元洪, 1864~1928)을 찾아내 지도자로 세웠다. 리위안훙은 혁명군의 요구를 받아들였다. 혁명군은 강을 건너 한커우를 점령, 군수 물자가 집결된 한양까지 함락하는 데 성공한다.

이때부터 신군을 중심으로 한 무장봉기는 전국으로 퍼져나갔다. 40여 일간 산시성·윈난성·구이저우성·장쑤성 등 14개 성, 주로 남부 지역의 성이 혁명파를 지지하며 청조로부터 독립을 선언하였다. 혁명, 혁명이 성공한 것이다!

쑨원이 주창한 아시아 혁명의 길:
민족, 민권, 민생

이미 적을 격파한 지방 및 아직 적을 무찌르지 못한 지방의 행정은 군정부가 이를 총집행하여 차차 적폐를 소거해야 한다. (…) 군법의 정치는 1현마다 3년을 그 한도로 삼고, 3년이 채 미달되어도 이미 효과가 이루어지면 모두 군법을 해제하고 약법을 선포한다.

제2기는 약법의 정치이다. (…) 군정부는 그 지방의 인민에게 지방자치권을 부여한다. 지방의회의원 및 지방행정장관은 모두 인민이 선거한다.

(…) 천하 평정 후 6년을 한계로 하여 비로소 약법을 해제하고 헌법을 포
고한다.

제3기는 헌법의 정치이다. (…) 군정부의 병권, 행정권을 해체하고 국민
은 대총통을 선거하고 의원을 선거하여 국회를 조직하고 한 나라의 정
사는 헌법에 의해 이를 행한다.

- 《손중산전집》1, 〈중국회맹회 혁명방략〉 중

1911년 12월 25일, 쑨원은 엄청난 환영을 받으며 상하이로 들어선다. 임시
대총통 쑨원, 부총통 리위안훙. 혁명은 성공했지만 상황은 녹록지 않았다. 국
민당의 영향력은 남부에 한정되었고 군권을 장악한 위안스카이는 청나라를
떠받치고 있었다. 쑨원은 전격적인 타협을 도모했다. "위안스카이가 총통이 된
다. 그리고 청나라를 없애고 공화 정부가 들어선다." 위안스카이는 청나라를
버리고 쑨원의 손을 잡았다. 타협이 성공한 것이다.

1912년 2월 12일, 마지막 황제 선통제(宣統帝, 1906~1967)는 공식적으로 청나
라의 멸망을 선포하였다. 다음 날 쑨원이 총통직을 내려놓았고 위안스카이가
총통이 되었다. 드디어, 비로소! 황제 지배체제가 막을 내리고 아시아 최초의
민주공화국 중화민국이 들어섰다. 혁명파의 숙원이 이루어진 것이다. 3월에는
'중화민국 임시 약법'이 제정되었다. 약법은 인민의 선거권을 보장했으며, 인
민의 선거를 통해 국회가 조직되고, 국회는 헌법을 제정한다는 것이 핵심이었
다. 8월에 중국혁명동맹회는 '국민당'이라는 이름으로 개편되었고 12월 선거
를 통해 제1당이 된다. 중국의 민족주의, 나아가 동아시아 민족주의의 상징인
국민당이라는 이름이 역사의 전면에 등장한 것이다.

신해혁명을 달성했다는 것은 민족주의가 승리했음을 의미한다. 만주족을 몰
아내고 황제 지배라는 구체제를 무너뜨렸기 때문이다. 이를 두고 즉각적인 비

판이 일어났다. 중국 내 수많은 소수민족은 어떻게 할 것인가. 쑨원과 혁명파는 오색기를 내걸며 유연함을 발휘하였다. 홍색, 황색, 남색, 백색, 흑색. 다섯 가지 색깔은 각각 한족, 만주족, 몽골족, 후이족, 장족이 오랫동안 좋아하고 중요시하던 색깔이다. 혁명은 만주인 황제를 몰아내는 것일 뿐 다양한 민족이 함께 어우러져 중화민국의 구성원이 될 것이다.

하지만 여기까지. 상황은 녹록지 않았다. 신해혁명은 분산적으로 이루어졌고 파벌이 난립하였다. 쑨원은 가장 상징적인 인물이었을 뿐 혁명파 내에서도 리더십을 온전히 발휘할 수 없었다. 이런 상황을 예측하지 못했던 것은 아니다. 아니, 오히려 이런 상황을 예상했기 때문에 쑨원은 신해혁명 전부터 혁명의 단계적 발전을 강조하였다. 군정(軍政), 훈정(訓政), 민정(民政).

우선은 청나라 군대와 각지의 파벌을 제압하기 위한 군사 활동이 중요하다. 혁명을 이끄는 군대는 각지에서 적을 제압하며 공화국으로 나아갈 수 있는 물적 토대를 확보한다. 이를 군정이라고 한다. 상황이 안정되면 곧장 훈정의 단계로 진입한다. 다른 말로 '약법의 정치'라고 하는데 인민이 지방자치의 권리를 획득하는 것이다. 선거를 통해 인민이 지방의회와 행정권자를 뽑으며 이들이 지방자치를 실시한다. 훈정이 강화되는 만큼 군정, 즉 군사력은 단계적으로 소멸되어야 한다. 그리고 최종적으로는 민정, 헌법에 근거한 정상적인 통치로 나아간다. 황제가 아닌 인민이, 헌법이, 국회가 권력을 장악하는 것. 인민은 선거권과 피선거권을 확보하며 이를 바탕으로 헌법과 국회가 구성되는 서구식 정치적 민주주의를 달성하는 것. 쑨원은 이를 민족주의의 다음 단계, 민권주의라고 명명하였다.

민권주의의 이상은 시작부터 난항을 거듭했다. 1913년 3월 20일, 국민당의 또 다른 지도자 쑹자오런이 상하이역에서 총탄 3발을 맞고 죽음에 이르렀다. 위안스카이의 배반이 시작된 것이다. 황제가 되고 싶었다. 군대를 동원하여 의회를 장악한 국민당을 베이징에서 몰아냈다. 국민당은 군대를 동원하여 위안스카이를 몰아내고자 했지만, 베이징을 향한 군사 원정은 지속적으로 실패하였다. 위안스카이는 무력에 의존하여 권력을 공고히 했다. 그는 사람들을 동원하여 황제 청원운동을 벌였고 1916년 스스로 황제가 되었다. 커다란 옥새, 한 벌당 40만 위안짜리 황제복 두 벌, 그리고 의전을 위해 도자기 4만 개를 주문했는데 여기에도 140만 위안이라는 엄청난 돈을 썼다. 위안스카이의 시대착오적인 행태는 엄청난 비판은 물론이고 측근들의 반발까지 불러일으켰다. 얼마 후 그는 황제의 자리에서 물러남은 물론이고 황제체제를 취소한다는 선언을 한 후 화병에 걸려 사망하였다. 어처구니없는 해프닝이었지만 여하간 신해혁명이 지향한 민족주의가 돌이킬 수 없다는 것을 확인한 순간이기도 했다.

이후에도 민족주의에 대한 저항은 간헐적으로 시도되었다. 장쉰(張勳, 1854~1923) 같은 장군이 청나라의 마지막 황제 선통제를 옹립하고 보황파의 지도자였던 캉유웨이가 그를 받든다든지, 1931년 일본이 만주 일대를 점령한 후 또다시 선통제를 만주국 황제로 추대한다든지 하는 일도 있었지만 단지 그 정도일 뿐 2,000년을 넘게 내려온 황제 지배체제는 중국에서 영원히 사라지고 만다.

위안스카이의 죽음이 민권주의로 나아가는 기회가 되었을까? 아니다. 상황은 더욱 나빠졌다. 황제는 사라졌지만 군대는 남아 있었다. 위안스카이의 죽음 이후 휘하의 여러 장군이 할거하는 시대가 열린 것이다. 만주, 중국의 동북 지방을 기반으로 베이징에 영향력을 행사했던 장쭤린(張作霖, 1873~1928). 그는 일본에 암살당하기까지 강력한 영향력을 행사하며 북방의 주요 세력으로 우뚝 섰다. 옌시산(閻錫山, 1883~1960)은 산시성을 기반으로 펑위샹(馮玉祥, 1882~1948)과 더불어 중원 일대에서 활약한 인물이었다. 펑위샹의 경우 관중 일대, 서북 지방을 기반으로 활동하였다.

이들은 꽤 개성이 강했다. 장쭤린은 친일적인 행보 때문에 지탄을 받았지만 그가 죽은 후 아들 장쉐량(張學良, 1898~2001)이 독보적인 리더십을 보이며 중국 역사에서 중요한 역할을 감당하였다. 펑위샹은 자신의 군대를 국민군이라고 칭했으며 기독교인이었던 탓에 소방 호스로 물을 뿌려 군인들에게 집단 세례를 하는 기행을 일삼았다. 옌시산은 여타 군벌들과는 달리 산시성 일대에서 안정적인 국정 운영을 선보였다. 그는 화폐 제도를 개혁했고 공업을 양성했으며, 무엇보다 소총 생산에 능했기 때문에 지역에서 단단한 지지를 확보하였다.

그 밖에도 수많은 군벌이 있었다. 북양군벌은 안휘파·직례파·봉천파로 나뉘어 있었고, 상계군벌·광시(廣西, 광서)군벌·광둥군벌·윈난군벌·신장군벌 등 중국은 군벌들에 의해 산산조각으로 나뉘었다. 광대한 지역을 관장하는 군벌 아래에는 특정 지역을 장악한 소군벌이 있었다. 수많은 인물이 명멸을 거듭했는데, 각자의 이해관계에 따라 끊임없이 파벌을 형성하고 수도 없이 군사 충돌을 일삼았다. 이들은 군사력을 앞세워 자신들의 지역에서 세금을 수탈했고, 이득을 위해서라면 열강의 침탈이나 불평등한 요구사항에 대해서도 군말 없이 순응하였다. 무엇보다 이들에겐 비전이 없었다. 군사력을 통해 몇 개의 성을 장악하며 힘을 발휘할 뿐 집권 명분, 혼란스러운 중국이 나아가야 할 방향, 혼돈을 극복할 비전 따위를 이들에게 기대할 수는 없었다.

이 시기 쑨원과 국민당은 어땠을까? 쑨원은 중국 최남단 광둥에서 천중밍(陳炯明, 1878~1933) 같은 군벌의 도움을 받아 재기를 시도하였지만 성공적이지 못했다. 국민당 역시 끝없는 정치적 계략과 군사적 충돌에 휘말렸으며 훈정은커녕 군정도 불가능한 나락으로 떨어지고 말았다.

우리는 너무도 쉽게 노예가 될 수 있으며, 노예가 된 뒤에도 매우 즐거워한다는 점이다. 가령 어떤 폭력이 사람을 사람으로 취급하지 않을 뿐만 아니라 소나 말보다도 못한 취급을 한다고 하자. 사람들이 소나 말을 부러워하면서 "난리 때는 사람 대접이 보통 때 개 대우만도 못하다"라고

근대 중국

탄식하게 될 때, 통치자들이 사람들의 급수를 한 등급 올려 소나 말 정도 대우를 해준다. 마치 원나라 때, 타인의 노예를 죽인 자는 소 한 마리로 배상한다고 규정한 것처럼 말이다. 이렇게 되면 사람들은 너무도 기뻐하며, 태평성대를 칭송하게 될 것이다. 왜 그런가? 사람 취급을 받지 못해도 이제는 소나 말과 같은 취급을 받고 있기 때문이다.

- 루쉰의 글 중

극도의 혼돈 속에서도 역사는 전진하고 있었다. 신문화운동. 신해혁명이 정치적으로 민국의 시작을 알렸다면, 신문화운동은 문화적인 진보의 신호탄이었다. 양무운동이 간과했던, 변법자강운동이 쉽게 생각했던 서양의 정신적 사조에 대한 광범위한 수용이 시작되었다.

중국 근대 문학사와 지성계를 상징하는 루쉰은《아Q정전》,《광인일기》같은 작품으로 유명하다. 하지만 루쉰은 정련된 문학 작품보다 훨씬 다양한 형태의 잡문을 남겼으며, 중국 전통 사회에 대한 그의 입장은 지독히 가혹했다. 중국인들은 물에 빠진 개다. 물에 빠진 개는 두들겨 패야 정신을 차린다. '소나 말보다도 못한 취급'을 받을 때는 탄식하다가 '소나 말 정도의 대우'를 받으니 이를 두고 '태평성대'라고 칭송하는 것이 중국인들의 현 상태다. 보다 가혹한 자기반성, 이를 바탕으로 한 새로운 비약이 필요하다는 주장이다. 그는 중국의 지배 이념인 유학 사상을 극도로 배척하였다. 유학은 죽어가는 이들이 살아 있는 이들의 미래를 잡아먹는 종교다! 그에게 유교가 지배하는 세상은 "유년에서 장년으로 특별한 일이 없이 지냈지만, 장년에서 노년으로 넘어가면서 괴상해지고, 노년에서 죽음을 맞기까지는 더욱 기상천외하게 변해 소년들의 길을 막고, 소년들이 호흡하는 공기를 자신들이 다 마셔버리는 인간들"의 세상이다.

위안스카이가 혁명을 배반하고 있던 시절 신문화운동은 천두슈(陳獨秀, 1879~1942), 차이위안페이(蔡元培, 1868~1940), 후스(胡適, 1891~1962) 등이 주도하였다. 천두슈는 〈신청년〉이라는 잡지를 창간하였으며 중국의 보수적이고 전통적인 태도를 사회악으로 보았다. 그는 가정보다는 개인을, 예절보다는 진보적인 삶의 자세를 강조하였다. 베이징대학교 총장이었던 차이위안페이는 대학 교육을 종래의 과거제도와는 전혀 다른 것으로 이해하였다. 그가 보기에 대학은 서양 근대 학문을 연마하는 공간이며 동시에 충분한 사상적 자유를 보장받는 곳이어야 했다. 후스는 사회진화론자인 헉슬리, 실용주의자인 듀이 등에 영향을 받은 개명된 지식인이었다. 그는 과학적이고 실용적 관점에서의 자유주의, 개인주의, 민주주의를 실천하는 것이 중요하다고 보았다. 루쉰을 비롯하여 신문화운동의 주도자들은 철저한 사상적 서구화, 문화적 근대화를 도모하고 있었다.

신문화운동은 크게 세 가지 중요한 변화를 이루어냈다. 백화문(白話文) 사용, 5·4운동 그리고 중국공산당 창당이 그것이다. 왜 중국은 이토록 낡고 썩은 문화에서 벗어나지 못하는가? 언어생활에서부터 허례허식에 가득 차 있기 때문이다. 평소에 사용하는 한문이 아닌 당나라 때나 사용하던 이미 죽어버린 문자체계로 문서를 만들고, 그것을 이해하고 사용할 줄 알아야 지식인으로 대우받는 문화부터 바꾸어야 한다. 백화문은 송나라 이후 등장한, 일반 사람들도 쉽게 이해하고 사용할 수 있는 한문을 말한다. 백화문 사용 논쟁은 당시 지식인들 사이에서 격렬한 논란을 일으켰지만, 고전 한문이 간체자(簡體字)에 근거한 현대 중국어로 나아가는 데 중요한 시발점이었다.

5·4운동은 1919년 5월 4일에 일어난 중국 민중의 자발적이고 격렬한 민족운동이었다. 당시 일본의 식민지였던 한반도에서는 3·1운동이 한창이었다. 3·1운동은 일본 제국주의의 무단 통치에 대한 항거였다. "조선인들을 보라!" 5·4운동의 지도자들은 3·1운동의 열기에 영향을 받았으며 이를 적극 활용했다. 그럴 수밖에 없었다. 위안스카이가 집권한 이후 외세의 영향력은 갈수록 커졌다. 그는 영국의 압력에 굴복해 티베트의 자치를 승인하였고, 러시아의 영

향하에 외몽골의 독립을 인정하였다. 차관을 통해 정부의 재원을 마련하고 외국인 고문단을 통해 국정을 운영했기 때문에 위안스카이에 대한 지식인들과 민중의 시선은 나날이 싸늘해졌다.

이 시기 중국을 압박한 나라는 놀랍게도 일본이었다. 일본의 기세는 강력했다. 청일전쟁에서 승리한 대가로 타이완을 강탈했으며 러일전쟁에서 이긴 후에는 남만주에서, 제1차 세계대전에서 승리한 후에는 산둥반도에서 영향력을 강화해갔다. 일본은 위안스카이에게 21개의 항목으로 이루어진 요구서를 강요했는데 당시 서양 열강들이 보여주던 제국주의 국가의 온갖 패악질이 모두 담긴 내용이었다. 만주와 내몽골에서 일본인의 지위 향상, 한예핑 광산의 석탄과 철에 대한 합작 경영, 일본 경찰과 군의 파견, 푸젠성을 비롯한 새로운 항구의 개방 등이 담겨 있었다. 파장은 대단했다. 광범위한 일본 상품 불매운동이 일어날 정도로 민중은 분노하였다. 이것이 조선의 식민화와 무엇이 다른가. 더구나 중국 또한 제1차 세계대전의 승전국 아니었던가. 서구 열강을 도왔으니 베르사유 회담에서 중국 또한 협조에 상응하는 대가를 보상받아야만 했다. 하지만 서구 열강은 기어코 일본의 손을 들어주며 국제회의를 파행으로 몰고 갔다. 일본이 조선을 식민화한 과정 또한 이와 비슷하지 않았던가.

1919년, 쌓였던 분노와 신문화운동의 노력이 결합하여 거대한 저항의 물결을 만들었다. 베이징에 수많은 지식인과 학생들이 몰려들었다. 베르사유 조약을 반대할 것, 일본의 산둥 지배를 반대할 것, 무엇보다 인민들을 일깨울 것. 5·4운동의 열기는 빠른 속도로 전국으로 퍼져나갔다. 신문화운동의 지도자들은 자신들의 생각을 보다 광범위하게 전달할 수 있었고, 학교를 거점으로 전국적인 학생 조직이 만들어지기도 했다. 이들의 반일·반외세·반제국주의 주장은 기업인·상인·노동자 등 광범위한 계층에서 공감을 얻으며 당면한 중국의 현실, 군벌정권으로 조각난 중국에 대한 변혁과 저항의 열정을 불러일으켰다.

그러한 결과는 정치적으로 크게 두 가지 중요한 결론을 이끌어낸다. 첫째는 쑨원과 국민당의 부활, 둘째는 중국공산당의 수립이다.

민생주의라는 것은 곧 사회주의를 의미하는 것으로 또한 공산주의라고 도 불리며 이것은 곧 대동주의인 것입니다.

(…) 토지의 값이 오르는 것은 많은 사람의 공로와 많은 사람의 힘에 의 한 것이며 지주는 땅값이 오름이나 내림에 아무런 관계가 없음을 알 수 있습니다. 그러므로 외국의 학자는 땅값의 오름에 의해 지주가 얻은 이 익을 불로소득이라고 부르는 것입니다.

(…) 우리의 첫 번째 방법은 토지 문제를 해결하는 것에 있습니다. (…) 지 권(地權)이 평균인 것입니다. (…) 시가를 정한 후 증대된 땅값을 대중에 게 돌린다는 이 방법이야말로 국민당이 주장하는 지권의 평균이며 민생 주의인 것입니다.

- 쑨원, 1924년 8월 10일 강연 중

숱한 정치적 실패에도 불구하고 쑨원과 국민당은 생존하였다. 무엇보다 쑨원은 독창적인 이론을 추구하는 혁명가였다. 이 지점에서 여타의 군벌과 쑨원이 이끄는 국민당은 근본적인 차이가 있다. 쑨원은 중국 남부에서 정치적 근거지를 만들기 위해 분투했다. 동시에 그는 자본주의와 공산주의라는 세계의 변화를 이해하고자 노력했으며, 그 가운데 중국이 나아갈 길을 모색하고자 했다. 그의 사상은 '삼민주의'라는 이름으로 종합되었다. 민족주의, 민권주의, 민생주의. 민족주의는 중화민국이 들어섬으로써 완성됐다. 민권주의는 군벌에 의해 지연되고 있을 뿐 단계적인 과정을 거쳐 완성될 수 있다. 조만간 그는 소련의 도움을 받아 북벌이라는 정치적 방략을 구체화할 것이다.

근대 중국

그렇다면 그렇게 완성된 새로운 중화민국은 어떤 나라여야 하는가? 쑨원은 삼민주의를 공산주의이자 대동주의라고 주장했다. 그는 전 세계를 돌아다니면서 자본주의의 모순에 직면했다. 왜 세계는 나날이 부유해지는데 그 이상으로 가난한 사람들, 억압받는 사람들이 이토록 많은가? 해답은 토지에 있다. 자본주의의 발전이 무리한 지가 상승을 유도하며 그로 인해 땅을 가진 자들이 아무런 노력 없이 '불로소득'을 취하고 있는 것이다. 땅값이 오르면 그로 인해 갖가지 상품 가격도 함께 오르게 된다. 힘써 이윤을 추구하는 상공업자는 물론이고 상품을 소비하는 일반 민중이 이런 부담을 떠안게 되면서 가난의 구렁텅이에 빠지게 된다. 쑨원이 보기에 다행히도 중국은 서구와 같은 대지주, 대자본가가 없다. 일반적인 소지주들은 권력이 크지 않기 때문에 사전에 적극적으로 대처한다면 보다 안정적인 토지 구조를 통해 적절한 세금을 걷고, 불로소득을 방지하며, 상공업자와 농민들의 생활은 윤택해질 것이다.

이러한 생각은 쑨원의 독자적인 주장은 아니었다. 러시아의 대문호이자 귀족 출신 대지주 톨스토이는 토지개혁을 해법으로 믿으며 자신의 땅을 농민들에게 나누어주었다. 미국의 경제학자 헨리 조지는 《토지와 빈곤》이라는 책을 쓰면서 자본주의의 발전과 도시화의 과정에서 일어나는 토지 모순을 해결하고자 경제적 분석과 대안을 마련하였다.

혁명의 종착점은 타도가 아니라 건설이어야 한다. 쑨원은 삼민주의의 마지막 장인 민생주의에서 '평균지권', 즉 균등한 토지 제도를 바탕으로 한 안정적인 근대 국가의 창출을 목표로 삼았다. 그리고 이 지점에서 그는 공산주의자를 긍정했다. 그들 또한 정치경제적 문제를 근본적으로 해결하고자 노력하는 집단으로 본 것이다. 동시에 그는 자본주의에 관한 독특한 관점을 중국의 전통 사상인 대동사상과 일치시켰다. 애초에 중국의 역사는 균등을 지향하며 발전해왔다는 것이다. 고대 주나라의 정전제, 이를 이념화한 맹자의 치국 사상 그리고 묵가 같은 변혁적 집단들이 이미 근대 중국이 처한 사회경제적 모순에 대해 중요한 방향을 제시했다는 것이다. 민족주의를 기초로 하며, 중국의 전통성과 당대 사회주의를 중심으로 한 급진적·진보적 방향에서의 수렴을 이루고자 한 것이다.

쑨원은 오랜 기간 광저우를 근거지로 삼고자 애를 썼으며, 동시에 일본을 포함한 서구 열강의 지원을 받고자 노력하였다. "영국의 공정한 태도, 미국의 원대한 규모 그리고 프랑스의 애국정신, 독일의 인재와 학문", 그리고 이러한 것을 빠르게 내재화하며 크게 성장한 일본을 배워야 한다는 것이 쑨원의 낙관적인 태도였다.

하지만 정작 그의 적극적인 구애에 응답한 나라는 소련이었다. 1917년 황제가 되려는 위안스카이의 시도가 실패한 다음 해에 러시아에서는 공산주의 혁명이 일어났으며 쑨원은 이를 주목한다. 쑨원은 국민당을 사회주의 정당으로 소개하였으며, 자신의 삼민주의가 공산주의 사상과 상통한다고 주장하였다. 소련 또한 마찬가지였다. 혁명에 성공한 레닌은 여전히 낭만적이었다. 종래 제정 러시아가 가지고 있던 각종 불평등한 제국주의의 기득권은 내려놓겠다. 또한 아시아의 민족해방을 지원한다. 비록 공산주의에 대한 이해는 부족하지만 제국주의와 싸운다는 점에서 아시아의 민족주의는 의미가 있다. 가장 적합한 인물로는 누가 있을까? 바로 쑨원이다.

지난 10여 년 동안 쑨원은 갈팡질팡했다. 광둥군벌 친중밍에게 쫓겨 모든 것을 잃고 배 한 척에 의지하여 망망대해를 떠돈 적도 있었다. 비굴할 정도로 일본에 지원을 구걸한 적도 있으며, 무책임할 정도로 서양 열강의 지원에 목을 맨 적도 있었다. 무엇보다 신문화운동과 5·4운동으로 이어지는 중국 민중의 반봉건·반외세적인 투쟁과 그다지 면밀하게 결합하지 못하였으며, 마치 신해혁명 때처럼 상징적으로 위대한 존재였을 뿐 실질적인 지도력을 움켜쥐기란 쉽지 않았다. 그럼에도 불구하고 쑨원은 중국에서 가장 많은 당원을 거느린 혁명 세력의 지도자였으며, 국민당은 근대화된 중국을 지향하는 상징적인 집단이었다. 이보다 오랫동안 지속적이며 자생적으로 혁명적 투쟁을 벌여온 집단이 대체 아시아 어디에 있단 말인가.

쑨원의 구애와 레닌의 결단, 그로 인한 소련의 물질적 지원은 상황을 단숨에 바꾸어놓았다. 1922년 8월 12일, 소련에서 파견한 아돌프 요페(Adolph Joffe, 1883~1927)가 베이징에 도착한 이후 미하일 보로딘(Mikhail Borodin, 1884~1951), 갈렌이라고 불리던 바실리 블류헤르(Vasily Blyukher, 1889~1938) 등이 중국에 속속 도착하였다. 국공합작(國共合作). 쑨원이 이끄는 국민당과 신문화운동의 지도자 천두슈가 이끄는 중국공산당은 하나가 되어야만 한다. 공산당원은 당적을 유지하며 국민당과 하나가 된다. 쑨원의 결단이었다. 국민당과 공산당의 지향점이 유사하며 국민당의 영향력이 압도적인 상황에서 공산당의 당적 유무를 크게 문제 삼지 않았던 것이다. 보로딘은 국민당을 보다 효율적인 정당으로 개편하는 데 힘을 썼으며, 갈렌은 국민당 군대를 강화하는 데 중요한 역할을 하였다. 1923년 쑨원은 장제스(蔣介石, 1887~1975)를 소련에 파견하여 군사 기술을 배우게 했으며, 광저우에 황푸육군교관학교를 세우고 그를 교장으로 임명하였다. 군벌들이 거느린 오합지졸과는 다른 소련식 군사 훈련을 받은 국민당군이 드디어 모습을 드러낸 것이다.

1924년 10월 국민당은 광저우 지역의 군벌 친중밍을 완전히 몰아내는 데 성공하였고, 서남 지역 일대의 군벌을 섬멸하는 데 성공한다. 이를 통해 국민당은 남부 지역에 확고한 거점을 마련하였다. 왕징웨이(汪精衛, 1883~1944), 후한민(胡漢民, 1879~1936) 같은 이들이 그의 정치를 도왔으며 군사 분야에서는 장제스의 활약이 두드러졌다. 저우언라이(周恩來, 1898~1976), 린뱌오(林彪, 1907~1971) 같은 젊은 공산당원들도 장제스를 보필하며 유능함을 드러냈다. 이들은 앞으로 중국공산당 역사에서 가장 중요한 순간을 만들어갈 것이다. 이제 비로소 북벌을 도모하여 각양의 군벌 세력을 무너뜨리고 진정한 중화민국을 건설할 때가 온 것이다.

하지만 1925년 3월 12일, 모든 것의 구심점이 됐던 쑨원은 "혁명은 아직 끝나지 않았다"라는 말과 함께 생을 마감하고 만다. 마지막까지 베이징을 지배하던 군벌 돤취루이(段祺瑞, 1865~1936)와 협상을 시도했던 쑨원은 암이라는 병마를 극복하지 못했다. 새로운 시작은 쑨원이 아닌 다른 이들이 수행해야 했던 것이다.

홍수전의 태평천국운동부터 이홍장의 양무운동 그리고 삼민주의를 주창한 쑨원까지. 각자의 역사적 역할에도 불구하고 이들의 분투 그리고 이들과 함께한 중국 근대사의 격랑은 극한에 가까운 어려움 속에서도 의미 있는 결과로 나아갔다. 이들의 노력은 아시아 대부분 나라가 순응할 수밖에 없었던 식민화에서 벗어나게 하였으며, 민족주의라는 새로운 사조에 아시아적 독특함을 부여하는 데 성공하였다. 안창호, 김구 같은 조선인 혁명가부터 판보이쩌우 같은 베트남 독립운동가들까지 동아시아의 혁명가들은 쑨원의 사상에 큰 영향을 받았다. 또한 유럽에 등장한 극우적 성향의 국가사회주의, 즉 파시즘과는 다른 아시아 특유의 저항적이며 평등 지향적인, 전통 사상을 포괄하는 형식의 민족주의를 일구는 데도 중요한 영향을 미쳤다.

이제 중국사는 국민당과 공산당의 투쟁이라는 새로운 전선을 향해 곧장 내달리게 된다. 민족주의와 공산주의의 대결, 유럽과는 다른 아시아식 혹은 중국식 공산주의의 탄생은 향후 동아시아 역사에 중요한 지점으로 작용할 것이다.

마오쩌둥과 덩샤오핑이 설계한
신세계

현대 중국

1. 장제스

쑨원의 뒤를 이어 국민당을 이끈 지도자다. 북벌을 주도했으며 군벌 및 공산당과의 싸움에서 승리를 거뒀고, 난징에 국민정부를 수립했다(1928). 또한 만주사변(1931), 중일전쟁(1937) 등 일본의 침략에 맞서 싸우며 중국을 발전시켰다. 하지만 국공내전에서 패하여 타이완으로 쫓겨났고, 이후 오랫동안 계엄령을 선포하며 타이완을 이끌었다. 이 기간에 미국과 긴밀한 관계를 맺었기 때문에 동아시아에서 미국의 영향력이 강화되기도 했다.

2. 마오쩌둥

장제스의 국민당 정권을 무너뜨리고 중화인민공화국을 세운 인물이다. 그의 사상을 '마오이즘'이라고 하는데 서양의 사회주의와는 차이가 있기 때문이다. 그는 농촌을 근거지로 활동했으며 농민을 조직화했다. 국민당 군대의 집요한 추격을 뚫고 대장정에 성공하기도 했는데 특유의 유격전이 유명하다. 그는 '인민의 의지'를 강조했으며, 공산당 간부가 주도하는 관료주의가 아닌 인민의 적극적 의지로 자본주의와의 싸움에서 승리하고자 했다. 하지만 중화인민공화국을 수립한 이후 추진했던 대약진운동, 문화대혁명 등은 실패로 끝났다.

3. 덩샤오핑(鄧小平, 1904~1997)

마오쩌둥을 계승하며 중국공산당을 발전시킨 인물이다. 또한 개혁개방 정책을 통해 오늘날 경제 대국 중국을 일군 인물이기도 하다. 그는 문화대혁명의 실패를 수습하면서 지도자로 떠올랐다. 마오쩌둥의 정통성을 인정하되 공산당이 보여준 실패를 과감하게 수정하면서 중국을 개혁했다.

또한 사회주의 시장경제라는 독특한 주장을 내세웠다. 자본주의를 수용하면서도 공산주의를 유지하는 국가를 설계했으며, 그 덕에 오늘날 대부분의 사회주의 국가가 몰락했음에도 중국은 건재함을 과시하고 있다.

★ POINT

★ 국공합작

위안스카이 정권 → 군벌정권(베이징 정부) 시대

▼

일본의 21개조 요구, 베르사유 체제, 신문화운동(천두슈), 3·1운동

▼

제1차 국공합작(국민당-공산당)

▼

북벌(장제스) – 북벌 중 제1차 국공합작 붕괴

▼

국민혁명 – 장제스의 국민당 정권 수립(1928) – 수도: 난징

▼

만주사변(1931)

▼

국민당의 공산당 탄압 → 대장정(1934~1936) – 마오쩌둥 → 중국공산당 옌안 정착

▼

시안사건 – 장쉐량의 장제스 구금

▼

제2차 국공합작

▼

중일전쟁(1937)

▼

난징대학살

▼

태평양전쟁(1941)

★ 중화인민공화국

1945년	국공내전	장제스의 국민당 정권 타이완으로 패퇴

▼

1949년	중화인민공화국	마오쩌둥 – 사회주의 개혁

▼

1950년대	대약진운동	토지개혁, 인민공사 창설, 생산력 향상(식량, 강철 등)

▼

1960년대 초반	실용주의 노선	류사오치(劉少奇, 1898~1969, 문혁 때 사망), 덩샤오핑 – 흑묘백묘론

▼

1960년대 중반 ~1970년대 중반	문화대혁명	마오쩌둥 복귀, 홍위병 / 중·소 분쟁 → 닉슨 중국 방문, 중·미 국교 수립

1980년대	덩샤오핑	사회주의 시장경제
1989년	톈안먼 사태	민주화 요구 → 무력 진압

쑨원에서 장제스로,
국공합작에서 국민당의 시대로

국민당 내 군부 우익세력의 일원인 장제스가 교장이었다. 미국에서 교육받은 좌파 랴오중카이도 황푸군관학교의 국민당 대표로 참여했다. 이런 식으로 황푸는 국민당과 중국 혁명에서 벌어진 정치 양극화의 축소판이 되었다.

(…) 황푸는 소련인 교관을 통한 기술훈련을 굉장히 중시했다. 중국에서는 처음으로 완전히 현대적이고 장비에 있어 진보된 군대가 훈련받고 있었다.

중국 군벌들은 장총과 박격포 등 현대 무기를 단지 불꽃놀이를 위해서만 사용했다. 박격포 사격은 단지 '효과를 노려' 발사했다. 군인들은 포가 어떤 것을 쏘느냐는 것에는 별로 신경 쓰지 않았다.

(…) 그러나 새로운 황푸군대의 등장으로 중국 군사 전술은 바뀌었다. 보로딘과 장개석은 적들을 위협하는 데 만족하지 않았다. 그들은 적이 죽

기를 원했다.

- S. 시그레이브, 《송씨왕조》 중

광둥의 황푸군관학교는 국민당과 공산당 그리고 소련의 지원이 어우러진 국민당 최고의 군사기지이자 국공합작의 상징이었다. 보로딘을 파견하는 등 군사적인 부문에서 소련의 지원이 이어지는 가운데 쑨원의 처남 쑹쯔원(宋子文, 1894~1971)이 등장한다. 하버드대학교에서 경제학 박사 학위를 취득한 중화민국의 국비 유학생 출신이었다. 쑨원은 그에게 경제적인 자문을 구했다. 쑹쯔원은 세계 경제의 보편성과 중국이 당면한 재정적 복잡성을 모두 이해하는 탁월한 인물이었다. 1924년 8월 소련에서 빌려온 1,000만 달러의 차관을 바탕으로 국민당은 중앙은행을 설립하였고 쑹쯔원이 은행장이 됐다. 이미 광둥 일대의 조세제도를 바로잡아 국민당 재정의 기초를 만들었던 그는 중앙은행이 높은 신용을 확보하는 데 주요한 기여를 한다. 중앙은행이 발행한 화폐가 광둥을 벗어난 지역에서도 신뢰받기 시작한 것이다. 쑹쯔원은 곧장 국민당 재무부장에 임명되었으며 국민당이 북벌에 성공한 이후 오랫동안 중국 경제를 주무르는 중요한 인물로 성장하게 된다.

쑨원이 죽은 후에도 국공합작에 의한 북벌은 차근차근 추진되었다. 무엇보다 황푸군관학교를 기반으로 국민당의 군사력은 이전의 중국 군대에서는 볼 수 없었던 수준으로 성장한다. 이에 반해 전국에서 할거하고 있는 군벌 세력들은 끝없는 권력 다툼으로 스스로를 소진하고 있었다. 그리고 1925년 5월, 상하이에서 5·30 사건이 터진다.

시작은 일본인 소유 공장에서 발생한 노동자 파업이었다. 파업 도중에 공장이 폐쇄되자 노동자들은 공장의 기물을 부수기 시작했고, 일본군이 이를 진압하면서 발포하여 노동자 1명이 숨지게 된다. 이 사건은 곧장 일대의 연대 파업과 학생 시위로 이어졌다. 당시 상하이는 영국을 비롯한 세계열강의 조계지가 밀집한 지역으로 외국인 투자자들이 운영하는 수많은 공장이 들어서 있었다. 또한 가장 진보적인 생각을 가진 학생들이 몰려들어 세계의 변화를 깨우치는 공간이기도 했다. 5·30 사건은 영국 경찰이 중국 학생들을 체포하면서 곧장 민족주의와 제국주의 간 갈등으로 비화하였다. 시위는 갈수록 격렬해졌으며 영국 경찰의 발포로 11명이 죽고 20명이 부상당하는 사건까지 발생한다.

이후 5·30 사건은 전국으로 퍼져나갔다. 최소 28개 도시에서 피해자를 추도하고 영국인과 일본인에 저항하는 움직임이 일어났다. 이런 가운데 광저우 사몐섬에서는 영국군의 발포로 시위 중이던 52명의 중국인이 사망, 100명 이상이 부상을 당하기까지 했다. 이때부터 16개월간 홍콩을 중심으로 대규모의 파업 운동이 전개, 영국 상품에 대한 불매운동까지 일어났다. 1919년 5·4운동 때처럼 중국을 가로지르고 있던 끔찍한 사회 모순이 또다시 선명하게 부각된 것이다. 외국인의 총질 앞에 중국 인민은 꼼짝도 못 하고 죽임을 당하는가! 도대체 왜 군벌정권의 권력자들은 이를 바라만 보고 있는가! 혁명, 혁명이 필요한 때다!

5·30 사건 두 달 후인 1926년 7월 9일, 쑨원의 유지를 이어받은 국민혁명군 10만여 명의 북벌이 개시되었다. 후난 방면에서는 우페이푸, 장시 방면에서는 쑨촨팡이 총 45만의 병력을 끌고 국민혁명군에 맞섰으며 배후에는 만주의 지배자 장쭤린의 35만 대군이 버티고 있었다. 국민혁명군은 빠른 속도로 군벌 군대를 물리쳤다. 8월 중순 후베이를 점령한 후, 10월에는 양쯔강 중류의 우한을 점령하는 데 성공한 것이다. 이 와중에 우페이푸의 군대는 궤멸되고 만다. 11월 난창, 12월 푸저우 그리고 해를 넘겨 1927년 2월부터 3월까지 국민혁명군은 중국 남부의 핵심 지역인 항저우·상하이·난징을 모두 손에 넣었다.

혁명군과 군벌은 기세가 달랐다. 혁명군은 소련에서 체계적인 군사교육을 받았으며 진정한 의미에서 현대전에 걸맞은 육군으로 변화하고 있었다. 무엇보다 민중이 혁명군의 편이었다. 군벌을 타도하고 제국주의를 무너뜨리며 새로운 중국을 건설하자는 강력한 소명 의식은 이제 민중의 가슴 속에 뜨겁게 공유되고 있었다. 1919년 5·4운동 당시에는 그 절박함을 담을 그릇이 없었다면 이제는 국민혁명군, 국민당 정부라는 구체적인 가능성이 있지 않은가. 민중의 강력한 지지와 자발적인 참여는 북벌의 빠른 성공이라는 놀라운 결과를 만들어냈다.

북벌에 참여한 이들은 중국인만이 아니었다. 동아시아 피압박 민족의 해방을 꿈꾸는 혁명가들 또한 대열에 함께한 것이다. 신해혁명 때도 함께했던 조선인 독립운동가는 물론이고 베트남, 인도, 미얀마 등 각지에서 의지를 지닌 이들이 몰려들었다. 조선인들은 중국의 국공합작을 본떠 민족협동전선을 구축하고자 했으며, 광저우는 베트남 국민당을 비롯한 동남아시아 민족주의자들의 망명지가 되어갔다. 이제 국민당은 중국의 민족혁명을 넘어 아시아 민족해방운동의 상징이 되고 있었던 것이다.

> 2월 22일. (…) 정치적 삶은 사람을 위한 것이 아니다. 지금의 상황은 전적으로 그리고 절대적으로 어떤 기대에서도 벗어난 것이다. 무엇이 도덕인가? 무엇이 우정인가?
>
> 3월 2일. (…) 이제 (나는) 혁명의 심리학이 신비스러운 권력과 감정적인 반응으로 이루어졌다는 것을 이해하기 시작했다. 이성적인 사고는 사실상 매우 약한 요소다.
>
> — 장제스의 일기 중

북벌이 성공적으로 진행됨에 따라 내재해 있던 모순이 분출되기 시작했다. 민족주의와 공산주의의 입장 차이 그리고 소련의 영향력. 국공합작은 전적으로 쑨원의 리더십이 있었기에 가능한 협력이었다. 더불어 혁명적 열기, 민중의 강력한 지지와 북벌의 놀라운 성과가 갈등을 억누르고 있었다. 하지만 난징과 우한. 장제스와 공산당. 어느덧 권력은 두 개로 나뉘어지고 말았다.

전조가 있었다. 바로 중산함 사건(1926. 3). 북벌 직전 중산함이라는 혁명군의 함선이 명령 없이 운항하자 군사 지도자 장제스는 광저우에 계엄령을 선포한 후 소련 고문단과 홍콩 노동자 지도부를 군대로 포위, 무장 해제하는 사건을 일으킨다. 중산함이 국민당의 명령 계통을 어기고 독자적으로 운항한 데 대한 조치였는데, 그 배경에는 중국공산당의 음모가 있다고 본 것이다. 중산함 사건은 지도부의 타협으로 해결이 되었지만, 적어도 국민당과 공산당이 서로를 신뢰하지 못한다는 것만큼은 분명했다. 무엇보다 장제스의 위상이 높아졌다. 그는 이 사건을 통해 주목을 받았고 그 대가로 군사위원회 주석, 국민혁명군 총사령, 국민당 중앙집행위원회 상무위원회 주석에 오르게 된다. 쑨원의 뒤를 이어 차세대 지도자로서 두각을 나타낸 것이다.

장제스는 쑨원의 지시에 따라 소련에 가서 군사 훈련을 받았고, 돌아와서는 황푸군관학교 교장으로 취임하는 등 주로 군사적인 분야에서 두각을 나타냈던 인물이다. 쑨원과는 운명을 나눌 정도의 동지는 아니었다. 하지만 주요 국면에서 그는 쑨원과 함께했고 쑨원 역시 그의 군사적 재능을 아끼고 지원하였다. 장제스는 황푸군관학교 교장이 되면서 군사 인재들을 측근으로 둘 수 있었으며 북벌을 수행하는 과정에서 이름을 떨칠 수 있었다.

장제스

혁명군은 두 갈래로 밀고 올라갔으며 각각 우한과 난징에 정착하였다. 우한은 쑨원의 장남인 쑨커(孫科, 1895~1973)를 비롯하여 장제스에 필적하던 왕징웨이 등 국민당의 주요 인사들과 보로딘을 비롯한 공산당 계열의 인사들이 공존하는 구조였다. 이에 반해 난징은 장제스에게 권력이 집중되었다. 시간이 갈수록 우한과 난징의 대립은 뚜렷해졌다. 보로딘은 장제스를 위험인물로 보았고 장제스는 자신의 지위를 십분 활용하였다. 그는 난징·상하이 등 중국 남부의 풍요로운 지역을 장악하였으며 지역의 유지부터 서양 열강까지 두루 원만한 관계를 맺으며 급속도로 세력을 확장하고 있었다. 우한은 혼란을 거듭하였다. 군벌이 도시를 파괴했으며 국민정부가 들어선 이후에도 상황은 안정되지 않았다.

당시 우한은 '붉은 도시(赤都)'라고 부를 만큼 급진주의가 팽배하였다. 농민들이 지주를 공격하였고 노동조합은 정부보다 압도적인 영향력을 발휘하였다. "기업을 도산시키자는 구호를 내걸었고 임금을 놀랄 만한 수준으로 인상시키고, 노동 시간을 일방적으로 하루 4시간 이하로 단축"시키는 등 혼란을 거듭하고 있었다.

이 와중에 장제스가 4·12 쿠데타를 일으켰다. 1929년 4월 12일, 장제스는 상하이 일대의 공산당 조직을 와해시키며 국공합작을 무너뜨렸다. 혁명군은 노동자와 시민들의 시위를 무력으로 진압했으며 공산당 조직은 물론이고 장제스에게 저항하던 국민당 내 진보 그룹마저 무너뜨렸다. 우한 정부는 장제스를 모든 직무에서 해임했지만, 장제스는 보란 듯이 난징에서 국민당 중앙정치회의와 중앙군사위원회를 새롭게 조직하였으며 4월 18일 후한민을 주석으로 새로운 국민정부를 선포하였다.

같은 시기 우한 정부는 극도로 분열한다. 장제스의 쿠데타에 대응해서 소련은 '5월 지시'를 내린다. 토지혁명, 공산당원 무장, 국민당 개조, 반동분자의 처벌 등 국민당에 대한 노골적인 적대 조치가 대부분이었다. 하지만 그로 인해 왕징웨이, 쑨커 등 이른바 국민당 좌파라고 불리는 진보적인 인사들은 공산당과 절연하며 장제스가 이끄는 난징 정부에 합류한다. 중국공산당은 거세게 저항하였다. 수차례 무장봉기를 일으키며 심각한 유혈 충돌이 일어났다. 하지만 공산당의 저항은 국민당에 진압되었으며, 이제 "장제스의 국민당 정권"이 주도하는 시대가 열리게 된다. 장제스의 완벽한 승리였다.

북벌은 계속되었다. 1928년 1월 국민혁명군 총사령관, 군사위원회 주석, 중앙정치회의 주석을 겸직하는 장제스가 국민혁명군을 이끌고 두 번째 북벌에 나선다. 혁명군은 4개 집단군으로 나뉘어 베이징으로 진격하였다. 1군은 장제스, 2군은 펑위샹, 3군은 옌시산, 4군은 리쭝런이 맡아서 군대를 이끌었다. 그런데 펑위샹, 옌시산, 리쭝런은 군벌이 아니었던가? 맞다. 북벌은 군벌을 해체하거나 흡수하면서 진행되었다. 여러 군벌이 국민혁명군에 합류하는 길을 선택했고, 이를 어쩌기에는 공산당의 힘이 미약했다. 여하간 혁명군은 6월 8일 베이징에 입성, 텐진을 비롯하여 중국 북부의 주요 지역을 모두 점령하는 성과를 올린다. 국민당은 '청천백일만지홍기'라는 새로운 국기를 만들어서 국민당의 중국 통일을 자축했으며 마지막까지 군벌과 협상하다가 베이징에서 죽어간 쑨원의 무덤을 찾아가 북벌이 완

국민당의 북벌 경로

수됐음을 보고하였다.

　그리고 몇 달 후인 12월 29일, 장쉐량의 결단으로 만주 일대까지 손에 넣는다. 북벌을 막으며 최후까지 저항했던 인물은 장쭤린이었는데, 그는 열차를 타고 만주로 돌아가던 중 폭살을 당했다. 제1차 세계대전 이후 제국주의 국가로 급성장하던 일본은 장쭤린을 통해 중국에서 여러 이득을 보고자 하였다. 하지만 장쭤린이 북벌에 밀려나자 관동군 고급 참모 고모토 다이사쿠 등이 그를 제거한 것이다. 장쭤린 암살은 일본의 기대와는 전혀 다른 결과를 낳았다. 장쭤린의 아들 장쉐량이 국민당의 청천백일기를 휘날리며 자진하여 중국국민당에 투항, 일본의 계략과는 반대로 중국의 완전한 통일이 이루어진 것이다. 수도 난징, 총통 장제스. 중국 근대사는 이제 새로운 국면을 맞이하게 되었다.

　장제스의 국민당 정권이 풀어가야 할 숙제는 산더미 같았다. 내부적으로는 군벌과 공산당을 통제해야 했고, 외부적으로는 서양 열강과의 관계를 개선해야 했다. 무엇보다 전 분야에서 과감한 발전을 도모하여 낙후된 중국을 근대화해야만 했다.

　우선은 관세 자주권을 확보하는 것이 큰 문제였다. 아편전쟁 이래 100년 가까운 시간 동안 중국은 수많은 불평등 조약으로 수탈당하고 있었다. 마침 상황이 유리했다. 국민당 정권기는 제1차 세계대전 이후 미국이 세계 질서를 주도하는 시간. 윌슨 대통령은 민족자결주의를 주창했으며 중국에 대해서 보다 선진적인 조치를 취하고자 하였다. 국민당 정부는 미국과 끈질긴 협상을 벌여 관세 자주권을 회복하였으며, 영국과 프랑스 등은 미국의 결정을 따랐다. 이를 통해 국민당 정권은 오랜 염원이었던 관세 자주권 문제를 해결하고 안정적인 관세 소득을 확보하게 된다.

　이 시기 국민당 정부는 중국 전체를 아우르는 중앙은행을 설립하였고, 상법·회사법·공장법·은행법 등 갖가지 경제 입법을 추진하였다. 세계대전 이후 평화를 갈망하던 시기였고, 무엇보다 전후 경제 부흥이 중국의 경제 성장을 촉진하였다. 더구나 국민당 정권의 여러 개혁 정책은 중국 경제를 합리화하는 과정이었기 때문에 자본가나 서구 열강이 거부할 성질이 아니었다. 전국경제위원회가 만들어지고 쑹쯔런 같은 뛰어난 인재들이 새로운 성장을 위해 적극적으로 참여하기 시작했다.

그리고 1935년 비로소 중국은 기존에 사용하던 량(兩)이 아닌 위안(元)으로 통화를 전환하는 데 성공한다. 종래에는 은이 화폐였다면 이제는 정부가 발행하는 위안화가 법정화폐가 된 것이다. 비로소 정부가 전국을 통할하며 종합적이며 안정적인 통화 정책을 추진할 수 있게 된 것이다.

이 시기 장제스는 훈정을 선포하였다. 북벌에 성공했기 때문에 군정을 벗어나 '지도자가 주도하는' 민주주의 시대가 된 것이다. 당연히 지도자는 장제스. 본인 입장에서야 훈정이겠지만 정적 입장에서는 장제스의 독재정치가 공고해지는 과정이었다. 반발은 대단했다. 랴오중카이·후한민·왕징웨이·쑨커 등 국민당의 지도자들은 장제스와 격렬한 권력 투쟁을 벌였으며, 펑위샹·옌시샨·리쭝런 등 군벌은 군대를 동원해 내전을 일으켰다. 하지만 최종적인 승자는 매번 장제스였다. 왕징웨이를 비롯한 여러 지도자의 리더십은 미약했으며 서로 간에 반목도 대단했다. 압도적인 정치·군사적 리더십과 결정적인 지점에서의 승리, 또한 경쟁자들에 대한 적절한 배려를 통해 장제스는 영리하게 국민당을 독점해나갔다.

한편 군벌과의 싸움은 수십만의 군대가 동원되는 등 수차례 격렬하게 전개되었다. 장계동맹·장풍동맹 등 장제스에 반대하는 군벌들은 이합집산을 거듭하였으며, 경우에 따라 장제스에게 대단한 위협이 되기도 했다. 하지만 장제스의 군대는 군벌에 비해 뛰어난 정예병이었으며 황푸군관학교 때부터 맺어진 관계는 끈끈했고 휘하의 장수들은 뛰어났다. '중원대전'이라고 불리는 내전에서 장제스는 결정적인 승리를 거두었지만 군벌을 확실히 제거하지는 않았다.

그럴 만한 힘도 부족했을뿐더러 자칫하면 돌이킬 수 없는 내전으로 확산, 다시금 중국이 사분오열될 수 있었기 때문이다. 장제스는 적절한 수준에서 본인이 원하는 방향으로 차근차근 중국을 이끌어갔다.

한계 또한 뚜렷했다. 국민당 정권의 경제정책은 본질적으로 자본가와 도시를 위한 것들이었다. 하지만 중국 인구의 90%는 농민이었으며, 이들의 삶은 청나라 때와 마찬가지였으며 어떤 면에서는 오히려 더 비참하였다. 여전히 농촌에는 지주가 군림하였으며 대다수 중국 인민은 가난하기 짝이 없었고 국민당 정부로부터 보호를 받지 못했다. 수많은 군소 군벌은 국민당군을 자처하며 각지에서 권력자 노릇을 이어갔으니 장제스는 군벌의 우두머리처럼 보일 수 있었다. 국민당원은 전성기 때조차 50만을 넘지 않았으며 당원 대다수는 광둥, 난징, 상하이 등 도시에 기거하는 관료들이었다. 선전 역량 또한 보잘것없었다. 국민당의 기관지 〈중앙일보〉는 1935년 기준 3만 부를 발행했는데 이는 상하이의 지역 신문이자 영향력이 강력했던 〈신보〉의 5분의 1도 안 되는 수준이었다.

끝도 없는 정쟁, 군벌의 도전, 빈약한 행정력, 여전히 불안한 사회경제. 더구나 장제스는 CC단이나 남의사 같은 비밀 조직에 의존하였다. 천커푸, 천리푸 등 절대적으로 장제스에게 충성하는 동료들이 이끄는 비밀 기관을 통해 정보를 수집하고 반대파를 숙청하기를 반복하였다.

명과 암이 뚜렷한 시대. 이 시기 장제스의 가장 취약한 지점을 공략하는 새로운 시도가 이루어졌는데 그 방향은 전혀 엉뚱했다. 군국주의 일본과 마오쩌둥이 이끄는 중국공산당이 그것이다.

일본의 침략:
만주사변에서 중일전쟁까지

그(일본 군인)는 내 바지를 벗겼다. 내 다리, 불쌍한 내 다리를 내가 '악' 하고 소리를 지르며 울 정도로 사정없이 긁어댔다. 그는 내가 울지 못하게 내 입을 막았다. (…) 일을 치르고 나서 나는 일어날 수도 없었고, 걸을 수도 없었다. 피가 뚝뚝 떨어졌고, 걸을 수가 없었다. (…) 움직이지도 못한 채로 잠이 들어버렸다. 나중에 할아버지가 나를 안고 왔다.

– 장시우홍의 구술(당시 열두 살)

아무개의 며느리는 스무 살 갓 넘었는데 (…) 일본 군인 6명에게 윤간을 당해서 강에 뛰어들어 자살하였다. (…) 세상이 좀 조용해진 다음에 사람들과 맞닥뜨리면 온통 그 사람이 강간을 당하고 나서 자살을 했다는 말들을 했다. 그 사람이 죽임을 당했다는 말만 하는 것이다.

– 장용허의 구술

난징대학살과 관련된 구술 증언들이다. 끔찍한 증언들과 마주하기란 전혀 어렵지 않다. "강간! 강간! 강간! (…) 조금이라도 반항하거나 순순히 말을 듣지 않으면 즉각 칼로 찌르거나 총을 쐈다." 난징에 머물던 맥카룬의 일기에 나오는 내용이다. "나는 짓밟힌 후에 하반신이 온통 피범벅이었고, 걸을 수가 없었다." 당시 열두 살이었던 두시우잉의 강간에 대한 기억이다. "여자들이 우는 소리가 들렸다. 그다음 날 많은 여자가 강물에 뛰어들어 죽었다." 동화이진의 증언이다.

성폭력에 대한 극단적인 경험은 정신이상과 자살이라는 연쇄 효과를 일으켰다. 양전밍의 증언에 따르면 16세 정도 된 이웃집 며느리가 일본군 3명에게 윤산을 당하자 남편이 그녀를 일본군과 잔 여자라고 욕을 하며 구타했다. 결국 이 여성은 자살하고 말았다. 남편을 비롯한 시댁 사람들의 비난이 여성을 자살로 내몰기도 했지만, 워낙 유교 윤리가 강했던 시절이라 가족이 노력해도 스스로 세상을 등진 이들 또한 많았다. 친자란의 증언은 더욱 끔찍하다. 어떤 여성이 강간을 당한 후 "시간이 흘러 두 아이를 낳았다. 그녀의 부모는 매우 화가 나서 두 아이를 던져 죽여버렸다. 그 여성도 대문 밖을 나서지 못했다."

한 연구에 따르면 일본군이 난징에 입성한 후 성병 발병 비율이 15%에서 80%로 수직 상승했으며, 강간으로 태어난 아이들 때문에 여성들은 2차 고통에 휩싸였다고 한다. 강간으로 태어난 아이 때문에 죽지도 못하고 살아가야만 하는 여성들이 부지기수인 세상, 난징은 가장 끔찍한 방식으로 일본군에 의해 더럽혀진 것이다.

어느덧 일본은 중국을 위협하는 선두 국가가 되어가고 있었다. 위안스카이에게 21개조를 요구하던 무렵부터 일본은 여느 서양 열강 못지않게 제국주의적 태도를 강화하고 있었다. 1930년대 이후 다이쇼데모크라시, 즉 일본의 민주화 과정이 실패로 끝나면서 더욱더 극우화의 과정으로 나아갔다. 기타 잇키 등 우익 사상가들의 영향력이 강력해졌고, 무엇보다 천황주의와 국가주의에 경도된 극우파 군인들이 권력의 중심에 자리를 잡기 시작했다. 그 시발점은 1931년 만주사변. 관동군은 독자 행동으로 만주를 점령하면서 내각을 무력화시켰고 만주를 수중에 넣었다. 장제스는 만주를 지배하던 장쉐량의 동북군을 시안으로 물렸고 무력 투쟁이 아닌 국제연맹에 호소하는 외교전을 선택하였다. 그리고 몇 년 후 중일전쟁이 시작된 것이다.

1937년 8월 13일, 일본군이 상하이를 쳐들어왔다. 11월 12일까지 중국군과 일본군은 사투를 벌였다. 독일식 장비로 무장한 장제스의 최정예 88사단과 87사단이 중심이 되어 일본군 4만여 명을 살상하였으며 3개월간 상하이를 지켰다. 하지만 중국군의 손실은 25만에 달했으며 결국은 패배하고 말았다. 국민당 정권의 수도는 난징. 난징은 양쯔강으로 둘러싸인 곳이기 때문에 북방 민족의 침략을 막기에 유리하다. 하지만 상하이는 난징보다 남쪽에 있었으며 두 도시 사이는 넓은 평원이었기 때문에 방어하기가 쉽지 않았다.

12월 2일 일본군 9사단과 3사단이 네 갈래로 나뉘어 난징을 공격하였으며 16사단, 13사단 등도 뒤를 따랐다. 단숨에 국민당 정권의 심장을 옥죄어 전쟁을 끝내고자 한 것이다. 12월 9일 쯔진산, 광하먼, 니우셔우산 등에서 전투가 시작되었고 일본 공군기 수십 대가 일대를 파괴하기 시작하였다. 육전에서는 광화먼을 둘러싼 전투가 고비였다. 이곳에서 중국군은 수차례 일본군을 물리쳤으며 제36연대 이토 대대장을 죽이는 등 의미 있는 성과를 거두기도 했다. 하지만 일본군의 군사력이 압도적이어서 중국군의 피해가 너무 컸다. 양국의 최정예 사단만 비교하더라도 차이는 컸다. 일본 육군 사단은 2만 2,000명인 데 비해 중국 88사단은 1만 4,000명. 보총은 일본이 9,476자루로 중국군의 두 배가 넘는 수치였고, 기관총과 야포도 일본군이 더 많이 가지고 있었다. 결정적인 차이는 탱크였다. 일본군은 24대, 중국군은 1대도 없었다.

전반적으로 중국군은 중화기가 부족했으며, 탄약 보급이 체계적으로 이루어지지 않았고, 증원병 대부분은 기초 군사 훈련도 제대로 받지 못한 신병들이었다. 공군의 격차도 컸다. 중국 공군은 일본 공군의 10분의 1도 안 되었다. 소련 공군의 지원이 있었지만 잠시뿐이었고 일본 공군은 무기고부터 공장까지 난징 일대의 공업 시설을 차근차근 파괴해나갔다. 난징을 지키는 과정에서 중국군은 1만 9,030명, 일본군은 3,893명의 사상자가 발생했다. 애초에 질 수밖에 없는 싸움이었지만, 중국군은 격렬하게 오랫동안 저항했고 그럼에도 참혹하게 패배했다. 그럴 수밖에 없는 현실이었다.

3개월간 30만. 난징을 점령한 일본군은 인류 역사에 남을 끔찍한 만행을 저질렀다. 수많은 사람을 죽였고, 강간했고, 강간한 후 죽였다. 난징에서의 만행은 끝도 없는 수준이며 온갖 끔찍한 일들로 가득 차 있다. 심심풀이로 남성들을 세워놓고 목 자르기 놀이를 한다든지, 여성들을 집단 강간한 후 사지를 자른다든지, 임신부를 강간한 후 배를 갈라 태아를 꺼내 죽인다든지, 그렇게 벌인 만행을 넘기 위해 수천 구의 시신을 양쯔강에 버린 후 매장을 도운 민간인을 기관총으로 학살한다든지 등 패배한 난징에서 인간성은 찾아볼 수 없었다.

왜 난징에서는 그토록 끔찍한 사건이 전개되었을까? 애초에 작전이 '포위섬멸전'. 일본군 지휘관들의 기술을 살펴보면 "포로 정책을 실시하지 않고 전부 철저하게 소멸시키는 방침(제16사단 사단장 나카지마의 일기 중)" "이번 전투는 정말 포위섬멸전을 분명하게 보여주고 있다(제16사단 보병 제30여단 단장 사사키 도이치의 일기 중)" 등 작전의 성격을 명확히 확인할 수 있다. 일본군은 패잔병에게 자비를 허락하지 않았다. 수천 명의 중국 군인이 군복과 무기를 버리고 민간인들 사이에 섞였지만 일본군은 이들을 발본색원하여 학살을 자행했다. 난징대학살 당시 너무나 끔찍한 성폭력이 자행됐기 때문에 학살 대상을 여성으로 기억하지만, 연구를 통해 확인할 수 있는 대다수 희생자는 패잔병을 중심으로 한 남성들이었다.

하지만 일본은 난징을 점령했을 뿐 자신들의 목적을 달성하진 못했다. 국민당 정권이 내륙 지대인 충칭을 거점으로 항전을 이어갔기 때문이다. 속전속결과 섬멸전. 두 작전은 실패했고 이제 약 7년에 걸친 중국과 일본의 장기전이 개막됐을 뿐이다.

마오쩌둥의 중국공산당:
독자적인 혁명을 실천하다

백군이 도착하자마자 장교들은 부인과 소녀를 선별하기 시작했다. 단발
머리를 한 여자거나 편족을 하지 않은 여자들은 공산주의자라 하여 쏘
아 죽였다. 우선 고급장교들이, (죽이고 난) 나머지 부인과 소녀들을 심사
하다가 예쁜 여자들이 눈에 띄면 자기들의 것으로 추려놓았다. 그러고
나서 선택권이 하급장교에게로 넘어갔다. 마지막까지 남은 여자들은 사
병들에게 인계되어 창녀로 쓰였다. 그들의 말인즉, 이 여자들은 '비적의
여편네들'인 만큼 하고 싶은 대로 해도 좋다는 것이었다.

(…) 예전에 우리가 운동장으로 사용했던 곳 (…) 그곳에는 얕게 파인 구
덩이가 있었는데, 그 속에는 살해당한 동지들의 시체 12구가 있었다. 그
들은 껍질이 벗겨지고, 눈이 튀어나오고, 코와 귀가 잘려 있었다. 이 야
만적인 광경에 우리들은 모두 분노의 울음을 터뜨렸다.

- 에드거 스노, 《중국의 붉은 별》 중

'백군'은 국민당군을, '홍군'은 공산당군을 의미한다. 농촌에서 국민당군은 지
주의 편이었고 공산당의 적이었다. 최상층부에서는 장제스를 중심으로 통합 작
업이 이루어졌는지 모르겠지만, 여전히 농촌의 지배자는 지주 그리고 그들을
뒷받침하며 농민을 가렴주구하는 군벌들이었다. 적어도 공산당 입장에서는 그
러했다. 장제스의 쿠데타, 난징 정부의 수립 그리고 국민당 좌파의 배신. 국공합
작의 결렬 이후 중국공산당은 일방적으로 당하기만 했다. 무장봉기를 일으키는
등 강력하게 저항했지만 돌아오는 것은 국민당군의 가혹한 응징뿐이었다. 애초

에 공산당은 국민당의 상대가 될 수 없었다. 국민당은 쑨원과 신해혁명이라는 거대한 파고의 결과물이었으며 당원 수부터 조직력까지 모든 면에서 신생 정당인 공산당을 압도하고 있었다. 더구나 소련의 지원과 민중의 지지에 힘입어 북벌은 여전히 성공적으로 진행되었다. 버림받은 것은 오직 공산당뿐.

방향을 잡기조차 힘들었다. 레닌의 뒤를 이은 스탈린은 중국의 형편에 맞지 않는 지시 사항을 종종 하달하였으며, 한편에서는 소련의 이익을 위하여 장제스의 국민당 정권을 승인하는 조치를 취하였다. 내부적으로도 마찬가지였다. 중국공산당은 신문화운동과 5·4운동의 지도자였던 천두슈가 주도하여 만들어졌다. 그는 합작을 지지했으며 국민당과 관계를 유지하기 위해 힘썼지만 실패하고 말았다. 온건 노선이 실패하자 강경 노선이 들끓었다. 취추바이(瞿秋白), 리리싼(李立三), 왕밍(王明) 등 뒤를 이은 지도자들은 파업과 폭동에 기반한 조급한 도전을 반복하였고 결과는 대실패. 이제 어디로 갈 것인가.

이 시기 마오쩌둥의 농촌 소비에트 운동이 주목받는다. 당시 저명한 공산주의자들은 대부분 서구적인 이론과 소련식 혁명론을 바탕으로 공산혁명을 꿈꾸었다. 마오쩌둥은 접근 방법이 달랐다. 공산혁명이라는 대의를 지향하는 데 다른 방법론이 필요하다. 중국 인민의 절대다수는 농민이다. 도시? 상하이나 난징 같은 곳은 공산당이 아닌 국민당의 근거지다. 공장 노동자? 1920년대 말 기준으로 중국공산당에 충성을 바치는 노동조합원은 전국에 3만 명 정도였고 공산당원 중에 프롤레타리아, 즉 도시 노동자 그룹은 미미한 수준이었다. 대안은 농촌이다. 농민들을 공산혁명의 주체

마오쩌둥

로 만들어야 한다. 농촌을 조직화하고, 농촌으로 도시를 포위하는 새로운 전망!

마오쩌둥은 징강산(井岡山) 일대에서 자신의 이상을 실천하였고 많은 인재가 각자의 사연을 안고 몰려들었다. 징강산은 후난성과 장시성 접경의 산악 지대. 마오쩌둥과 1,000여 명의 공산당원이 1927년 9월 추수봉기가 실패한 후 이곳을 거점으로 삼았다. 농촌 소비에트를 어떻게 건설할 것인가. 마오쩌둥은 간명하면서도 명확한 원칙을 세운다. 일명 '3대 기율'이 그것이다. "행동은 반드시 지휘에 따른다." "인민의 것은 절대 약탈하지 않는다," "토호한테서 취한 것은 혼자 차지하지 않고 모두의 것으로 한다." 상황에 따라 원칙이 추가되기는 했지만 바뀌지는 않았다. 공산당은 농민의 이익을 보존, 이를 위해 지주와 이들을 비호하는 백군, 즉 국민당군과 싸운다는 것이다. 효과가 있었다. 불과 몇 년 만인 1930년, 곳곳에서 공산당은 게릴라전을 감행했고 점령지에서 토지개혁을 실시하였다. 그렇게 크고 작은 소비에트 15개, 어느덧 홍군은 6만에 달했고 총기도 3만 정 이상을 확보할 수 있었다.

계획은 간명했지만 명쾌하게 실천되었다. 특정한 지역을 쟁탈하고 나면 토지개혁을 실시한다. 즉, 토지를 농민들에게 나누어주고 조세도 낮춰 받는다. 그리고 조합 형태로 농민을 재조직화했는데 실업, 아편 중독, 매춘, 미성년 노예제도, 강제 결혼 등 오랫동안 내려온 악습을 모두 폐지하고 빈농의 생활을 크게 개선하였다. 농민들 입장에서는 감격에 마지않는 조치였으며 지주를 비롯한 지역의 지배자들로서는 분개할 일이었다. "혁명은 다과회가 아니다!" 마오쩌둥은 지주와 토호들에게 잔혹하였다. 농민 계급의 적들에 대한 적색 테러가 광범위하게 실시되었다. 민중의 지탄을 받는 인물들을 체포한 후 인민재판에 부쳐 처형하였다.

하지만 이것만으로는 부족하다. "권력은 총구에서 나온다." 마오쩌둥은 이 점을 놓치지 않았다. 장제스가 국민당 정부를 세운 것 역시 군사력 때문 아닌

가. 국민당의 힘이 미치지 못하는 곳에 근거지를 마련하고 국민당에 대항하는 군사 역량을 길러야만 한다. 마오쩌둥의 구상에 걸맞게도 그는 징강산에서 탁월한 군사 전문가들을 만난다.

주더(朱德, 1886~1976), 펑더화이(彭德懷, 1898~1974), 린뱌오 같은 이들이 대표적이다. 한때 아편 중독자이기도 했던 주더는 쓰촨 출신으로 독일 유학을 다녀온 국민당 장교였다. 하지만 공산주의 이념에 경도되었으며 국공합작이 결렬된 후 난창에서 군사 반란을 일으켰다. 그리고 반란이 실패한 후 마오쩌둥과 함께하게 된다. 나중에 주더는 중국공산당 산하 인민해방군 총사령관이 되어서 공산당군을 이끌며 항일전쟁의 선봉에 서게 된다. 펑더화이는 쑨원의 사상에 감명받아 군인으로서의 삶을 시작했지만, 량치차오·쑨원 등의 사상이 지닌 모호성에 실망했고 사회주의 서적을 읽으며 대안을 찾는다. 펑더화이는 주더와 더불어 인민해방군 역사에서 핵심적인 인물이다. 한국전쟁 당시에는 중국군 총사령관으로 미군에 맞섰으며, 말년에는 마오쩌둥의 정책과 리더십을 공개적으로 비판하다가 실권을 잃는 비운을 겪었다. 린뱌오는 주더나 펑더화이에 비해서는 젊은 인물이다. 용감하고 과감한 군사 작전으로 이름을 날렸고, 나중에는 마오쩌둥의 총애를 받으며 후계자 반열에 오르기도 한다. 하지만 그는 마오쩌둥과 갈등을 겪으며 망명을 시도하던 중 죽게 된다. 이들의 뛰어난 군사적 능력은 마오쩌둥의 공산혁명을 실체화하는 데 중요한 자산이었으며, 훗날 국민당 정권을 타이완으로 몰아내는 데 핵심적인 역할을 하였다.

여하간 당장에 공산당은 농촌에서의 싸움을 이어갈 수밖에 없었다. 공산당은 "인민의 주먹"을 자처하였으며 주도면밀하게 세력을 확장해나갔다. "적이 진격하면 물러나고, 적이 머물면 소요를 일으키며, 적이 지치면 공격하고, 적이 퇴각하면 추격한다." 유격전의 원칙은 간명했으며 《손자병법》 같은 전통적인 입장에서 설계되었다. 약자는 어떻게 강자와 맞설 수 있을까? "유격대는 가장 약하면서도 치명적인 지점을 집중적으로 공격할 뿐이지 절대로 적의 주력 부대와 대결하는 것을 피해야 한다." "유격대는 어떤 경우에도 패하는 전투를 하지 말아야 한다. 승리할 수 있다는 강력한 확신이 서지 않으면 절대로 교전해서는 안 된다." "기동성 없는 전투는 피해야 한다. 유격대에는 보조 병력도 후방도 없고 적의 것을 제외하고서는 병참선과 통신망도 없다." 하지만 단호하게 확보해야 하는 것이 있다. 토호 세력과의 싸움에서 완벽하게 승리를 해야 농민들의 삶에 직면할 수 있고, 농민들의 삶을 실질적으로 개선시킬 수 있으며, 그래야 농민의 지지를 받을 수 있다. 마오쩌둥의 새로운 발상은 중국에서의 공산당 운동에 새로운 근거지가 되었으며 장제스 역시 이를 주목하게 된다.

마오쩌둥 vs 장제스:
누가 인민을 대변하는가

평균 잡아 하루에 거의 한 번씩 전선 어딘가에서 소규모 전투가 있었으며, 모두 15일 밤낮을 대접전으로 보낸 때도 있었다. 총 368일 여정 중에서 235일이 주간 행군이었고, 18일이 야간 행군으로 소비되었다. 주로 소규모 전투 때문에 모두 100일 동안 행군이 정지되었는데, 그 가운데 56일은 사천성 북서 지방에서 보냈고 나머지 44일 동안에 무려 5,000마일의 거리를 이동했다. 달리 말하자면 평균 잡아 114마일을 행군하고는 한 번씩 쉰 셈이다.

(…) 홍군은 18개의 산맥을 넘었으며 24개의 강을 건넜다. 특히 그 18개의 산맥 중에서 5개는 만년설로 덮여 있는 산맥이었다. 그들이 통과한

성이 12개, 점령한 도시와 마을이 62개, 돌파한 지방 군벌군의 포위망이 무려 10개였다. (…) 그들은 6개의 각기 다른 원주민 지역을 횡단했으며, 수십 년 동안 어떤 한족의 군대도 통과한 적이 없었던 지역들을 지나갔다.

- 에드거 스노,《중국의 붉은 별》중

 장제스가 중원대전에서 승리를 거두며 군벌과의 싸움을 마무리 지을 무렵, 펑더화이가 이끄는 부대가 후난성의 중심지인 창사를 공격하였으며 주더와 마오쩌둥은 난창을 쳐들어갔다. 난창의 공격은 실패였지만 창사는 약 1주일 정도 점령하였으니, 당시로선 깜짝 놀랄 사건이었다. 이때부터 장제스는 공산당의 근거지를 토벌하는 작전에 들어간다. 수차례 초공 작전은 실패로 돌아갔다. 더구나 1931년 만주사변이 일어나면서 국민당 정부는 공산당에 집중할 수가 없었다. 하지만 다섯 번째 토벌전은 성공적이었다. 1933년 10월부터 시작

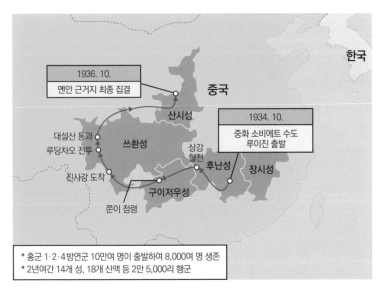

마오쩌둥과 중국공산당의 지위를 급격하게 바꾼 대장정

된 작전으로, 이전과는 달랐다. 이 시기 장제스는 독일의 군사 전술을 적극적으로 수용했는데 상당히 효과가 컸다. 다섯 번째 토벌전은 장제스가 직접 지휘했다. 공산당의 근거지를 포위하여 파괴하는 새로운 전술을 구사했는데, 100만에 달하는 군사를 전후방에 촘촘히 배치하였으며 농민과 홍군을 분리시킨 후 경제 봉쇄 조치까지 실시하였다.

근거지를 포기한다! 공산당은 목적지를 정하지 못한 채 그야말로 정처 없는 장정에 돌입한다. 1934년 10월 상순 제1방면군 주력 8만여 명이 근거지인 루이진을 포기, 서쪽으로 이동한 것을 시작으로 약 2년에 걸친 고난에 찬 행군이 시작되었다.

앞서 인용한 것처럼 대장정은 상상을 초월하는 고통스러운 여정이었다. 10만여 명이 출발하여 도착한 이들은 1만에 달하지 못했다. 과거 태평천국군을 이끌던 석달개가 청나라 군대에 대패했던 대도하를 비롯하여 곳곳에서 국민당 추격군과 전투를 이어가야만 했다. 수천 미터에 달하는 설산을 넘고 나면 먹을 거라곤 구경조차 할 수 없는 들판을 통과해야 했다. 더구나 공산당이 중국의 서남 지역으로 도망치는 동안 국민당 역시 이곳을 포위 공격하면서 일대에 대한 정치적 영향력을 강화하였다. 도로를 닦고 군대가 주둔하면서 군벌의 영향력이 약해지고 국민당의 직접 지배가 강해졌다는 말이다.

대장정은 마오쩌둥과 중국공산당의 지위를 급격하게 바꾸어놓았다. 사실 대장정을 시작할 때만 하더라도 마오쩌둥의 당내 위치는 불분명했다. 여전히 다양한 세력이 각축을 벌였으며 이들은 농촌 소비에트 운동으로 성과를 올린 마오쩌둥을 공격하였다. 심지어 대장정 초반에는 마오쩌둥이 지도력을 상실하기까지 한다. 하지만 대장정 기간에 마오쩌둥의 영향력이 강화됐고, 저우언라이·주더·펑더화이 등 공산당의 주요 인물들이 마오쩌둥을 지지하며 집결하게 된다. 그리고 1935년 1월 초 쭌이회의를 통해 중국공산당에 대한 마오쩌둥의 지배권을 확고히 한다. 비로소 당내 투쟁에서 승리를 거두며 마오쩌둥의 시대가 열린 것이다. 동시에 마오쩌둥은 장제스와 비견되는 '불사조'가 되었다. 국민당군의 집요한 방해 공격에도 불구하고 대부분의 병력을 잃어감에도 불구하고 공산당은 사라지지 않았다. 누가 대장정을 이끌었는가? 그 엄청난 포위 공격에도 불구하고 왜 마오쩌둥은 체포되지도, 죽지도 않았는가? 대장정이 끝날 무렵 비로소 장제스와 견주어볼 만한 인물이 등장한 것이다.

더구나 일본의 침략 그리고 동북군 군벌 장쉐량이 일으킨 '시안사건'을 통해 이 구도는 더 확고해진다. 장제스의 공산당 토벌 작전은 여론의 역풍에 직면하였다. 일본의 위협이 심각한데 왜 공산당과 싸우냐는 여론이 강해진 것이다. 국민당은 민족주의에 기반한 정당 아닌가. 공산당도 같은 중국인인데 왜 일본과 싸우지 않고 동족과 싸우냐는 비판을 받은 것이다. 마오쩌둥도 기민하게 대응하였다. 반장항일(反蔣抗日). 장제스는 항일이라는 대의를 어기고 있다. 장제스에게 저항함과 동시에 일본과도 싸워야만 한다. 중국공산당은 민족주의적 어젠다를 흡수하는 데 불편함이 없었다.

원래 사회주의 사상은 계급적이지 민족적인 사상이 아니다. 자본가와 노동자 등 사회주의자들은 계급의 관점에서 세상을 바라봤으며 국가나 민족 역시 그런 억압 체제의 산물이라고 해석하였다. 하지만 이는 사상적인 견지에서였을 뿐 중국을 포함하여 세계 어느 곳에서도 민족을 배척하는 사회주의 운동을 찾아보기는 힘들었다. 심지어 제2차 세계대전 당시 소련조차 러시아 민족의 단결을 외치면서 파시즘 세력과 대결하지 않았던가.

더구나 마오쩌둥은 사회주의적 이상을 달성하는 데 극히 중국적인 방식을 도모하였다. 농촌을 조직하는 것? 과거 숱한 영웅호걸들이 민심에 의지하여 천하를 쟁패하는 방식과 무엇이 다른가. 유격전을 실시하는 것? 과거 병법서의 격언이나 민란의 투쟁 방식과 얼마나 다른가. 더구나 수천 년을 중화 문명이라는 이름으로 성장하였고 홍수전과 쑨원 이래 민족이라는 단어는 혁명의 구심점으로 계승된바, 마오쩌둥의 항일투쟁론은 중국인들에게 광범위한 지지를 받을 수밖에 없었다.

그리고 장쉐량. 그는 만주 일대의 군벌 장쭤린의 아들이다. 장쭤린은 군벌시대라는 혼란기에 기름을 부었던 인물이었고 일본과 밀착을 하며 지탄받았던 인물이었다. 장쉐량은 달랐다. 일본이 아버지를 죽이자 그는 빠른 결단력으로 만주를 국민당에 헌사하면서 북벌이라는 대의에 부응했을 뿐 아니라 그 대가로 장제스에 버금가는 권력가가 되었다. 그럼에도 장쉐량은 갈등하고 있었다. 장제스의 명령에 따를 것인가, 민족적 대의를 수용하여 항일전쟁에 나설 것인가. 만주사변 이후 장제스의 명령에 따라 장쉐량의 동북군은 시안에 머무르며 상황을 주시하였다. 그리고 몇 차례 은밀한 접촉을 통해 공산당과 교류하며 마음을 굳히게 된다. 총통을 체포하여 항일운동에 나서도록 설득한다!

장쉐량의 변화는 감지되었지만, 장제스는 그를 독려하고자 여러 사람들의 만류에도 불구하고 시안을 방문한다. 때는 1936년 12월 4일. 장제스가 시안에 도착했는데, 닷새 후인 12월 9일 시안의 학생들이 '내전 정지'를 요구하는 시위를 벌였다. 학생들은 '일치항일(一致抗日)'을 요구하였고 장제스는 강력한 진압 명령을 내리며 장쉐량의 유약한 면을 질책했다. 우선 공산당을 박멸한 후 내정의 안정을 꾀한다, 그리고 때가 되면 항일전에 나선다. 장제스의 입장은 변화가 없었다. 하지만 12월 12일 장쉐량의 군대가 장제스가 머물던 화칭츠를 급습하여 상황이 급격하게 뒤바뀐다. 장쉐량이 장제스를 구금하는 데 성공한 것이다. 시안사건이 일어났다!

장쉐량은 일치항일을 주장했고 장제스와 공산당 지도자 저우언라이와의 만남을 주선했다. 시안사건의 여파는 엄청났다. 난징에 있던 국민당 정부는 강력한 군사 행동과 직접 협상이라는 두 가지 카드를 모두 선택하였으며, 세계 각국은 사건을 엄중하게 주시하였다. 공산주의 국가였던 소련 역시 장제스의 안전과 무사 귀환을 공개적으로 천명할 정도였다. 만약 장제스가 죽는다면? 그나마 북벌과 국민정부의 수립으로 비교적 안정화된 중국 아닌가. 장제스가 죽는다는 것은 중국의 혼란과 그로 인한 동아시아 정세의 혼돈으로 이어질 것이 뻔했다.

격렬한 논쟁과 위험한 협상 끝에 장제스는 일치항일을 받아들였다. 중국공산당을 국민정부의 여덟 번째 부대, 즉 '팔로군'으로 흡수, 일치단결하여 항일전쟁에 나서겠다! 제2차 국공합작을 승낙한 것이다. 단, 이 약속은 구두이며 어떤 협상문에도 서명하지 않을 것이다. 오직 총통의 인격에 대한 믿음으로 석방하라.

어려운 상황에서 장제스는 위엄을 지켰고 장쉐량과 공산당은 이를 받아들인다. 장제스는 난징으로 돌아와서 엄청난 환영을 받았고 일치항일에 대한 약속을 지켰다. 제2차 국공합작. 이제 총통 장제스의 지휘 아래 일본과의 전면전이 시작되었다.

> 그렇다고 해서 이 같은 정책의 지지자들이 중국공산당에 특별한 호의를 가졌던 것은 아니다. 다만 마셜은 오래전부터 마오쩌둥의 최대 자산은 장제스 정권의 혼미한 부패상이라는 것을 잘 알고 있었다. 1946년 중국 현지 정세 시찰에 나선 웨드마이어 장군은 주요 도시를 순방한 뒤 장제스를 비롯한 국민당 관리들에게 국민당이 부패를 척결하지 않는 한 공산당을 막긴 어려울 것이라고 솔직하게 의견을 제시했다.
>
> — S. 시그레이브스,《송씨왕조》중

"솔직히 말해 중국에서나 외국에서나 오늘날의 우리처럼 노후하고 퇴폐한 혁명 정당이란 있어 본 일이 없다. 얼이 빠져 있고 기율이 없으며 더 나아가 오늘의 우리처럼 옳고 그른 기준이 없는 정당도 있어 본 적이 없다. 이따위 당은 오래전에 부수어서 쓸어버려야 했다." 1948년 1월 장제스가 한 말이다. 그는 이와 비슷한 말을 자주 토로하였다. 국민당의 부패. 한때 중국 인민의 유일한 희망이자 강력한 지지를 받으며 북벌을 이루던 그 혁명 정당은 이름만 남긴 채 유명무실해졌다. 이제 국민혁명이 아닌 공산혁명 앞에 오랜 기간 중국을 지배했던 장제스가 풍전등화의 상황에 몰린 것이다.

1937년 중일전쟁이 본격화된 후 상황은 계속 나빠졌다. 앞서 이야기했던 상하이와 난징에서의 실패를 말하는 것이 아니다. 초기 전투에서 장제스의 정예 군단은 혼신을 다하는 모습을 보여주었고, 패배했음에도 일본의 계획대로 끌려가지 않았다. 더구나 난징에서의 가혹한 보복은 중국 민중의 처절한 항전 의지를 자극했다. 장제스의 국민당 정권은 내륙 도시인 충칭에서 항전을 계속하였다. 수많은 사람이 충칭으로 몰려들었고 공장을 비롯하여 해안가의 주요 자원이 인민들의 자발적인 힘으로 내륙으로 옮겨졌다. 일본은 장제스의 라이벌이자 국민당의 오랜 지도자였던 왕징웨이를 앞세워 괴뢰 정부를 수립하였지만, 이는 거꾸로 장제스의 인기를 높이는 요인이 되었다. 하지만 주요 전투에서 국민당군은 갈수록 무력해졌다. 팔로군, 즉 공산당이 일본군의 점령지에 해방구를 설치하고 유격전을 벌이며 민심을 쌓아가는 동안 국민당 군대는 대부분의 전투에서 패퇴를 거듭할 뿐이었다. 국공합작 또한 한계가 명확했다. 십수 년간 총칼을 겨누며 싸워온 사이 아니었던가. 국민당과 공산당은 책임을 상대에게 돌리며 중일전쟁 중에도 갈등을 이어갔다.

중일전쟁이 마무리되지 않은 상황에서 일본은 전선을 확대했다. 제2차 세계대전이 일어났기 때문이다. 히틀러가 이끄는 나치 독일은 프랑스를 침공하여 단기간에 점령하였다. 이는 일본에도 중대한 사건이었다. 중국 남부 인도차이나반도의 주인이 사라졌기 때문이다. 베트남, 라오스, 캄보디아 등은 프랑스가 오랫동안 지배했던 식민지였으며 자원의 보고였다. 중국과의 싸움은 지난했다. 전투에서는 승리를 거뒀지만 실효적인 지배는 불가능했고, 후방에서는 공산당이 새로운 위협으로 등장했다. 그럼에도 일본은 인도차이나반도에 쳐들어갔다.

자원이 탐났고 군국주의의 망령은 수뇌부의 정상적인 판단을 막았다. 독일, 이탈리아 그리고 일본. 새롭게 성장한 군국주의 세력 앞에 미국은 석유와 철강의 금수 조치로 맞섰으며 일본은 진주만 폭격으로 응답하였다.

1941년 태평양에서는 미국과 일본의 전쟁이 시작되었다. 그리고 곧장 미국은 중국을 지원한다. 여전히 남아 있던 불평등 조약의 잔재를 모두 해제하였으며 미국산 무기를 지원하며 동아시아의 새로운 파트너로서 장제스의 국민당 정권을 선택한 것이다. 하지만 오히려 이 현상, 미국의 국민당 지원이 국민당 정권의 '부정부패'를 촉진하였다. 국민당군은 전쟁이라는 특수 상황을 이용하여 물자를 강제 징발하는 등 지속적으로 농민들을 괴롭혔으며, 정부는 총체적으로 무능했다. 이 기회를 이용하여 공산당은 급속도로 성장하였다.

그리고 1945년 8월 15일, 일본의 패망. 미국은 국민당과 공산당의 화해를 주선하였다. 제2차 세계대전 당시 유럽 전선에서 미국과 소련은 협력하였다. 루스벨트 대통령은 대서양과 태평양 두 전선에서 화려한 승리를 거두며 특유의 낙관주의를 견지하였다. 공산 진영이 비록 이념적인 차이가 있지만 분명 미국식 민주주의로 흡수될 것이다. 어쩌면 이 시점부터 미국은 중국공산당에 대해 일방적인 환상을 품었는지도 모른다.

여하간 마셜 국무장관을 비롯하여 미국의 수뇌부는 국민당의 부정부패를 심각하게 인식하였다. 이들은 과감한 내정 개혁을 하면 장제스와 국민당의 지도력이 회복되고 마오쩌둥과 공산당 역시 이를 수용하며 안정적인 국가로 성장하리라고 생각하였다. 하지만 장제스는 자신의 군사력을 과신했고 1949년까지 약 4년간 공산당과의 전면 대결에 임하게 된다. 결과는 대실패. 싸움에서의 승리는 단순히 무기의 좋고 나쁨으로 결정되는 것이 아니다. 더구나 부정부패가 만연한 정권을 누가 지지하겠는가. 초반에는 강력한 군사력으로 곳곳에서 승기를 잡았지만 국민당 군대는 갈수록 밀렸다.

처음에는 만주에서, 그다음은 화북에서, 국민당은 양쯔강을 기점으로 중국 남부 지역이라도 지키려 했지만 쉽지 않았다. 수백 년 전 정성공이 명나라에 대한 충절을 지키기 위해 섬으로 들어갔던 것처럼 결국 장제스와 국민당은 타이완으로 들어간다. 그리고 1949년. 드디어 마오쩌둥이 이끄는 중화인민공화국이 수립된다. 소련의 지도를 받지 않는, 혁명의 전 과정이 매우 독창적이고 독자적이었던, 소련에 버금가는 영토를 자랑하는 거대한 공산 국가가 새로이 등장하였다.

중화인민공화국 수립:
대약진운동과 문화대혁명

진정으로 중요한 경험과 교훈은 중국 공산주의 혁명 자체에서 나와야 한다고 마오는 믿었다. 그리고 1955년에 부활한, 가장 중요한 교훈은 바로 그토록 찬양되었던 옌안 원칙, 즉 '대중 노선'이었다. 이는 독특한 마오주의적 견해로서, 지도자와 대중 간의 친밀한 상호 관계를 요구하고 혁명 활동을 통한 자기 교육의 과정을 강조하는 것이었다. 따라서 혁명 이후인 현재에도 지난날의 혁명기와 똑같이 과감하게 행동하고 지금 당장 실제 활동에 참가해야 했다. "간부와 농민 모두 자기의 경험을 통해 스스로를 변화시킬 것이다. 그들을 스스로 행동하게 하라. 그들은 행동하면서 배울 것이고 더욱 유능해질 것이며 따라서 많은 우수한 인물들이 앞으로 나오게 될 것이다."

- 모리스 마이스너, 《마오의 중국과 그 이후》 중

1949년 10월 1일 마오쩌둥은 베이징에서 중화인민공화국의 수립을 선포한다. 참으로 파란만장한 중국의 근현대사라고 할 수 있다. 청조의 멸망과 민족주의의 대두, 일본의 도전과 국민당의 패배 그리고 이제 소련의 영향에서 벗어난 동아시아의 자율적인 공산주의 국가 중국의 역사가 시작된 것이다.

새 역사를 위한 작업은 빠르게 진행되었다. 기록에 따르면 1951년 전반기에 약 80만 건의 반혁명 재판이 진행되었으며, 공식적으로는 13만 5,000건의 사형집행이 있었다. 이 시기 200만 명 이상이 감옥 혹은 수용소에 들어갔다. 일본 제국주의 혹은 국민당 정권에 기생했던 집단들에 대한 처벌이었다. 이 시기 아편 매매는 완전히 근절된다. 국민당 정권 역시 노력했지만 관료들의 부정부패와 뇌물 관행 탓에 현실은 바뀌지 않았다. 하지만 공산당이 권력을 잡으면서 비로소 중국 인민의 건강을 해치는 오래된 문제가 해결된 것이다.

이 시기 도시를 대상으로 한 개조 작업도 본격화되었다. 대중집회를 열고 자아비판부터 공개적인 모욕, 공개적인 사상전향 작업이 과격하게 이루어졌다. 과거의 "자유주의적인 부르주아적 감성"이 비판 받았으며 마오이즘, 마오쩌둥식 사회주의로의 전면적 전환이 촉구되었다. 부정, 낭비, 관료주의를 비판하는 삼반운동(三反運動)을 통해 무너진 도시 경제의 기강을 바로잡는 운동이 펼쳐진 것도 이 시기였다. 그리고 토지개혁. 1952년 말까지 토지를 재분배하는 작업이 과감하게 추진되었다. 수천 년 만에 "긴 겉옷을 입고 긴 손톱을 다듬는", 타인의 노동에 기생해서 살아가는 지주층이 사라진 것이다. 과거 농촌 소비에트에서 진행되었던 개혁 작업을 전국적으로 확대한 셈이다.

초기 개혁 작업의 성과는 어떤 평가를 받을까? 서구의 수많은 학자는 '평등해졌을 뿐 성장은 없었다' 식으로 이 시기를 설명한다. 그렇다면 과거 장제스의 국민당 정권에 대해서는 '성장을 했을 뿐 평등은 없었다' 식으로 설명할 것인가? 1950년대 초반의 개혁은 중국 사회에 심대한 영향을 미쳤다. 당장 지주를 중심으로 한 농촌의 지배 관계가 해체되었다. 지주제의 해체로 동등한 법적 권리를 가진 개인이 등장하는 것은 시민혁명 이후의 서구 사회가 그러했듯 근대 국가로 나아가는 데 가장 중요한 사회적 자산이다. 더불어 공산주의 정당에 의한 과격하고 과감한, 그래서 매우 인위적이며 저돌적인 사회 변화가 가능하다는 사실이 입증되었다. 지긋지긋한 사회현실이 바뀔 수 있다는 인식, "혁명을 이룬 정당이 주도하는 사회 변화"를 인민들이 맛본 것이다. 공산당이 인민의 희망이 되는 순간. 이제 인민들은 공산당에 의지하여 새로운 사회를 건설할 기회를 얻었으며, 인민에게는 스스로 해방을 이룰 수 있는 시간이 도래한 것이다. 중국공산당이 주도하는 사회, 그러므로 인민이 주도하는 사회. 신해혁명부터 국민당 정권기까지와는 뚜렷이 다른 중화인민공화국의 국민 됨이 시작되는 순간이었다.

중국공산당은 소련과는 명백히 다른 노선을 지향했다. 이른바 마오이즘인데 핵심은 '인민의 자율적 의지'에 있었다. 국민당과 싸우던 혁명기의 정신은 유지되어야 한다. 무엇이 혁명 정신인가? 핵심은 '의지로 가득 찬 자율성'이다. 지도자는 인민과 적극적으로 조우하며 혁명 사업을 주도해야 하며, 인민들 역시 스스로 혁명을 옹호하며 실천하는 주체가 되어야만 한다. "간부와 농민 모두가 자기의 경험을 통해 스스로를 변화"시키고 '스스로 행동'하며 '배울 것이고 더욱 유능해질 것', 그래서 혁명은 당이 주도하는 단계를 넘어 인민의 것이 되고, 인민 모두가 지도자가 되어 부르주아나 관료의 지배를 받지 않는 역동적인 과정을 만들어내야 한다. 스탈린이 이끄는 소련이 관료주의에 경도되었다면 중국은 다른 길로 나아가야 한다. 이것이 마오이즘의 핵심이다.

그렇다고 중국이 소련과 다른 발전 단계를 설정한 것은 아니었다. 공업화와 산업화를 통한 높은 수준의 생산력 달성을 목표로 했다는 점에서는 동일했다. 애초에 공산주의는 자본주의의 모순을 비판하는 동시에 자본주의를 대체하고 싶어 했다. 자본가와 지주가 노동자와 농민을 지배한다는 사실을 고발함으로써 사회주의 사상은 기존의 사상과 큰 차이를 보였다. 종래의 민족주의자들은 외세에 대한 저항을 이야기했을 뿐 사회체제가 가지고 있는 본질적인 문제, 위선적인 관계성에 대한 성찰이 없었다. 사회 모순을 해체한다는 측면에서 공산혁명은 폭력적 투쟁의 정당성을 주장하였다. 투쟁의 실체는 국민당 정권을 몰아내고 중화인민공화국을 세운 것이다.

그렇다면 다음 단계는 무엇인가? 완선한 난계에 이르면 '내 것과 남의 것'이라는 사유재산 개념이 사라질 것이며, 인류는 각자의 필요에 따라 노동하고, 국가·가족 등 존재하는 모든 권위가 사라질 것이다. 이러한 완전한 단계로 나아가기 위한 과도기에 중요한 것은 프롤레타리아 독재다. 단호한 의지를 가지고 공업화와 산업화를 통해 자본주의를 압도하는 생산력을 구가해야 한다. 동시에 집단 농장화, 국영 기업화 등 과감한 조치를 통해 지주나 자본가의 지배가 아닌 새로운 생산관계를 구축해야 한다. 1953년 이후의 중국은 바로 그러한 과제, 소유주에 의한 경영에서 벗어난 새로운 형태의 생산관계를 기반으로 자본주의를 훌쩍 뛰어넘는 성장을 도모하고자 했다.

> 이른 아침 우리는 꽤 큰 마을에 도착했다. 나지막한 움막집이 늘어선 마을에서 생명의 흔적을 찾기가 힘들었다. 그나마 보이는 것은 초췌한 모습으로 먹을 것을 구걸하는 이들뿐이었다. 팀장이 큰 소리로 외쳤다. "동지들 나와 보세요! 마오쩌둥 주석과 공산당에서 우리를 구하려고 의사들을 파견했습니다." 그는 거듭 크게 외쳐댔다. 마침내 겨우 목숨을 부지하고 있던 이들이 방문 밖으로 기어 나왔다. 대부분 거의 죽음의 문턱에 이른 이들이었다. 쓰러지기라도 한다면 끝내 일어나지 못할 것만 같았다. 대원들이 또 한 무더기의 시신을 발견했다.
>
> — 알렉산더 판초프, 《마오쩌둥 평전》 중

이미 세계 경제는 중공업을 중심으로 가파르게 성장하고 있었다. 중공업은 높은 기술력과 엄청난 자본이 필요한 산업이었다. 마오쩌둥은 야심만만했다. 비록 상당 부분 폐허가 되어버렸지만 상하이를 비롯한 해안가에는 수많은 공업 시설이 산재해 있다. 무엇보다 중국은 여타 나라와 비교할 수 없는 엄청난 노동력을 가지고 있다. 뜨거운 혁명적 의지를 가진 대중 노동은 공업적 성공을 거두는 데 중요한 역할을 할 것이다. 중공업과 경공업 그리고 농업. 마오쩌둥은 동시 발전을 통해 소련이 미국과 경쟁하는 것처럼 영국에 버금가는 중국을 만들고자 하였다. 바야흐로 '대약진운동'이 시작된 것이다.

결과는 대실패. 말도 안 되는 정책이 현실화가 되었다. 토법고로(土法高爐)와 심경밀식(深耕密植). 철강의 생산을 높이기 위해 전국에 소규모의 간이 용광로가 만들어졌고 농업 증산을 위해 땅을 깊게 갈고 작물을 촘촘하게 심는 농법이 시도되었다. 더불어 인민공사라는 이름으로 대규모 집단 농장화도 추진되었다. 토법고로라고 불렸던 간이 용광로는 1958년 7월 전국에 3만 개가 만들어진 것을 시작으로 두 달 만에 60만 개로 폭증했다. 그런데 벽돌을 쌓거나 가마를 개조한 것들이어서 조잡하기 짝이 없었다. 철강을 제조하려면 석탄이 필요한데 석탄이 없으니 숯으로 열을 냈고, 철광석 또한 없으니 냄비나 솥을 가져와 녹였다. 철강 생산에 대한 이해가 전혀 없는 사람들이 빙 둘러앉아서 모래성을 쌓듯 남녀노소 수많은 민중이 용광로 만들기와 철강 생산에 동원된 것이다. 심경밀식 또한 마찬가지였다. 벼는 1제곱미터당 60~75포기를 채워 심었는데, 경험 많은 농민들의 만류에도 불구하고 강력하게 추진되었다.

그리고 이 시점부터 황당한 일화들이 넘쳐나기 시작한다. 마오쩌둥이 농촌 시찰 당시 벼를 쪼아 먹는 참새를 보고 '인민의 적'이라고 한마디를 하니 수천, 수만의 농민이 참새잡이에 혈안이 된다. 어떤 마을에서는 10대 소녀가 2~3개월 동안 수천 마리의 참새를 잡았다는 믿기 힘든 보고가 올라오기도 했는데, 남겨진 사진을 보면 철제 가두리에 수백 마리의 참새 사체를 싣고 활기차게 마을을 행진하는 농민들의 모습을 볼 수 있다. 이렇듯 농촌의 집단화는 기존 공동체의 붕괴를 가져왔음은 물론이고 노동 의욕 저하 이상의 문제를 일으켰다.

정부는 황당한 목표를 세웠다. 연간 26~32%의 공업 성장률, 연간 13~16%의 농업 성장률. 애초에 비정상적인 계획이었는데 대약진운동이 고조되는 가운데 목표는 상향되었다. 철강 생산의 예를 보자면, 1958년 1월 난닝회의에서는 전년보다 17% 상향 조정된 625만 톤이었다. 하지만 3월에 열린 청두회의에서는 다시 33%를 높인 711만 톤으로 조정한다. 다시 5월 공산당 정치국 회의에서는 800만 톤으로, 8월 베이다이허회의에서는 1,070만 톤까지 목표를 올린다. 모든 분야에서 열광적인 분위기가 고조되었는데 현실과는 동떨어진 허무맹랑한 것들이었다. 이윽고 1959년 말이 되자 결과는 명확해진다. 토법고로에서 생산된 철은 쓸모가 없었다. 고도의 기간시설을 바탕으로 필요에 맞는 철을 생산해야 하는데 쓸모없는 철 덩어리만 만들어낸 것이다.

심경밀식은 더욱 위태로운 상황을 조장하였다. 토질이 급속도로 나빠졌으며, 벼가 빽빽해 바람이 통하지 않자 논은 병충해가 들끓었다. 1959년 농업 생산량은 목표와 정반대 방향으로 내달렸다. 생산량이 해마다 15% 이상 감소한 것이다. 주요 품목의 품귀 현상, 물가 폭등 현상 등 온갖 나쁜 경제 현상이 찾아들었다. 식량 위기는 사람들을 기아로 내몰았고 면역력이 취약해진 이들은 전염병 등으로 죽어가기 시작했다. "어젯밤 길가에 쓰러져 있던 행인의 사체 두 구를 매장", 영양실조로 가족 모두가 "부종이 생겨나 일가족이 다 죽어가고 있다", "인육을 먹는 사건이 두 건 발생"했다. 허난성 상청현의 농촌에 살던 구준의 기록이다. 허난성만의 문제가 아니었다. 대약진운동은 적어도 2,000만 명 이상을 죽음으로 몰고 가는 결과를 낳았다.

1966년 8월 26일 아침. 갑자기 중학생 홍위병 한 무리가 발로 문을 차면서 들이닥치더니, 우리 아버지가 자본가라고 말하는 겁니다. (…) 아침부터 저녁까지 부모님과 나는 방 안에 갇혀 가죽 혁대로 두들겨 맞았고 머리카락이 전부 잘렸습니다. 한번은 골목 입구에서 무릎 꿇린 채 비판 투쟁을 당하기도 했어요.

(…) 나는 의학을 공부했기 때문에, 그 칼로 경동맥을 끊어 공기가 혈관으로 들어가면 바로 색전증으로 죽는다는 사실을 알고 있었어요. 가장 빨리 죽는 길이었죠. 아버지는 그것이 가능한지 물었어요. (…) "다행히 내 딸이 의학을 공부해서 이런 방법도 알고 있구나." (…) 아버지가 말했어요. "좋은 일을 하는 것이란다. 엄마 아빠의 고통을 없애 주는 일이야. 조금 있으면 홍위병들이 다시 들이닥칠 텐데 그 끔찍한 일을 우리가 또 어떻게 견디겠니?"

— 펑지차이,《백 사람의 십 년》중 "1966년 당시 아동 병원 의사였던 30대 여성의 증언"

보다 본질적인 문제는 문화대혁명이라는 형태로 떠올랐다. 사상의 자유. 자유롭게 생각하고, 자유롭게 말할 자유. 마오쩌둥은 이를 "백화제방(百花齊放) 백가쟁명(百家爭鳴)"이라고 불렀다. 꽃이 흐드러지며 한꺼번에 피듯이, 고대 제자백가가 자유롭고 다양하게 생각을 말했듯이 이제 국민당이 없는 세계, 부르주아의 억압이 없는 세계에서 모두 자유롭게 사색하고 토론하자고 한 것이다.

하지만 여론의 자유는 마오쩌둥이나 공산당의 생각과는 다르게 흘러갔다. 공산당에 대한 노골적인 불만이 쏟아져 나왔다. 과거 국민당 정권에서도 기개 있는 언론인으로 활동했던 추안핑(儲安平, 1909~1966)은 자유주의적 기질을 드러냈다. 베이징 대학교 교수였던 푸잉 역시 "젊은 공산당원이 회의에서 사람을 욕하고 바보로 만드는 것"에 대해 진지하게 문제 제기를 했으며 "학교가 마치 관청 같다"라며 좌담 행사에서 공개 발언을 하였다. 공산당의 적극적인 후원 속에서 시작된 여론의 자유는 공산당의 예상을 훌쩍 뛰어넘었으며 자유를 허락했던 공산당은 이내 입장을 바꾸게 된다. 비판적인 시선을 우파적이라고 규정하며 단속을 하기 시작한 것이다. 반우파투쟁. 공산당은 55만 2,877명을 우파로 판정하며 학교나 직장에서 몰아내기 시작했다. 저천한, 페이샤오퉁, 장보쥔 등 당대의 저명한 학자들이 우파로 낙인찍혀 대중의 뭇매를 맞았다. 훗날 이들 중 무려 54만 명이 근거 없는 모함에 시달리며 우파로 낙인찍혔다고 정부가 공식적으로 인정할 만큼 광기 어린 분위기가 맴돌았다. 왜 대약진운동이 그토록 비참하게 실패했는가를 따질 때, 반우파 투쟁으로 인해 수많은 지식인과 기술자들이 입을 다물었기 때문이라는 분석이 설득력을 가지는 이유이기도 하다.

상황은 나빠지기만 했다. 대약진운동이 실패한 이후 마오쩌둥은 최소한의 직위만 남긴 채 현직을 떠난다. 그 자리를 류사오치, 덩샤오핑 등이 메운다. "검은 고양이든 얼룩 고양이든 쥐를 잘 잡는 게 좋은 고양이다." 덩샤오핑이 안후이성(安徽省) 동지들과 나눈 이야기다. 류사오치를 중심으로 1960년대 초반 중국은 무너진 사회경제를 재건하기 위해 적극적인 노력을 펼쳤다.

하지만 류사오치와 덩샤오핑 등 개혁파의 노력에 대한 즉각적인 반발은 다름 아닌 마오쩌둥 자신에게서 시작되었다. 혁명의 동지들이 배반하기 시작했다. 이들은 혼란한 사회상을 수습한다는 명목으로 관료들에게 의지했으며 시장경제를 받아들였다. 이것이 과거 국민당의 행태와 무엇이 다르단 말인가. 마오쩌둥은 류사오치의 개혁을 인민의 의지를 거스르는 행위, 다시금 자본가와 지주를 등장시키는 역사적 퇴행이라고 규정하였다. 권력을 빼앗아 와야 한다. 그는 맨몸으로 헤엄쳐 양쯔강을 건넜다. 자신이 건재함을 과시한 것이다. 마오쩌둥은 아내 장칭(江靑, 1914?~1991)이 강력한 영향력을 행사하고 있는 문화선전부의 힘을 끌어들였다.

5·16통지. 1966년 5월 16일 장칭의 지도에 따라 문화대혁명파가 조직된다. 이해 여름 톈안먼 광장에는 '홍위병'이라고 불리는 수만 명의 청년이 몰려

들었다. '조반유리(造反有理)', 즉 "반란을 일으키는 것에는 도리가 있다"라며 홍위병들은 류사오치와 덩샤오핑 등을 일컬어 "자본주의의 길을 걷는 실권파"라고 규정하였다. 무려 1,400만이 넘는 문혁파가 톈안먼에 몰려들어 집회를 열었다. 이들은 마오쩌둥의 어록을 정리한 소책자를 손에 들고, 공산당이 대장정 때 입던 군복을 걸치고 새로운 문화혁명, 정신개조혁명을 외쳤다.

상황은 급속도로 악화됐다. 마오쩌둥과 함께 공산혁명을 이끌었던 지도자들부터 비판의 대상이 되었다. 일찍이 마오쩌둥을 비판했던 펑더화이는 이미 실권을 빼앗긴 데 더해 문혁 초기 최소한의 존중과 명예마저 잃고 말았다. 류사오치와 덩샤오핑은 공개적으로 자아비판을 해야 했으며, 이제 중국은 더 자욱한 혼돈에 빠져들게 된다.

> 허리띠를 풀라고 한 다음 애벌레 수십 마리를 바지 속으로 집어넣고 허리띠를 다시 묶으라고 해요. (…) 플라스틱 안약 병에 찬물을 채우고는 귓구멍이 꽉 찰 때까지 주입하는 고문도 있답니다. 수학 선생인 K는 지금까지도 중이염을 앓고 있습니다. 또 한겨울에 메리야스 속옷 상의와 속바지만 남기고 옷을 모두 벗게 한 다음 5층 창가에 서서 덜덜 떨게 한다고 생각해보세요. (…)
> 어떤 선생은 홍위병이 얼굴에 염산을 뿌리는 바람에 한쪽 눈을 잃었는데 (…) 또 어떤 남자 선생은 홍위병들이 밧줄로 음경을 꽉 묶은 다음 고환이 크게 팽창할 때까지 강제로 물을 마시게 했고, 자칫 터질 정도로 부풀어 피부가 투명해지고 나서야 밧줄을 풀어주었습니다.
>
> — 펑지차이, 《백 사람의 십 년》 중

1966년 당시 스물여덟 살로 중학교 국어 교사였던 여성의 증언이다. 그녀는 학창 시절 우파로 낙인찍힌 남학생을 변호했다는 이유로 엄청난 고통을 겪었다. 폭력은 구체적이었다. 사람들을 분류하고, 우파로 낙인찍힌 이들을 상상할 수 없는 수준으로 괴롭히는 것이다. 원래는 교장 선생님이었는데 우파로 낙인찍혀서 자신이 근무하던 학교의 환경미화원으로 일하는 사람도 있었다. 그녀에게는 마늘을 강제로 한 주먹씩 먹인다든지, 구두약을 섞은 음식 또는 흙탕물을 섞은 포도잎을 강제로 입에 넣기도 했다. 홍위병들은 곳곳에서 끔찍한 행동을 하면서도 "사람을 박해한다고 생각하지 않았고, 오히려 아주 영웅적이고 정의로우며 혁명적"이라고 믿었다. "생각이 없으면 고통도 없는 법입니다. 그래서 나는 줄곧 쾌활했고 의기양양했습니다." 1970년 당시 열일곱 살이었던 홍위병의 회고다.

이상과 현실은 매번 어긋났다. 마오쩌둥이 꿈꾸었던 '인민의 의지'는 사회경제적으로는 대약진운동의 거대한 실패를 불러일으켰고, 문화적으로는 문화대혁명이라는 정신적 파국을 향해 내달렸다. 마오쩌둥의 지지를 받는 홍위병은 모든 것을 문제 삼고 파괴하기 시작했다. 별것도 아닌 경력을 들춰내 사람을 공격하거나 고루한 전통문화라는 이유로 혹은 서양 문화라는 이유로 예술작품을 불태우거나 오래된 건물을 부수는 등 난동을 일삼았다.

사태는 처참한 수준으로 전개되었다. 1967년 1월 6일 문화대혁명이 시작된 지 6개월도 안 되는 시점에 '상하이 1월 폭풍 사건'이 발생한다. 홍위병들이 여러 기관을 습격하여 권력을 탈취한 것이다. 마오쩌둥은 이를 막지 않았다. 오히려 린뱌오 등 새로운 인물을 세우며 동료들의 빈자리를 메웠고, 같은 해 12월에는 '하방운동'을 공식화한다. 우파, 반동분자, 지식인 등 잘못된 생각에 찌든 이들을 농촌이나 공장으로 보내서 현장을 익히게 하고 땀 흘려 일하면서 정신을 개조하게 하자는 운동이었다. 이 또한 현실은 참혹했다.

막상 현장에서는 어처구니없는 일이 벌어지고 있었기 때문이다. 기계도 사용하지 않고 오직 '작은 낫' 하나로 보리를 거두어야 하는 현실. 수많은 지식

청년이 아침부터 저녁까지 고된 노동을 감당하며 관절염, 신장염, 류머티즘을 앓아야 했다. 여성 지식 청년들은 생리할 때조차 '뼈가 시린 얼음물에 두 발을 담그고' 일을 해야만 했다. 미모가 출중한 여성 지식인의 경우 홍위병 간부들에게 윤간을 당하기도 했고, 홍위병에게 충성하면 능력도 없으면서 학교 선생이 됐다. 대부분 10대 청소년이던 홍위병들은 수년간 이런 식으로 시간을 보내느라 제대로 된 교육도 받지 못했다.

　대약진운동으로 꺾인 중국의 경제는 문화대혁명을 맞이하면서 더욱 곤궁한 상황에 내몰리게 됨은 말할 것도 없다. 수년간의 말할 수 없는 혼란 끝에 마오쩌둥은 조심스럽게 입장을 바꾸기 시작한다. 우선 인민해방군을 통해 홍위병을 진압하였고, 린뱌오 등을 제거함으로써 군대와 정부의 기강을 바로잡고자 하였다. 이토록 중화인민공화국의 시작은 참으로 험난했다.

덩샤오핑의 시대:
그는 마오쩌둥을 부정했는가

1978년 말, 덩샤오핑은 해외 시찰의 효과에 대해 총괄하면서 기쁜 마음으로 이렇게 말했다. "최근 우리 동지들이 해외에 나가 보았을 것입니다. 보면 볼수록 우리 자신이 얼마나 낙후됐는지를 뼈저리게 잘 알았을 것입니다." (…) "기본적인 요점은 자신이 낙후되었다는 사실을 인정해야 한다는 것이다. 우리들이 행했던 많은 방식은 모두 적절치 않은 것이기 때문에 반드시 바꿔야 한다." (…) 홍콩과 접경 지역의 광둥성 바오안현에 수출 가공 지역을 건설할 가능성에 대해 살펴보았다. (…) 그것이 바로 나중에 선전 경제특구가 되었다.

– 에즈라 보걸, 《덩샤오핑 평전》 중

1976년 마오쩌둥의 죽음 전후로 중국의 정계에서는 치열한 경쟁이 벌어졌다. 시작은 린뱌오의 부상과 극적인 몰락이었다. 대장정을 함께했던 젊은 군사 영웅 린뱌오는 마오쩌둥의 신임을 받으며 인민해방군의 실력자이자 이인자로서 권력을 만끽하였다. 하지만 1971년 9월 13일 린뱌오가 탄 비행기가 몽골 상공에서 추락했으며 얼마 후 정부는 '린뱌오 집단의 반혁명 쿠데타'가 진압됐음을 공식화했다. 홍위병의 광기 어린 행동을 인민해방군이 제어했고, 인민해방군의 비대해진 권력을 다시 조정하는 작업 와중에 빚어진 비극이었다.

린뱌오의 죽음 이후에도 정쟁은 치열했다. 장칭, 장춘차오, 야오원위안, 왕훙원 등 이른바 사인방과 화궈펑(華國鋒, 1921~2008), 덩샤오핑 등이 마오쩌둥의 지지와 의심을 받으면서 경쟁하는 시대가 열린 것이다. 마오쩌둥은 끊임없이 의심하고 시험하였다. 자신의 의지가 타인을 통해 얼마만큼 실현되는가를 기준으로 후계자의 역량을 시험했으며, 자신이 저지른 잘못을 얼마나 지혜롭게 그리고 마오쩌둥 본인에게 해를 입히지 않으면서 해결하는지 역시 고려 대상이었다. 시간이 지날수록 힘은 사인방에서 덩샤오핑 쪽으로 흘러갔고 마오쩌둥은 이를 용인했다. 그리고 마오쩌둥이 사망한 지 얼마 지나지 않은 10월 10일 화궈펑이 사인방을 체포하면서 문화대혁명은 공식적으로 종결된다.

화궈펑을 거쳐 덩샤오핑으로. 중국 현대사는 또다시 중요한 변화를 시작하였다. 마오쩌둥은 혁명아였다. 그는 비상한 능력으로 장제스를 몰아냈고 끊임없는 도전으로 중화인민공화국을 진정한 공산사회로 만들고자 했다. 하지만 결과는 그의 뜻과는 너무나 거리가 멀었다. 그렇다면 새로운 시대를 맞이하여 마오쩌둥은 청산해야 하는 인물인가? 대약진운동과 문화대혁명의 실패를 모두 마오쩌둥의 과오로 인정하는 것이 과연 옳은가?

아니다. 문화대혁명의 잘못은 장칭을 비롯한 조반파 그리고 사인방의 좌경 모험주의에 불과하다. 공산혁명은 언제나 두 가지 위기를 수반한다. 즉 우경화로 인한 실패와 좌경화로 인한 실패. 국민당 정권이 우경화의 화신이었다면 문혁 때 드러난 홍위병의 모습은 좌경모험주의의 오류이지 마오쩌둥의 잘못이 아니다. 덩샤오핑이 내린 결론이었다.

덩샤오핑 역시 평생을 공산혁명에 몸담은 인물이다. 그는 젊은 나이에 공산당에 가입했으며 무장봉기부터 국공내전까지 외교, 군사, 행정 등 대부분 영역에서 활약했다. 그는 마오쩌둥의 상징적 지위에 대해 깊이 숙고했으며 잘 이해했다. 중국의 공산혁명은 외부의 지원이 없었으며 자생적인 노력으로 성취되었다. 그리고 그러한 구심점으로 마오쩌둥의 역할은 절대적이었다. 사실 문화대혁명이 일어난 것 역시 마오쩌둥이 지닌 힘의 방증 아니던가. 덩샤오핑과 중국공산당은 과거의 오류로부터 마오쩌둥을 분리해냈으며, 이를 통해 중화인민공화국의 정통성을 확보하고자 하였다.

덩샤오핑

국민당 정권기에 중국공산당은 공산혁명을 이루기 위해 싸웠으며, 그렇게 만들어진 중화인민공화국은 공산당이 영도하는 새로운 나라다. 과정상 오류가 있더라도 당이 지도하는 프롤레타리아 독재는 계속되어야 할 것이다.

서구의 많은 학자가 마오쩌둥을 마오이즘의 창시자, 공산혁명에 매몰된 인물로 바라보고, 그와는 대조적으로 개혁개방을 성실하게 이끈 인물로 덩샤오핑을 설정하는 경향이 있다. 마오쩌둥과 덩샤오핑을 나누어 보며 개혁개방 전후로 중화인민공화국을 분리 해석하려는 태도다. 과연 옳은 시각일까? 결과적으로 개혁개방이 불러온 거대한 변화만을 본다면 이러한 해석이 올바를지도 모른다. 하지만 조금 더 긴밀하게 중국사를 살펴보면 이러한 분리주의 시각은 오히려 서양인들의 기대 가득 찬 시선에 가깝다.

외교 분야부터 살펴보자. 마오쩌둥은 제국주의의 모순을 온몸으로 겪으며 성장한 세대다. 그에게 민족주의가 대안은 아니었지만 민족주의적 정서는 자연스러운 것이었다. 무엇이 중국을 혼란케 하는가라는 문제에서 마오쩌둥은 국민당 정권과 더불어 제국주의의 위협을 심각하게 생각하였다. 그래서 중일전쟁기 마오쩌둥이 이끄는 중국공산당은 일본에 가장 강력하게 저항하였다.

국공내전에서 승리한 후 중국은 소련과 협상에 들어간다. 1949년 1월 소련의 지배자 스탈린은 미코얀을 중국에 파견하였고 약 6개월 후 중국의 대표단이 소련을 방문하였다. 3억 달러의 원조, 뤼순의 반환, 소련의 전문가 파견과 군수 지원, 모스크바-베이징 정기 항공 개설 등 양국은 수월하게 합의에 도달했으며 이듬해 2월 '중소 우호동맹 상호원조 조약'이 맺어지게 된다. 냉전의 시대에 중화인민공화국은 공산혁명의 중심지인 소련의 지원을 받아야 했다. 하지만 소련과 중국의 우호적인 관계는 10년을 가지 못한다. 소련은 공산권의 일부로 중국을 포섭하고자 했고, 중국은 어떤 형태로든 국제 관계에서의 속박을 물리치려 했다. 차라리 스탈린 생전에는 괜찮았다. 1950년 한국전쟁이 일어나면서 소련이 물자를 원조했고 중국이 군대를 파견함으로써 동아시아 공산주의 연대는 보다 강고해졌다.

하지만 스탈린의 뒤를 이은 흐루쇼프와의 갈등은 대단했다. 1958년 흐루쇼프는 중국 영토에 레이더 기지를 설치하고자 했으며 중·소 연합함대의 출범을 제안하였다. 하지만 마오쩌둥의 반발은 거셌다. 소련 입장에서 이런 제안은 미 제국주의와의 싸움에서 승리하기 위한 효율적인 방안이었다. 하지만 마오쩌둥은 중국의 주권을 운운하며 반발하였고, 소련은 중국의 태도를 이해하기 힘들었다. 같은 해 마오쩌둥은 진먼다오, 마쭈다오 등 타이완해협에 포격을 가하면서 한국전쟁으로 중단된 타이완 통일 작업에 박차를 가하였다. 소련은 사전 통보를 받지 못했기 때문에 분개할 수밖에 없었고, 중국은 타이완 통일 문제는 주권에 해당하는 사항이라며 흐루쇼프의 불만을 받아들이지 않았다. 이듬해인 1959년 인도와의 무력 충돌 때도 중국은 소련에 사전 통보를 하지 않았다. 이 또한 소련이 간여할 사항이 아니라는 것이다. 흐루쇼프는 같은 해 7월 원자폭탄 샘플 제공을 비롯한 국방 신기술 협정의 중지를 통보했으며, 이듬해에는 중국 기업 250여 개에서 일하던 무려 1,400명에 달하는 소련 과학자와 공업 전문가를 단숨에 불러들였다. 일명 중·소 분쟁의 시작이었다.

이 시기 중국공산당의 또 다른 리더 저우언라이는 중국의 국제 관계에 '중립주의', '중간지대' 같은 개념을 도입하고자 한다. 저우언라이는 장제스가 황푸군관학교 교장으로 있을 때 교관을 지낸 중국공산당 초기의 핵심 인물이었으며 오랜 기간 마오쩌둥에 버금가는 지위를 유지했다. 저우언라이는 세월이 지날수록 마오쩌둥에게 굴복하며 이인자의 모습을 지향하게 되는데 적어도 외교 분야에서는 그의 경륜을 따라잡을 인물이 없었다. 더불어 그의 온화하며 지혜로운 정치력은 중·소 분쟁과 문화대혁명이라는 혼란기를 벗어나는 데 의미 있는 역할을 했다. 오늘날에도 저우언라이는 국제적으로는 물론이고 국내적으로도 마오쩌둥이나 덩샤오핑에 버금가는 신망 어린 평가를 받고 있다.

저우언라이는 두 가지 원칙을 강조하였다. 자본주의 국가들을 모두 똑같이 대할 필요는 없다. 또한 '중립주의'라는 관점에서 제삼세계 국가들을 해석할 필요가 있다. 자본주의 국가라고 하더라도 각자의 처지가 있기 때문에 중국은 중국의 입장에서 필요에 따라 부응하면 그만이다. 무엇보다 아프리카에서 동남아시아로 이어지는 아시아의 여러 나라는 자본주의와 공산주의라는 이분법으로 설명할 수 없는 나라들이기 때문에 그들을 중립주의적인 견지에서 수용할 필요가 있다. 그럴 때 중국은 소련과 미국 외에 별도의 중간지대를 얻으면서 국가의 안전과 번영을 도모할 수 있을 것이다.

저우언라이의 중간주의적 입장은 중화인민공화국의 외교력이 향상되는 전기를 마련하였다. 마오쩌둥이 동의했음은 두말할 나위가 없다. 사실 중립주의, 중간주의적 관점은 민족주의적 관점이 있기에 가능하다고 할 수 있다. 공산주의 이념에 대한 기계적 학습과 소련을 맹목적으로 추종하며 소련으로부터 권위를 구하는 태도는 중국에서 일찍이 퇴출되었다. 중국의 공산주의는 신해혁명과 국민혁명을 보며 성장하였으며 혁명의 방법론은 《손자병법》 같은 중국의 전통 사상에까지 맥이 닿아 있다. 즉, 공산혁명의 이상을 지향하되 오랫동안 누적된 중화 문명의 전통이나 홍수전·쑨원 같은 이들이 주창했던 민족주의 행보와도 결코 무관할 수 없었다. 아니, 오히려 이런 것들을 충분히 흡수하며 상당 부분 의지하여 성장했다는 것이 정확한 평가다.

여하간 중간주의적 관점에서 세계를 바라보면 미국은 물론이고 같은 공산주의 국가인 소련조차 '제국주의적 해석'이 가능해진다. 1950년대 후반 미군의 레바논 파병, 타이완해협에 주둔하고 있는 미 해군 등은 전형적인 제국주의의 모습이다. 또한 1968년 동유럽 국가인 체코슬로바키아의 자유화 운동인 '프라하의 봄'에 대한 소련군의 진압 역시 같은 견지에서 해석할 수 있다. 이때 저우언라이는 "소련 배신자 집단은 사회제국주의, 사회파시즘으로 전락해버렸다"라고까지 비판하였다.

소련과의 갈등은 시간이 갈수록 심각해졌다. 국경선에서는 소련군과 중국군이 충돌하는 사태까지 일어났다. 같은 공산주의 국가임에도 중국은 소련의 위협을 받고 있었다. 마침 미국 역시 곤란한 처지였다. 인도차이나반도의 주도 국가라고 할 수 있는 베트남의 독립 열기가 너무나 강력했기 때문이다. 베트남은 프랑스와의 싸움에서 승리를 거두었으며, 미국의 공격에도 기세를 잃지 않았다.

우리는 그동안 시도한 거의 모든 작전에서 실패했다. 내가 일하는 베트남 지역에서는 대부분의 미군 병력이 이미 철수했다. 베트남군은 우리의 철수가 남긴 공백을 아직도 완전히 채우지 못하고 있다. 우리는 주어진 경주에서 꽤 잘 달린 다음, 이제는 베트남 사람들에게 넘기고 있다. 그동안 여기서 너무 오래, 너무 열심히 싸웠기 때문에 여기 있는 많은 미국인들이 이제 이것을 '놓아버리는 것'은 쉽지 않을 것이다. 그러나 이제 우리는 놓아야 한다. 앞으로 무슨 일이 생기든 그건 저들 나라의 일이지 우리의 일이 아니다.

- 도널드 그레그,《역사의 파편들》중

베트남 CIA 지국에서 일하던 도널드 그레그의 회고다. 중·소 갈등의 위기를 겪는 중국, 베트남전쟁의 수렁에서 빠져나오고 싶어 하는 미국. 이들은 이념을 뛰어넘기보다는 '피해 가는 해법'을 마련하였다.

우선 미국의 중요한 동맹국인 일본이 앞장섰다. 1972년 9월 29일 일본과 중국은 상호 간에 몇 가지를 양보하며 정식으로 국교를 수립한다. "타이완이 중화인민공화국의 영토라는 중국의 입장을 충분히 이해하고 존중한다." 일본은 중화인민공화국이 '유일한 합법 정부'임을 승인, 하나의 중국을 인정하였고, 중국은 전쟁배상을 포기함과 동시에 일본을 정상 국가로 인정하였다. 불과 얼마 전까지만 하더라도 북한과 함께 일본의 군국주의 부활을 비판하던 중국의 태도가 확 바뀐 것이다.

미국과도 마찬가지였다. 국내 정치의 사정으로 중국과 미국은 1979년이 되어서야 수교를 맺는다. 미국은 베트남 문제에서 손을 떼고 한반도 문제는 현상 유지. 일본이 그랬던 것처럼 하나의 중국을 인정하고 타이완과의 관계도 끊는다. 하지만 닉슨 대통령의 과감한 정책 전환은 완벽하지 못했다. 미국 하원이 행정부의 결정에 반대하며 '타이완 관계법'을 채택, 지원 가능성을 유지했기 때문이다. 여하간 중국은 미국과의 수교를 통해 소련을 견제할 힘을 손에 쥐었고, 미국 또한 마찬가지였다.

신자유주의의 부상:
개혁개방 이후의 중국

그리고 기묘한 현상이 발생한다. 여전히 세계는 이념을 기준으로 냉전이 전개되었지만 신자유주의라는 새로운 현상이 피어오르기 시작했다. 냉전이 붕괴된 것은 1990년대 초반. 하지만 1970년대 말부터 서비스와 금융을 중심으로 한 새로운 자본주의가 횡행했고 미국은 막대한 자본으로 신자유주의를 확대해나갔다. 그리고 이 시기 덩샤오핑은 가난한 중국에서 벗어나기 위해 개혁개방이라는 새로운 방향을 선택한다.

처음부터 협력의 대상이 미국이었던 것은 아니었다. 홍콩과의 연대. 영국의 식민지였던 홍콩은 무역 항구로 유명한 곳이었다. 국공내전 당시 중립을 지켰으며 1950년대 이후 경공업이 발전하였다. 대약진운동이 실패한 후 수많은 중국인이 기아에 시달릴 때 홍콩을 피난처로 삼았기에 인구가 비약적으로 늘었다. 하지만 홍콩의 막대한 경제 성장은 덩샤오핑이 집권한 이후였다.

덩샤오핑은 홍콩과의 협력을 통해, 홍콩이라는 창구를 통해 세계로 나아가고자 했다. 외국인의 투자가 홍콩을 거쳐 중국으로 들어왔고, 홍콩이 지닌 지리적 이점이 힘을 발휘하면서 1980년대 이후 홍콩은 세계적인 도시로 성장하게 된다. 바오위강 같은 선박왕을 배출하기도 했고, 자그마한 도시임에도 세계에서 손꼽히는 달러 보유국이 되었으니 말이다. 홍콩의 성공을 인근 지역인 선전(深圳)으로 끌어내야 한다. 덩샤오핑은 홍콩의 성공을 중국 본토에서 이루고자 하였다. 한때 최고의 무역항이었던 광저우와 상하이 일대의 개발 등 이제 중국 남부의 해안 지역을 중심으로 개발과 투자가 급속도로 펼쳐져 나갔다.

미국, 일본, 한국 등 외국 자본의 투자를 기반으로 중국은 어떤 개발도상국도 경험해보지 못한 경이로운 성장을 이룩하였다. 1992년 14.2%, 1993년 13.5%, 1994년 12.7%. 경제 성장은 너무나 빨랐으며 의도적으로 속도를 조정해야 할 정도였다. '세계의 공장'으로 불릴 만큼 1990년대 세계를 상대로 제조공장 역할을 한 중국은 이후 불과 30년 만에 미국 버금가는 지위로 올라선다.

> 어떤 집단지도체제라도 모두 하나의 핵심이 있으며, 핵심이 없는 지도체제는 의지할 수 없다. 제1대 집단지도체제의 핵심은 마오쩌둥 주석이었다. 제2대는 실제로 내가 핵심이다. (…) 계획적으로 수호할 하나의 핵심은 바로 지금 여러분들이 동의한 장쩌민 동지다. 단도직입적으로 말해 새로운 상무위원회는 업무를 개시하는 첫날부터 이 집단체제와 이 집단체제의 핵심을 수립하고 수호하는 데 주의를 기울여야 한다. 이것은 가장 중요한 문제이자 정치를 교체하는 문제이다.
>
> — 롼밍,《덩샤오핑 제국 30년》중

후계자 문제를 마무리하면서 덩샤오핑이 한 말이라고 한다. 개혁개방 이후의 중국. 미국만큼 부자들이 많고, 자본주의의 천국이라고 해도 무방한 중국은 여전히 공산주의 국가인가? 적어도 덩샤오핑과 그의 후계자들이 추구하는 이론상으로는 그렇다. 덩샤오핑은 핵심 지위를 가진 지도자와 공산당 집단지도체제라는 이중성을 통해 국가의 정체성을 명확히 했다. 무엇이 자본주의 국가인가? 부르주아와 자본가가 지배하는 세상이다. 즉, 경제적인 자산을 가진 이들이 좌지우지하는 사회가 자본주의라는 것이다. 서구 사회는 자유민주주의 같은 고상한 정치제도를 들먹이지만, 과거 레닌이 지적했던 것처럼 서구식 민주주의는 자본가의 거수기에 불과하다. 경제권력을 압도하는 정치권력의 힘을 통해 자본을 통제하고 억제할 때, 공산주의는 여전히 미래를 향한 가능성을 지니고 있다.

공산당의 정치권력이 자본 앞에서 어떻게 확고한 힘을 발휘하는가? 마오쩌둥과 덩샤오핑 같은 핵심 지위를 지니는 지도자 그리고 그와 호흡하는 강력한 집단지도체제가 있을 때 가능하다. 덩샤오핑의 뒤를 이은 인물이 장쩌민(江澤民, 1926~2022)이고, 그의 뒤를 이은 인물이 후진타오(胡錦濤, 1942~)였다. 후진타오는 총서기가 된 2002년 12월 4일 "헌법은 모든 것보다 높다"라며 헌법을 강조하였다. 공산당이 통치하는 인민민주주의가 명문화된 헌법 말이다. "각 정당과 각 사회단체 각 기업의 사업 조직은 모두 헌법을 근본적인 활동 준칙으로 삼아야 하며, 어떤 조직과 개인도 헌법의 권위를 능가할 수 없다"라는 것이 후진타오의 주장이었다. 덩샤오핑과 일맥상통하는 부분이다.

덩샤오핑은 마오쩌둥의 정통성을 인정하고 이를 계승하였다. 또한 저우언라이, 류사오치, 펑더화이, 주더, 린뱌오 등 수많은 혁명가가 함께한 중국공산당의 집단지도체제를 존중하였으며 이 또한 계승하였다. 헌법은 지도자와 당의 정통성을 보증하는 문서이며, 앞으로도 중국은 지도자와 당이 자본가의 힘에 맞서면서 공산혁명의 이상을 실천해나갈 것이다. 또한 제국주의의 위협 앞에서 유연한 대응을 할 수는 있지만, 그렇다고 해서 주권국 중국의 이권이 침해받거나 중화민족이 여타 열강 앞에 과거와 같은 굴욕을 당하는 일은 없을 것이다.

이러한 인식을 우리는 어떻게 해석해야 할까? 중국식 정치제도가 독재체제와 무엇이 다른가라는 질문은 저급할뿐더러 중국의 현대사 또는 오랫동안 발전시켜온 집단지도체제에 대한 이해가 전무할 때나 하는 말이다. 그렇다고 하더라도 자본이 사회를 잠식하고, 정치적인 영역을 제외한 모든 것이 자본의 논리로 운영될 때, 그것을 어떻게 공산주의 사회라고 말할 수 있을까? 또한 공산당은 사회주의적 이상을 달성하기 위해 독재체제와는 구별되는 어떤 정치적 발전을 이룩할 수 있을까? 크게 의문이 드는 부분이다. 한편 오랫동안 간과했던 민족주의적 태도 또한 대두하고 있다.

> 마오쩌둥은 중국이 추구하는 것은 공산당 영도하의 민족자본주의라고 분명히 정의했다. 1949~1950년에 사회적으로 공인을 얻은 신민주주의(新民主主義) 건국 방책의 핵심이 바로 이것이다. 공산당 내의 많은 이들이 마오쩌둥의 신민주주의와 쑨원의 구민주주의가 어떤 차이가 있는지 물었을 때, 마오쩌둥은 양자가 하려는 것은 모두 자본주의이고 유일한 차이라면 하나는 국민당이 영도하고 다른 하나는 공산당이 영도한다는 것이라고 대답했다. (…) 사실 건국 이후 중국에 급진은 있었지만 좌익은 없었다.
>
> – 원톄쥔, 《백년의 급진》 중

원톄쥔은 농업 분야 중국공산당의 주요한 인물이다. 인용문에서처럼, 그는 지난 100년의 중국 역사를 본질적인 측면에서 민족주의의 역사라고 규정하고 있다. 중국공산당이 이끄는 중화민족의 역사 말이다. 물론 마오쩌둥의 이 말은 당시의 상황을 따져서 해석해야 할 것이다. 또한 원톄진을 비롯한 중국의 수많은 지식인이 국민당과 공산당의 경계를 나누려 하지 않는 것 역시 하나의 중국이라는 정치적 수사와 연관이 있음을 고려해야 한다.

'하나의 중국'은 덩샤오핑 때를 거치면서 세련된 수사로 바뀌었다. 그는 미국을 자기편으로 끌어들였고 타이완 또한 설득하려 했다. 하지만 장제스의 아들 장징궈(蔣經國, 1910~1988)는 단호하게 '불접촉, 불담판, 불타협'을 고수하였다. 덩샤오핑은 다진먼, 샤오진먼, 다단, 얼단 등 타이완 일대의 도서 지역에 대한 포격을 중지하였으며 중·미 국교 수립의 결과 "타이완이 조국으로 돌아오고 조국 통일을 완성하는 데 유리한 조건을 창조했다"라고 선언하였다. 하지만 장징궈는 이에 단호히 반대하였고 독자적으로 미국에서 지지 세력을 끌어모았다. 세나가 죽기 직전 타이완의 민주화를 허락함으로써 문제를 더욱 복잡하게 만들었다. 1949년 국공내전에서 패한 이후 장제스와 국민당은 타이완의 토착 세력을 가혹하게 탄압하였으며 수십 년간 계엄령을 유지하며 통치하였다. 장제스의 뒤를 이은 장징궈는 13년간의 통치가 마무리되는 1987년 오랜 계엄령을 청산하며 타이완의 민주화를 허락한다. 그리고 이러한 결과는 토착 세력의 입장을 반영하는 민진당의 결집으로 귀결되는데, 오늘날 하나의 중국을 가장 강력하게 반대하는 세력은 놀랍게도 타이완 토착민을 기반으로 한 민진당이라는 사실이다.

여하간 중국의 현재는 모든 면에서 매우 모호하다. 중국식 통치체제는 서방세계에서는 이해하기 힘들뿐더러 푸틴의 러시아를 비롯하여 여러 독재국가와 구분되기 어렵다. 중국의 경제력은 너무나 빠른 속도로 성장하여 G2 시대를 열었지만, 회복 불가능할 정도로 세계 경제와 밀접하게 연결되어 있다. 그렇다고 해서 중국이 세계인의 마음을 얻었는가? 중국의 경제적 성공은 수많은 개발도상국에서 주목받았지만, 선진국에서는 중화민족주의에 대한 거부감이 강하게 퍼지고 있다. 대단한 경제적 성장을 이룩했다는 것과 새로운 경제 패러다임의 구심점이 됐다는 말은 전혀 다르다. 더구나 상대는 제2차 세계대전 이후 온갖 풍파를 겪으면서도 세계 경제의 메커니즘을 확고하게 장악하고 있는 미국 아닌가.

이런 외부적인 상황은 차치하더라도 중국의 현재는 모호하다. 덩샤오핑이 이룬 길 또는 덩샤오핑적인 태도와 수많은 내적 현실이 부딪히고 있기 때문이다. 1990년대를 풍미했던 중국 분열론까지는 아니더라도, 중국 사회의 내적 모순은 어떤 형태로든 중국을 덩샤오핑의 생각 이상으로 변화시킬 것이 분명하기 때문이다.

더불어 티베트나 신장웨이우얼 같은, 이른바 주변 지역에 대한 중국공산당의 입장은 어떤가? 적어도 이 지점에서 공산당은 청나라의 번부 통치 혹은 과거 제국주의 세력과 별반 다르지 않은 모습을 보인다. 베트남이나 한국 같은 주변 국가에 대해서는? 미국 정치인들의 세련된 언변과는 비교가 될 수 없을 정도로 고자세인 것이 분명한 데다 국민들의 노골적인 애국주의적 태도는 반중감정의 중요한 원인이 되고 있다. 과거를 돌아보더라도 조공체제 외에 뚜렷한 외교적 경험 또한 없지 않은가. 오늘날 수많은 잡음과 말썽은 결국 현재의 중국이 이룬 성공과 경험해보지 못한 현실 사이에서 빚어지는 충돌일 것이다. 그리고 빠른 속도로 전개되는 이토록 시끄러운 잡음과 말썽은 분명 앞으로의 중국 역사에 중대한 영향을 미칠 것이 분명하다.

연도		중국사	한국사	세계사
BC 40만 년 전		베이징 원인		1만 년 전 신석기시대 시작
5000~4300년		신석기시대 양사오 문화 발전		
5000~3300년		신석기시대 양쯔강 유역에서 허무두 문화 발전 이후 황허와 양쯔강 일대에서 다양한 선사 문화 발전		3500년경 메소포타미아 · 이집트문명 발생, 도시와 국가가 건설 2500년경 인더스문명 발생
3500년		신석기시대 홍산 문화 발전		
2000년경	하나라	**하나라 건국**(추정)		1800년경 함무라비 대왕, 메소포타미아 통일 1750년경 히타이트 발흥
1551년경	**상나라**	**상나라 건국**		1550년경 이집트 〈사자의 서〉 제작
1312년경		상나라, 수도를 '은허'로 천도 사모무방정을 비롯한 각종 청동기 제작		1200년경 트로이전쟁 1000년경 다비드, 이스라엘 왕국 건설
1046년	주나라	**상나라 멸망, 주나라 건국**		
770년		융적의 침입으로 주나라 수도를 '낙읍'으로 천도 **춘추전국시대 시작**		
651년		제나라 환공, **최초의 패자**로 등극		668년 아시리아의 아슈르바니팔, 오리엔트 세계 통일 525년 아케메네스조 페르시아의 캄비세스 2세, 이집트를 점령하며 오리엔트 세계 통일
497년		공자, 전국을 돌아다니며 사상 설파		492년 도시국가 그리스와 페르시아 전쟁 발발, 마라톤 전투 등 그리스의 승리
473년		월나라 구천, 오나라 멸망시키고 오나라 부차는 자살함		431년 펠레폰네소스 전쟁, 아테네와 스파르타 등 도시국가(폴리스)의 결전, 스파르타가 승리하지만 폴리스는 쇠퇴
403년		진나라가 한 · 위 · 조로 나뉘면서 **전국시대 개막**		
359년		진나라, 상앙을 등용해 변법 실시		336년 알렉산드로스 대왕 즉위, 동방원정 시작
337년		맹자, 제나라에서 학자들과 교류		
333년		소진, 합종책으로 한 · 위 · 조 · 초 · 연 · 제나라 6국의 재상에 오름		
328년		장의, 연횡책으로 진나라의 재상이 되어 소진과 겨룸		
256년		주나라, 진나라에 멸망		274년 인도 마우리아 왕조 아소카 왕 즉위, 인도 통일 및 불교 정치 실시 264년 1차 포에니전쟁, 로마와 카르타고의 지중해 패권 전쟁 시작, 세 차례의 전쟁에서 로마 승리

BC	221년	진나라	**진시황 전국시대 통일** 진나라 몽염 장군, 흉노 토벌 승상 이사의 주도로 **분서갱유** 발발		
	209년		진승·오광의 난		
	206년		진나라 멸망 초한전쟁 시작(항우 vs 유방)		
	202년	한나라	**한나라 건국** 유방 한나라 고조로 즉위하여 군국제 실시		
	180년		한문제 즉위 157년 한경제 즉위 **문경지치의 시대**로 일컬어짐		
	141년		**한무제 즉위**		
	126년		장건, 서역에서 귀환 실크로드 발견		
	121년		흉노 정벌	108년 고조선, 한무제에 멸망 한사군 설치	
AD	7년		왕망, 제위 찬탈 후 신나라 건국	고구려, 부여, 삼한 등 만주와 한 반도에 다양한 연맹 왕국 등장	60년 로마 군인들의 등장으로 삼두정치 체제 구축 카이사르가 갈리아(프랑스) 정 벌 등 경쟁자를 물리치고 권력을 독점하지만 암살당함 바울 등에 의해 기독교 전파됨
	36년		광무제 유수, 한나라 부흥 신나라 이전과 구분하기 위해 후한이라고 부름		27년 옥타비아누스, 로마의 초 대 황제에 오름 악티움 해전에서 승리, 이집트 정복(클레오파트라 자살)
	154년		황건적의 난		144년 인도 쿠샨 왕조 카니슈카 왕 때 전성기, 불교 발전
	207년	위진 남북조 시대	조조(**위나라**), 여러 경쟁자를 물리치고 화북 일대 통일		
	221년		유비, 제갈량의 도움을 받아 파촉 일대를 점령하며 **촉나 라** 건국		
	222년		손권, 오랜 강남 지배를 통해 **오나라** 건국		
	280년		위나라의 제위를 빼앗은 진나라가 촉나라와 오나라를 멸 망시키며 삼국 통일		226년 아르다시르 1세 주도로 사산 왕조 페르시아 발흥
	316년		흉노의 유요가 진나라 멸망시킴 **5호16국시대** 개막		313년 로마제국, 밀라노칙령으 로 기독교 신앙 허용
	329년		갈족의 석륵이 후조를 건국, 유요가 세운 전조 멸망시킴		320년 인도 찬드라굽타, 굽타 왕조 창건, 인도 고전 문화 형성 325년 로마, 니케아 종교회의를 통해 기독교의 삼위일체설을 공 식 교리로 확립
	366년		**둔황 석굴사원** 건립		
	381년		고개지, 〈여사잠도〉 완성		
	401년		**불교 승려 구마라습** 시안에 도착		
	439년		5호16국 중 하나이자 선비족이 세운 **북위가 화북지역 통 일** **남북조시대 개막**	391년 고구려, 광개토대왕 즉위 및 영토 확장 427년 고구려, 장수왕 평양 천 도	
	460년		**원강 석굴사원** 건립		
	471년		북위 효문제 즉위, **한화정책** 추진	475년 백제, 한강 유역을 잃고 공주로 천도	476년 게르만족의 침략으로 서 로마제국 멸망
	502년		남조의 무제, 제나라를 멸망시키고 **양나라** 건국		

AD	555년	수나라	돌궐, 북방유목세계의 패자 유연 멸망시킴		
	557년		안지추, 《안씨가훈》 저술	562년 진흥왕, 한강 유역 장악	
	581년		양견, 수나라 건국		
	587년		수나라, 돌궐과의 싸움에서 승리 최초로 **과거제** 실시		
	589년		수나라, 남조의 마지막 왕조인 진나라를 멸망시키고 **중국 재통일**		
	604년		수양제 즉위		
	605년		**대운하 건설**		
	612년		1차 **고구려 침략**		
	618년	당나라	수차례 고구려 침략 도중 양현감의 반란을 비롯한 사회 혼란이 발생하고 수양제 피살됨 이연, **당나라 건국**		622년 이슬람 창시자 마오메트, 헤지라(근거지를 메카에서 메디 나로 옮긴 사건) 단행
	626년		현무문의 변을 거쳐 **당태종 이세민** 즉위 **정관의 치** – 돌궐을 복속하고 실크로드부터 내몽골 일대까지 점령했으나 고구려 정벌은 실패		
	635년		네스토리우스파, 중국에 크리스트교 전래		
	646년		**현장**, 《대당서역기》 완성		645년 일본 다이카개신 단행, 천황 중심의 집권체제 확립
	690년		**측천무후** 여황제로 등극 국호를 주나라로 바꿈	660년 백제 멸망 668년 고구려 멸망 676년 신라, 기벌포에서 당과의 싸움에서 승리하여 삼국통일 698년 대조영, 발해 건국	661년 다마스쿠스를 중심으로 이슬람제국 우마이야 왕조 설립, 오리엔트는 물론이고 북아프리 카, 이베리아반도까지 진출
	705년		측천무후 사망, 당나라 국호 회복		
	744년		시인 이백과 두보의 교류		
	745년		당현종, 양귀비를 총애함		
	751년		탈라스 전투에서 이슬람 왕조인 아바스에 패배. 실크로 드에 대한 지배권 상실.		750년 우마이야 왕조 멸망 새로운 이슬람 국가인 아바스 왕 조 수립
	755년		안녹산과 사사명의 난, 절도사들의 반란으로 혼란에 빠짐.		
	760년경		육우, 차를 연구한 《다경》 집필		768년 프랑크왕국의 샤를마뉴 즉위, 이슬람 세계의 침공을 막 아내고 중세 유럽 사회 안정화
	820년경		**당삼채** 유행, 도자 기술 발전		
	874년		황소의 난, 당나라 몰락	901년 궁예, 후고구려 건국 900년 견훤, 후백제 건국	
	907년		절도사 주전충의 반란으로 당나라 멸망 5대10국의 혼란기 시작		
	916년		**야율아보기**, 거란 건국		
	920년		거란, 문자 창제		
	926년		거란, 발해 멸망시킴		
	936년		거란, 석경당의 구원 요청으로 중국 원정에 나서 만리장 성 이남의 연운 16주 확보 거란은 '요나라' 표방	936년 고려, 후삼국 통일	

431

AD	960년	송나라 vs 요나라 · 금나라	조광윤, 송나라 건국		
	1004년		연운 16주 회복에 실패 송과 요는 '전연의 맹약' 체결 징더전을 중심으로 송나라 도자기 산업이 크게 발전		
	1023년		최초의 지폐 발행	1019년 고려-거란 전쟁 중 강감찬 귀주대첩	
	1048년		활자 인쇄술 발명		
	1069년		왕안석, 청묘법 등 신법을 실시하여 송나라의 개혁 도모		1066년 윌리엄 1세, 노르만족의 남하 가운데 영국 정복 1096년 십자군운동 시작, 1차 십자군 당시 예루살렘 정복
	1115년		여진의 아골타, 금나라 건국		
	1119년		여진 문자 창제		
	1127년		정강의 변(1126), 금나라 · 송나라의 수도 카이펑점령 휘종과 흠종 등을 끌고 갔으며 송나라는 양쯔강 이남으로 밀려남 북송에서 남송시대로 전환		
	1142년		진회, 금나라와 싸우며 연토를 회복하려고 노력하던 악비를 죽임		1054년 동서 교회, 로마 가톨릭과 그리스 정교회로 분열
	1171년		주희, 《사서집주》 완성, 신유학인 성리학 집대성	1170년 고려, 무신정권 수립	
	1189년	몽골 · 원나라	몽골의 테무친이 경쟁자와의 싸움에 승리하며 칸에 오름		1185년 미나모토 요리토모, 일본 최초의 무사정권 가마쿠라 막부 수립
	1206년		칭기즈칸, 서하 · 금나라 등을 침공하며 몽골제국 건설		
	1221년		금나라, 몽골의 공격으로 근거지를 잃고 카이펑으로 천도하여 항전		1220년경 멕시코 고원에서 아즈텍 발흥
	1227년		몽골, 서하를 멸망시키고 실크로드 일대 점령		
	1234년		몽골, 금나라를 멸망시키고 만주부터 북중국 점령	1231년 고려, 몽골의 1차 침략 받음	
	1253년		몽골, 대리국을 멸망시키고 티베트 점령		
	1260년		쿠빌라이칸 즉위	1270년 몽골의 여섯 차례 침략 이후 고려 원종이 직접 쿠빌라이칸을 만나서 항복 무신정권 붕괴	
	1269년		파스파 문자(몽골 문자) 창제		
	1274년		쿠빌라이칸, 일본 원정		
	1275년		마르코 폴로, 몽골이 만든 역참 시스템을 통해 중국 도착		
	1279년		남송 멸망		
	1351년		홍건적의 난	1352년 공민왕의 개혁 정치	1347년 유럽에 흑사병 유행 같은 시기 이탈리아에서 르네상스 발흥하여 북유럽으로 전파됨
	1368년	명나라	홍건적의 난을 주도한 주원장, 명나라 건국		1370년 중앙아시아에 티무르제국 성립
	1399년		정난의 변, 2대 혜제를 몰아내고 영락제 등극	1392년 이성계와 정도전의 조선 건국	1392년 무로마치 막부의 3대 쇼군 아시카가 요시미츠, 남북조시대 통일 무로마치 막부의 통일 정권 수립

AD	1405년	**정화**, 해상 실크로드 원정	1418년 세종 즉위, 문화통치 추진 1446년 세종 〈훈민정음〉 반포	1408년 모스크바 대공국 수립, 몽골의 지배를 끝내고 러시아의 발전 시작 1434년 메디치 가문, 이탈리아의 도시국가 피렌체를 지배하고 르네상스 후원 1453년 이슬람 왕조인 오스만 제국, 비잔틴제국(동로마 제국) 멸망시킴 1467년 일본 '오닌의 난'으로 하극상의 시대 개막. 일본의 전국 시대 1492년 콜럼버스, 신대륙 발견 1487년 바르톨로뮤 디아스, 아프리카 최남단 희망봉 발견 1498년 포르투갈의 바스코 다 가마, 인도 항로 개척 1517년 루터, '종교개혁'을 이끔. 로마 가톨릭에서 개신교(루터파, 칼뱅파)가 분리됨 1519년 마젤란, 세계 일주 시작 스페인의 코르테스, 멕시코 아즈텍 왕국 멸망시킴
	1582년	크리스트교 선교사 마테오리치, 중국 도착		1532년 스페인의 피사로, 남아메리카 안데스산맥의 잉카제국 점령 1543년 코페르니쿠스, 지동설 발표 1526년 이슬람 왕조인 무굴제국 등장, 악바르와 아우랑제브 때 인도 대륙 대부분 점령 1600년 영국, 동인도회사 설립 1642년 영국 청교도혁명 1688년 영국 명예혁명, 입헌군주제 시작
	1583년	만주에서 누르하치 등장		
	1616년	**누르하치**, 후금 선포, **팔기제 조직**		
	1592년	13대 황제 만력제, 조선에서 발생한 임진왜란 지원	임진왜란 발발	
	1611년	동림당을 중심으로 당쟁 심화		1603년 일본 에도막부 수립 1620년 영국의 청교도들이 메이플라워호 타고 신대륙에 도착
	1631년	명나라, 이자성의 난으로 멸망		
	1635년 **청나라**	누르하치를 계승한 홍타이지, 내몽골을 평정하고 **청나라** 선포	1636년 병자호란 발발	
	1644년	청나라, 오삼계 등 명나라 유장들과 함께 베이징으로 진격		
	1648년	**정성공**, 중국 남부 푸젠성 샤먼을 근거로 저항		
	1661년	정성공, 네덜란드인을 몰아내고 타이완 점령 청나라, 강희제 즉위		
	1673년	오삼계 등 명나라 유장들이 **삼번의 난** 일으킴		
	1681년	삼번의 난 진압		1687년 아이작 뉴턴 《프린키피아》 발행, 과학혁명 본격화
	1683년	**타이완 점령**		
	1689년	러시아와 **네르친스크 조약** 체결		
	1697년	**강희제**, 몽골과 티베트 원정		

AD	1725년		《고금도서집성》 편찬		1776년 미국 독립선언 같은 시기 영국에서 산업혁명이 시작돼 유럽으로 전파됨
	1782년		《사고전서》 완성		1789년 계몽주의의 영향 가운데 프랑스 대혁명 발발 자유주의와 민족주의 발전함
	1840년		**제1차 아편전쟁**		1812년 나폴레옹의 러시아 원정 실패
	1842년		난징 조약을 통해 상하이 개방, **홍콩** 할양		
	1849년		포르투갈, 마카오 점령		
	1850년		홍수전의 상제회 주도로 **태평천국운동** 발발		
	1851년		염군의 난 발발		
	1853년		태평천국군 난징 점령, '천조전무제도' 발표		
	1856년		제2차 아편전쟁		1857년 세포이의 항쟁 실패 후 무굴제국 멸망, 영국령 인도 수립
	1861년		증국번, 이홍장을 중심으로 **양무운동** 시작		1861년 미국 남북전쟁 발발, 전쟁 이후 본격적인 산업혁명
	1864년		태평천국운동 진압	1876년 강화도 조약, 개항	1868년 일본 메이지유신, 근대 국가로 발전 1869년 이집트 수에즈운하 개통 1885년 인도국민회의 개최, 간디 등장
	1894년		**청일전쟁**	1894년 동학농민운동, 갑오개혁	
	1897년		상무인서관 설립		
	1898년		변법자강운동		
	1899년		의화단운동		
	1900년		청나라, 의화단운동을 이용하여 선전포고 서양 열강 8개국 연합군이 베이징 점령	1905년 을사조약으로 조선의 외교권 일본에 빼앗김 1910년 일본 제국주의에 병합	
	1911년		**신해혁명**, 동아시아 최초의 민주공화국 등장		
	1912년	중화 민국	임시 대총통 **쑨원**, 위안스카이에게 총통직을 양보하며 청나라 멸망으로 이끔 혁명파, 국민당 결성		
	1913년		위안스카이, 국민당 지도자 쑹자오런 암살 신해혁명 무산		1914년 제1차 세계대전 발발
	1916년		위안스카이 사망, 군벌 세력 부상		
	1917년		차이위안페이 베이징대 총장 취임, 후스·천두슈 등 **신문화운동 주도**		1917년 러시아혁명 발발, 최초의 공산주의 국가 '소련' 등장
	1918년		루쉰《광인일기》 출간, 리다자오 사회주의 주창		
	1919년		**5·4운동** 발발	1919년 3·1운동과 대한민국임시정부수립 1920년 봉오동·청산리전투 승리	
	1921년		중국공산당 창립		1922년 이탈리아 파시즘 지도자 무솔리니 권력 장악
	1924년		광저우에서 **제1차 국공합작**, 몽골 인민공화국 수립		
	1925년		쑨원 사망, 상하이에서 5·30 사건 발생, 광저우에서 공식적으로 국민정부 선포		
	1926년		**북벌**, 국민정부군이 군벌과의 싸움에서 승리하고 장제스가 국민당 지도자로 부상		

AD	1927년	장제스, 4 · 12 쿠데타 이후 난징 정부 수립 공산당 무장봉기와 함께 '홍군' 창설 국민당에 패배, 국공합작 결렬		
	1928년	**마오쩌둥**, 징강산에서 공산당 근거지 확보		1929년 세계 경제 대공황. 경제 위기 가운데 미국 대통령 루스벨트가 뉴딜정책을 추진함.
	1931년	만주사변 발발, 일본이 만주 점령 후 '만주국' 수립	1932년 이봉창 · 윤봉길 의거	
	1934년	공산당, 국민당 공세에 밀려 대장정 시작		1934년 독일의 나치당 지도자 히틀러 권력 장악 1936년 스페인 내전
	1935년	쭌이회의를 통해 마오쩌둥이 공산당 주도권 장악		
	1936년	**시안사변**, 장쉐량의 장제스 구금		
	1937년	시안사변의 결과 2차 국공합작, 일치항일 결의 **중일전쟁 발발** 일본군 **난징대학살** 자행		1939년 제2차 세계대전 발발
	1945년	태평양전쟁에서 일본 패배 미국, 국민당과 공산당 중재 실패	1941년 충칭임시정부 대일 선전포고 및 대한민국건국강령 발표 1945년 해방과 분단	1945년 독일 항복, 일본은 두 차례 핵폭탄 맞고 항복
	1946년	**국공내전** 발발		
	1947년	타이완에서 국민당에 반발하는 **2 · 28 사건** 발생		
	1949년	국민당, 내전에서 패배하여 타이완으로 쫓겨남 공산당, **중화인민공화국** 선포		1948년 미국 마셜 플랜, 서유럽 원조 1949년 북대서양조약기구 (NATO) 결성
	1950년	토지개혁 실시, **항미원조전쟁** 시작 한국전쟁 당시 북한 지원 및 참전	1950년 한국전쟁	
	1954년	저우언라이, 인도 수상 네루와 함께 평화 5원칙 발표, **제3세계**와 외교적 동반관계 구축함.		
	1956년	마오쩌둥, '백화제방, 백가쟁명' 제기, 하지만 공산당에 대한 비판이 심각해지자 '정풍운동'이란 이름으로 우파 탄압, 중국어 간자체 도입		
	1958년	대약진운동 시작, 하지만 수백만이 사망하는 등 처참한 실패로 끝남		
	1960년	소련 서기장 흐루쇼프와 마오쩌둥의 갈등, **중 · 소 분쟁** 시작	1960년 4 · 19혁명 1961년 5 · 16군사쿠데타	1960년 미국 베트남 문제에 개입하며 1차 베트남전쟁 발발
	1966년	**문화대혁명**, 홍위병들의 광기 어린 인민재판과 그로 인한 사회 혼란 가중		1967년 유럽공동체(EC) 출범
	1971년	중화인민공화국 UN가입, 타이완 추방	1972년 유신체제	
	1972년	미국 대통령 닉슨의 방중, **미 · 중 정상회담**		
	1976년	마오쩌둥 사망, 장칭 등 4인방 체포와 함께 문화대혁명 종료		
	1979년	덩샤오핑 집권, 4개 현대화 노선 결정, 베트남과 군사 충돌	1979년 부마민주항쟁으로 유신체제 붕괴 1980년 5 · 18민주화운동	1979년 호메이니 주도로 이란의 이슬람 혁명 성공
	1984년	**덩샤오핑**, 대외 개방 및 경제특구 건설. 홍콩 · 선전 · 상하이 등 해안 지역의 경제가 폭발적으로 성장		1986년 소련의 체르노빌 원자력 발전소 폭발 사고 발생
	1987년	**타이완** 오랜 기간 유지되었던 계엄령 해제, 민주화 시작	1987년 6월항쟁으로 민주화	
	1989년	중국의 민주화를 요구하는 **톈안먼 사태** 발발, 하지만 실패	1990년 소련과 수교 1992년 중국과 수교	1991년 소련 해체, 러시아 연방 등장 1993년 유럽연합(EU) 출범 1995년 세계무역기구(WTO) 출범 빌 게이츠의 마이크로소프트 '윈도 95'라는 컴퓨터 운영체제 발표
	1997년	홍콩, 특별행정구로 중국에 통합	1997년 외환위기	

★

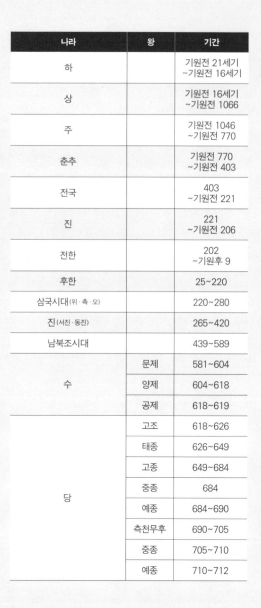

나라	왕	기간
하		기원전 21세기 ~기원전 16세기
상		기원전 16세기 ~기원전 1066
주		기원전 1046 ~기원전 770
춘추		기원전 770 ~기원전 403
전국		403 ~기원전 221
진		221 ~기원전 206
전한		202 ~기원후 9
후한		25~220
삼국시대 (위·촉·오)		220~280
진 (서진·동진)		265~420
남북조시대		439~589
수	문제	581~604
	양제	604~618
	공제	618~619
당	고조	618~626
	태종	626~649
	고종	649~684
	중종	684
	예종	684~690
	측천무후	690~705
	중종	705~710
	예종	710~712

	현종	712~756
	숙종	756~762
	대종	762~779
	덕종	779~805
	순종	805
	헌종	805~820
	목종	820~824
	경종	824~826
	문종	826~840
	무종	840~846
	선종	846~859
	의송	859~873
	희종	873~888
	소종	888~904
	애제	904~907
오대 (후량·후당·후진·후한·후주)		907~960
북송	태조	960~976
	태종	976~997
	진종	997~1022
	인종	1022~1063
	영종	1063~1067
	신종	1067~1085
	철종	1085~1100
	휘종	1100~1125
	흠종	1125~1127
남송	고종	1127~1162
	효종	1162~1189
	광종	1189~1194
	영종	1194~1224
	이종	1224~1264
	도종	1264~1274
	공종	1274~1276
	단종	1276~1278
	제병	1278~1279

요		907~1125		옹정제	1722~1735
서하		1032~1227		건륭제	1735~1795
금		1115~1234		가경제	1796~1820
몽골		1206~1270		노광세	1820~1850
원	세조	1271~1294		함풍제	1850~1861
	성종	1294 ~1307		동치제	1861~1874
	무종	1307~1311		광서제	1874~1908
	인종	1311~1320		선통제	1908~1911
	영종	1320 ~1323	중화민국		1911
	진종	1323~1328	중화인민공화국 (역대 국가 주석)	마오쩌둥	1949~1959
	명종	1328~1329		류사오치	1959~1968
	문종	1329~1332		리셴녠	1983~1988
	혜종	1333~1370		양상쿤	1988~1993
명	홍무제	1368~1398		장쩌민	1993~2003
	건문제	1398~1402		후진타오	2003~2012
	영락제	1402~1424		시진핑	2012~
	홍희제	1424~1425			
	선덕제	1425~1435			
	정통제	1436~1449			
	경태제	1449~1457			
	천순제	1457~1464			
	성화제	1464~1487			
	홍치제	1487~1505			
	정덕제	1505~1521			
	가정제	1521~1566			
	융경제	1566~1572			
	만력제	1572~1620			
	태창제	1620			
	천계제	1620~1627			
	숭정제	1627~1644			
청	태조	1616~1626			
	태종	1626~1643			
	순치제	1643~1661			
	강희제	1661~1722			

원전

갈홍 저, 석원태 역, 《신역 포박자 – 외편》(1~3), 서림문화사, 1995

갈홍 저, 임동석 역, 《신선전》, 동서문화사, 2009

계만영 저, 박소현 역, 《당음비사》, 세창출판사, 2013

공자 저, 김원중 역, 《논어: 인생을 위한 고전》, 휴머니스트, 2019

관중 저, 신동준 역, 《관자》(상, 하), 인간사랑, 2021

권오돈, 《예기》, 홍신문화사, 1996

김규현, 《대당서역기》, 글로벌콘텐츠, 2013

김규현, 《불국기》, 글로벌콘텐츠, 2013

김규현, 《송운행기》, 글로벌콘텐츠, 2013

김달진, 《법구경》, 현암사, 1999

김성철, 《백론 십이문론》, 경서원, 1999

김영문 역, 《삼국지평화: 삼국지 이전의 삼국지, 민간전래본》, 교유서가, 2020

나카가와 다카 저, 양기봉 역, 《육조단경》, 김영사, 2005

노자 저, 김원중 역, 《노자 도덕경: 버려서 얻고 비워서 채우는 무위의 고전》, 휴머니스트, 2018

대전 저, 임옥균 역, 《맹자자의소증 · 원전》, 홍익출판사, 1998

라시드 앗 딘 저, 김호동 역, 《칭기스칸기》, 사계절, 2003

라시드 앗 딘 저, 김호동 역주, 《일 칸들의 역사: 몽골 제국이 남긴 '최초의 세계사'》, 사계절, 2018

라시드 앗 딘 저, 김호동 역주, 《칸의 후예들》, 사계절, 2005

량치차오 저, 강중기 · 양일모 등역, 《음빙실자유서: 중국 근대사상의 별 량치차오, 망명지 일본에서 동서
    사상의 가교를 놓다》, 푸른역사, 2020

마오쩌둥 저, 《모택동 선집》(1~4), 인민력사출판사, 1990

맹자, 《맹자》, 홍익출판사, 1999

묵자 저, 최환 역, 《묵자》, 을유문화사, 2019

무적 저, 바재범 역, 《무자》, 홍익출판사, 1999

반고 저, 신경란 역, 《한서 열전》(1~3), 민음사, 2021

배병삼 편역, 《맹자, 마음의 정치학》(1~3), 사계절, 2019

법정, 《숫타니파타》, 샘터, 1999

사마광 저, 신동준 역, 《자치통감》(1~10), 올재클래식스, 2019

사마양저 저, 임동석 역, 《사마법》, 동서문화사, 2009

사마천 저, 신동준 역, 《사기 본기》, 위즈덤하우스, 2015

사마천 저, 신동준 역, 《사기 세가》, 위즈덤하우스, 2015

사마천 저, 신동준 역, 《사기 열전》(1~2), 위즈덤하우스, 2015

사마천 저, 신동준 역, 《사기서》, 위즈덤하우스, 2015

사마천 저, 신동준 역, 《사기표》, 위즈덤하우스, 2015

상앙, 《상군서》, 홍익출판사, 2000

성동호 해제, 《효경》, 홍신문화사, 1997

소백온 저, 김장환 역, 《소씨문견록》(상, 하), 세창출판사, 2022

소소생 저, 김관웅 역, 《금병매》(1~5), 올재클래식스, 2017

손무 저, 임용한 역, 《손자병법》, 올재클래식스, 2021

손수 저, 임동석 역, 《당시삼백수》(1~2), 올재클래식스, 2019

송용준, 《중국 한시: 한대부터 청대까지》, 서울대학교출판문화원, 2014

송용준 · 유종목 공저, 《송시선》, 서울대학교출판문화원, 2009

송재소, 《당시 일백수》, 돌베개, 2021

수캉셰 등저, 김백희 역, 《위진현학사》(상, 하), 세창출판사, 2013

순자 저, 김학주 역, 《순자》, 을유문화사, 2008

신용호 · 허호구 공역, 《역주 당송팔대가문초: 왕안석》(1~2), 전통문화연구회, 2010, 2011

심영환 역, 《시경》, 홍익출판사, 1999

안동림 역주, 《벽암록》, 현암사, 1999

안지추 저, 임동석 역주, 《안씨가훈》(1~2), 동서문화사, 2009

양현지 저, 임동석 역, 《낙양가람기》, 동서문화사, 2009

여망 저, 임동석 역, 《육도》, 동서문화사, 2009

여정덕 편찬, 허탁외 역주, 《주자어류》(1~4), 청계, 2001

오긍 저, 김원중 역, 《정관정요: 열린 정치와 소통하는 리더십의 고전》, 휴머니스트, 2016

오기 저, 임용한 역, 《오자병법》, 올재클래식스, 2021

오카다 히데히로 저, 남상긍 역, 《강희제의 편지》, 경인문화사, 2014

옹정제 저, 이형준 · 최동철 · 박윤미 · 김준현 역,《대의각미록》, 도서출판비, 2021

왕대연 저, 박세욱 역주,《바다와 문명: 도이지략역주(島夷誌略譯註) – 14세기 동남아시아에서 아랍까지》, 영남대학교출판부, 2022

왕숙 저, 임동석 역,《공자가어》(1~2), 올재클래식스, 2021

왕양명 저, 정차근 역,《전습록》, 평민사, 2000

원강 저, 임동석 역주,《월절서》(1~2), 동서문화사, 2015

위징 · 영호덕분 등저, 권용호 역,《수서 열전》(1~3), 지식을만드는지식(지만지), 2020

위징 · 영호덕분 등저, 권용호 역,《수서 제기》, 지식을만드는지식(지만지), 2021

위징 · 영호덕분 저, 권용호 역,《수서 백관지》, 지식을만드는지식(지만지), 2021

유안 편저, 안길환 편역,《회남자》(상, 중, 하), 명문당, 2013

유원수 역주,《몽골 비사》, 사계절, 2004

유의경 저, 임동석 역,《세설신어》(1~4), 동서문화사, 2011

윤찬원 역,《태평경 역주》(1~5), 세창출판사, 2012

이근명,《왕안석 자료 역주》, HUEBOOKS, 2017

이기석 · 백연욱 역해,《서경》, 홍신문화사, 1997

이세동,《서경》, 을유문화사, 2020

이정 저, 임동석 역주,《이위공문대》, 동서문화사, 2009

이주희,《통서해》, 청계, 2000

임동석 역주,《국어》(1~3), 동서문화사, 2009

임동석 역주,《서경잡기》, 동서문화사, 2009

장거정 저, 임동석 역,《제감도설》, 올재클래식스, 2022

장자 저, 김창환 역,《장자: 내편》, 을유문화사, 2010

장자 저, 김창환 역,《장자: 외편》, 을유문화사, 2010

정상홍,《시경》, 을유문화사, 2014

정세근,《위진현학》, 예문서원, 2001

정승석,《법화경: 민중의 흙에서 핀 연꽃》, 사계절, 2004

제갈량 저, 박동석 역,《제갈량집》, 홍익출판사, 1998

조엽 저, 임동석 역주,《오월춘추》(1~2), 동서문화사, 2015

좌구명 저, 신동준 역,《춘추좌전》(1~2), 올재클래식스, 2015

주희 · 여조겸 편,《근사록》, 홍익출판사, 1998

주희 · 유청지 공편,《소학》, 홍익출판사, 1999

주희 · 이유무 저, 이근명 역,《송명신언행록》(1~4), 소명출판, 2019

증선지 저, 신동준 역,《십팔사략》(1~2), 올재클래식스, 2019

진기환 역주, 유향 편,《전국책》(상, 중, 하), 명문당, 2021

진수 저, 김원중 역,《정사 삼국지 오서》, 휴머니스트, 2018

진수 저, 김원중 역,《정사 삼국지 위서》(1~2), 휴머니스트, 2018

진수 저, 김원중 역,《정사 삼국지 촉서》, 휴머니스트, 2018

최대림,《금강경》, 홍신문화사, 2002

최대림,《순자》, 홍신문화사, 1997

최호,《화엄경》, 홍신문화사, 2002

풍몽룡 저, 신동준 역,《동주열국지》(1~5), 올재클래식스, 2016

한비,《한비자》, 홍익출판사, 1998

한비자 저, 김원중 역,《한비자: 법치의 고전》, 휴머니스트, 2016

한용운,《불교대전》, 현암사, 1990

홍매 저, 유원준 · 최해별 역,《이견지 갑지》(1~2), 세창출판사, 2019

홍승 저, 이지은 역,《장생전》(상, 하), 세창출판사, 2014

홍자성 저, 안대회 역,《채근담》, 민음사, 2022

황석공 저, 임동석 역주,《삼략》, 동서문화사, 2009

황종희,《명이대방록》, 홍익출판사, 1999

통사

가와시마 산 저, 천성림 역,《중국근현대사 2: 근대국가의 모색 1894-1925》, 삼천리, 2013

가와카쓰 요시오 저, 임대희 역,《중국의 역사: 위진남북조》, 혜안, 2004

가이즈카 시게키 · 이토 미치하루 공저, 배진영 · 임대희 공역,《중국의 역사: 선진시대》, 혜안, 2011

구보 도루 저, 강진아 역,《중국근현대사 4: 사회주의를 향한 도전 1945-1971》, 삼천리, 2013

궈팅위 · 왕핀한 · 쉬야링 · 좡젠화 저, 신효정 외 1명 역,《도해 타이완사: 선사시대부터 차이잉원 시대까지》, 글항아리, 2021

김호동,《아틀라스 중앙유라시아사》, 사계절, 2016

누노메 조후 · 구리하라 마쓰오 등저, 임대희 역,《중국의 역사: 수당오대》, 혜안, 2001

니시다 다이이찌로 저, 전진호 외 역,《중국형법사 연구》, 신서원, 1998

니시지마 사다오 저, 최덕경 역,《중국의 역사: 진한사》, 혜안, 2004

다카하라 아키오 · 마에다 히로코 공저, 오무송 역,《중국근현대사 5: 개발주의 시대로 1972-2014》, 삼천리, 2015

데리다 다카노부 저, 서인범 · 송정수 공역,《중국의 역사: 대명제국》, 혜안, 2006

디터 쿤 저, 육정임 역,《하버드 중국사 송: 유교 원칙의 시대》, 너머북스, 2015

링펑페이 저, 최덕경 · 김백철 역,《진한제국 경제사》, 태학사, 2019

레이 황 저, 홍광훈 · 홍순도 공역,《중국 그 거대한 행보: 레이 황의 거시중국사》, 경당, 2002

로드릭 맥파커 저, 김재관 · 정해용 공역,《중국 현대정치사: 건국에서 세계화의 수용까지, 1949~2009》, 푸른길, 2012

루지아빈 · 창화 공저, 이재연 역,《중국 화폐의 역사》, 다른생각, 2016

류다린 저, 노승현 역,《중국성문화사: 그림으로 읽는 5천년 성애의 세계》, 심산, 2003

류쩌화 저, 장현근 역,《중국정치사상사》(1~3), 선진, 글항아리, 2019

리처드 폰 글란 저, 류형식 역,《케임브리지 중국경제사》, 소와당, 2019

리펑 저, 이청규 역,《중국고대사》, 사회평론아카데미, 2017

마크 에드워드 루이스 저, 김우영 역,《하버드 중국사: 남북조 분열기의 중국》, 너머북스, 2016

마크 에드워드 루이스 저, 김우영 역,《하버드 중국사: 당 열린 세계 제국》, 너머북스, 2017

마크 에드워드 루이스 저, 김우영 역,《하버드 중국사: 진 · 한 최초의 중화제국》, 너머북스, 2020

마크 엘빈 지, 정철웅 역,《코끼리의 후퇴: 3000년에 걸친 장대한 중국 환경사》, 사계절, 2011

미야자키 이치사다, 조병한 역,《중국통사》, 서커스출판상회, 2016

박한제 · 이근명 · 김형종,《아틀라스 중국사》, 사계절, 2015

발레리 한센 저, 신성곤 역,《열린제국: 중국 고대-1600》, 까치, 2005

상해고적출판사 편, 박소정 편역,《문답으로 엮은 교양 중국사》, 이산, 2005

스도 요시유키 · 나카지마 사토시 저, 이석현 · 임대희 역,《중국의 역사: 송대》, 혜안, 2018

심규호,《연표와 사진으로 보는 중국사》, 일빛, 2018

쑨지 저, 홍승직 역,《중국 물질문화사: 만물이라는 스승에게 배우다》, 알마, 2017

안정애,《중국사 다이제스트 100》, 가람기획, 2012

오카모토 다카시 편, 강진아 역,《중국 경제사: 고대에서 현대까지》, 경북대학교출판부, 2016

오타기 마쓰오 저, 윤은숙 · 임대희 공역,《중국의 역사: 대원제국》, 혜안, 2013

와다 하루키 · 고토 겐이치 외 저, 한철호 역,《동아시아 근현대통사: 화해와 협력을 위한 역사인식》, 책과 함께, 2017

왕단 저, 송인재 역,《왕단의 중국 현대사》, 동아시아, 2013

요시자와 세이이치로 저, 정지호 역,《중국근현대사 1: 청조와 근대 세계(19세기)》, 삼천리, 2013

윌리엄 T. 로 저, 기세찬 역,《하버드 중국사 청: 중국 최후의 제국》, 너머북스, 2014

이매뉴얼 C. Y. 쉬 저, 조윤수 · 서정희 역,《근-현대중국사》(상, 하), 까치, 2013

이성원,《황하문명에서 제국의 출현까지》, 전남대학교출판문화원, 2020

이시카와 요시히로 저, 손승회 역,《중국 근현대사 3: 혁명과 내셔널리즘(1925-1945)》, 삼천리, 2013

장진번 주편, 한기종 · 김선주 등역,《중국법제사》, 소나무, 2006

장치즈 편, 김영문 역,《중국역사 15강》, 너머북스, 2018

조너선 D. 스펜스 저, 김희교 역,《현대중국을 찾아서》(1~2), 이산, 1998

존 K. 페어뱅크 외,《동양문화사》(상, 하), 을유문화사, 1989, 2000

존 K. 페어뱅크 편, 김한식 · 김종건 등역,《캠브리지 중국사 10권 하: 청 제국 말 1800~1911년 1부: 내란

과 외환의 시기》, 새물결, 2007

존 K. 페어뱅크 · 류광징 편, 김한식 · 김종건 등역,《캠브리지 중국사 11권 상: 청 제국 말 1800~1911년 2부- 근대화를 향한 모색, 새물결》, 2007

중국근현대사학회 편,《중국 근현대사 강의》, 하울아카데미, 2019

중국사학회 편, 강영매 역,《중국통사》(1~4), 종합출판범우, 2008~2013

티모시 브룩 저, 조영헌 역,《하버드 중국사 원 · 명: 곤경에 빠진 제국》, 너머북스, 2014

고대사

C.A.S. 윌리암스 저, 이용찬 등역,《중국문화 중국정신》, 대원사, 2002

고려대 중국학연구소,《중국지리의 즐거움》, 차이나하우스, 2012

공원국,《춘추전국이야기》(1~11), 위즈덤하우스, 2017

기세찬,《고대중국의 전쟁수행방식과 군사사상》, 경인문화사, 2022

김광억,《중국인의 일상세계: 문화인류학적 해석》, 세창출판사, 2017

단국대학교 동양학연구원 저,《동아시아 청동기문화의 교류와 국가형성》, 학연문화사, 2012

등젠훙 저, 이유진 역,《고대 도시로 떠나는 여행: 중국 고대 도시 20강》, 글항아리, 2016

리링 · 류빈 · 쉬훙 · 탕지건 · 가오다룬 외 저, 정호준 역,《중국고고학, 위대한 문명의 현장》, 도서출판 역사산책, 2021

리쉐친 저, 이유표 역,《의고시대를 걸어 나오며: 중국 고대 문명의 기원에 대한 탐색》, 글항아리, 2019

마이클 로이 저, 이성규 역,《고대중국인의 생사관》, 지식산업사, 1997

박건주,《중국 고대의 유생과 정치》, 학고방, 2016

방향숙,《중국 한대 정치사 연구》, 서강대학교출판부, 2018

벤자민 슈워츠 저, 나성 역,《중국 고대 사상의 세계》, 살림출판사, 2004

브라이언 페이건 저, 이희준 역,《세계 선사 문화의 이해: 인류 탄생에서 문명 발생까지》, 사회평론아카데미, 2015

브라이언 페이건 저, 이청규 역,《고대 문명의 이해》, 사회평론아카데미, 2015

브라이언 페이건 · 나디아 두라니 저, 이희준 역,《선사시대 인류의 문화와 문명: 권력 · 공간 · 학문의 삼중주》, 사회평론아카데미, 2022

소현숙 · 홍승현 · 양진성 저,《돌, 영원을 기록하다: 고대 중국인의 삶과 죽음》, 경북대학교출판부, 2018

스티븐 마이든 저, 성춘택 역,《빙하 이후: 수렵채집에서 농경으로, 20,000-5000 BC》, 사회평론아카데미, 2019

심재훈,《청동기와 중국 고대사》, 사회평론아카데미, 2018

쑨리췬 저, 이기홍 역,《중국 고대 선비들의 생활사》, 인간사랑, 2014

양산췬, 정자룽 공저, 이원길 역,《중국을 말한다 2: 시경 속의 세계(서주 기원전 1046년 ~ 기원전 771

년)》, 신원문화사, 2008

양산췬 · 정자룽 공저, 김봉술 · 남홍화 공역, 《중국을 말한다 1: 동방에서의 창세 (원시사회 · 하 · 상)》, 신원문화사, 2008

여사면, 《중국문화사: 고대 중국 문화 설명서》, 학고방, 2021

왕링옌 · 왕퉁 저, 이서연 역, 《역사 속 경제 이야기: 화폐통일 진시황부터 거시경제학자 제갈량까지》, 시그마북스, 2018

유돈정, 《중국고대건축사》, 세진사, 2004

이동민, 《초한전쟁: 역사적 대전환으로의 지리적 접근》, 흠영, 2022

이석명, 《회남자: 한대 지식의 집대성》, 사계절, 2004

자크 제르네 저, 김영제 역, 《전통중국인의 일상생활》, 신서원, 1995

장 클로드 저, 류재화 역, 《선사 예술 이야기: 그들은 왜 깊은 동굴 속에 그림을 그렸을까》, 열화당, 2022

장경희, 《중국황제릉: 은나라에서 청나라까지의 30년 여정》, 솔과학, 2023

장노엘 로베르 저, 조성애 역, 《로마에서 중국까지》, 이산, 1998

정광직 저, 하영삼 역, 《중국 청동기 시대》(상, 하), 학고방, 2013

정옌 저, 소현숙 역, 《죽음을 넘어: 죽은 자와 산 자의 욕망이 교차하는 중국 고대 무덤의 세계》, 지와사랑, 2019

천쭈화이 저, 남광철 역, 《중국을 말한다 3: 춘추의 거인들(춘추기원전 770년 ~ 기원전 403년)》, 신원문화사, 2008

천쭈화이 저, 남희풍 · 박기병 공역, 《중국을 말한다 4: 열국의 쟁탈(전국 기원전 403년 ~ 기원전221년)》, 신원문화사, 2008

취퉁쭈 저, 김여진 · 윤지원 · 황종원 역, 《법으로 읽는 중국 고대사회: 중국 고대 법률 형성의 사회사적 탐색》, 글항아리, 2020

탕샤오펑 저, 김윤자 역, 《혼돈에서 질서로》, 글항아리, 2015

허진웅, 《중국고대사회: 문자와 인류학의 투시》, 동문선, 1991

홍승현, 《사대부와 중국 고대 사회: 사대부의 등장과 정치적 각성에 대한 연구》, 혜안, 2008

홍승현, 《석각의 사회사: 고대 중국인의 욕망과 그 기록》, 혜안, 2022

후쿠다 데쓰유키 저, 김경호 · 하영미 공역, 《문자의 발견 역사를 흔들다: 20세기 중국 출토문자의 증언》, 너머북스, 2016

중세사

E. O. 라이샤워 저, 조성을 역, 《중국 중세사회로의 여행: 라이샤워가 풀어쓴 엔닌의 일기》, 한울, 2012

강정만, 《송나라 역대 황제 평전: 돈과 타협으로 국방력을 대신했던 나라의 최후》, 주류성, 2021

김문경, 《삼국지의 영광》, 사계절, 2002

김상범,《당송시대의 신앙과 사회》, 신서원, 2019

리둥팡 저, 문현선 역,《삼국지 교양 강의: 정통 역사학자가 풀어낸 삼국지 인물 이야기》, 돌베개, 2010

리원쯔·장타이신 저, 신은제 역,《중국 지주제의 역사》, 경인문화사, 2015

마오샤오원 저, 김준연·하주연 역,《당나라 뒷골목을 읊다: 당시唐詩에서 건져낸 고대 중국의 풍속과 물정》, 글항아리, 2018

미야자키 이치사다 저, 전혜선 역,《과거, 중국의 시험지옥》, 역사비평사, 2016

미조구치 유조·마루야마 마쓰유키·이케다 도모히사 공편, 김석근·김용천·박규태 공역,《중국사상문화사전》, 책과함께, 2011

선뻐쿤·탄리앙샤오 편저, 정원기 외 역,《삼국지 사전》, 현암사, 2010

아주뉴스코퍼레이션,《걸어서 삼국지 기행: 두 발로 떠나는 대장정, 3개월간의 탐사 취재》, 형설라이프, 2012

안노 미쓰마사 저, 한승동 역,《삼국지 그림 기행》, 서커스(서커스출판상회), 2015

에드워드 H. 셰이퍼 저, 이호영 역,《사마르칸트의 황금 복숭아: 대당제국의 이국적 수입 문화》, 글항아리, 2021

옌 총리엔 저, 장성철 역,《청나라 제국의 황제들: 청왕조, 그들은 어떻게 대륙을 정복하고 지배했는가》, 산수야, 2017

오금성,《국법과 사회관행: 명청시대 사회경제사 연구》, 지식산업사, 2007

오금성,《명청시대 사회경제사》, 이산, 2007

오금성,《장거정 시대를 구하다》, 지식산업사, 2018

왕이차오 저, 유소영 역,《자금성의 보통 사람들: 모두의 직장이자 생활 터전이었던 자금성의 낮과 밤》, 사계절, 2019

우런수 저, 김의정·정민경·정유선·최수경 역,《사치의 제국: 명말 사대부의 사치와 유행의 문화사》, 글항아리, 2019

위잉스 저, 이원석 역,《주희의 역사세계: 송대 사대부의 정치문화 연구》(상, 하), 글항아리, 2015

이민호,《편작·화타와 그 후예들의 이야기: 중국의 의약신앙과 사회사》, 지식산업사, 2021

이은상,《이미지 제국: 건륭제의 문화 프로젝트》, 산지니, 2021

이중톈 저, 김성배·양휘웅 역,《삼국지 강의: 역사와 문학을 넘나들며 삼국지의 진실을 만난다》, 김영사, 2007

이중톈 저, 홍순도 역,《삼국지 강의2: 역사와 문학을 넘나들며 삼국지의 진실을 만난다!》, 김영사, 2007

이해원,《당제국의 개방과 창조》, 서강대학교출판부, 2013

이화승,《상인 이야기: 인의와 실리를 좇아 천하를 밟은 중국 상인사》, 행성B잎새, 2013

임사영 저, 류준형 역,《황제들의 당제국사》, 푸른역사, 2016

자오위안 저, 홍상훈 역,《생존의 시대》, 글항아리, 2017

자오위안 저, 홍상훈 역,《증오의 시대》, 글항아리, 2017

자오이 저, 이지은 역,《대당 제국 쇠망사: 권력 쟁탈로 몰락한 번영의 시대》, 위즈덤하우스, 2018

자오이 저, 차혜정 역,《대송 제국 쇠망사》, 위즈덤하우스, 2018

전도,《외면당한 진실: 중국 향촌사회의 제도와 관행》, 학고방, 2015

정지호,《합과: 전통 중국 상공업의 기업 관행》, 세창출판사, 2022

정철웅,《명·청 시대 호광 소수민족 지역의 토사와 국가 권력, 1368~1735》, 아카넷, 2021

조너선 D. 스펜스 저, 이재정 역,《왕 여인의 죽음》, 이산, 2002

조너선 D. 스펜스 저, 이준갑 역,《룽산으로의 귀환: 장다이가 들려주는 명말청초 이야기》, 이산, 2010

조너선 D. 스펜스 저, 이준갑 역,《반역의 책》, 이산, 2004

조너선 D. 스펜스 저, 주원준 역,《마테오 리치 기억의 궁전》, 이산, 1999

조복현,《중국 송대 가계 수입과 생활비》(상, 하), 신서원, 2016

조여괄 저, 박세욱 역,《바다의 왕국들: 제번지 역주》, 영남대학교출판부, 2019

조영헌,《대운하 시대 1415~1784: 중국은 왜 해양 진출을 '주저'했는가?》, 민음사, 2021

조영헌,《대운하와 중국상인: 회·양 지역 휘주 상인 성장사, 1415-1784》, 민음사, 2011

주용 저, 신정현 역,《고궁의 옛 물건: 북경 고궁박물원에서 가려 뽑은 옛 물건 18》, 나무발전소, 2020

주용 저, 신정현 역,《자금성의 물건들: 옛 물건은 훗날 역사라 부르는 모든 사건의 '씨앗'이다》, 나무발전
소, 2022

주용 저, 신정현 역, 정병모 감수,《자금성의 그림들: 나의 생명이 그림으로 연결되어 어느 날 당신과 만날
것이다》, 나무발전소, 2022

차이꾸이린 저, 루이쉬엔·신진호 역,《강물 위의 세상: 중국 운하의 역사》, 민속원, 2023

차혜원,《저울 위의 목민관: 명대 지방관의 인사고과와 중국사회》, 서강대학교출판부, 2010

최진열,《역사 삼국지: 군웅할거에서 통일전쟁까지 184~280》, 미지북스, 2022

추이윈펑·김성준 저),《중국항해선박사》, 혜안, 2021

티모시 브룩 저, 조영헌·손고은 공역,《셀던의 중국지도: 잃어버린 황해도, 향료 무역 그리고 남중국해》,
너머북스, 2018

판수즈 저, 이화승 역,《관료로 산다는 것: 명대 문인들의 삶과 운명》, 더봄, 2020

패멀라 카일 크로슬리 저, 양휘웅 역,《만주족의 역사: 변방의 민족에서 청 제국의 건설자가 되다》, 돌베
개, 2013

펑위췬 저, 김태경 역,《십족을 멸하라: 명청시대 형벌의 잔혹사》, 에쎄, 2013

페이샤오퉁 저, 최만원 역,《중국의 신사계급: 고대에서 근대까지 권력자와 민중 사이에 기생했던 계급》,
갈무리, 2019

허쯔취안 저, 최고호 역,《위촉오 삼국사: 중세 봉건시대의 개막, 184-280》, 모노그래프, 2019

홍성화,《청대 중국의 경기변동과 시장: 전제국가의 협치와 경제성장》, 성균관대학교출판부, 2022

북방 민족의 역사

가오훙레이 저, 김선자 역,《절반의 중국사: 한족과 소수민족, 그 얽힘의 역사》, 메디치미디어, 2017

구범진,《병자호란, 홍타이지의 전쟁》, 까치, 2019

구범진,《청나라, 키메라의 제국》, 민음사, 2012

김동호,《몽골제국과 세계사의 탄생》, 돌베개, 2010

김인희,《움직이는 국가, 거란: 거란의 통치전략 연구》, 동북아역사재단, 2020

김한신 · 박장배 · 윤영인 · 윤욱 · 이근명 외 저,《전사들의 황금제국 금나라: 금나라 통치전략 연구》, 동
　북아역사재단, 2021

까오훙레이 저, 신진호 역,《실크로드: 봉래에서 로마까지》, 민속원, 2023

나가사와 가즈도시 저, 이재성 역,《실크로드의 역사와 문화》, 민족사, 1990

나가사와 카즈토시 저, 민병훈 역,《돈황의 역사와 문화》, 사계절, 2010

로버트 블레이크 저, 김경아 · 오준일 공역,《청제국의 몰락과 서양상인: 이화양행》, 소명출판, 2022

르네 그루세 저, 김호동 · 유원수 · 정재훈 공역,《유라시아 유목제국사》, 사계절, 1998

발레리 한센 저, 류형식 역,《실크로드: 7개의 도시》, 소와당, 2015

발레리 한센 저, 이순호 역,《1000년: 세계가 처음 연결되었을 때》, 민음사, 2022

스기야마 마사아키 저, 임대희 역,《몽골 세계제국》, 신서원, 1999

아나바 이와키치 저, 서병국 역,《만주사통론》, 한국학술정보, 2014

윤영인,《외국학계의 정복왕조 연구 시각과 최근 동향》, 동북아역사재단, 2010

윤은숙,《몽골제국의 만주 지배사: 옷치긴 왕가의 만주 경영과 이성계의 조선 건국》, 소나무, 2010

이계지 저, 나영남 · 조복현 공역,《요 · 금의 역사: 정복 왕조의 출현》, 신서원, 2014

이훈,《만주족 이야기: 만주의 눈으로 청 제국사를 새로 읽다》, 너머북스, 2018

장진퀘이 저, 남은숙 역,《흉노제국 이야기: 유라시아 대륙 양단에 강력한 흔적을 남기고 사라진 흉노를
　찾아서》, 아이필드, 2010

정재훈,《돌궐 유목제국사 552~745: 아사나 권력의 형성과 발전, 그리고 소멸》, 사계절, 2016

제임스 A. 밀워드 저, 김찬영 · 이광태 공역,《신장의 역사: 유라시아의 교차로》, 사계절, 2013

토마스 바필드 저, 윤영인 역,《위태로운 변경: 기원전 221년에서 기원후 1757년까지의 유목제국과 중
　원》, 동북아역사재단, 2009

티모시 메이 저, 권용철 역,《칭기스의 교환: 몽골 제국과 세계화의 시작》, 사계절, 2020

근현대사

구소영 · 김승욱 · 김재은 외 공저, 박철현 편,《도시로 읽는 현대중국 1: 사회주의 시기》, 역사비평사,
　2017

권성욱,《중국 군벌 전쟁: 현대 중국을 연 군웅의 천하 쟁탈전 1895~1930》, 미지북스, 2020

권성욱, 《중일 전쟁: 용, 사무라이를 꺾다 1928~1945》, 미지북스, 2015

김도경 · 노수연 · 박인성 외 공저, 박철현 편, 《도시로 읽는 현대중국 2: 개혁기》, 역사비평사, 2017

김명호, 《중국인 이야기》(1~2), 한길사, 2012, 2013

김상규, 《미몽 속의 제국: 아편전쟁을 다시 쓰다》, 북랩, 2022

김종호, 《화교 이야기: 중국과 동남아 세계를 이해하는 키워드》, 너머북스, 2021

김지환, 《철로가 이끌어낸 중국사회의 변화와 발전》, 동아시아, 2019

김진환, 《철로의 등장과 청조 봉건체제의 붕괴: 근대 중국철로의 역사 1(청조시기1840~1911)》, 동아시아, 2019

나미키 요리히사 · 이노우에 히로마사 공저, 김명수 역, 《아편전쟁과 중화제국의 위기》, 논형, 2017

나창주, 《새로 쓰는 중국혁명사 1911-1949: 국민혁명에서 모택동 혁명까지》, 들녘, 2019

뉴쥔 저, 박대훈 역, 《냉전과 신중국 외교의 형성: 1949~1955년 중국의 외교》, 한국문화사, 2015

래너 미터 저, 기세찬 · 권성욱 역, 《중일전쟁: 역사가 망각한 그들 1937~1945》, 글항아리, 2020

레이 황 저, 구범진 역, 《장제스 일기를 읽다: 레이 황의 중국 근현대사 사색》, 푸른역사, 2009

레이 황 저, 권중달 역, 《허드슨 강변에서 중국사를 이야기하다: 레이 황의 중국사 평설》, 푸른역사, 2001

로이드 이스트만 저, 민두기 역, 《장개석은 왜 패하였는가》, 지식산업사, 2013

로이드 이스트만 저, 이승휘 역, 《중국 사회의 지속과 변화: 중국사회경제사 1550-1949》, 돌베개, 1999

롼밍 저, 이용빈 역, 《덩샤오핑 제국 30년》, 한울아카데미, 2016

루쉰 저, 이욱연 역, 《루쉰 독본: 〈아Q정전〉부터 〈희망〉까지, 루쉰 소설 · 산문집》, 휴머니스트, 2020

루쉰 저, 이욱연 역, 《아침꽃을 저녁에 줍다》, 예문, 2003

류젠후이 저, 양민호 · 권기수 · 손동주 공역, 《마성의 도시 상하이: 일본 지식인의 '근대' 체험》, 소명출판, 2020

류후이우 편, 신의식 역, 《상해현대사》, 경인문화사, 2018

리궈룽 저, 이화승 역, 《제국의 상점: 중화주의와 중상주의가 함께 꾼 동상이몽, 광주 13행》, 소나무, 2008

리우후이우 저, 신의식 역, 《상해근대사》, 경인문화사, 2016

마이클 김 · 쉬쉐지 · 소현숙 · 진정원 · 윤해동 외 편, 《한국과 타이완에서 본 식민주의》, 한울아카데미, 2018

마크 블레처 저, 전병곤 · 정환우 공역, 《반조류의 중국: 현대 중국, 그 저항과 모색의 역사》, 돌베개, 2001

모리스 마이스너 저, 김수영 역, 《마오의 중국과 그 이후》(1~2), 이산, 2004

박상수, 《중국혁명과 비밀결사》, 심산문화(심산), 2006

배경한, 《동아시아 역사 속의 신해혁명》, 한울아카데미, 2013

백지운, 《항미원조: 중국인들의 한국전쟁》, 창비, 2023

서지, 《중국공산당 개혁개방기의 리더십 혁신과 북한, 1978-2018》, 역락, 2020

쉬지린 편저, 강태권 등역, 《20세기 중국의 지식인을 말하다 1》, 길, 2011

쉬지린 편저, 김경남 등역, 《20세기 중국의 지식인을 말하다 2》, 길, 2011

스털링 시그레이브,《송씨왕조》, 정음사, 1986

신경란,《풍운의 도시, 난징》, 보고사, 2019

신동준,《인물로 읽는 중국 근대사: 부국강병 변법 혁명의 파노라마》, 에버리치홀딩스, 2010

신동준,《인물로 읽는 중국 고대사》, 인간사랑, 2017

쑤원 · 친후이 저, 유용태 역,《전원시와 광시곡》, 이산, 2000

쑨거 저, 김항 역,《중국의 체온: 중국 민중은 어떻게 살아가는가》, 창비, 2016

쑨원 저, 김홍일 외 역,《삼민주의》, 범우사, 2000

쑨장 저, 송승석 역,《근대 중국의 종교 · 결사와 권력》, 학고방, 2019

아그네스 스메들리,《중국혁명의 노래》, 사사연, 1985

아이리스 장 저, 윤지환 역,《역사는 누구의 편에 서는가: 난징대학살, 그 야만적 진실의 기록》, 미다스북
　　스(리틀미다스), 2014

에드거 스노 저, 홍수원 외 역,《중국의 붉은 별》(상, 하), 두레, 1995

오드 아르네 베스타 저, 옥창준 역,《제국과 의로운 민족: 한중 관계 600년사_하버드대 라이샤워 강연》,
　　너머북스, 2022

우송잉 저, 김승일 역,《덩샤오핑의 남방순회 담화실록》, 종합출판범우, 2012

이승휘,《손문의 혁명》, 한울아카데미, 2018

이욱연,《루쉰 읽는 밤, 나를 읽는 시간: 그냥 나이만 먹을까 두려울 때 읽는 루쉰의 말과 글》, 휴머니스트,
　　2020

이희옥 · 백승욱 편,《중국공산당 100년의 변천(1921~2021): 혁명에서 '신시대'로》, 책과함께, 2021

일본중국여성사연구회,《사료로 보는 중국여성사 100년: 해방과 자립의 발자취》, 한울아카데미, 2010

자오쉥웨이 · 리샤오위 공저, 이성현 역,《주르날 제국주의: 프랑스 화보가 본 중국 그리고 아시아》, 현실
　　문화연구(현문서가), 2019

장롄훙 · 쑨자이웨이저 저, 신진호 · 탕쿤 역,《난징대학살: 진상과 역사 기록을 담다》, 민속원, 2019

장수야 저, 정형아 역,《한국전쟁은 타이완을 구했는가: 미국의 대 타이완 정책을 풀어내다》, 경인문화사,
　　2022

장자성 편, 박종일 역,《근세 백년 중국문물유실사》, 인간사랑, 2014

장카이웬 저, 배규범 · 지수용 등역,《예일에서 도쿄까지: 난징대학살의 증거를 찾아서》, 보고사, 2016

전동현,《두 중국의 기원》, 서해문집, 2005

전리군 저, 연광석 역,《모택동 시대와 포스트 모택동 시대 1949~2009》(상, 하), 한울아카데미, 2012

전형권,《중국 근현대 상인과 물가변동: 호남 지역사회 연구》, 혜안, 2021

정재호,《평화적 세력전이의 국제정치: 19-20세기 영 · 미 관계와 20세기 미 · 중 관계의 비교》, 서울대학
　　교출판문화원, 2016

제임스 카터 저, 신기섭 역,《1941년 챔피언의 날: 옛 상하이의 종말》, 마르코폴로, 2023

조경란,《중국 근현대 사상의 탐색: 캉유웨이에서 덩샤오핑까지》, 삼인, 2003

조너던 D.스펜스 저, 정영무 역,《천안문: 근대중국을 만든 사람들》, 이산, 1999

조너선 D. 스펜스 저, 김희교 역,《현대 중국을 찾아서》(1~2), 이산, 1998

조너선 D. 스펜스 저, 양휘웅 역,《신의 아들: 홍수전과 태평천국》, 이산, 2006

차오리화 저, 김민정 역,《나도 루쉰의 유물이다: 주안전》, 파람북, 2023

체스타 탄,《중국현대정치사상사》, 지식산업사, 1990

최원식 · 백영서 공저,《대만을 보는 눈》, 창비, 2012

티모시 브룩 저, 박영철 역,《근대 중국의 친일합작》, 한울아카데미, 2008

펑지차이 저, 박현숙 역,《백 사람의 십 년: 문화대혁명, 그 집단 열정의 부조리에 대한 증언》, 후마니타스,
    2016

프랑크 디쾨터 저, 고기탁 역,《문화 대혁명: 중국 인민의 역사 1962~1976》, 열린책들, 2017

프랑크 디쾨터 저, 고기탁 역,《해방의 비극: 중국 혁명의 역사 1945~1957》, 열린책들, 2016

프랑크 디쾨터 저, 최파일 역,《마오의 대기근: 중국 참극의 역사 1958~1962》, 열린책들, 2017

한사오궁 저, 백지운 역,《혁명후기: 인간의 역사로서의 문화대혁명》, 글항아리, 2016

헨리 키신저 저, 권기대 역,《헨리 키신저의 중국 이야기》, 민음사, 2012

호승 저, 박종일 역,《아편전쟁에서 5 · 4 운동까지: 중국근대사 연구의 고전》, 인간사랑, 2013

황런위 저, 이재정 역,《자본주의 역사와 중국의 21세기》, 이산, 2001

사상사

계환,《중국불교》, 민족사, 2014

김성철,《중관사상》, 민족사, 2006

김진무,《중국불교사상사: 유불도 통섭을 통한 인도불교의 중국적 변용》, 운주사, 2015

도키와 다이조 저, 강규여 역,《중국의 불교와 유교 도교》(상, 중, 하), 세창출판사, 2021

리빙하이 저, 신정근 역,《동아시아 미학: 동아시아 정신과 문화를 꿰뚫는 핵심 키워드 24》, 동아시아,
    2010

모로하시 데쓰지 저, 심우성 역,《공자 노자 석가: 한 권으로 충분한 동양사상 이야기》, 동아시아, 2003

모종감 저, 이봉호 역,《중국 도교사: 신선을 꿈꾼 사람들의 이야기》, 예문서원, 2015

법공,《삼계교 사상 연구: 신행의 사상과 실천, 신라불교와의 관계를 중심으로》, 운주사, 2014

서본조진 저, 박부자 역,《삼계교 연구》, 운주사, 2017

송철규,《중국 고전 이야기: 둘째권-송대부터 청대까지》, 소나무, 2000

송철규,《중국 고전 이야기: 첫째권-선진시대부터 당대까지》, 소나무, 2000

시어도어드 배리 저, 표정훈 역,《중국의 '자유' 전통: 신유학사상의 새로운 해석》, 이산, 1998

신동준,《제자백가, 사상을 논하다 - 공자와 그의 제자들 2》, 한길사, 2007

신정근,《사람다움이란 무엇인가: 인仁의 3천년 역사에 깃든 상생의 힘》, 글항아리, 2011

앤거스 그레이엄 저, 나성 역,《도의 논쟁자: 중국 고대 철학논쟁》, 새물결, 2015

양국영,《양명학》, 예문서원, 1995

오하마 아키라 저, 이형성 역,《범주로 보는 주자학》, 예문서원, 1997

왕연균 · 왕일평 저, 최종세 역,《중국의 지성 5인이 뽑은 고전200》, 예문서원, 2000

위중 저, 이은호 역,《상서 깊이 읽기: 동양의 정치적 상상력》, 글항아리, 2013

유학주임교수실,《유학사상》, 성균관대학교출판부(SKKUP), 2001

이경환,《중국 도교의 철학과 문화 2》, BOOKK(부크크), 2021

이규성,《동양철학 그 불멸의 문제들》, 이화여자대학교출판문화원, 1994

장현근,《관념의 변천사: 중국의 정치사상, 중국사를 만든 개념 12가지》, 한길사, 2016

정은해,《유교 명상론: 불교와의 비교철학》, 성균관대학교출판부(SKKUP), 2014

정창수,《예의 본질과 기능: 『예기』의 사회학적 서설》, 성균관대학교출판부, 2013

주계전,《강좌 중국철학: 강좌 총서 1》, 예문서원, 1996

중국철학회,《역사 속의 중국철학》, 예문서원, 1999

진래,《송명 성리학》, 예문서원, 1997

진보량 저, 이치수 역,《중국유맹사》, 아카넷, 2001

진영첩 저, 표정훈 역,《진영첩의 주자강의》, 푸른역사, 2001

채인후,《공자의 철학》, 예문서원, 2000

채인후,《맹자의 철학》, 예문서원, 2000

채인후,《순자의 철학》, 예문서원, 2000

최대우 · 이경환 공저,《중국 도교의 철학과 문화 I》, BOOKK(부크크), 2019

풍우란,《중국철학사》(상, 하), 까치, 1999

하치야 구니오 저, 한예원 역,《중국 사상이란 무엇인가》, 학고재, 1999

문화사

〈도자기에 담긴 동서교류 600년〉, 국립중앙박물관, 2020

강희정 편,《해상 실크로드와 문명의 교류: 동남아시아와 동북아시아》, 사회평론아카데미, 2019

고려대 중국학연구소,《중국지리의 즐거움》, 차이나하우스, 2014

도러시 고 저, 최수경 역,《문화와 폭력: 전족의 은밀한 역사》, 글항아리, 2022

도시사학회 · 연구모임 공간담화 저,《동아시아 도시 이야기: 싱가포르에서 블라디보스토크까지, 도시로 읽는 동아시아 역사와 문화》, 서해문집, 2022

리웨이 편, 정주은 역,《실크로드: 동서양을 가로지른 문명의 길》, 시그마북스, 2018

마르셀 그라네 저, 유병태 역,《중국사유》, 한길사, 2015

마서전 저, 윤천근 역,《중국의 삼백신》, 민속원, 2013

서성철,《마닐라 갤리온 무역: 동서무역의 통합과 해상 실크로드의 역사》, 산지니, 2017

송진영 · 이민숙 · 정광훈 등저,《중화명승: 이야기로 풀어낸 중국의 명소들》, 소소의책, 2021

송철규 · 민경중 저,《대륙의 십자가: 중국 5대 제국과 흥망성쇠를 함께한 그리스도교 역사》, 메디치미디어, 2020

신정현,《처음 읽는 보이차 경제사: 보이차 애호가라면 알아야 할 역사 이야기》, 나무발전소, 2020

양경곤,《중국사회 속의 종교: 대륙을 움직인 숨겨진 얼굴》, 글을읽다, 2011

유원준,《중국역사지리: 중국 시공간으로의 여행》, 내일의나, 2023

유홍준,《나의 문화유산답사기: 중국편》(1~3), 창비, 2019

이경신 저, 현재열 · 최낙민 공역,《동아시아 바다를 중심으로 한 해양실크로드의 역사》, 선인, 2018

이승훈,《한자의 풍경: 문자의 탄생과 변주에 담긴 예술과 상상력》, 사계절, 2023

이유진,《중국을 빚어낸 여섯 도읍지 이야기》, 메디치미디어, 2018

이주형,《간다라 미술》, 사계절, 2015

임영애 · 정재훈 · 김장구 · 주경미 · 강인욱 외 저,《유라시아로의 시간 여행: 새롭게 쓴 실크로드 여행가 열전》, 사계절, 2018

진순신 저, 이용찬 역,《중국 고적 발굴기》, 대원사, 1997

천난 저, 유카 역,《한자의 유혹》, 안그라픽스, 2019

최영도,《아잔타에서 석불사까지: 최영도 변호사의 아시아 고대문화유산 답사기》, 기파랑, 2017

탕샤오빙 저, 이현정 · 김태연 · 천진 역,《이미지와 사회: 시각문화로 읽는 현대 중국》, 돌베개, 2020

팡융,《중국 전통 건축: 중국 전통건축의 역사와 지혜를 담다》, 민속원, 2019

폴 펠리오 저, 박세욱 역주,《8세기 말 중국에서 인도로 가는 두 갈래 여정》, 영남대학교출판부, 2021

헬렌 세이버리 저, 이지윤 역, 주영하 감수,《차의 지구사》, 휴머니스트, 2015

황닝푸 · 천촨촨 공저, 이희영 역,《중국의 비단역사 칠천 년: 역대 직조와 자수품 연구》, 한국학술정보, 2016

황런다 저, 조성웅 역,《중국의 색》, 예경, 2013

황윤,《도자기로 본 세계사: 문화 교류가 빚어낸 인류의 도자 문화사》, 살림출판사, 2020

인물사

멍만 저, 이준식 역,《여황제 무측천: 중국을 뒤흔든 여황제의 삶을 재조명하다》, 글항아리, 2016

멍자오신 저, 노만수 역,《효장: 청나라를 일으킨 몽골 여인》, 앨피, 2016

미야자키 이치사다 저, 전혜선 역,《수양제: 전쟁과 대운하에 미친 중국 최악의 폭군》, 역사비평사, 2014

미야자키 이치사다 저, 차혜원 역,《옹정제》, 이산, 2001

사타케 야스히코 저, 권인용 역,《유방》, 이산, 2007

수징난 저, 김태완 역,《주자평전》(상, 하), 역사비평사, 2015

스티븐 L. 레빈 · 알렉산더 V. 판초프 저, 심규호 역, 《마오쩌둥 평전: 현대 중국의 마지막 절대 권력자》, 민음사, 2017

시프린 저, 민두기 편역, 《손문평전》, 지식산업사, 1994

알렉산더 V. 판초프 · 스티븐 I. 레빈 공저, 유희복 역, 《설계자 덩샤오핑: DENG XIAOPING-A Revolutionary Life》, 알마, 2018

양성민 저, 심규호 역, 《한무제 평전》, 민음사, 2012

에즈라 보걸 저, 심규호 · 유소영 역, 《덩샤오핑 평전: 중국의 건설자》, 민음사, 2014

왕리췬 저, 홍순도 · 홍광훈 공역, 《한무제 강의》, 김영사, 2011

왕리췬 저, 홍순도 · 홍광훈 역, 《진시황 강의: 중국 최초 통일제국을 건설한 진시황과 그의 제국 이야기》, 김영사, 2013

이근명, 《왕안석 평전: 중국 중세의 대 개혁가》, 신서원, 2021

자오커야오 · 쉬다오쉰 공저, 김정희 역, 《당 태종 평전: 뛰어난 용인술과 놀라운 포용력으로 제왕의 전범이 된 통치의 달인》, 민음사, 2011

장융 저, 이옥지 역, 《아이링, 칭링, 메이링: 20세기 중국의 심장에 있었던 세 자매》, 까치, 2021

장융 · 존 핼리데이 저, 황의방 외 역, 《알려지지 않은 이야기들: 마오》(상, 하), 까치, 2006

장쭤야오 저, 남종진 역, 《조조 평전: 사람을 얻어 난세를 평정한 용인술의 대가》, 민음사, 2010

장펀텐 저, 이재훈 역, 《진시황 평전: 철저하게 역사적으로 본 제국과 영웅의 흥망》, 글항아리, 2011

잭 웨더포드 저, 정영목 역, 《칭기스칸: 잠든 유럽을 깨우다》, 사계절, 2013

조너선 스펜스 저, 이준갑 역, 《강희제》, 이산, 2001

조너선 펜비 저, 노만수 역, 《장제스 평전: 현대 중국의 개척자》, 민음사, 2014

천제셴 저, 홍순도 역, 《누르하치: 청 제국의 건설자》, 돌베개, 2015

펑더화이 저, 이영민 역, 《나, 펑더화이에 대하여 쓰다》, 앨피, 2018

홍문숙 · 홍정숙 공저, 《중국사를 움직인 100인: 주공 단부터 류사오보까지 중국을 움직인 사람들》, 청아출판사, 2011

사회과학

가와시마 신 · 모리 가즈코 공저, 이용빈 역, 《중국외교 150년사: 글로벌 중국으로의 도정》, 한울, 2012

가지타니 가이 · 다카구치 고타 공저, 박성민 역, 《행복한 감시국가, 중국: 디지털기술과 선택 설계로 만든 '멋진 신세계'》, 눌와, 2021

거젠슝 저, 김영문 역, 《불변과 만변 거젠슝, 중국사를 말하다》, 역사산책, 2022

공상철, 《코끼리에게 말을 거는 법: 신냉전 시대의 중국 읽기》, 돌베개, 2020

김기협, 《오랑캐의 역사: 만리장성 밖에서 보는 중국사》, 돌베개, 2022

김영진, 《중국, 대국의 신화: 중화제국 정치의 토대》, 성균관대학교출판부, 2015

리민치 저, 류현 역,《중국의 부상과 자본주의 세계경제의 종말》, 돌베개, 2010

린이푸 저, 서봉교 역,《중국 경제 해석》, 민속원, 2023

문흥호,《대만문제와 양안관계》, 폴리테이아, 2007

박민희,《중국 딜레마: 위대함과 위태로움 사이에서, 시진핑 시대 열전》, 한겨레출판사, 2021

백영서 편,《팬데믹 이후 중국의 길을 묻다: 대안적 문명과 거버넌스》, 책과함께, 2021

사오경 저, 탕쿤 · 웨이천팡 · 왕지콩 역,《중국 경제의 현대화: 제도 변혁과 구조 전환》, 민속원, 2021

스콧 로젤 · 내털리 헬 저, 박민희 역,《보이지 않는 중국: 무엇이 중국의 지속적 성장을 가로막는가》, 롤
　　러코스터, 2022

원톄쥔 저, 김진공 역,《백년의 급진: 중국의 현대를 성찰하다》, 돌베개, 2013

원톄쥔 저, 김진공 역,《여덟 번의 위기: 현대 중국의 경험과 도전, 1949-2009》, 돌베개, 2016

인쥔 · 쉬쟈 공저, 조청봉 · 이경민 · 신지선 공역,《중국식 규획》, 민속원, 2023

잉싱 편, 장영석 역,《중국사회》, 사회평론아카데미, 2017

정꽁청 저, 채리 · 한정은 역,《중국 민생 70년》, 민속원, 2023

조관희,《후통, 베이징 뒷골목을 걷다: 역사와 혁명의 도시 베이징에 살았던 사람들》, 청아출판사, 2016

조영남,《덩샤오핑 시대의 중국》(1~3), 민음사, 2016

조희용,《중화민국 리포트 1990-1993: 대만단교회고》, 선인, 2022

천구이디 · 우춘타오 공저, 박영철 역,《중국 농민 르포》, 길, 2014

허 자오톈 저, 임우경 역,《현대 중국의 사상적 곤경》, 창비, 2018

홍호펑 저, 하남석 역,《차이나 붐: 왜 중국은 세계를 지배할 수 없는가》, 글항아리, 2021

단박에 중국사

초판 1쇄 발행 2023년 12월 26일
초판 3쇄 발행 2024년 2월 23일

지은이 심용환
펴낸이 박경순

그림 방상호
교정교열 공순례
디자인 김희림
지도 김수미

펴낸곳 북플랫
출판등록 제2023-000231호(2023년 9월 12일)
주소 서울시 마포구 토정로 222 306호
이메일 bookflat23@gmail.com

ISBN 979-11-984934-0-8 (03910)